実存と理性と自由
ヤスパース教育哲学研究

豊泉 清浩

[著]

学文社

まえがき

　だれもが、自分が生まれてきたことはどういうことなのかと思いをめぐらすことがある。なぜ生まれてきたのか、なぜ生きるのか、人生とは何なのか、意識とは何なのか、死とは何なのか、と。こうした人間存在についての問いから発する思索が、19世紀後半から20世紀初頭にかけてヨーロッパで実存哲学として誕生する。

　実存哲学は、都市化、工業化、機械化による大衆化社会に生きる大衆としての人間に対して、人間の現実的で真実の在り方を喚起しようとした。実存哲学あるいは実存主義は、20世紀を代表する思潮であったが、共通の体系的基盤があるわけではなく、時には対立する要素を含みながら、個々の思想家の独自性、独創性が顕著に見られる。

　本書では、精神医学研究から哲学研究へ進み、独自の実存哲学を樹立したドイツのカール・ヤスパース（Karl Jaspers, 1883-1969）における教育哲学の可能性について探る。

　さて、私は、2000年3月15日付で青山学院大学より博士（教育学）の学位を授与された博士論文「ヤスパース教育哲学の研究」を、すでに2001年10月に『ヤスパース教育哲学序説——ボルノーからヤスパースへ：自己生成論の可能性』（川島書店）として刊行した。この書では、ボルノー（Otto Friedrich Bollnow, 1903-1991）の教育学的人間学との関係において、ヤスパース教育哲学について論究した。したがってどちらかといえば、ヤスパースの前期の主著『哲学』における実存哲学に力点が置かれていた。もちろん、後期の包括者や理性についても言及しているが、包括者を拠り所とする後期の思想的発展まで視野に入れることができなかった。そのため本書では、学位取得後に執筆した論文を再構成し、包括者に基づく交わり概念の広がりを根拠として、後期哲学における

哲学的信仰、暗号、大学論、政治哲学、歴史哲学についても、教育哲学との関連において論究する。

ヤスパースの後期哲学においては、理性と自由が大きな関心事となる。それゆえ本書において論究する中心的な問題は、実存と理性と自由である。

ところで、ヤスパースの『哲学』第2巻の副題である「Existenzerhellung1」の訳語について言及しておきたい。「Existenzerhellung1」は翻訳書などにおいて「実存開明」と訳すことが一般的になっている。先人が心血注いで造り上げたこの訳語に対して、異議を申し立てるつもりは毛頭ない。むしろ、翻訳書が出版されているおかげで、非力な自分が難解なヤスパース哲学を研究することができたことに感謝の気持でいっぱいである。

ただ私の感触としては、「開明」という訳語は、国語辞書による意味の通り「知識が進んで、文明が開けること」「文明開化」の印象を強く持つ。ヤスパースは、実存は超越者と連繋する真の自己存在であり、暗号を媒介とするため、超越者と連繋する実存とは何かがわかりにくいため、可能な限り明らかにすることを目的として、「Existenzerhellung1」を用いていると思われる。私は個人的には、実存を明らかにしようとする意味で、「開明」よりも「解明」の方がより真意に近いのではないかと考え、本書では「実存解明」と記す。

さて、本書の構成について触れておきたい。

序論では、ヤスパース教育哲学の性格、本研究の目的について述べる。

第Ⅰ部では、初期思想形成について見て、限界状況、交わり、わがものにすることという実存哲学の中心概念を自己生成との関連において考察する。

第Ⅱ部では、包括者、哲学的信仰、暗号について、自己生成との関連において考察する。

第Ⅲ部では、大学論、理性と反理性、カント理解、交わりにおけるソクラテス的見地からプラトン的見地への展開について考察する。

第Ⅳ部では、自由概念、全体主義批判、政治的自由、民主主義と教育について考察する。

第Ⅴ部では、歴史観と世界哲学の構想、ヤスパース教育哲学における仏教的

要素について考察する。
　結論では、本研究の考察を通して明らかになったヤスパース教育哲学の可能性について論じる。

目　次

まえがき　i

序　論　ヤスパース教育哲学の性格 …………………………………… 1

第1節　ヤスパース哲学と教育哲学　1
第2節　教育哲学の学問的性格　7
第3節　教育的現実の哲学的研究　8
第4節　精神科学的教育学における教育現実の解釈学　12
第5節　科学と哲学　17
第6節　本研究の目的　20

第Ⅰ部　実存と自己生成

第1章　初期思想形成 …………………………………… 32

第1節　了解心理学　33
第2節　了解から交わりへ　35
第3節　精神医学から哲学へ　37
第4節　マックス・ヴェーバーの影響　41
　（1）マックス・ヴェーバー追悼会における記念講演　41／（2）政治家としてのマックス・ヴェーバー　43／（3）研究者としてのマックス・ヴェーバー　45／（4）哲学者としてのマックス・ヴェーバー　47
第5節　初期思想とその後の思想的発展　50

第 2 章　限界状況　………………………………………………………… 54

第 1 節　限界状況概念　54
第 2 節　限界状況概念の背景　58
第 3 節　ヤスパースにおける限界状況の体験　61
第 4 節　限界状況と実存　64
第 5 節　限界状況概念と教育哲学　66
　（1）限界状況と理性　66／（2）限界状況概念の教育哲学的可能性　68

第 3 章　交 わ り　………………………………………………………… 72

第 1 節　限界状況と交わり　72
第 2 節　現存在の交わりと実存的交わり　76
第 3 節　愛しながらの闘い　84

第 4 章　わがものにすること　…………………………………………… 95

第 1 節　「わがものにすること」概念　95
第 2 節　「わがものにすること」と自己生成　96

第Ⅱ部　包括者における自己生成

第 1 章　包括者の思想と自己生成　……………………………………… 102

第 1 節　哲学的論理学と包括者　102
　（1）哲学的論理学の意義　102／（2）包括者概念　104
第 2 節　包括者の諸様式　105
　（1）現存在　105／（2）意識一般　106／（3）精神　107／（4）実存　108／（5）
　理性　110／（6）包括者の諸様式と交わり　111
第 3 節　自己存在　112
第 4 節　自己反省　114

第 5 節　自己生成　116
  第 6 節　包括者存在論と自己生成　118

第 2 章　哲学的信仰 ……………………………………………… 125

  第 1 節　哲学的信仰の概念　125
  第 2 節　哲学的信仰の内容　129
  第 3 節　科学と哲学と神学　133
  第 4 節　哲学的根本知としての包括者の諸様式　135
  第 5 節　哲学的根本操作　137
  第 6 節　普遍的根本知の理念　140
  第 7 節　哲学的信仰における自己生成　141

第 3 章　暗　　号 ………………………………………………… 145

  第 1 節　暗号の解読と挫折　145
  第 2 節　暗号の本質　147
  第 3 節　暗号の領域における闘争　149
  第 4 節　実存的状況の暗号　151
  第 5 節　暗号と神性の関係　152
  第 6 節　超越者の言葉としての暗号　154
  第 7 節　暗号と自己生成　155

　　　　　　　　　　第Ⅲ部　理性の展開

第 1 章　大　学　論 ……………………………………………… 160

  第 1 節　大学の課題　161
    （1）大学の再興　161／（2）研究　163／（3）教育（教養）　165／（4）授業　169
  第 2 節　大学における交わり　171

(1) 交わり　171／(2) 議論と討論　173／(3) 学問と世界観との出会い　175
　第3節　制度　176
　　　(1) 制度における理念の沈滞　176／(2) 制度の必要性　178／(3) 人物と制度　179
　第4節　学問の宇宙　180
　　　(1) 学問の分類　180／(2) 学部　182／(3) 大学の拡充　185
　第5節　大学の理念における交わりの意義　188

第2章　理性と反理性 ……………………………………… 194
　第1節　マルクス主義に対する批判　195
　第2節　精神分析に対する批判　197
　第3節　科学性の要求　199
　第4節　理性の可能性　201
　第5節　闘いにおける理性　203
　第6節　理性と大学　205
　第7節　反理性と理性の再興　208

第3章　ヤスパースにおけるカント理解 ……………… 212
　第1節　認識解明の構造　212
　第2節　二律背反　215
　第3節　理念と道徳的行為　217
　第4節　思考法の革命と理性の限界　219
　第5節　政治的歴史観　221
　第6節　永遠平和のために　225
　第7節　ヤスパース哲学におけるカントの影響　227

第4章　ソクラテスからプラトンへの展開 …………… 234
　第1節　ソクラテスの問答法　234

第 2 節　プラトンの対話篇　236
第 3 節　医師と患者の関係　240
第 4 節　交わり概念の展開の意義　244

第Ⅳ部　自由と民主主義

第 1 章　自　　由 ……………………………………………… 250

第 1 節　実存的自由　250
第 2 節　自由と権威　255
第 3 節　真理と自由と平和　259
第 4 節　自由と自己生成　263

第 2 章　ヤスパースにおける全体主義批判 ……………… 267

第 1 節　罪の問題　267
第 2 節　自由のための全体主義との闘争　271
第 3 節　『原子爆弾と人間の将来』における全体主義批判　273
第 4 節　『罪の問題』の「1962年のあとがき」　278

第 3 章　ハンナ・アーレントにおける全体主義批判 …… 283

第 1 節　反ユダヤ主義　284
第 2 節　帝国主義　287
第 3 節　全体主義　289
第 4 節　アーレントにおける全体主義批判の特徴　294

第 4 章　民主主義と教育 …………………………………… 299

第 1 節　理性と道徳性　299
第 2 節　政治的自由　301

第3節　理性と民主主義　303
第4節　民主主義における教育　305
第5節　テオドール・リットにおける民主主義と政治教育　307

第Ⅴ部　世界哲学

第1章　歴史観と世界哲学の構想　314

第1節　歴　史　観　314
　（1）枢軸時代　314／（2）西洋と東洋　315／（3）近代科学と技術　316／（4）世界の現代的状況　317／（5）歴史と政治的自由　318／（6）人類の統一　319
第2節　哲学の世界史と世界哲学　321
　（1）哲学の世界史　321／（2）世界哲学の理念　322／（3）世界哲学と理性的交わり　323／（4）世界哲学の構想と世界平和　324

第2章　ヤスパース教育哲学における仏教的要素　327

第1節　ヤスパースにおける限界状況概念と仏教における四苦　328
第2節　ソクラテス的教育と仏教における同行　332
第3節　ヤスパースにおける自己生成と道元における修証一等　336
第4節　ヤスパース教育哲学における教育的関係と教育的行為　338

結　論　ヤスパース教育哲学の可能性　343

参考文献　353
初出一覧　368
あとがき　371
索　　引　374

序論　ヤスパース教育哲学の性格

第1節　ヤスパース哲学と教育哲学

　ヤスパースは、精神医学から哲学へと進む過程で、常に人間とは何かという人間存在全体への問いを持ち続けていた。したがって彼の思索には、人間の真実の在り方を目指す人間形成に示唆するものがある。そのためヤスパースの実存哲学は教育学から注目されるようになるが、それは第二次世界大戦後のことであった。

　ボルノー（Otto Friedrich Bollnow, 1903-1991）が『実存哲学と教育学』を著わした1959年前後から、ドイツではヤスパースの教育学ないし教育哲学を主題とする論文や研究書が現われるようになる[1]。つまりヤスパース哲学が教育学研究者の側から注目されるようになったのである。その理由は、第二次世界大戦後の人間存在の危機的状況の中で、ヤスパースにおける実存の人間形成的意義が教育学の内部において無視できないものとなったことによると考えられる。それらの研究書は、ヤスパース哲学そのものの理解を前提にしていることが共通している。このことは、ヤスパースの教育哲学を問題にする場合、ヤスパース哲学そのものが教育哲学の性格を有しているという観点が重要であることを意味している。

　わが国においても、ヤスパースの教育哲学に関する研究書がある。森昭の『教育理想の哲学的探求』（1948）[2]は、実存的交わりの問題を中心にヤスパース哲学の教育哲学的研究を含んでいる。そして、ヤスパースの教育哲学に関する研究書としては、斎藤武雄の『実存と教育』（1976）及び『ヤスパースの教育哲学』

(1982)³⁾、増渕幸男の『ヤスパースの教育哲学研究』(1989)⁴⁾、豊泉清浩の『ヤスパース教育哲学序説』(2001)⁵⁾、それにプロテスタント神学との関係を含む深谷潤の『ヤスパースと三人の神学者たち』(2002)⁶⁾がある。

またホルン（Hermann Horn）によって、ヤスパースの全著作の中から教育に関する論述を抽出して、教育学の主要な領域に分類、整理し、収録して一冊にまとめた『教育とは何か』(Was ist Erziehung?, 1977)⁷⁾が出版され、ヤスパースの教育哲学を考える手がかりとなっている。この書は、400頁近くもある大著である。それだけにヤスパースが教育についていかに多く語り、教育への関心が強かったかを実証する。その反面、ヤスパースには教育学及び教育科学に関する言及は少なく、彼には体系的な教育学の著作はない。ただそれは、子どもに関する教育学に関心が希薄だったことを意味している。むしろヤスパースは、大学問題に大変強い関心を持ち続けていた。しかも自己生成論を中心に、今日的な観点からいうと、生涯教育論・生涯学習論とも見なすことができる思想的展開が認められる点に、ヤスパースの教育哲学の特徴を見出すことができよう。

斎藤武雄は、『実存と教育』及び『ヤスパースの教育哲学』において、自らのヤスパース研究の基盤の上に、ヤスパース教育哲学を構築しようとしている。斎藤は、『実存と教育』において、ヤスパース哲学を念頭に置きながら、実存哲学と教育との関係について次のように述べている。「実存哲学は、実存の何たるかを求める学であるが、それは究極においては実存するためのものである。そして、実存するとは、人間の本来的なそして現実的な在り方であるところの実存を実現することなのである。この実存実現をめざす実存哲学は、人格の完成をめざす教育と密接に関連するものであり、根本的にみれば、実存哲学は教育の根源であり根拠であるところのものを求めるものなのである」⁸⁾と。人間の本来的で現実的な在り方である実存の実現を目指す実存哲学は、教育の根源であり根拠であるものを求めるものと考えることができる。このことは、また次のようにもいわれている。「実存とは人間の本来の存在の仕方であり、人間の真実で現実的な在り方である。従って実存者は人間の本来性という意味での

人間性ないし人格性を有する人格を意味する。そして、そもそも教育は、その立場や内容や方法の多様性にもかかわらず、何らかの意味での人格の完成（人間形成）をその理念とするものであることは言うまでもない」[9]と。すなわち実存はその性格上、人格の完成を理念とする教育と密接に関係せざるをえないのである。そこで斎藤は、ヤスパース哲学と教育哲学との関係について次のように述べている。「このようにヤスパース哲学は人間の本来性を求める実存哲学であるが、実存すなわち本来の自己が生成的なものであり、人間となることであり、彼の哲学が人間となることのために人間に訴えかけ人間を覚醒させるところの哲学であるが故に、彼の哲学は本質的に教育哲学なのである」[10]と。すなわち斎藤は、ヤスパース哲学そのものが教育哲学の性格を有していると考えている。

　斎藤は、ヤスパース哲学の体系性の中核を実存の絶対的意識としての愛と捉える立場から、その愛を根源とし、その愛に基づく理性を作用として、教育哲学を構成している。斎藤は、ヤスパース哲学の体系性を、第1層である絶対的意識としての愛を根源として、第7層まであると捉えている[11]。また、ヤスパースの世界観である包括者思想は、実存の絶対的意識の展開であり、絶対的意識の中核である愛の諸性格をもって、したがって理性の諸性格をもって貫かれている。この包括者思想はヤスパースの教育哲学の基礎となるべきものである。したがって斎藤は、ヤスパースにおける教育の理念は、絶対的意識としての愛とこの愛に基づく理性（実存の本来性）による、この愛と理性にまでの人間形成ということであり、ここに「愛→理性→人間形成」というヤスパース教育哲学の根本構造があるとする[12]。また、この理性は主体的真理であり、本来の自由をその性格とするものであるから、その意味で、この教育哲学の根本構造を「真理→自由→人間形成」と言い換えてもよいとする。この愛と理性に基づいて、教育目的論、教育内容論、教育方法論も展開されているが、特に政治の理念と教育の理念との関係を考察している点に、独自のヤスパース理解が示されているように思われる。

　増渕幸男は、『ヤスパースの教育哲学研究』において、自らのヤスパース哲

学理解の上に、ヤスパースの教育哲学を展開している。増渕は、ヤスパースの教育哲学を論じる際、ヤスパースの哲学そのものの理解が前提となり、彼の哲学の核心を捉えなければならないと考えている。「教育学の観点からこの核心を私はヤスパースの可能的実存としての人間理解と、人間存在を根拠づけている超越者の照明へと駆り立てるための超越論理とに見出した。またそれらを可能にするものが、実存の理性としての実存理性であると受け止めたのである。したがって、可能的実存と超越者そして実存理性の内実が、人間形成の理論をめぐってどのような教育学を生起させるのかが論究されなければならない。そのときに初めてヤスパースの「実存」の概念が教育学に占める位置も明らかになるはずである。」13) すなわち、可能的実存と超越者と実存理性とが、教育学的観点からヤスパース哲学の核心と見られている。

　こうした理解に基づいて増渕が試みた考察の主眼は、ヤスパースの哲学的核心から読み取られるべき教育の本質解明をヤスパースの人間生成（Menschwerden）の問題に求めつつ、教育作用の本質としての真実の自己形成（Selbstbildung）の観点へと結びつけていったことにある。「このことは自己が自己自身を実存として生成する自己実現（Selbstverwirklichung）の問題、ひいては自己陶冶を可能にするための哲学思想の解明を意味しているのである。ここに自己実現を可能にするための教育が、「実存的教育（die existentielle Erziehung）」と呼ばれて、本来在るべき自己としての実存に目覚めさせる教育となるのである。」14) その際、教育関係において自己が他者とともに自己実現を遂行することができるのは、ヤスパースの実存的交わり論でしかない、という立場に立っている。

　増渕は、ヤスパースにも教育学者の顔があるとの独自の主張を持っているが、その場合、可能的実存による自己実現をヤスパースの教育哲学の根拠にしている。「要するに、ヤスパースは哲学者としての顔を基礎にしながら、科学者、歴史学者、政治学者の顔ももっており、それらのおのおのに本来的な自己存在の形成にわれわれを駆り立てる教育学者としての顔を見せている。そこに展開されている哲学的思惟を可能なかぎり、可能的実存による「自己実現」のため

の基本的操作として受け止め、これをヤスパースの教育哲学として考察したのである。」[15] このように増渕も、ヤスパース哲学そのものを教育哲学として考察しようとしている。したがって増渕によれば、現存在としての自己は実存としての自己になる存在、つまり可能的実存であるが、その「可能的実存を実存獲得に向かわせる教育を、実存的教育と呼ぶ」[16] とする。その場合、肝心なことは自己になるという自己生成（Selbstwerden）の問題であり、教育は人間のこの自己生成に意図的・意識的にかかわる行為であるが、それは「自己生成する主体にとっては自己実現（Selbstverwirklichung）を究極の課題にすることと同義である。」したがって、ヤスパースの哲学に展開されている実存的な人間理解にもとづいて実存的教育への道を探る試みは、人間形成の意味を自己実現に見出すことにある[17]。すなわち、ヤスパースの教育哲学の根拠は、自己生成を通しての自己実現にあり、その自己実現を可能にする作用が実存的教育に他ならない。

　増渕は、序論「ヤスパースにおける実存的教育と人間理解」で、ヤスパースの哲学全体が人間形成の基礎としての自己実現を課題に据えて展開されていることを明らかにし、第一章「初期思想形成と哲学への道」で科学者としてのヤスパースを、第二章「世界観の哲学とその展開」で科学者から哲学者への過程を、第三章「包越者の哲学と教育の論理」、第四章「交わり論と教育の論理」、第六章「現代科学論と教育的真理の問題」で哲学者としての、第五章「ヒューマニズムの理念と平和教育」で政治学者としての、第七章「ヤスパースの教育方法論と歴史性」で歴史学者としてのヤスパースを、結論「今後の課題と展望──実存的教育における「個」と「超越」の問題」で実存の共同性の問題を、それぞれ教育学者としてのヤスパースと結びつけて論究している。

　深谷潤は、『ヤスパースと三人の神学者たち──キリスト教教育哲学の断片』において、「ヤスパース哲学を他者に開かれた哲学として特徴づけ、特に教育哲学の分野にその特徴を活かす試みを行うこと」[18] を目的として論を進めている。

　第Ⅰ部「開かれた哲学」の第1章「ヤスパース哲学と科学・宗教」では、ヤ

スパース哲学と科学の関係、ヤスパース哲学の独自性、ヤスパース哲学と宗教の関係について論じている。ヤスパース哲学は、「哲学すること」の意義を強調する点が大きな特徴であり、何に対しても開かれた実践的哲学であると指摘している。またヤスパースは三位一体論を受け入れていないため、イエス・キリストを神とは認めていない立場を取ること、ヤスパースは、暗号をキリスト教の啓示に代わる神の言葉として提示していることを論じている。

第2章「ヤスパースの教育哲学」では、実存哲学に基づく教育学の課題、ヤスパースの交わり論が残した課題、理性による教育、ヤスパースの習得理論について論じている。

ヤスパースの交わり論が残した課題については、ヤスパース教育哲学研究の変遷として先行研究を詳細に論じることを通して考察している。先行研究については、H. ホーン（1955）、マイヤー（1955）、トルケッター（1961）、スペック（1963）、イベレール（1970）、ヨウルダン（1974）、ボック（1978）、シュルトハイス（1981）、ゴスリッヒ（1983）、フックス（1984）、ザラムン（1985）、レール（1986）、ブットナー（1992）らの著書や論文を丹念に検証している。国内の先行研究では、斎藤武雄の『ヤスパースの教育哲学』と増渕幸男の『ヤスパースの教育哲学研究』を中心に検証している。深谷は、増渕の研究について高く評価している。ただ、増渕が交わり論自体の探究を進めるべきであるとして、カウフマン（1957）やフックス（1984）の研究を指摘しているが、その詳細には触れられていないとして、カウフマンとフックスの研究の概要を紹介している。

深谷は、理性の基本的機能は結合性と公明性であると指摘している。理性の結合性や公明性は、理性の根源である愛によって、生まれてくる。実存的交わりによる人間関係は「闘う愛（kämpfende Liebe）」によって成立している。つまり、「理性による教育の意義は、理性による認識を通じて、人間の主体的意志を覚醒させ、愛に基づいた一人の人間として、責任ある行動を促す教育の重要性を主張することなのである。」[19]

ヤスパースの習得理論については、自己教育と習得概念の関連、習得モデルの構造、習得モデルのシュミレーションという観点から考察している。

第Ⅱ部は、「ヤスパースと三人の神学者たち」として、ブルトマン、ティリッヒ、バルトという現代プロテスタント神学とヤスパース哲学を対比させ、教育の問題について論究している。ブルトマンとヤスパースの関係については、聖書理解をめぐる「非神話化」論争を中心に論じている。ヤスパースにとって聖書は歴史的に価値ある伝承としての神話の一つであり、超越者の言葉としての暗号でもある。ブルトマンの場合、聖書は学問的に解釈され得るテキストと見なされ、ブルトマンは聖書の内容を非神話化することが必要であると主張した。ティリッヒとヤスパースの関係については、信仰と不信仰についての見解の共通点と相違点に重点を置いて論じている。バルトとヤスパースの関係については、バルトがイエス・キリストのみを神の啓示とする立場と、ヤスパースの哲学的信仰における暗号解読の立場の相違を論じている。

　深谷の研究は、ヤスパースの教育哲学に関するドイツ語圏の著書や論文を、特に交わり論との関連で丹念に検証している点や、三人の神学者たちとヤスパースの接点をキリスト教教育哲学の断片として論究している点が評価できる。ただ、国内の先行研究も含めて、交わり論の先行研究の比較に力点が置かれ、自己生成や理性による教育についての論究に課題が残されている。

第2節　教育哲学の学問的性格

　教育哲学とは何かということは極めて難しい問題であり、教育哲学の学問的性格は一義的には規定できない[20]。わが国における教育哲学研究は、どちらかといえば欧米の教育学説や教育思想を紹介する業績が多く、教育哲学とは何かについて取り組んだ業績はあまり多く見られない。教育哲学とは何かに取り組んだ業績から、教育哲学の学問的性格について考えたい。

　大浦猛は、教育学の一分野である教育哲学が取り組むべき問題を次の六つにまとめている[21]。

（1）　教育学の本質についての考究。
（2）　教育（的）現実、あるいは教育作用（行為）の本質についての考究。

(3) 教育の目的についての考察。
(4) 教育学の発展にとって肝要であるのに、教育学の他の諸分野が充分に解明していない問題に、柔軟かつ大胆に取り組むこと。
(5) 教育現実の将来に関する全体的構想、そのための方策に関する基本的な理論の形成。教育方法の基本理論。
(6) 過去のすぐれた教育哲学的な成果についての考察、あるいは教育哲学史。教育学史。

以上の教育哲学が取り組むべき研究課題は、同時に教育哲学の学問的性格を示唆しているものと思われる。

さて、わが国において、教育哲学とは何かに本格的に取り組んだ業績としては、木村素衛の『国家に於ける文化と教育』(1946)[22]、長田新の『教育哲学』(1959)[23]、細谷恒夫の『教育の哲学』(1962)[24]などがある。木村は、カントの批判哲学及び西田哲学の影響を受けている。長田は、わが国におけるペスタロッチー研究の第一人者であり、またナトルプ研究にも力を入れ、戦後は教育学の基礎学として政治学と経済学を重視している。細谷は、現象学及び解釈学の影響を強く受けている。

この三者の教育哲学論とヤスパースの教育哲学の接点を求めようとすれば、ヤスパース自身がフッサールの現象学やディルタイの解釈学の影響を強く受けつつ哲学研究の道へ進んだことから、一応細谷の教育哲学論がヤスパースの立場に最も近いのではないかという予測がつく。ただ、沼田裕之は、「一言で言えば、細谷は西欧的な人間の見方、哲学のあり方、教育の前提等が、文字通りの意味で普遍的である事を疑わず、その視点で日本の教育も捉え、哲学している」[25]として、細谷恒夫の『教育の哲学』を批判している。

第3節　教育的現実の哲学的研究

ヤスパースにおける自己生成は、人間が一歩一歩真の在り方を目指して歩んでいくことであるから、人間がよりよき在り方を目指して歩んでゆくことであ

るといいうる。したがって、この人間がよりよき在り方を目指して生きている現実を、細谷恒夫の言葉を用いて、「教育的現実」ということが可能であろうと思われる。

　細谷恒夫によれば、教育的現実とは「私たちがそこで私たち自身を形成し、他の人たちの人間形成にあずかりながら生きている現実」のことに外ならない[26]。そしてその教育的現実の特徴は、「私たち自身が教育的に（むしろ私の方法論的意図にそう用語でいえば人間形成的に、すなわち互に自他を形成しつつ）生きている現実であり、行為なのであって、単にながめられた世界の一部、行為一般の一例なのではない」[27]と述べられている。また彼は、「具体的には、人と交渉しつゝ生活するということがそのまゝ、自分と他人を形成しているということなのである。すなわち私のいう教育的現実というのは、具体的には生活の現実に外ならないのである」[28]という。つまり、教育的現実は、生活の現実ではあるが、ただしそこに人間形成的意味における反省と自覚がなければならないのである。

　ところで、細谷によれば、「人間形成という事象についての哲学的理論がこの研究の意図である。」[29] その際、哲学的研究とは、哲学が何らかの仕方で、普遍性、全体性、根源性を求めてゆく学であることを踏まえている[30]。そして細谷は、「要するに、私は教育哲学を一般哲学の適用乃至応用としてではなく、教育的現実そのものの哲学的研究として考えたいと思う」[31]と述べている。つまり彼は、「既製の哲学理論からの演繹ないし応用として教育哲学を組織しようとするゆき方」を斥けようとする[32]。また彼は、「従来の教育目的論ないしは教育理念論に限定された教育哲学はもちろんのこと、そこから教育方法や内容を演繹的に導き出そうとする教育の理論は、人間形成というもっと広く深い事象の哲学的理論の内に位置づけられることによって、再編成されなければならないと考える。」[33] すなわち人間形成の哲学は、哲学的教育学のように包括的なものではなく、むしろ教育諸科学と並びうる教育的現実の哲学的研究であり、しかしそれは哲学的研究である以上、教育諸科学を踏まえた反省知なのである。

細谷は、教育哲学を教育的現実そのものの哲学的研究とする際、その研究方法について次のように述べている。「教育的現実というのは、私たちの生きている生活現実のうちに実現されている人間形成的な意味を把握することによって成立するのであった。すなわち、私たちの生きている生活現実を人間形成という視点から自覚することが、教育哲学的研究の第一歩ということになる。このように、現実のうちに潜むある意義を自覚的にとりだし、これを一つの視点として確定して、そこから逆に組織的に現実を見、分析する方法を、一般的に解釈学的方法と呼ぶことができるであろう。何故なら、私たち自身が人間形成的に生きていることによって、現実の人間形成的意味を理解することができるのであるし、それを方法的に遂行することは現実の解釈に外ならないからである。そうすれば、解釈学的方法こそ、教育的現実から出発する教育哲学の最も基底的な方法といわなければならない」[34]と。このように、教育的現実そのものの哲学的研究は、解釈学的方法を取る。ここで問題にしている教育的現実とは、生活現実そのものであるが、そこに人間形成的意味における反省と自覚があってこそ、生活現実は教育的現実となるわけである[35]。ここでいう反省と自覚とは、生活そのものに人間形成的な意味があるという、広い意味での自覚であるが、教育学的反省とは生活現実に人間形成的な事実があることに気がつくことであり、狭義の教育学的自覚とは生活現実において人間形成的な課題を見出すことである。

　さて、細谷恒夫の『教育の哲学』は、「教育的存在論」「教育的世界観論」「教育的行為論」の三つの柱から成り立っている。まず、事実としての教育的現実に対する哲学的研究が教育的存在論である。次に、教育的現実の第二の在り方である、課題についての哲学的研究は、教育的世界観論となる。さらに、教育的現実の第三の在り方としての教育的行為については、教育的行為論が成立する。細谷は、教育的存在論と教育的世界観論に先立つものとして、教育的行為を何よりも重視している。彼によれば、「私のいわゆる教育的現実とは、もともと行為としてのみ具体的であり得るということになるであろう。」[36] そしてその教育的行為論の根底には、人間的交渉がある。この人間的交渉は、ブーバー

における「私とあなた」の関係であるから[37]、それはヤスパースにおける実存的交わりとほぼ等しいものといってよいように思われる。

　細谷は、教育的行為に関して、次のように述べている。「教えるということは、教え子をも現状からぬけ出させようとすることなのである。教え子の未熟な、ものを知らない状態から、成熟した、ものを知る状態へと超えさせようとすることなのである。教育者はそのためにこそ、話しかけ語りかけるのである。そして教え子がそれに答えるということは、教え子自身も、自分をぬけ出ようとしていることなのである。こう考えれば、教育的行為は教育者自身も教え子も、ともに自分をぬけ出て超越の場に立つということなのではないだろうか。そして教育的行為それ自体の論理に即して考える限り、教育の権威もそこに求めなければならないと私は思う。教育者の側の自己超越、教え子の側での何ものか自分のできないもの、自分のもたないものへの超越、そこに教育の権威の根源があると思う」[38] と。そして彼は、「教育的行為は、教育者にとっては二重の意味での超越なのである。第一に教育者は、自分をぬけ出て教え子の側に立たなければならないという意味で、第二には自分にとっても与えられていない所に教え子を導こうとしているという点で超越なのである」[39] と述べ、このような教育的行為の構造を「超越論的構造」[40] と呼んでいる。すなわち教え教えられるということは、教育者も教え子もともに超越の場に立つということなのである[41]。したがって、「我と汝とは現実においては如何に対立し、又断絶していようとも、そこに教育的交渉が成立する限り、共に超越において相あうことができるのである。」[42] つまり、人間的交渉に教育的意図が与えられることによって、それは教育的交渉となる。そして、そのような教育的交渉においては、教育者と被教育者はともに超越の場に立つことになるのである。こうした教育的行為における超越論的構造は、ソクラテス的教育における教育者と被教育者の関係に近いものといえよう[43]。

　さて、細谷は、「もし人間を、今ここに生きている主体としてのあり方において、とらえようとする方法論を実存論的方法とよぶならば、教育的行為論の方法をそうよんでよいであろう」[44] と述べ、教育的行為論の方法の核心に実存

論的方法があることを示唆している。また彼は、『教育の哲学』において、ディルタイ、フッサール、マックス・ヴェーバーなどの所説や引用のほかに、ヤスパース、ハイデガー、ブーバーなどの実存哲学者の引用を多く用いている点から推察するに、細谷恒夫の『教育の哲学』における教育哲学論は、その教育的行為論へ至って、教育的実存論ともいうべき性格を有しているように思われるのである。

第4節　精神科学的教育学における教育現実の解釈学

　次に精神科学的教育学の理論観である「教育現実の解釈学」という立場から、ヤスパースの教育哲学の性格を探りたい。精神科学的教育学については、確かに「精神科学的教育学を一義的に定義づけ、明確に概念の規程をすることは困難である」[45]という指摘もある。しかし、一般的に精神科学的教育学とは、ディルタイ（Wilhelm Dilthey, 1833-1911）の学問的方法に基礎づけられた教育学の潮流であり、ノール（Hermann Nohl, 1879-1960）、シュプランガー（Eduard Spranger, 1882-1963）、リット（Theodor Litt, 1880-1962）、フリットナー（Wilhelm Flitner, 1889-1990）、ヴェーニガー（Erich Weniger, 1894-1961）らがその流れを代表する。

　ボルノーは、論文「精神科学的教育学」において、「教育現実」について次のように述べている。「狭い意味で教育と呼ばれる過程や、その過程で形成された方法や、その過程で指導的である観念だけでなく、その中で教育が生起する制度の全体も、文化というこの広い枠組みの中に属する。これらの連関の全体は、教育現実（Erziehungswirklichkeit）という概念でまとめることができる」[46]と。フリットナーはそれを定義して、「教育学の対象は、一般に教育現実である」[47]という。そして、「それゆえ教育現実とは、教育的責任の余地が見出されえて、しかも繰り返し見出される現象の全体である。」[48]これらの「教育現実」は、それ自体が包括的な「生活現実」の一部であり、学校の教育活動にかかわる事柄だけでなく、文化の中に包含されている、教育が生起する仕組みの全体をいう。

ボルノーによれば、おそらく教育現実を最も包括的に規定したのはノールである。ノールは、主著『ドイツにおける教育運動とその理論』(1935) において、教育現実について次のように述べている。「陶冶の普遍妥当的な理論のための出発点は、意味のある全体としての教育現実の事実である。教育現実とは、生から、つまり生の欲求と理想から生じながら、諸々の成果の連関として、歴史を通して貫きつつ、すなわち諸制度や諸機関や諸規則の中で自らを構成しつつ現に存在し、同時に諸理論におけるその手続き、目標と手段、理想と方法を自覚しつつある大きな客観的現実である、つまり芸術と経済、権力と科学のように、ある相対的に自立している文化体系が個々の主観から独立しているのである、そして教育現実はそのような文化体系の中に働いていて特有の理想を統御し、教育現実はあらゆる純粋な教育上の行為の中で有効であり、しかしまたその歴史的展開の中でのみ理解されるのである」[49]と。すなわち教育現実は、歴史の展開の中にあり、また教育現実は教育的行為と不可分のものである。こうしたノールが捉える教育現実は、細谷恒夫が述べている教育的現実にかなり近いもののように思われる。

　ところで、精神科学的教育学は、常に教育実践への関係を考慮する。ボルノーによれば、「このように教育現実を出発点とすることから、精神科学的教育学に特徴的な教育実践への関係が生じてくる。というのは、この教育実践への関係は、精神科学的教育学にとって、自然科学と技術へのそれの応用との間の関係とは原則的に別のものだからである。」[50] そのことを、ヴェーニガーは「教育における理論と実践」と題する、キールでのプログラム的な就任講演において、シュライエルマッハー (F. E. D. Schleiermacher, 1768-1834) を引き合いに出しながら明確に打ち出した。それでは、実践に対してどのような状況の時、理論が必要になるのだろうか。「理論の必要は、実践において困難が現われる場合に初めて生じる。それゆえ、理論というものは、とりわけフリットナーが強調するように、はっきりしていないものではあっても、先行してすでにそこにある理解について熟考するという性格を持っている。理論の課題は、このような理解を意識化し、明瞭にすることであり、このことは同時にまた、この理

解を批判的に吟味し、妨げになる偶然性から解放することを意味している。」[51] 理論は、実践において困難が生じた場合初めて生じてくるが、そうした理論は、すでに存在している教育においての理解を批判的に吟味し、熟考する。「教育理論が実践に役に立って反応しうるやり方も、実践の優位によって規定される。教育理論は、実践において遂行される指図を与えることはできない。」[52] そして、「教育学は、それが諸関係をよりよく理解し、その関係の中で正しく振舞うことを教えることによって、有用である。」[53] 精神科学の方法は一般的に解釈学である。したがってボルノーは、「われわれが有意味な現実の解釈のこの過程を、精神科学から取り出された概念を用いて解釈学と呼ぶなら、われわれは精神科学的教育学の理論観を、教育現実の解釈学と呼ぶことができる」[54] という。

　ところで、クラフキ（W. Klafki, 1927-2016）は、精神科学的教育学派の共通する原理として、次の四つの特徴を挙げている[55]。

　第一の特徴は、科学としての教育学、あるいはより一般的には教育理論と、家庭や学校、社会教育施設または学校外の青年労働、職業教育あるいは成人教育において実行されているような教育実践との関係に関するものである。精神科学的教育学の意味での、科学としての教育学は、実践ないし前科学的教育論の中に含まれる、これらの理論的萌芽から出発した。すなわち、科学としての教育学は、これらの萌芽を方法論的に首尾一貫して考え続けるものとして、また同時にこれらの萌芽の批判として理解された。

　第二の特徴は、「相対的自律性」あるいは「教育学の相対的独自性」という定式によって表わされるものである。精神科学的教育学はそれ自体において、固有の教育学的な基本原理のあの発展における一つの契機として、すなわちこの独立の原理が歴史的な過程の中で意識化され、「概念化」され、そしてこの意味で実践の任務とその任務の現実化の条件に関する実践の啓蒙に役立つ科学として、理解されていた。

　第三の特徴は、それが教育現実及びあらゆる教育理論を——精神科学的教育学自体も含めて——歴史的現象と見なしたことである。教育学的思考と行為の

歴史性というこの原則的前提から、精神科学的教育学にとって、単に古くさい意味で教育学の歴史を押し進めるだけでなく、あらゆる現実の教育問題をその歴史的背景に基づいて研究し、その都度の現在に影響を残している歴史を探り出す必要性が生じた。

第四の特徴は、この方向が科学的認識の源泉と方法を問題にする際の解答の中にある。精神科学的教育学がその認識を情報処理によって獲得した資料としては、何よりもまずテクストが挙げられるべきである、すなわちそれは、学校規則や法規、伝記や教育計画、そしてとりわけ過去及び現代の教育理論である。精神科学的教育学の方法論的な、すなわち科学的な認識の手続きへ向けられた熟慮は、テクスト解釈の手続き、つまりテクストの意味を確かめること、またテクストの成立状況やその精神史的前提と影響へ向けられる歴史的解釈学的研究方法に、著しく集中している。狭い意味での「テクスト」の領域を越えて、精神科学的教育学の方法は、折々一般に、「教育現実の解釈学」と呼ばれてきた。

すなわち、科学としての教育学と教育実践との緊密な関係、教育学の相対的自律性という原理、教育現実及び教育理論を歴史的現象と見なしたこと、教育現実の解釈学という方法が、精神科学的教育学に共通する四つの原理である。

なお、ダンナー（H. Danner, 1941-）は、精神科学的教育学の研究方法について、歴史的に理解する方法としての解釈学を中心として、また現象学的方法による本質把握的記述及び思考や現実の矛盾する契機を反省する弁証法的方法も、適切であるとする[56]。この場合、理解と歴史学の方法としての解釈学に、さらに広範な意味が生じてくる。彼は、解釈学的行動と精神科学的思考とを同じものと見ることはできないとし、精神科学的教育学の方法は解釈学を軸に、現象学及び弁証法の方法があると考えている。また、ダンナーは、「もう一つ別の観点の下では、「精神」科学的な考察方法は、いわゆる実存哲学に従って「実存」と呼ばれうるものをテーマとしている――この「実存」も大変矛盾した概念ではあるが」[57]と述べている。少なくとも、精神科学的教育学の内部に実存の問題が内在していると考えられる。こうした精神科学的教育学の方法は、また精神病理学研究や心理学研究におけるヤスパースの研究方法と一致する部分

が多いように思われる。

　さて、ヤスパースは、ディルタイの記述的・分析的心理学とフッサールの現象学の影響を受けながら、独自の了解心理学の立場を樹立し、その意味でヤスパースは、いわゆる「精神科学的精神医学」の創始者および最も重要な代表者の一人と見なされる[58]。いずれにせよ、ヤスパースがディルタイの了解概念を継承し、発展させていることは間違いない。ディルタイの方法を継承した精神科学的教育学派の代表者であるノール、シュプランガー、リットはヤスパースとほぼ同世代であり、精神科学的方法の展開という大きな流れの中では、精神科学的教育学派とヤスパースの間に共通点を見出せるように思われる。

　それでは、ヤスパースにおける教育現実とは何であろうか。それは自己生成による自己実現にあるといえるだろう。自己実現は、実存的教育の目標を示唆するが、自己実現は自己生成の中に包括して考えることができるだろう。だから、ヤスパースにおける教育現実は自己生成に集約されるのではないだろうか。すなわち可能的実存が実存となる過程がヤスパースにおける教育現実なのである。その意味ではヤスパースの教育哲学にも、教育現実の解釈学という方法が当てはまるように思われる。

　ヤスパースにおける実存（Existenz）は超越者（Transzendenz）と関係している自己存在（Selbstsein）であり、超越者はわれわれに暗号（Chiffren）として現われる[59]。この暗号の解読は、実存的体験に根差すものである。実存は、科学的に認識可能なものではなく、哲学的、主体的真理である。この意味でここでいう解釈学という立場は、実存的体験を解釈することを含めて考えるべきであるが、ヤスパースの主著『哲学』(1932)はこの実存的体験を現象学的・解釈学的に記述することに成功しているといっても過言ではないであろう。

　ヤスパース哲学そのものが教育哲学の性格を有しているという場合、その教育哲学の学問的性格をどのように規定すべきかが問題となる。細谷恒夫の『教育の哲学』では、教育哲学を教育的現実そのものの哲学的研究と規定している。これをヤスパースの教育哲学に当てはめてみると、自己生成が教育的現実であり、その意味でヤスパース哲学は教育的現実を哲学することが中心課題となっ

ていると考えられる。教育的現実は、生活現実そのものであるが、そこに人間形成的意味における自覚と反省があってこそ、生活現実は教育的現実になる。生活現実が教育的現実になることは、ヤスパース哲学に従えば、現存在にある可能的実存が実存になる過程とほぼ等しいものといえよう。

また、精神科学的教育学の理論観は教育現実の解釈学という立場である。この立場から見れば、ヤスパースにおける教育現実とは、やはり同じように、自己生成にあると考えられる。つまり、可能的実存が実存となる過程が教育現実であるといえる。その意味では、ヤスパースの教育哲学にも、教育現実の解釈学という方法が妥当であるように思われる。

こうして、ヤスパースの教育哲学が精神科学的教育学に親近性を有する根拠は、次の三点になるであろう。

第一に、ディルタイの了解概念を継承、発展させている点である。本研究で考察するように、ヤスパースにおける精神病理学及び心理学における「了解」は、哲学における「交わり」に発展したと見ることができる。

第二に、近代教育学における子どもの教育をどうするかという課題よりも、不安や苦悩や挫折に直面して克服する青年期の教育に示唆するものが多いという点である。このことは、限界状況や交わりなどから理解することができる。

第三に、自己生成を教育現実と見ることが可能であり、教育現実の解釈学という立場を有している点である。特に、自己生成は、精神科学的教育学に内在していた実存への超越を教育現実の可能性として明確にしているということもできよう。

第5節　科学と哲学

ヤスパースは、『大学の理念』(1946)において科学と哲学の関係について、次のように論じている。

ヤスパースによれば、科学は、強制的な確実性と普遍妥当性を持つ方法的認識である。この命題に基づく、科学的知識の三つの特徴は、次のようであ

る[60]。

　第一に、科学は、常に方法的意識と結びついている。
　第二に、科学的知識それ自体は、強制的な確実性である。
　第三に、科学的洞察は、普遍妥当的である。
　その一方で、科学の限界は次のことである[61]。
　第一に、科学的な事実認識は、存在認識ではない。なぜなら、科学的認識は、存在自体ではなく、規定された諸対象へと個別に方向づけられているからである。
　第二に、科学的認識は、生に対して、いかなる目標も与えることができない。すなわち科学的認識は、いかなる妥当的価値をも樹立しない。
　第三に、科学は、自らの固有の意味への問いに対して、いかなる答えも与えることができない。
　次に、ヤスパースは、科学との関係において哲学の意義について、次のように考えている[62]。
　第一に、哲学は科学ではなく、むしろ科学と区別されることによって明確になる。あらゆる科学は、一つの対象を持っている。哲学は、無制約的真理を把握しようとするものであり、その点において科学以上のものである。
　第二に、哲学はそれ自体根源的な知識欲である。哲学は、本来的な存在としての無制約的なものを、個別的なものの中に把握しなければならない。哲学は、それ自体科学ではなく、すべての科学の内に存在する。哲学者としての人間は、自分の無知を知り、知識を求めて努力する。哲学は、具体的な事柄における日々の思惟として、思考の内的行為として、根源的である。哲学とは、自分自身の生活そのものにおいて科学の道を通って真理を自覚することである。
　第三に、哲学は偽りの科学に対して、科学にとっての知識のための闘争をする。それゆえ闘争は、無批判的な哲学そのものが科学の振りをする場合、無批判的な哲学に向けられる。
　このようにヤスパースは、科学と哲学を区別するが、人は哲学を教えることができないと考えている。つまり、人は哲学を学ぶのではなく、哲学すること

を学ぶことができるにすぎないと主張する。

　この点に関して、クナウス（G. Knauss）は、「40年間、カール・ヤスパースは、人は哲学を教えることができないということを教え続けた」[63]と述べている。この意味するところは、人は、本来哲学を教えることができない、あるいはより厳密には、人は本来の哲学を教えることができない、と限定的にいわなければならない。クナウスによれば、人は哲学を教えることができないという命題との関連において、人はしばしばカントの名を挙げるのが常である。カントは、人は哲学を教えることができないと教えた。カントは決して、人は絶対に哲学を教えることができないといってはいない。ヤスパースは、「それゆえカントは、人は哲学を学ぶことができず、ただ哲学することを学ぶことができるにすぎない、ということを知っていた」[64]と述べている。この哲学することを学ぶ場は大学であり、その中心となるのは哲学部である、とヤスパースは考えていた。

　クナウスは、「挫折（Scheitern）」をヤスパースの哲学における最も高い論点と呼ぶ。このことが、ヤスパースは、人は哲学を教えることができないということを教え続けたことに関連してくる。

　ヤスパースによれば、挫折は、超越者と実存の媒介であり、超越者の言語である暗号を意味する。人間は、限界状況（Grenzsituation）に直面することによって、あるいは他者との交わり（Kommunikation）の中で、歴史的伝承との交際の中で、挫折する。実存は、自己がいかに生きるべきかを根拠づける超越者と連繋する自己存在である。ヤスパースによれば、「暗号を存在の現実として見ることは、まず第一に挫折の経験に起因する。」[65]つまり、自己は挫折を経験した時にこそ、挫折を暗号として自覚し、その暗号を解読して、超越者と連繋するのである。

　ヤスパースが、人は哲学を教えることができず、学ぶこともできず、ただ哲学することを学ぶことができるにすぎないと考えるのは、暗号を解読し、超越者と連繋することは、自己の主体性に任され、したがって自己の内的行為としての決断によって実現するしかないということを意味しているのである。自己が決断するための洞察は哲学することに他ならず、哲学の知識は、自己の経験

とあいまって、その洞察の要素になるということである。

ヤスパース哲学においては、実存への飛躍を可能とするのは理性であり、彼は、理性を基盤とする存在の自覚的形式を包括者（das Umgreifende）と名づけた。この点に関連して、クナウスは次のように述べている。「ヤスパースの哲学的思惟は、包括者の哲学につながる。包括者の哲学は、包括者を教えることのできないことについての学説である。あらゆる試みの挫折としての教えることのできないこと、すなわち存在の全体を考察することは、この哲学の最も高い論点である。」[66]

したがって、哲学は教えられないとは、ソクラテスの「無知の知」に通じる。ヤスパースは、「科学的な知こそ本来的な無知に至る唯一の道であるがゆえに、哲学する者は、科学的な知に向かって突き進む」[67]と述べている。無知とは、人生とは何かがわからない、存在とは何かを説明することができないという意味である。つまり、人生とは何か、存在とは何かは教えられない。ただそれを考えるための要素は伝えられる。だから自己が自身の人生への問いを持ちつつ、自らの決断によって主体的に生きていくしかないのである。

このように、ヤスパースは科学と哲学を区別した上で、人は哲学を教えることができないことを教え続け、人は哲学することを学び、哲学することを実践していくことが重要であると訴えかけるのである。

第6節　本研究の目的

まず、ヤスパース哲学の時期区分について触れておきたい。

林田新二は、『ヤスパースの実存哲学』（1971）[68]において、『哲学』（1932）と『現代の精神的状況』（1931）を前期の著作と見て、後期は『理性と実存』（1935）に始まると見ている。

伴博は、『カントとヤスパース――勝義の哲学的人間学への道』（1999年）[69]において、次のように区分している。

初期(1)　精神病理学の時期。1909年〜1913年。

初期(2)　心理学の教員〔講師、後に員外教授〕の時期。1914年～1920年。
中期　彼の哲学思想（その基本思想）の形成期にあたる。1920年～1932年。
後期　いわば完成期にあたり、彼の基本思想の仕上げと展開の時期。1935年
　　　以降。

中山剛史は、『ヤスパース暗黙の倫理学――〈実存倫理〉から〈理性倫理〉へ』(2019)[70] において、① 初期を『世界観の心理学』(1919) および1920年代の草稿、② 前期を「実存開明」を主軸とする主著『哲学』(1932)、③ 後期を「包括者」と「理性」の概念が出現した『理性と実存』(1935) 以降と定めている。

桝井靖之は、『ヤスパース　精神医学から哲学へ――人間学的歩み』(2012)[71] において、ヤスパースの研究者としての歩みを三つの時期に区分している。

1．前期（精神医学研究の時期【精神医学における・それを超えた「人間存在解明」の方法論模索の時期】：1909年～1919年）
2．中期（哲学研究の時期①【哲学における「人間存在解明」の方法論構築の時期】：1920年～1932年）
3．後期（哲学研究の時期②【哲学における「人間存在解明」の方法論成熟の時期】：1933年～1969年）

時期区分についてはさまざまな見解があるが、本書ではおおよそ以下のように定める。

初期：精神医学研究及び心理学研究の時期（1909年～1919年）。
前期：『現代の精神的状況』(1931) 及び『哲学』(1932) における実存哲学
　　　の時期。
後期：「理性」概念と「包括者」の思想が出てくる『理性と実存』(1935) 以降。

さて、ここで筆者の前著『ヤスパース教育哲学序説』と本書との違いについて述べておきたい。前著では、どちらかといえば、ボルノーの教育学的人間学とヤスパースの教育哲学の比較に力点が置かれていた。ヤスパースの教育哲学についても、『哲学』を中心に前期の著作に比重が置かれ、限界状況や交わりなど『哲学』に依拠する部分が多かった。もちろん前著でも、哲学的論理学の核心である包括者の思想を自己生成との関係で論じ、理性の重視については論

序論　ヤスパース教育哲学の性格　　21

究している。しかし、後期哲学で重要な概念である哲学的信仰や暗号、それに大学論、政治哲学、歴史哲学についてはほとんど触れることができなかった。

　そこで、本研究では、前著で十分論じることができなかったヤスパースの後期哲学に視野を広げ、交わり概念の解釈の広がりを柱に、ヤスパースの教育哲学の展開について論究しようとする。本研究の主な目的は、次の三点である。

　本研究の第一の目的は、ヤスパース教育哲学の根拠を、途上における存在である人間が、自己生成を通して真の自己存在である実存となることに求める。

　ヤスパースは、人間は完成するものではなく、絶えず新たな運命へと流転し、生成すると考える。すなわち、人間存在は人間生成であり、人間が存在することは、人間となってゆくことに他ならない。

　自己にとって人間存在の主体的な核心は実存である。実存は、超越者と連繫している真の自己存在であり、その実存も生成してゆくものである。それゆえ自己存在は、真の自己となってゆくことである。このことを自己生成という。すなわち、自己存在即自己生成という立場を理解することが、ヤスパース教育哲学の核心を捉えることになる。

　自己は、生命の有限性を示唆する限界状況を引き受け、孤独から他者との交わりへ入り、日々の生活において自己反省をし、歴史的伝承や哲学の作品から自己の生き方を習得することである「わがものにすること」によって、自己生成をする。

　ヤスパースは、カントと同様に、人は哲学を学ぶことができず、ただ哲学することを学ぶことができるにすぎないと考えていた。哲学することは、自己がどう生きるべきかを考え抜くことであり、まさに自己生成そのものである。ヤスパースは、自己生成を通して実存が生起すると考えているが、そのことは哲学することから超越することが生起するということも可能であろう。

　ヤスパースにおける自己生成は、他者教育に対して用いられる自己教育と明確に区別していないように見受けられる。自己生成は、真の自己が生成してゆくことを示唆し、主として人格形成に意義を持つ。したがって本研究では、自己生成を「実存哲学的自己教育概念」と位置づける。

ヤスパースの後期哲学では、哲学的論理学と哲学的信仰が重要な概念となるが、いずれも包括者概念を根拠として成立している。とりわけ哲学的論理学は、その内実である包括者によって、自己生成の論理学的構造を開示している。
　自己生成は、実存が生成する過程を示すが、実存は包括者の諸様式においてわれわれ自身の超越的なものである。したがって実存は、存在そのものとしての超越的なものである超越者と連繋している自己存在である。実存の前提となるわれわれ自身の内在的なものが、現存在、意識一般、精神であり、これらは存在そのものとしての内在的なものである世界に対応している。これらの包括者の諸様式のわれわれの内なる紐帯が、理性である。
　したがって自己生成を解明することは、包括者の構造を明らかにすることであり、実存と結びつき、実存を支え続ける理性の機能を見出すことである。理性は、現存在・意識一般・精神から自覚的に実存へと飛躍する根拠である。理性は、実存が超越者に眼差しを向け、限界状況を引き受ける基盤であり、全体的な交わりの意志として実存的交わりを可能にする。それゆえ自己生成の構造を解明することは、実存と結びついている理性を解明することである。
　本研究の第二の目的は、ヤスパース教育哲学の展開を、交わり概念の広がりの観点から考察することである。このことは、ヤスパースの実存的交わり概念の理解が、ソクラテスの見地からプラトンの見地へと発展していると見ることを意味する。
　ヤスパースは、『哲学』第2巻「実存解明」(1932) において「交わり」について詳細に論述している。そこでは、交わりは「現存在の交わり」と「実存的交わり」に二分して論じている。実存的交わりは、真の交わりともいわれる。ヤスパースは後年、実存的交わりが実現できた人物として、親友であるエルンスト・マイヤー、愛する妻ゲルトルート、偉大な師マックス・ヴェーバーの名を挙げているが、これは信頼できる親しい交わりだけである。こうした見方によれば、実存的交わりはその人の身近な親しい交わり、つまり限定的な二者間にしか成立しえない交わりである。確かにヤスパースの場合、実存的交わりは超越者を介して直接的に向き合う二者間に成立するので、こうした見解は妥当

である。しかし、親しい人との気の置ける安心な交わりを意味しているわけではない。実存的交わりは、厳しく誠実で愛が闘いであるような交わりである。ただ、限定的な二者間における交わりという意味では、教育哲学の中心概念として位置づける場合、どうしても狭さが感じられる。

　ヤスパースの交わり概念は、後期の『理性と実存』(1935) 以降、後期の主著である『真理について　哲学的論理学第1巻』(1947) や『啓示に面しての哲学的信仰』(1962) などにおいて、『哲学』における「現存在の交わり」が細分化され、「現存在の交わり」「意識一般の交わり」「精神の交わり」となり、また「実存的交わり」を根底で支える「理性的交わり」ないし「理性の交わり」も現われる。これは、後期哲学の中心概念となる包括者の諸様式に対応したものであり、実存と結びつき、実存を根底から支える理性に注目することにより、ヤスパースの交わり概念は広がりを持つことになったといえよう。

　『大学の理念』(1946) における「教育の基本形式」からも明らかなように、「実存的交わり」は教育形態としては「ソクラテス的教育」となる。ソクラテス的教育では、教育は助産的であり、教師と生徒の間には、過程としての闘争する愛がある。

　このような立場から、ヤスパースは『哲学』においては、プラトンの対話法を実存的交わりと捉えなかった。しかし後年、『大哲人たち』第1巻 (1957) においては、プラトンの対話法を実存的交わりと見る立場へと改めた。このことを本研究では、ヤスパースの実存的交わり概念におけるソクラテスからプラトンへの展開と捉える。

　この捉え方は、実存的交わりを限定した二者間の真の交わりと狭く捉えるのではなく、真理を求めてなされる真摯な対話を実存的交わりと捉えることを意味する。したがって、教育、学問、政治などの場における真摯な対話も実存的交わりの範疇で捉えるということである。

　ただ、実存的交わり概念は、ヤスパースと妻ゲルトルートとの交わりを根拠として形成されたため、真理を求めてなされる真摯な対話は、その人とかかわるすべての人との間に成立しえないことも意味する。実存的交わりにおいて実

存が生起するが、実存は一回性と唯一性という契機を有する。つまり実存は、時間的な一回性と個人の唯一性を特徴とする。実存的交わりは、限定的な二者間の交わりであることと、そうした要素を持ちながらもより広がりを持つ誠実な対話も含むという二義性を持つと指摘することができよう。すなわちこのことは、狭義の実存的交わりと広義の実存的交わりという解釈が可能となることを意味する。

いずれにせよ、実存的交わりを限定的な二者間による交わりとしてのみ解釈するならば、教育哲学の中心概念に据えるには狭すぎるといわなければならない。実存的交わりの解釈を拡大することによってこそ、教育に意味を持つようになるといえよう。

たとえば、立場が違う人間同士であっても、対話を通して理解し合えることもありうる。また、人間と人間が社会において対話を続けることによって、また国家と国家も対話を持ち続けることによって、争いを回避することができ、世界平和にもつながる。本研究においては、交わり概念の広がりを、個人間の関係に留まらず、社会、大学、国家、世界において、真理を目指すコミュニケーションの可能性と捉えようとするのである。

本研究の第三の目的は、ヤスパース教育哲学の根底にあるのは、人間の自由、すなわち実存的自由であること、自由の中でも特に政治的自由が根本的に重要であることを明らかにすることである。

ヤスパースにおける自由の問題は、実存解明に関係している。自己は、自由の中で真の自己となり、実存的自由は、自己が真の自己を目指して主体的に生きていく過程で獲得される。実存的自由は、他者との交わりを通して自分で生き方を選択して決断する自由である。そうした自由は権威とともにあってのみより真実となり、権威の中で覚醒される。真の権威は、人間相互の交わりの中にあり、交わりの中で自己は生き方を決断する。

実存的自由を獲得するためには、その外的条件がなければならない。ヤスパースは、平和政策の前提として、真理と自由を捉える。つまり、国民に主体的真理を探究することが保障され、また同時に国民がそのことを自覚的に実行し、

さらに国民に政治的自由が保障されることによって、実存的自由は可能であると考える。実存的自由は、個人の自由である。それゆえ、民主主義体制において政治的自由の保障がなければ、実存的自由は実現できない。

　ヤスパースは、民主主義を理想的な政治体制と見る。したがって彼は、ナチズムによる全体主義を厳しく批判する。その一方で、彼は第二次世界大戦後の全体主義の脅威は、共産主義にあると見ている。そのため政治的自由について考察する際、ヤスパースの全体主義批判が前提となる。

　政治的自由は、法治国家によって国民に保障される。政治的自由が保障される政治体制が、民主主義である。民主主義では、国民は法の下で平等である。民主主義の維持、発展のためには、国民の自覚がなければならない。

　ヤスパースによれば、国民が理性を成就し、世界平和を実現しうる政治体制は民主主義である。その場合、人間に完全な理性が備わっているのではなく、理性は形成されてゆく。民主主義は、理性によって絶えず発展する理念である。民主主義は理性によってのみ成り立つ。ヤスパースによれば、民主主義は理性を前提とし、理性が民主主義を生み出す。つまり人間の理性が生み出した政治体制が民主主義だということになる。

　ヤスパースは、民主主義的な理念においては、偉大な政治は、共同体において理性による自己教育であると考える。この自己教育は、国民の理性を根拠とし、主権者としての自覚を前提とする。したがって、民主主義の維持、発展のためには、学校における教師の役割が重要である。

　このように本研究では、第一の目的である自己生成の解明を前提として、第二の目的である交わり概念の広がりの観点を柱に、第三の目的である自由の問題を論究する。つまり、実存的交わり概念の厳密な意味とその概念の解釈拡大という緊張関係において、自己生成を教育哲学の根拠として捉え直し、実存と結びついた理性による自由を重視する立場から、単独者としての自己、社会、大学、国家、世界がいかにあるべきかを考究する。ヤスパースによれば、交わりも、自己生成も、自由も、理性が根底になければならない。

　ヤスパースの後期哲学、とりわけ第二次世界大戦後の思索には、カントから

影響を受けた理性概念の尊重が際立ってくる。もちろん、ヤスパース哲学は、実存の哲学であることを放棄したわけではない。ヤスパースにおける実存の哲学から理性の哲学への発展を、教育哲学におけるソクラテスの見地からプラトンの見地への展開と関連づけて捉える。それゆえ本研究では、実存と理性と自由が論究すべき中心概念となるのである。

注（序論）
1）ヤスパースの教育学ないし教育哲学を論じたドイツ語圏での主な研究書には次のものがある。

H. Horn, Existenz, Erziehung und Bildung. Das Problem der Erziehung und Bildung bei Karl Jaspers und die neuere Pädagogik, (Diss), Göttingen, 1955.

A. Mayer, Karl Jaspers' Erziehungsphilosophie—Bildung und Existenz—, (Diss.), Erlangen, 1955.

F. Kaufmann, Karl Jaspers und die Philosophie der Kommunikation, in:Karl Jaspers, (hrg. v.) Paul Arthur Schilpp, W. Kohlhammer Verlag, Stuttgart, 1957.

B. Tollkötter, Erziehung und Selbstsein. Das pädagogische Grundproblem im Werke von Karl Jaspers, Ratingen, 1961.

J. Speck, Über die Eigenart der pädagogischen Problematik in Jaspers'"Logik", in:Vierteljahrsschrift für wissenschaftliche Pädagogik jg. 39, 1963.

G. Iberer, Die pädagogische Relevanz des Kommunikationsbegriffes bei Karl Jaspers, (Diss), Graz, 1970.

H. M. Jourdan, Möglichkeiten und Grenzen einer kommunikativen Pädagogik, (Diss.), Dortmund, 1974.

I. Bock, Kommunikation und Erziehung, Grundzüge ihrer Beziehung-, Wissenschaftliche Buchgesellschaft, Darmstadt, 1978.

J. Schultheiss, Philosophieren als Kommunikation, Versuch zu Karl Jaspers' Apologie des kritischen Philosophierens, Forum Academicum in der Verlagsgruppe Athenäum/Hain/Seriptor/Hanstein Monographien zur philosophischen Forschung Bd. 207, 1981.

G. Goslich-Kuhsel, Verschiedene Formen indirekter Kommunikation:eine Unterschungsreihe in Auseinandersetzung mit Karl Jaspers Kommunikationstheorie, (Diss.), Aachen, 1983.

F. J. Fuchs, Seinsverhältnis－Karl Jaspers' Existenzphilosophie－, Bd I. :Existenz und Kommunikation, Frankfurt/M, 1984.

K. Salamun, Karl Jaspers, Verlag C. H. Beck München, 1985.

F. Röhr, Die pädagogische Theorie im Denken von Karl Jaspers, Bouvier Verlag Herbert Grundmann, Bonn, 1986.
　　 E. Büttner, Kommunikation im Werk von Karl Jaspers:Impulse für pädagogische Kommunikation, (Diss.), München, 1992.
2 ）森昭『教育理想の哲学的探求・教育哲学序論』（森昭著作集第一巻）黎明書房、1978年。
3 ）斎藤武雄『実存と教育』創文社、1976年。
　　 斎藤武雄『ヤスパースの教育哲学』創文社、1982年。
4 ）増渕幸男『ヤスパースの教育哲学研究』以文社、1989年。
5 ）豊泉清浩『ヤスパース教育哲学序説――ボルノーからヤスパースへ：自己生成論の可能性』川島書店、2001年。
6 ）深谷潤『ヤスパースと三人の神学者たち――キリスト教教育哲学の断片』溪水社、2002年。
7 ）K. Jaspers, Was ist Erziehung? Ein Lesebuch. Textauswahl und Zusammenstellung von Hermann Horn, 1977 R. Piper & Co. Verlag, München, 2. Aufl. 1982.
8 ）前掲、斎藤武雄『実存と教育』、3頁。
9 ）同上書、75頁。
10）同上書、76頁。
11）前掲、斎藤武雄『ヤスパースの教育哲学』、36-38頁。
12）同上書、38頁。
13）前掲、増渕幸男『ヤスパースの教育哲学研究』、8-9頁。
14）同上書、9頁。
15）同上書、10頁。
16）同上書、21頁。
17）同上書、22頁。
18）前掲、深谷潤『ヤスパースと三人の神学者たち』、ii頁。
19）同上書、78頁。
20）次の書には教育哲学の学問的性格についての論究が含まれている。
　　村田昇編著『教育哲学』（現代教育学シリーズ1）有信堂高文社、1983年。
　　小笠原道雄編著『教育哲学』（教職科学講座第1巻）福村出版、1991年。
21）大浦猛『教育哲学』創価大学出版会、1987年、13-15頁。
22）木村素衛『国家に於ける文化と教育』岩波書店、1946年。
23）長田新『教育哲学――教育学はどこへゆく』岩波書店、1959年。
24）細谷恒夫『教育の哲学――人間形成の基礎理論』創文社、1962年。
25）沼田裕之「教育哲学への序章――細谷恒夫『教育の哲学』批判」、『東北大学教育学部研究年報』第42集、1994年、26頁。
　　　沼田裕之『教育目的の比較文化的考察』玉川大学出版部、1995年、参照。
26）前掲、細谷恒夫『教育の哲学』、18頁。

27) 同上書、5頁。
28) 同上書、19頁。
29) 同上書、3頁。
30) 同上書、29頁、参照。
31) 同上書、6頁。
32) 同上書、6-7頁。
33) 同上書、10頁。
34) 同上書、31-32頁。
35) 同上書、19-21頁、参照。
36) 同上書、195頁。
37) 同上書、96-118頁、参照。
38) 同上書、232頁。
39) 同上書、232頁。
40) 同上書、233頁。
41) 同上書、233頁。
42) 同上書、233頁。
43) 豊泉清浩「ヤスパースにおける「実存的交わり」と「ソクラテス的教育」の関連性について――愛の性格の観点から」、『教育学論集』第32集、中央大学教育学研究会、1990年、参照。
44) 前掲、細谷恒夫『教育の哲学』、247頁。
45) 小笠原道雄編著『[オンデマンド版] 精神科学的教育学の研究――現代教育学への遺産』玉川大学出版部、2012年、6頁。
46) O. F. Bollnow, Die geisteswissenschaftliche Pädagogik, in:H. Röhrs/H. Scheuerl (Hrsg.), Richtungsstreit in der Erziehungswissenschaft und pädagogische Verstän digung, Verlag Peter Lang GmbH, Frankfurt am Main, 1989, S. 56.
47) W. Flitner, Systematische Pädagogik, in:Wilhelm Flitner Gesammelte Schriften, Band 2, Ferdinand Schöningh 1983, S. 26.
48) ibid., S. 27-28.
49) H. Nohl, Die pädagogische Bewegung in Deutschland und ihre Theorie, Vittorio Klostermann GmbH. Frankfurt am Main, 1987, 10. Aufl. 1988, S. 150-151.
50) O. F. Bollnow, Die geisteswissenschaftliche Pädagogik, a. a. O., S. 57.
51) ibid., S. 57.
52) ibid., S. 58.
53) ibid., S. 58.
54) ibid., S. 58.
55) Vgl. W. Klafki, Aspekte Kritisch-konstruktiver Erziehungswissenschaft. Gesammelte Beitrage zur Theorie-Praxis-Diskussion, Beltz Verlag・Weinheim und Basel, 1976, S. 17-26.

56）Vgl. H. Danner, Methoden geisteswissenschaftlicher Pädagogik. Einführung in Hermeneutik, Phänomenologie und Dialektik, Ernst Reinhardt Verlag, München Basel, 1979, 2. Aufl. 1989, S. 29-30.
57）H. Danner, Überlegungen zu einer 'sinn'-orientierten Pädagogik, in:M. J. Langeveld・H. Danner, Methodologie und 'Sinn'-Orientierung in der Pädagogik, Ernst Reinhardt Verlag, München, 1981, S. 114.
58）前掲、増渕幸男『ヤスパースの教育哲学研究』、109頁、参照。
59）Vgl. K. Jaspers, Philosophie Ⅲ. Metaphysik, 1932, Springer-Verlag Berlin・Heidelberg・New York, 4. Aufl. 1973.
60）Vgl. K. Jaspers, Die Idee der Universität, Berlin Springer-Verlag. 1946, S. 12-13. カール・ヤスパース、福井一光訳『大学の理念』理想社、1999年、19-21頁、参照。
61）Vgl. ibid., S. 18-19. 同上訳書、28-30頁、参照。
62）Vgl. K. Jaspers, Philosophie I. Philosophische Weltorientierung, 1932, Springer-Verlag Berlin・Heidelberg・New York, 4. Aufl. 1973, S. 318-329.
63）G. Knauss, Die Idee der Universität und das Lehren der Philosophie, in:K. Salamun（Hrsg.）, Philosophie-Erziehung Universität：zu Karl Jaspers'Bildungs-und Erziehungsphilosophie, Peter Lang GmbH. Frankfurt am Main, 1995, S. 39.
64）K. Jaspers, Philosophie I, a. a. O., S. 323.
65）K. Jaspers, Philosophie Ⅲ, a. a. O., S. 234.
66）G. Knauss, Die Idee der Universität und das Lehren der Philosophie, a. a. O., S. 51.
67）K. Jaspers, Philosophie und Wissenschaft , in:Rechenschaft und Ausblick. Reden und Aufsätze R. Piper & Co. Verlag München, 1951, 1958, S. 252.
68）林田新二『ヤスパースの実存哲学』弘文堂、1971年、27頁、参照。
69）伴博『カントとヤスパース――勝義の哲学的人間学への道』北樹出版、1999年、599-600頁、参照。
70）中山剛史『ヤスパース　暗黙の倫理学――〈実存倫理〉から〈理性倫理〉へ』晃洋書房、2019年、10頁、参照。
71）桝井靖之『ヤスパース　精神医学から哲学へ――人間学的歩み』昭和堂、2012年、5-6頁、参照。

序論の内容は、以下の該当箇所と重複する部分がある。
豊泉清浩『ヤスパース教育哲学序説――ボルノーからヤスパースへ：自己生成論の可能性』川島書店、2001年、1-5頁、306-317頁。

第Ⅰ部　実存と自己生成

第1章　初期思想形成

　ヤスパースは、初期の精神病理学研究及び心理学研究において、「了解心理学 (die verstehende Psychologie)」という立場であった。「了解 (Verstehen)」は、精神的なものを中から見ることであり、静的了解と発生的了解に分けられる。まずこの了解が、ヤスパース哲学において「交わり (Kommunikation)」へ発展したことを明らかにする。

　ヤスパースは、精神科医として精神医学研究から哲学研究へと進んだ。なぜ精神医学研究から哲学研究へと進むことになったのかの根拠を、精神医学研究で持っていた人間存在への問いに求める。つまり時代状況における人間存在解明への問題意識が、ヤスパースを哲学研究へ、そして実存哲学の構築へと突き動かしたと考える。

　一方でヤスパースは、精神医学研究を進めていた時期に、マックス・ヴェーバー (Max Weber, 1864-1920) と出会い、彼から多大な影響を受けた。ヤスパースは、独自の観点からマックス・ヴェーバーを真の哲学者と見る。ヤスパースは、マックス・ヴェーバーにより、個々の人間だけではなく、人間と国家の関係に注目するようになり、民主主義と政治的自由という後年の政治哲学の根幹となるものを学び取った。

　本章では、ヤスパースにおける精神医学研究から哲学研究へ至る過程及び同時期のマックス・ヴェーバーの影響に見られる思想を初期思想と捉えて、考察する。

第 1 節　了解心理学

　1913年にヤスパースは最初の大著『精神病理学総論』を完成させ、出版した[1]。その著述にあたって彼は自分の臨床経験を生かすとともに、フッサール（Edmund Husserl, 1859-1938）が最初「記述的心理学」と呼んだ記述的方法をその現象学から取り入れた。ヤスパースは、現象が意識内で起こる限り、患者が追体験し再認できる仕方で明瞭に記述できる体験、すなわち患者の主観的な体験を識別することは可能または有用であると判断した。ここでは現象学が一つの科学的研究方法として採用された。他方で、ヤスパースはディルタイ（Wilhelm Dilthey, 1833-1911）の精神科学からも影響を受け、着想を得ている。ディルタイは、「理論的説明心理学」（いわゆる「構成心理学」）に対抗して、もう一つ別の「記述的分析的心理学」を提唱していた。ヤスパースは後者の「記述的分析的心理学」の課題を取り上げ、その核心を「了解心理学」と呼んだ。なお、「説明心理学」と「了解心理学」の区別は今日に至るまで依然として根本的であるといわれる。

　ヤスパースは、「了解」を、「静的了解」と「発生的了解」に区別する[2]。静的了解は、現象学においていろいろな性質や状態を心の中に描き出すことであり、発生的了解は、了解心理学において一つのものから他のものが出てくることがわれわれにわかることである。ヤスパースは、現象学の静的了解ではわれわれは精神的なものの横断面にかかわり、了解心理学の発生的了解では縦断面にかかわると見ている。

　ヤスパースによれば、了解という名称は、いつも精神的なものを中から見ることに用い、それを静的了解と発生的了解に分ける。静的了解は、精神状態を「心に描き出す」ことであり、精神的性質を「そういうものとしてみる」ことである。発生的了解は、精神的なものから精神的なものが出てくることである。静的了解は、それぞれのあるがままの精神的性質や状態を把握することであり、発生的了解は、精神的なものから精神的なものが出ることを捉える。

　さて、ヤスパースは、1914年に「性格と才能の心理学」というテーマで講義

を始め、続いて感覚心理学・記憶心理学・疲労検査といった経験心理学を講義し、さらに歴史上の多くの病的人物について、その病歴誌の講義をした。講義は次第に了解心理学の領域に入り、社会心理学・民族心理学・宗教心理学・道徳心理学といった、いわゆる精神科学が対象とする事象にまで及んだ。ヤスパースの眼差しは、歴史的世界の広がりと、人間における了解可能性の深みへと向けられた。これらの講義の内で最も重要なものの一つが、1919年『世界観の心理学』という表題を持つ書物として出版された[3]。この時期は、第一次世界大戦が終結してから後の間もなくの頃であった。そしてその書物は、表題こそ心理学となっているが、内容はすでに哲学的な諸問題にかかわっていた。それゆえヤスパースは、「この書物は、私にとって無意識の内に哲学への私の道となった」[4]という。また彼は、「『世界観の心理学』は、歴史的な回顧によれば、後になっていわゆる現代の実存哲学と呼ばれるに至ったものの最も早期の著作である」[5]と述べている。

　ところで、ヤスパースが哲学への道を歩むようになったのは、彼の性格にもよるであろうが、とりわけ彼の病気や孤独の体験を通して常に人間存在についての思索をしていたことが関係すると考えられる。それゆえ、彼の精神病理学研究も哲学的な思惟と無関係ではなかったようである。ヤスパースは、『精神病理学総論』の「緒言」において、「精神医学の実地で行われることは、いつも一人一人の人間全体を問題にすることである」[6]と述べ、精神医学が人間存在の理解と無関係ではないことを指摘している。そして彼は、精神病理学研究の方法論的な考え方が、哲学的な教養から得られると考えている。すなわち、「心理学と身体医学は精神病理学が密接な関係を持つ二つの学問であり、もっと遠い関係はいろいろのものとの間にあることは、どんな学問もあらゆる他の学問と関係があることから当然である。この中で特に意味のあるのは、哲学的な教養から得られる方法論的な考え方である。」[7]また彼は、「なおわれわれの材料となるのは、患者の今の状態のみでなく、その人生全体を見て得られるものである。精神医学が他科の医学と非常にちがう所は個人的、社会的な過去の人生全体を問題にすることであって、身体医学は多くは一時的の病気のみを取扱っ

て、人間性全体を見ることはない」[8]と述べ、精神医学の研究が人間性全体とかかわっていることを示唆している。このように、ヤスパースにおける精神病理学研究は、精神病理学の方法論の基本的考察を通してその学問的領域と学問的性格を開示するとともに、同時に常に人間存在についての考究を念頭に置いているという意味ではかなり哲学的性格が濃いものであったように思われる。

　ヤスパースは、『世界観の心理学』の「第4版への序文」(1954)において、「私が自分の精神病理学の一つの章で、「了解心理学」という題名のもとで創始したものは、私にとって今や精神科学的及び哲学的了解の偉大な伝統の中で行なわれてきたものと等しいものとなった」[9]と述べている。そして彼は、「この世界観の心理学に関する研究は、私には無意識の内に、哲学への私の道となった」[10]と端的にいうのである。

第2節　了解から交わりへ

　ヤスパースによれば、『世界観の心理学』で行なったことで、二通りのことが明らかになった。すなわち第一に哲学の課題は、予言的哲学ではなく、告知する哲学であること、第二に経験的に研究する心理学の定義という課題である。まず、「第一のこと、すなわち私が当時、予言的哲学から心理学を区別することを望んだことは、今日まで私の哲学することの意義であり続けている。」[11]予言的哲学とは、端的にマルクス主義を指していると考えられる。次に、「第二のことは、心理学という名称がこれらの試みに対して存続することができなくなったということであった。心理学から了解心理学を経て実存哲学へ至る私の道は、新しい形態での古い課題をさし迫った課題にした。すなわち、科学的心理学の定義と、その可能性と限界に関する方法的知識の定義という課題である。」[12]ヤスパースは、自身の心理学の立場を了解心理学に置く。彼によれば、「了解心理学は、心理学と哲学の間の大きな、実質的に豊かに満たされた空間のようである。心理学と哲学の両者は、この空間に入る。」[13]つまり了解心理学は、心理学と哲学の中間に位置し、心理学から実存哲学へと突き進む媒介と

なるものである。また彼は、「私の哲学について」(1941)においては、「私の心理学は、広い範囲において、私には無意識の内にも、私がその後「実存解明」と名づけたものの性格を引き受けていた」[14]とも述べている。

ヤスパースは、『世界観の心理学』において、「了解」と、対話が闘いである「愛しながらの闘い」との関係について、「時間の中での人間たちの間では、了解は、お互いに心の愛しながらの闘いとして明らかになる」[15]という。闘いの媒体は、言葉で表現できる客観的なものではなく、精神といわれる普遍的なものである。こうした闘いは、精神への信頼である。

ヤスパースは、了解における愛について次のように述べている。「了解におけるこうした愛は、生を楽にせず困難にするが、それとともに重々しくする。この愛は、全人格に対して、形成的で風紀よく作用する。」[16]こうした愛しながらの了解のすべての個別のものは、独特ではないが、しかし孤立的で経験的な個性、権力本能、単なる好人物であることなどの関心への逸脱を阻止する愛しながらの基本的態度が、独特なのである。

ヤスパースは、闘争そのものの位置づけについて次のようにいう。「闘争は、生の一つの根本状況である。」[17] そして、「一つの有限なものとしての世界の中で、人間は有限な存在者として闘争しなければならない。」[18]彼は闘争について、次のように三点を指摘する[19]。闘争は第一には、単なる選抜として、直接にだれかに向けられない態度からの利益の獲得として、気づかれない。闘争は第二に、現存在のための闘争であり、権力のための闘争である。この闘争は、破壊するかあるいは同化するかである。第三に闘争は、愛の手段である。人間は、権力のために闘うのではなく、自己自身と他者のために、われわれが明晰になること、そしてわれわれが自己になることを、内面的に思い切ってするために闘うのである。愛のこうした闘争は、いろいろな危機を回避しない。

ヤスパースは、人間同士の対話における了解にも、愛しながらの闘いがありうると考えるが、その一方で次のようにも述べている。「最も高められた心理学的了解でさえ、少しも愛しながらの了解ではない。」[20]つまり心理学的了解では、了解は愛にはなりえない。

ところで、『世界観の心理学』では、『哲学』第2巻「実存解明」のように「交わり」概念について、体系的な論述はなく、わずかしか言及がない。ヤスパースは、「人間たちはお互いに、自分たちの態度の内でのみ、相互理解のために交わりへ入る。異なっている態度から、人間は一緒に通り過ぎて生き、語り、思惟し、行為する」[21] という。このように「交わり」は、コミュニケーション、伝達、触れ合いなどの文字通りの意味で用いられている。ただ、次のように「交わり」の中で自己を自覚する契機とも理解されている。「世界観の諸力は、それらが教説として合理的な諸形式を獲得することによってのみ、諸個人の間の交わりへ入ることができる。個人もまた、交わりの形成が成功する限りでのみ、自己が明らかになり、いわば自己自身とともに交わりへ入り、自己を自覚するのである。」[22]

ところが、次の文章には『哲学』における「交わり」概念に通ずる要素が見られる。「倫理的なものは、すべての一般的なものと同様に、人間の間の交わりの媒体であるが、しかしまさにそれについて一般的なもの、伝達可能なものは、装置、同意、内面的な連帯にすぎず、愛なくしてはありえず、それどころか愛そのものであり——単独者が一般的なものを実現し、自己となることを欲する過程への信仰に存する。」[23] すなわち、倫理的なものにおける交わりには愛が存しなければならないという点は、明らかに実存的交わりへつながっていく。

こうして『世界観の心理学』における了解は、『哲学』では交わりへと発展していくと考えられる。そして愛しながらの闘いは、実存的交わりの核心へと展開していくことになる。

第3節　精神医学から哲学へ

ヤスパースが1913年に『精神病理学総論』を出版した当時、新カント派の西南ドイツ学派の牙城であったハイデルベルク大学には、心理学の講座を設けることは時代の要請となっていた[24]。そこで、一医学者に私講師の資格を与えて

心理学を講じさせることは、一つの解決策であった。哲学科主任教授ヴィンデルバント（Wilhelm Windelband, 1848-1915）は消極的であったが、ニッスル（Franz Nissl, 1860-1919）とマックス・ヴェーバーと、さらにミュンヘンのキュルペ（Oswald Külpe, 1862-1915）が鑑定書を書き、『精神病理学総論』は教授資格論文として受理され、1913年12月、哲学ではなく心理学の教授資格が、ヤスパースに授与された。こうして、ヴィンデルバントの下で心理学の教授資格を得たヤスパースは、1914年の春から教壇に立ち、心理学の講義をすることになった。ただ、ヤスパースは、当時の混沌とした精神病理学の世界に方法意識を導入し、初めて学としての精神病理学を可能にしたとして一躍学界で注目されることになったが、彼自身は1915年まで無給医のまま、クリニックに籍を置いたのである。

　ヤスパースは、学位論文「郷愁と犯罪」、その後公刊した『精神病理学総論』によって、精神病理学者としても高く評価され、クリニックでも精神科医として患者の診療に当たっていた。その彼がなぜ哲学の道を歩み、哲学者となったかについては、従来キルケゴールの著作やマックス・ヴェーバーの影響が指摘されてきた。

　桝井靖之は、『ヤスパース　精神医学から哲学へ──人間学的歩み』（2012）において、ヤスパースは、精神科医になる前から哲学に強い関心を持ち、哲学者になってからも精神医学に関心を持ち続けていたことに注目し、ヤスパースの精神医学から哲学への歩みについて論究している。この精神医学から哲学へと至る歩みについて、桝井は二つの問いを立てて考察している。

　一つは「なぜ、精神医学者ヤスパースが新たに哲学者へと転身したのか」である。

　この理由について桝井は、「ヤスパースには、精神医学研究を選び、没頭するその最初からすでに「人間とは何か」という哲学的問いがその研究の中心的動機として存在していた」[25]と指摘する。桝井は、こうした構想を彼に独自な「人間学的構想」と捉えている。つまり、人間そのものを問うこと、「人間存在解明」こそが、彼の前期、中期、後期の歩み全体を貫く重要なテーマであった

と考えている。

　こうした構想の根底にあったのは、「気管支拡張症と二次的心不全」という難病を抱えつつ、毎日日課として喀痰をすることが必要であったという事実である。またギムナジウム時代に、学校の方針に背き、校長や教員と衝突して、孤独を味わったことも関係する。

　一つ目の問いへの答えとして、ヤスパースが精神医学者としての才能を認められたハイデルベルク大学精神科クリニック主任教授ニッスルにある批判的助成的態度を挙げている。桝井は、「つまりここで強調しなければならないことは、20世紀を代表する精神医学者さらには哲学者としてのヤスパースは、ニッスルとクリニックという環境を抜きにしては誕生し得なかったということである」[26]と指摘する。この理由について、次の二点によって説明している。

　第一点は、ニッスルが、研究の方向性においては一人異邦人の如きヤスパースを、クリニックの一員、無給助手として「全く自由に」研究に参加させていたということである[27]。

　第二点は、クリニックにあるニッスルらが、見解の違うヤスパースの論を自分なりに充分に吟味した上で的確に批判したということである[28]。

　桝井は、「したがってこの精神医学者ニッスルこそが、ヤスパースに独創的な精神医学研究・哲学研究を可能にした欠くべからざる人物であったと考えられるのである」[29]と強調する。ヤスパースが他大学の精神医学教授のポストを蹴ってまで、ハイデルベルク大学の心理学講師に自ら落ち着いた理由は、ハイデルベルク大学にあるそのクリニックにつながっているためであったと指摘する。

　さて、第二の問いは、「なぜ、精神医学者ヤスパースの哲学者への転身が当時ハイデルベルク大学において正式に認められたのか」である。

　1909年ヤスパースは、クリニックの同僚グルーレ（Hans Walter Gruhle, 1880-1958）がクリニックで催した会合において初めてヴェーバーと顔を合わせた。ヤスパースは、ヴェーバーから多大な影響を受けるが、社会学者ヴェーバーを哲学者と見なす。桝井は、「彼が独自の人間学的構想に基づく哲学観に立つが

故に、社会学と言えども「人間とは何か」を解明する学として哲学と解されうるのだ」[30]という。

またヤスパースは、フッサールの現象学からも影響を受けている。ヤスパースは、精神医学に現象学を導入した最初の精神医学者であり、ヤスパースによる現象学的方法は、ニッスルにも注目され、さらにフッサールにも注目され支持されていた。しかしヤスパースは、科学と哲学の相違の観点から、現象学は科学の一部である精神医学における方法論的手段であり、自身の目指す哲学とは異なるという立場を取るようになる。

ところで、1916年フライブルクからハインリッヒ・リッケルト（Heinrich Rickert, 1863-1936）が赴任してきた。それから、哲学は普遍的必然的妥当性を目差す科学的哲学であるべきとするリッケルトとヤスパースは対立した[31]。ヤスパースにとって哲学とは、科学とは異なるものであり、そして科学にはできない真理の探究を目指すべきものであり、科学が到達できない何事かを達成すべきものであった。そのようなリッケルトの反対にもかかわらず、1920年4月1日、『世界観の心理学』の業績により、ヤスパースは哲学員外教授に任命された。

1920年6月14日マックス・ヴェーバーが肺炎で急逝した後、哲学に対する立場の相違から、ヤスパースはリッケルトと激しく対立することになる。彼は、ヴェーバー亡き5日後にリッケルトを訪ねたが、その際のリッケルトの言動から彼はリッケルトへの失望を決定的なものとした[32]。つまり、リッケルトのヴェーバーに対する敬意のなさと不当な評価に対し、彼は激怒した。この時点から、彼とリッケルトの決別が決定的となった。

それ以来ヤスパースとリッケルトは決裂し、リッケルトはヤスパースの敵手となった[33]。しかし、リッケルトの一派の否認にもかかわらず、『世界観の心理学』は哲学界から非常に高く評価された。そして、1922年4月1日、ヤスパースは39歳でハイデルベルク大学の哲学第二講座の主任教授となり、リッケルトと対等の地位に就くのである。哲学部の出身者ではなく医学部の出身者が哲学教授になることは、実に異例のことであった。その意味で、ヤスパースは、個

別科学の研究から出発して哲学研究へと進んだ先駆的な思想家であるといえよう。

　ヤスパースは、フッサールの現象学やリッケルトの哲学も、科学と変わらない姿勢であり、科学に従属していると考えた。桝井は、「彼は、そこに哲学なき時代、さらには偽物の哲学が繁栄する時代を読み取り、それを打開すべく、自ら無力を承知しつつも精神医学から哲学へと本格的に専門を転じ、自らが言うところの真の哲学構築へとひたすら集中していったのである」[34]と述べている。ヤスパースにおいて哲学は、何よりもまず観察者の態度に立つ科学とは厳しく峻別されるものであり、彼は人間一般を対象とする科学を越えて、個々の人間の全体性を問題とする哲学の立場に注目するようになった。桝井は、「彼は、そのような実際に生きる人間諸個人の人間存在の解明を哲学研究上において目指すが故に、ついには人間諸個人が自らの理性にあって自らの人間存在解明へと迫る「実存哲学」（Existenzphilosophie）構築へといたった」[35]と述べている。つまりヤスパースは、科学を越えた哲学を求め、実存哲学の構築へと至ったと考えられる。

第4節　マックス・ヴェーバーの影響

　ヤスパースは、1909年グルーレの紹介でマックス・ヴェーバーの知遇を得、強烈な影響を受け私淑すると同時に、そこに集まる錚々たる学者・文人・芸術家と交流する[36]。ヤスパースにとってヴェーバーは、社会学・経済学・政治学などの科学者であるだけでなく、むしろ科学者以上の人、すなわち現代の化身の哲学者であり、とりわけ後にはまさに実存哲学者と見られた。ヴェーバーは、ヤスパースに直接最も大きな影響を与えた思想家であった。

（1）　マックス・ヴェーバー追悼会における記念講演

　ヤスパースは、1920年7月17日にハイデルベルク大学で行なわれたマックス・ヴェーバー追悼会における記念講演で、哲学者としてのマックス・ヴェー

バーを強調し、以下のような内容を語っている[37]）。

　われわれの多くの者には、マックス・ヴェーバーは哲学者と思われていた。彼の哲学的実存は、われわれがすぐに把握することができる以上のものである。この世における彼の生活もまた断片的であった。

　社会学は、自己認識が現代の世界で採用する傾向がある学問的形態である。すべてのマックス・ヴェーバーの宗教社会学的研究に関連づけることができる彼の中心的問題は、なぜわれわれがわれわれの下でヨーロッパにおいて資本主義を持つかということである。このことは、傑出した意味において、現代の実存を理解しようとする問いである。マックス・ヴェーバーは、専門科学者であることを望み、彼の社会学を専門科学と見なした。哲学は、個々の生活領域や認識領域から、倫理的政治的世界から、数学的自然科学から、論理学から、歴史等々から成長する。社会学というものは、まだ単なる専門科学であるところまで進んでいない。だから、社会学は生き生きとした、興奮させる学問であり、したがって社会学は、まだ哲学的性格を持っている。

　哲学者はより包括的である。彼は社会学的認識の内に一つの成果を見出したにすぎない。哲学者は、単なる認識する者以上である。彼が認識する材料とその出所は彼の特質を示す。それゆえ哲学者は、常に彼の人格にくっついている人間であり、概してどこかあるところに尽力する時に、彼の人格を完全に賭ける人間である。しかしわれわれは、一人の実存的哲学者をマックス・ヴェーバーの内に身をもって認めた。

　マックス・ヴェーバーは、人が彼を哲学者と見なそうとした時、哲学者であることを拒否した。しかし、マックス・ヴェーバーにとって真にこの哲学の唯一の課題が持たれるべき論理的なものは、彼には根本において彼も研究した専門科学であった。哲学とは彼には論理学であったが、しかし体系として哲学は彼には無縁であった。中心となるものは、彼にとっては社会学であった。

　マックス・ヴェーバーは、決して他の仕方でいい尽くすことができない、全体性と絶対的なものの意識から、断片家なのである。彼は、自ら一つの専門科学を開拓したというよりも、むしろ個々の諸科学の結果を彼の新しい社会学的

問題設定の中で役立てたのである。プロテスタントの倫理と資本主義の精神についての彼の著作は、それがとても「価値自由で」、まったく事実に即して客観的であるにせよ、マックス・ヴェーバーがキリスト教に対してどのような関係にあるかを、いわば間接的な報告の中でわれわれに語る。この著作の中には、対立した無言の評価可能性の途方もない緊張が潜んでいる。

　マックス・ヴェーバーは、哲学者の理念に新たな実現を与えた。彼は、哲学的実存に現代的性格を手に入れた。彼は、自分自身を人間であり理性的存在者であると思い、他者もまた自分自身の責任で人間であり理性的存在者であることを望んだ。断片の全体、学問的な著作、論説、新聞の論文、覚書、書簡、遺稿が前にある時、それに加えて彼の生活、彼の行為、彼の行動様式についての飾りけのない、形を与えられない報告が前にある時、彼は認められるべきである。このような公然の断片の全体の内に、このような哲学的実存の理念という一つの統一が、定義されないが、整然と、しかも一目瞭然にそこにあるようになる。彼の哲学的実存の理念は、すべての偉大なものと同様に、究極的には一つの秘密である。

（２）　政治家としてのマックス・ヴェーバー

　ヤスパースは、1932年に刊行した『マックス・ヴェーバー、政治的思考、研究及び思索におけるドイツ的本質』において、マックス・ヴェーバーの偉大さを可能性であったと考え、政治家、研究者、哲学者という三つの側面から捉える。マックス・ヴェーバーは、一生涯情熱的に政治的出来事を追いかけ、それに対して振る舞い、発言した。つまり、彼の偉大さは、可能性であった。

　ヤスパースによれば、「マックス・ヴェーバーは、われわれの時代における挫折の意味を最も純粋に、最も深く実現した。」[38] 彼は、没落において自分の本領を積極的に果たした人間であった。彼は、このことをたとえ意図しないとしても、自分の運命として、洞察や発言や行動を通して明らかになった明晰をもって実行したので、彼は哲学者であった。そしてヤスパースは、「マックス・ヴェーバーの著作は、彼の生活が彼の存在を媒介にする唯一の哲学することで

あったように、政治的判断や科学的研究の媒介の中で実現するこの具体的に哲学することの、まったくその中にだけ生じつつある唯一の表現である」[39]と述べている。すなわち彼は、真理の探求者である。彼は哲学者として政治家であり、哲学者として研究者である。

　まずヤスパースは、政治家としてのマックス・ヴェーバーについて考察する。ヤスパースによれば、マックス・ヴェーバーは、指導的な政治家にはならず、政治的著述家として留まった。「マックス・ヴェーバーは、使命感における政治家の信頼に依存している民主主義に対して、政治家は信頼に支えられて確かに権威によって統治するが、もしかすると政治家の知力を要求している国民に対する保証をもって自分の危険を通して正真正銘の責任を負うということを取り入れた。」[40] そのために、政治家の政治的思考の決定的な問題は、いかにして不可避的な民主主義が、実際に専門知識があり、責任のある政治家たちの権威ある指導と生き生きと調和することができるかである。

　ところで、当時の国際情勢には重大な出来事が起こった。1914年7月28日にオーストリアがセルビアに宣戦布告したことから、第一次世界大戦が始まり、同年8月1日にドイツ帝国は、ロシア帝国に宣戦布告し、戦争に突入した。1918年11月11日にドイツは休戦協定に署名し、戦争は終結した。1919年6月28日にパリ講和会議の結果としてヴェルサイユ条約が締結され、それに基づいて国際連盟が発足した。

　1914年に戦争が勃発した時、マックス・ヴェーバーは、激しく燃やしつけられた。1919年には彼にとって国民の偉大さであった本来のすべてのものが崩壊したように見えた。つまり彼は、この国民の倫理的没落を見なければならないと思った。

　マックス・ヴェーバーは、1918年のドイツの崩壊の後で、極めて喜ばしくないアングロサクソン人の世界支配に直面して、避けられないものであったと考えた。その一方で、ヴェーバーは、大きな危険をロシアの内に認めていたが、ロシアの危険は永久にではなく、ただ目下のところにだけ現われていると考えた。「ドイツの歴史の進歩は、彼にとって最後までなお未完成の可能性のまま

であった。」[41] ヴェーバーは、君主制主義者として退位を望んだ。彼は権力をつかもうとはしなかった。彼は、支配しようとする政治家の生まれつきの権力意志を持っていなかった。なぜなら、彼にとってこのことが自分の人生だからである。ヤスパースによれば、「彼が、私は誤りを犯すといった時、単なる神経質な支障というよりむしろ一層深い意味で正当であった。」[42] マックス・ヴェーバーは、以前に君主制に対してと同様に民衆に対しても媚びようとしなかった。この行動を通して彼は、ドイツにおける新しい民主主義的に基礎づけられた権威と実際の指導との可能性に対する根源となりうるものを憲法にもたらした。

　ヤスパースによれば、「マックス・ヴェーバーは、回顧するとわれわれにとって、認識し、苦しみ、忠告した、また無能な手が操る舵に対して無力で遠くにいた、ドイツ民族の天才の現象のようである。」[43] 彼らを教育するために、ヴェーバーは政治家と官吏の本質的区別を明らかにする。政治上の専門知識は、普遍的に人間的な、至る所でいつもはほとんど有害でない虚栄の変わらない克服においてのみ学び取られるべきである。政治的思考のそのような自己教育の際に初めて、専門知識は、その都度必要で、限りなく多様である具体的な知識を自分のものにすることができる。

（3）　研究者としてのマックス・ヴェーバー
　次にヤスパースは、研究者としてのマックス・ヴェーバーについて考察する。ヤスパースは、「ところが、彼の研究は、すべてのことは人間に関係づけられたということ、より厳密にいえば、すべてのことは歴史的に変化する社会における人間に関係づけられたということによって初めてその軸を獲得した」[44] と述べている。天職の観念は、その起源をルターに有し、初めてそのような注目すべき結果を持ったその独特な養成をカルヴァン主義の内に有している。

　ところが、一つの兆しは、人間が自分の行動によってこの世で成果を得るということである。だから、企業家と労働者のたゆまない計画や創造は、利益や現世の欲望が問題なのではなく、人間が恩寵の状態に定められているという徴

候を見出すことが問題なのである。このことから、世俗的であり同時に禁欲的である、あの経営が生じた。マックス・ヴェーバーの関心は普遍的に、何が西洋に固有なものであるかに、またなぜそれがここではそうなってどこか他の場所ではそうならなかったのかという問題に向かっている。したがって、「資本主義の特徴は、合理主義であり、すなわち全般的に精密な計算、計算可能性である。」[45]

ヤスパースは、マックス・ヴェーバーを世界史家と見る。「まさに独特の歴史的存在として現代への精神集中によって、マックス・ヴェーバーは世界史家になる。」[46] マックス・ヴェーバーは、世界史家として人間世界の全体も求めない。

ヤスパースは、マックス・ヴェーバーの学問的方法論の基本的概念である「理念型」について次のように述べている。「現実というものは、意味あるものと意味ないものとが無限に入り組んだものである。現実を把握するためには、自分自身で意味が首尾一貫して展開し、どのくらい現実がこれらの概念に対応するかを認める基準としてのみ現実に対して役立つ、構成された諸概念が不可欠である。これらの構成された概念を、ヴェーバーは理念型と名づけている。」[47] 理念型は彼にとって、現実に近づくための認識技術上の手段であり、現実そのものではない。

ヤスパースによれば、「マックス・ヴェーバーは、おのおのの研究は個別であり、全体は閉ざされているということを認識した。」[48] 現実は、それぞれの形態において独自で、無限で、汲めども尽きない。それゆえ、人間は経験科学による現実の中で突き止めるだけで、現実を誘導しないし、全体性としての現実を把握しない。このような洞察の結果は、一方では経験的な実際のものの明確な理解であり、他方では経験知におけるすべての形而上学的に紛れ込むものの拒否である。経験的な実際のものは、確固として実証できなければならない。だから、「経験的社会学は、全体表象を人間の内で効果的な表象としてその機能的意義について研究し、全体表象が目の前にあることがわかる。」[49]

ヤスパースは、マックス・ヴェーバーを経験的社会学者であると見る。「し

たがって経験的社会学者としてマックス・ヴェーバーは、現存する力としての国民精神、理念のような形而上学的概念、必然的な発展の概念、世界史的経過の一義的な規定としての唯物史観に反対している。」[50] 経験的現実の認識に適しているすべての概念の相関性は、その都度の一面性と認識可能性の広さとを統合させる。「このように彼はマルクス主義の諸構造を、その絶対化と世界観の全体化を拒絶することによって捉えた。そこで彼は、同じ水準で経済や社会の歴史に対して再び限られた効力で宗教的諸要因の根源性を示すことを試み、経験的研究の際には他の人にとって依存している上部構造のみと思われるものが、彼の側ではどの程度元の原因となる意義を持つことができるかを明らかにしようと試みた。」[51] ヤスパースは、「職務において、マックス・ヴェーバーは国民経済学者であった」[52]と指摘する。

　ヤスパースは、マックス・ヴェーバーの挫折を可能性と関連させて捉える。「マックス・ヴェーバーの挫折は、限りない、確かな事実や材料に近い経験的知識の内に真の無知を積極的に把握し、一つの知られた存在としてではなく、真の存在としての一つの存在の可能性が現われることである。」[53] その挫折は、知識が包括的となる時は、それだけになお一層深く存在に導く。ヤスパースは、「マックス・ヴェーバーの学問は、その発展において人間の力を越えながら、しかも自分自身の内に閉じない。マックス・ヴェーバーの学問は、それに尽くす実存の働きである。社会学は、彼が隠しながら保ち、ただ間接的に見えるようになる哲学者としてのマックス・ヴェーバーという彼の一層深い本質の一本の腕にすぎない」[54]と述べている。

（4）　哲学者としてのマックス・ヴェーバー

　さらにヤスパースは、哲学者としてのマックス・ヴェーバーについて考察する。「マックス・ヴェーバーは、いかなる哲学的体系も計画しなかった。彼の哲学を教説として述べることは、不可能であろう。彼は、哲学者と呼ばれることを拒否した。それにもかかわらず彼は、彼が生きた時代にとってわれわれには、真の哲学者である。」[55] マックス・ヴェーバーは、何も哲学を教えなかった。

それでも彼は、一つの哲学であった。「科学は彼にとって、無限の進歩において自分自身で決して完成しない、強制的で、経験的で、論理的な洞察になった。」[56] 科学というものは、決して存在の本質を認識することはできず、閉鎖しない進行において事実と連関を探求することができるだけである。ヤスパースは、「彼は、精神的で人間的な生命を失うことを概念で理解したヨーロッパの脈打つ心臓のように、苦悩と希望の内にあった」[57] という。マックス・ヴェーバーの存在は、過ぎ去る時代とやって来る時代との間に立っているように見えた。

　ヤスパースは、マックス・ヴェーバーとの関連において、理性について次のように述べている。「理性は、その完成においては空虚な形象の他に何も考えられないが、しかし人間の品位を形づくるすべての効力として考えられる。理性は、時間の内で決して完成されないが、人間的に上向きな道としてのみ存する。」[58] そしてマックス・ヴェーバーについて、「彼は、決して崇拝の対象ではありえず、理性的で自由であり、自分から洞察しようとするすべての人々に対して理性的人間であるにすぎない」[59] という。ヤスパースによれば、「マックス・ヴェーバーは、後に自由主義と名づけられた18世紀の理念に堅く固執していた。」[60] しかし、理性の知性化の過程あるいは単なる悟性、途方もない知識や否定したり破壊したりすることができるのみの詭弁法に対する理性の値引きの過程において、マックス・ヴェーバーは、人間性自身が理性の歴史的現象である体現の人間である。

　ヤスパースによれば、「真理の探求は、マックス・ヴェーバーの下では根本的に闘争の内に現われる。」[61] そのために、ヴェーバーは彼の相対主義のために、彼の冷淡な客観性のために、価値自由の憶測の不可能性のために、価値自由な学問による不満足のために、攻撃される。「無条件な真理意志の効力は、マックス・ヴェーバーの研究では唯一の仕方で現われる。」[62] 人間の行為そのものの本質は、この研究者の限りない正義と眼差しの自由を通して論じられるように思える。

　ヤスパースは、マックス・ヴェーバーの挫折について、「彼の挫折は、積極

的な意欲のような耐え忍ぶことであり、彼に課せられた歴史性の内にある人間の真の挫折であった」[63]という。政治的なものにおいて、彼の存在のまったく未完成の使命は純粋な可能性に沈んでしまった。研究において、彼はどうしても断片に留まる著作を生じさせた。これは力が不足していたからではなく、使命を守ることにおける真理のためであった。

　ヤスパースは、「彼は、挫折が真実なものになる地点を求めた。科学において実体は未完成である。また、科学において際立った断片は、なんといってもおのおのの外見上のみの完成より以上のものである」[64]と述べている。哲学する人間存在において彼は、有限の諸限界を耐え忍んだ。ヤスパースは、哲学者としてのマックス・ヴェーバーに対して畏敬の念を込めて、「彼は、挫折しながら自由の自由という光明を与える」[65]と述べ、「彼は、究極の偉大な男であった」[66]と賞賛する。

　以上のように、ヤスパースはマックス・ヴェーバーとの親しい交流を通して、大変大きな啓発を受けている。ヤスパースは、政治家としてのマックス・ヴェーバーは、指導的な政治家にはならず、政治的著述家として留まり、彼の偉大さは可能性に留まると考える。ヤスパースは、マックス・ヴェーバーが、第一次世界大戦後のドイツの状況に対する苦悩から、民主主義とその基礎となる憲法に期待を寄せた姿に、政治家としての真髄を見出している。

　ヤスパースは、研究者としてのマックス・ヴェーバーについて、まず主著である『プロテスタンティズムの倫理と資本主義の精神』(1904-5)における考察を高く評価している。そしてヤスパースは、マックス・ヴェーバーを世界史家と見て、方法論としての「理念型」に注目している。またヤスパースは、マックス・ヴェーバーを経験的社会学者であると見ている。

　ヤスパースは、哲学者としてのマックス・ヴェーバーについて、彼は哲学者と呼ばれることを拒否したにもかかわらず、彼は真の哲学者であると見る。ヤスパースは、マックス・ヴェーバーは挫折しつつ、断片に留まる著作を生じさせたと考える。ヤスパースにとってマックス・ヴェーバーは、挫折しながら自由を追求し続けた自由主義の哲学者であった。

ところで、ヤスパースは、『哲学的自伝』(1956)において、第一次世界大戦が勃発した当時の政治的思考について、「私が1914年の戦争の勃発以来政治的に思考したものは、マックス・ヴェーバーの影響の下にあった」[67]と述べている。その後の政治的思考において、「マックス・ヴェーバーによって私は、国家的思考を学び、それを自分の胸に受け入れた」[68]と述べ、マックス・ヴェーバーの思考に基づいて政治を国家の在り方と関連づけて考えるようになったことを示唆している。そして、「マックス・ヴェーバーの政治思想は、私自身の政治思想を形づくった」[69]と述べ、ヤスパースの政治哲学におけるマックス・ヴェーバーの影響の大きさを認めている。

　こうしてヤスパースは、マックス・ヴェーバーを政治家、研究者、哲学者という側面から捉えているが、哲学者に力点を置き、とりわけ先駆的な実存哲学者と見る点に独自性を有している。

第5節　初期思想とその後の思想的発展

　ヤスパースにおける精神病理学研究及び心理学研究の特質は、了解心理学という立場にある。彼の『世界観の心理学』は、了解心理学の立場から書かれたが、人間存在の根源性や有限性に迫る思考が展開され、結果的に後に実存哲学と呼ばれる早期の著作と見られるようになる。了解心理学は、心理学と哲学の中間に位置し、心理学から実存哲学へと突き進む媒介となった。したがって、『世界観の心理学』における了解概念と『哲学』における交わり概念を比較してみると、了解概念が交わり概念へと発展していることが明らかとなる。

　ヤスパースは、精神医学研究において、すでに「人間とは何か」という哲学的問いを中心的動機として持ち、人間存在解明は精神医学研究から哲学研究まで一貫した重要なテーマであった。ヤスパースは、精神医学に現象学を最初に導入したが、現象学は精神医学における方法的手段にすぎず、自身の目指す哲学とは異なると考えていた。この科学と哲学を区別する立場は、哲学は科学哲学であるべきとするリッケルトと激しく対立する根拠となった。こうしてヤス

パースは、精神医学研究から個々の人間における人間存在解明を目指す哲学研究へ進み、実存哲学の構築へ至った。

　精神医学研究における人間存在に対する哲学的問いは、教育哲学における自己生成の解明に直結する。またヤスパースにおける精神医学研究は了解心理学という立場にあり、この了解概念は、彼の哲学における交わり概念、そしてその核心である実存的交わり概念へと発展した。

　ヤスパースは、マックス・ヴェーバーの偉大さを可能性と考え、政治家、研究者、哲学者という三つの側面から捉えた。政治家としてのマックス・ヴェーバーは、指導的な政治家にはならず、著述家として留まった。マックス・ヴェーバーは第一次世界大戦による挫折を通して、民主主義を基礎づける憲法草案の起草に従事した。研究者としてのマックス・ヴェーバーは、経験的社会学者であり、また国民経済学者であった。マックス・ヴェーバーの関心事は、普遍的に何が西洋に固有のものかという問題であり、その問題は資本主義の特徴と結びついていた。マックス・ヴェーバーは、唯物史観に反対し、マルクス主義の諸構造を、その絶対化と世界観の全体化に対して拒絶した。哲学者としてのマックス・ヴェーバーは、いかなる哲学的体系も計画しなかったが、彼が苦悩して生きた時代にとって真の哲学者であり、実存哲学者とさえ見られた。

　ヤスパースにおけるマックス・ヴェーバーの影響は、人間存在を個々の人間として見るだけでなく、人間と国家あるいは人間と世界との関係へと発展した。ヤスパースの政治哲学の根幹に民主主義や政治的自由があることは、マックス・ヴェーバーの影響が大きかったことを実証する。また、ヤスパースが偉大な師であるマックス・ヴェーバーを自由主義の潮流の中に捉えていることは、ヤスパース自身がその流れにあることを認識していたことを意味する。

注（第Ⅰ部第1章）
1 ）豊泉清浩『ヤスパース教育哲学序説──ボルノーからヤスパースへ：自己生成論の可能性』川島書店、2001年、120頁、参照。
2 ）Vgl. K. Jaspers, Allgemeine Psychopathologie. Ein Leitfaden für Studierende, Ärzte und Psychologen, Berlin. Verlag von Julius Springer. 1913. カール・ヤス

パース、西丸四方訳『精神病理学原論』みすず書房、1982年、参照。
3）前掲、豊泉清浩『ヤスパース教育哲学序説』、121頁、参照。
4）K. Jaspers, Philosophie und Welt. Reden und Aufsätze, R. Piper & Co. Verlag München, 1958, 1963, S. 303.
5）ibid., S. 305.
6）K. Jaspers, Allgemeine Psychopathologie, a. a. O., S. 1. 前掲、ヤスパース、西丸四方訳『精神病理学原論』、13頁。
7）ibid., S. 6. 同上訳書、19頁。
8）ibid., S. 21. 同上訳書、37頁。
9）K. Jaspers, Psychologie der Weltanschauungen, Springer-Verlag Berlin・Heidelberg・New York, 1954, 1960, 6. Aufl. 1971, S. Ⅸ.
10）ibid., S. Ⅸ.
11）ibid., S. Ⅹ.
12）ibid., S. Ⅺ.
13）ibid., S. Ⅺ.
14）K. Jaspers, Rechenschaft und Ausblick. Reden und Aufsätze, R. Piper & Co. Verlag München, 1951, S. 334.
15）K. Jaspers, Psychologie der Weltanschauungen, a. a. O., S. 125.
16）ibid., S. 125.
17）ibid., S. 126.
18）ibid., S. 126.
19）Vgl. ibid., S. 126.
20）ibid., S. 127.
21）ibid., S. 51.
22）ibid., S. 375.
23）ibid., S. 390.
24）前掲、豊泉清浩『ヤスパース教育哲学序説』、120-121頁、参照。
25）桝井靖之『ヤスパース　精神医学から哲学へ――人間学的歩み』昭和堂、2012年、33頁。
26）同上書、41頁。
27）同上書、41頁、参照。
28）同上書、43頁、参照。
29）同上書、46頁。
30）同上書、53頁。
31）重田英世『ヤスパース』（人類の知的遺産71）講談社、1982年、158頁、参照。
32）前掲、桝井靖之『ヤスパース　精神医学から哲学へ』、59頁、参照。
33）前掲、重田英世『ヤスパース』、163-164頁、参照。
34）前掲、桝井靖之『ヤスパース　精神医学から哲学へ』、64頁。

35) 同上書、70頁。
36) 前掲、重田英世『ヤスパース』、154頁、参照。
37) Vgl. K. Jaspers, Max Weber, Rede bei der von der Heidelberger Studentenschaft am 17. Juli 1920 veranstalteten Trauerfeier gehalten von Karl Jaspers, J. C. B. Mohr, Tübingen, 1926.
38) K. Jaspers, Max Weber, Deutsches Wesen im politischen Denken, im Forschen und Philosophieren, Gerhard Stalling A. -G., Oldenburg i. O., 1932, S. 8.
39) ibid., S. 9.
40) ibid., S. 16.
41) ibid., S. 22.
42) ibid., S. 27.
43) ibid., S. 31.
44) ibid., S. 36.
45) ibid., S. 41.
46) ibid., S. 42.
47) ibid., S. 46.
48) ibid., S. 48.
49) ibid., S. 49.
50) ibid., S. 50.
51) ibid., S. 50-51.
52) ibid., S. 53.
53) ibid., S. 55.
54) ibid., S. 56.
55) ibid., S. 57.
56) ibid., S. 57.
57) ibid., S. 63.
58) ibid., S. 65.
59) ibid., S. 66.
60) ibid., S. 66.
61) ibid., S. 73.
62) ibid., S. 74.
63) ibid., S. 75.
64) ibid., S. 76.
65) ibid., S. 78.
66) ibid., S. 78.
67) K. Jaspers, Philosophie und Welt, a. a. O., S. 343-344.
68) ibid., S. 344.
69) ibid., S. 347.

第 2 章　限界状況

第 1 節　限界状況概念

　われわれは常に諸々の状況の中に置かれている。ヤスパースによれば、われわれ人間は「状況内存在（In-Situationen-sein）」[1]である。

　われわれは常に諸々の状況の中にあるが、それらの状況は変化し、いろいろな機会が現われてくる。その機会は、ひとたび去ってしまえば、またとは戻ってこない。また人間は状況が変化するように自分で働きかけることができる。ところが、状況の中には、たとえその瞬間的な現われ方が異なり、その圧倒的な威力がおおい隠されてはいても、本質的には常に不変であるような状況がある。ヤスパースはいう。「私は常に状況の中にあること、私は闘争や苦悩なしに生きられないこと、私は不可避的に負目をわが身に引き受けること、私は死ななければならないこと、このような状況を、私は限界状況（Grenzsituationen）と名づける。限界状況はそれ自体変わることがなく、ただその現象においてのみ変化する」[2]と。そして、「限界状況は、われわれが突き当たり、挫折する壁のごときものである。」[3] また、「この限界とは、ある他のものが存在することを表現しているが、しかし同時に、この他のものは現存在における意識にとっては存在しない、ということを表現している。」[4] だから、「限界状況は、もはや意識一般にとっての状況ではない。」[5] すなわち、「諸々の状況が内在的に留まっている意識に属するように、限界状況は実存に属する。」[6] したがって、「限界状況は、なおまだ内在的に存在しているのに早くも超越者を指し示すその本来の機能へ入る。」[7]

さて、ヤスパースは、『哲学』第2巻「実存解明」において、個々の限界状況として、「死（Tod）」「苦悩（Leiden）」「闘争（Kampf）」「負目（Schuld）」を挙げている。諸々の状況の中でも、人間が本来的に生きていくために飛躍をさせる契機となるのは、死であり、とりわけ自分の死である。

　だれもがやがては迎えねばならず、それから逃れることのできない死は、限界状況の典型である。われわれはいつか死ぬだろうということを知っていても、日々の生活の中で常に意識しているわけではない。それを忘れてしまっているか、客観的事実のごときに見過ごしてしまうのである。現存在の客観的事実としての死は、それだけではまだ限界状況ではない。死について何事も知らない動物にとっては、限界状況はありえない。いつかは死ぬだろうということを知っている人間は、不安の時点に対する予期として、死の知を持っている。しかし、死が、人間にとって、単にそれを避けるために配慮すること以外に何らの役割を持たない限り、人間にとってさえも、死は限界状況ではない。やがて死がくることを忘れてしまうような生活では、われわれは、実存とかかわる限界状況として、死を捉えることはできない。「それに反して、私が、実存しつつ、時間の中の現象として私の現存在の歴史的意識において、それは現象であるがしかしその中の現象は可能的実存であるということを確信するならば、あらゆる事物の終末の経験は、実存のこの現われ出る側面に関係づけられている。この終末に関しての苦悩が、実存の確信となるのである。」[8] つまり、われわれが死を直視して、実存しつつ死を捉える時に、われわれは本来的な生を確信することになるといえよう。そして、隣人の死が総体的な性格を持つのに対し、なんといっても決定的な限界状況は、依然として私の死である。ヤスパースは、「私の死は、自分にとって経験されえない、私は、死に関して経験することができるのみである」[9] と述べている。

　このように現にある死の限界状況は、実存に対して、行動における一切の現存在経験の二重性を強要する。すなわち、「死に面して根源的であり続けるものは、実存的になされたものであるが、死に面してもろいものは単なる現存在である」[10] という二重性である。だからこそ、「死に面して、生は一層深くなり、

実存は自己を一層確信するようになる。」[11] そして、「死は完全なもので、その死において、現存在として思われたものが滅亡するのである。」[12]

また、ヤスパースは、「相当数の状況の中では前面へ突き進み、他の状況の中では大いに見過ごされるが、しかし決して無視されることがない苦悩の多勢は、見渡せないほどである」[13] という。そして、「あらゆる苦悩の背後に死がある。」[14] 苦悩の性質や苦しめられる量においては、もちろん大きな差がある。しかしすべての者が同じような苦悩に出会いうるのである。だから、「いかなる者にとっても苦悩は免除されない。」[15] したがって、「限界状況において初めて、苦悩は不可避なものとして存在することができる。」[16] 苦悩は人生と不可分のものといえよう。だからヤスパースによれば、「実存的単独者は、彼が回避しない自分の苦悩を通じて自分自身の自覚へ到達する。」[17]

さらに、「死と苦悩は、私にとって私の協力がなくても存する限界状況である」[18] が、「それに対して、闘争と負目は、私が力を貸しながら連れて来ることによってのみ、限界状況である。」[19]

あらゆる生けるものは、知識や願望なしに、現存在のための闘争を行なう。それは単なる現存在のための闘争であり、成長と増大のための闘争である。そして、現存在における闘争には暴力や策略を伴うが、限界状況としての闘争は暴力を伴わない。ヤスパースによれば、「すでに精神的な競争において暴力が無縁なものであるならば、愛の生ける過程としてその愛の中にある実存の表現である闘争においては、暴力は完全に無縁なものである。愛において人間は、彼らが仮借のない解明の中で真実になることを通して彼らの根源へ到るために、徹底的に相互に問いの中に存続することを思い切ってする。これらの闘争は、実存の現象においてはその現実化の前提であり、容赦しないで、しかし暴力を用いないで実存の根拠にまで到ろうとする。」[20] すなわち、「愛における闘争は暴力を伴わない」[21] のである。

このように、限界状況としての闘争の真意は、実存のための愛における闘争（Kampf in der Liebe um Existenz）にある[22]。ヤスパースはいう。「実存は交わりにおいてのみ顕在化し、状況の変転において時間を通しての運動の中で成就

するので、実存から実存への内的理解の安らぎの中で無時間的に生成する一存在の調和は、その都度の状況内で、その状況の不可避のために発する愛しながらの闘いの、消滅する瞬間にのみ存する。存在の確信は開顕のための闘争からのみ生じるということは、現存在における実存にとっての限界状況である。そしてその限界状況において実存は、自分自身にとって最も深く自覚的に生成することもできるが、しかしまた最も途方に暮れて絶望してしまうこともある。」[23]と。そして、「このような愛しながらの闘いは、現象の不可解の中で実存相互においてその根源を探求する。」[24] また、「闘争は、この開顕されることを、客観性を越える途上で探求する。」[25] なお、ヤスパースは繰り返して、「この闘争は、あらゆる暴力を伴わないで存続する」[26]という。それゆえ、戦争などは、本来、限界状況概念の意味するものではないといえよう。つまり、限界状況概念としての闘争は、真の自己存在にかかわる契機として、本質的に人間の内面において自覚されるものなのである。

　ところで、ヤスパースは負目に関して次のようにいう。「たとえ生活の前提のための労働において自分の苦悩や苦労により、またついには自分の没落により、自分自身で代償を払う場合であっても、私が自分の現存在とともに、自分の生活条件を闘争と他者の苦悩の中に生ぜしめることによって、私は利用し尽くすことによって生きる負目を持つ」[27]と。つまり、行為者が意識していなくても、行為の結果、だれかを利用してしまったという場合がありうるのである。そのことが負目なのである。あるいはそれは、行為において決して自分には悪気はないのだが、自分で自分の至らなさに気づくことといえるかもしれない。だから負目は、自分の行為の責任にかかわってくる。それゆえヤスパースによれば、「責任（Verantwortung）とは、負目を自分に引き受ける準備をいう。」[28] そして、「責任は、不可避の負目を自分に引き受ける実存的な情念に高まる。」[29] したがってヤスパースは、「一者の内における実存の現実化は、実存の諸可能性を拒否した、除去されえない真実の負目を見出すのである」[30]と述べている。

　このように、限界状況とは、人間が生きていく過程における壁のごとき存在

であるが、死と苦悩は人間が生きていく上で常につきまとっている状況であり、それに対して闘争と負目はわれわれにとって意識的な状況であるという意味で少し特殊な状況であると考えられよう。

第 2 節　限界状況概念の背景

　さて、ヤスパースは、『哲学』第 2 巻「実存解明」の他に、それ以前に出版された『世界観の心理学』においても、限界状況について詳細な論述をしている。『哲学』では、「第 3 部状況、意識、行動の内における無制約性としての実存」の「第 7 章限界状況」において限界状況について考察し、その構成は、「第 1 節実存の歴史的規定性の限界状況」「第 2 節個々の限界状況」「第 3 節あらゆる現存在の疑問性としての限界状況と現実的なもの一般の歴史性としての限界状況」となっている。そしてその「第 2 節」の部分で、死、苦悩、闘争、負目を考え、「第 3 節」の部分で、現存在の二律背反的な構造について考察している。それに対して、『世界観の心理学』では、「第 3 章精神の生命」において限界状況について考察し、その構成は、「現存在の二律背反的な構造」「苦悩」「個々の限界状況」となっている。そしてその「個々の限界状況」の部分で、闘争、死、偶然（Zufall）、負目を考察している。

　このように、『世界観の心理学』と『哲学』における限界状況についての論述には、内容の配列の仕方などにかなりの違いは見られるが、内容そのものは似ているように見える。ヤスパースは、『世界観の心理学』において次のように述べている。「われわれの現存在の限界について至る所で感じられ、経験され、思惟されるこれらの状況を、それゆえ「限界状況（Grenzsituationen）」と名づける。その限界状況に共通な点は、常に主観－客観分裂の中にあり、対象的な世界の中にあるが、固定的なものではないということであり、また疑う余地のない絶対的なものや、あらゆる思惟の拠り所が確固としていなかったということである」[31]と。したがって、『世界観の心理学』では、主観－客観分裂を強調している点に特徴があるようにも思われるが、それだけなのだろうか。

『世界観の心理学』と『哲学』とにおける限界状況についての論述には、一見内容上の相違はないように見える。しかし、『世界観の心理学』が出版されたのが1919年であり、また1932年とは記されているものの実際に『哲学』が出版されたのが1931年であるが、その間にヤスパースは心理学教授から哲学教授に転じている。すると、1919年から1931年までの間に何かヤスパース自身の研究基盤に大きな変化はなかったのであろうか、という疑問が生ずる。まず、大きな変化があったと見るのが妥当であろう。すなわち、その変化を限界状況の論述に限って述べるにしても、次のようにいえると思われる。つまり、『世界観の心理学』においては、限界状況概念を、了解心理学という精神科学的方法によって、精神類型（Geistestypen）として、科学的、心理学的、認識論的に把握したのである。これに対して、『哲学』においては、限界状況を、哲学的、実存哲学的、形而上学的に把握したのである。ここに、限界状況概念を規定している背景の相違が明らかとなろう。ヤスパースは、『世界観の心理学』が後になっていわゆる現代の実存哲学と呼ばれるに至ったものの最も早期の著作であると回顧している[32]が、いずれにせよ、ヤスパースにとって、『世界観の心理学』は精神医学研究から哲学研究への移行期の著作であり、『哲学』は哲学者としての主著であると考えられる。

　ところで、ヤスパースは、晩年の大著『啓示に面しての哲学的信仰』（1962）において、限界状況を根本状況（Grundsituation）とのかかわりで説明している。彼は、根本状況を、不幸、災い、悪などの人間の有限性の前に立ちはだかる状況と捉えている。彼は根本状況について次のようにいう。「人間は、無限ではあるが現実性のないゆえに、無でもあるような単なる可能性に留まりうるのか、また留まりたいのか、あるいは常に有限である現実性に入らなければならないのか、また入りたいのか、という問いとしておのおのの人の前にあり続けるのが、根本状況なのである」[33]と。そして、「このような人間の根本状況とは、要するに、人間は決して真実かつ純粋に、完璧に、自身で十分に実現することができないということである。」[34] つまり根本状況とは、人間が生きていく上で常に人間に立ちはだかり、人間に自ら完全な自己実現ができないことを示唆

する状況といえよう。

　ヤスパースは、根本状況と限界状況の関係について次のように述べている。「根本状況は、限界状況、すなわち世界の中の諸々の状況と異なり変わることのない人間の諸々の状況の一つの在り方である。限界状況は避けられない。われわれは、限界状況を越えることができない。しかし、われわれが限界状況を経験する時、それによって精神的打撃を与えられることは、可能的実存としてのわれわれを初めてわれわれ自身へ連れて行く。限界状況を包み隠す場合、われわれはわれわれ自身のままであり、すべての本質的なことはわれわれにとって曖昧なままである。人間の偉大さは、彼が限界状況の経験においてなるものにある。この偉大さにおける気品を愛することは、そのような偉大さの条件への眼差しなしには、正直なところ可能ではない」[35] と。この点に関して、ザーナー（Hans Saner, 1934-2017）は次のようにいう。「これら（諸々の状況）が、あらゆる個別的状況がその内部に含まれる人間存在の状況である限り、ヤスパースはそれらを《根本状況》と呼ぶ。個人がこれら根本状況の中でこれらを体験しながら存在している限り、ヤスパースはこれらを《限界状況》と呼ぶ」[36] と。つまり、われわれが個別的状況として根本状況を体験しながら存在している限り、まさにその諸々の状況は限界状況といいうる。なぜなら、根本状況は自己実現に立ちはだかる限界状況の一様式だからである。

　さらに、ヤスパースは、『啓示に面しての哲学的信仰』において、個々の限界状況について次のように述べている。「われわれは、闘争、苦悩、死、偶然の免れがたさを限界状況と呼ぶ。われわれの現在の連関では、限界状況は負目の免れがたさである。人間が行動しても行動しなくても、いずれにせよ彼は責めがある。」[37] と。ここで注目すべきことは、負目が強調されている点である。そして、彼は「原罪、恩寵、義認、贖罪についてが問題になっている事柄である場合、そのような概念は、人間の根本状況の特殊な解釈を前提としている」[38] という。さらに彼は決定的に次のように述べている。「人間の実存とともに現われる完全な負目は、実質的な原罪になる」[39] と。すなわち、『啓示に面しての哲学的信仰』における限界状況概念の核心には負目があり、それは宗

教的要素を持っているということができるのである。その意味において、Shuldの訳語は「負目」が妥当であるとしても、『啓示に面しての哲学的信仰』におけるShuldは「罪」の要素が強くなっていると見ることもできよう。したがって、こうした限界状況概念の解釈によって、『啓示に面しての哲学的信仰』では限界状況の一様式として、根本状況という概念が現われたものと思われる。

以上の考察から、われわれは、ヤスパースにおける限界状況概念が三段階に展開されたことに気づく。すなわち、その三段階とは、限界状況概念に関する論述に即して見れば、『世界観の心理学』では精神科学的段階であり、『哲学』では哲学的段階であり、そして『啓示に面しての哲学的信仰』では宗教的段階である、ということができるであろう。

第3節　ヤスパースにおける限界状況の体験

ヤスパース哲学における限界状況概念とかかわる彼自身の体験とはどのようなものであったかを考えると、まず次の二つの事実が挙げられると思われる。その事実とは、彼が終生病身であったことと、ギムナジウム時代に孤独を味わったことである。

まず、ヤスパースの身体的状況について、彼自身が『哲学的自伝』において、次のように述べている。「私の人生のあらゆる決断は、私の生命の根本的な事実によって制約されていた。子どものころから私は器質的に病気であった（気管支拡張症並びに二次的心不全）。狩の最中に、私は体の弱さゆえにあきらめてしまい、森の中のどこかある所で隠れてひどく泣いて、ときどきうずくまってしまった。私が18歳の時初めて、バーデンヴァイラーでアルバート・フレンケル（Albert Fraenkel）によって診断が下された。その時までは、私には、私の状態にとって誤った処置のために頻繁な熱発作があった。その時私は、この病気の制約の下で生活を調整することを学んだ。私は、私の病気の詳細に至るまで記述したR・ヴィルヒョー（R. Virchow）の論文を読んだが、予後には、遅くともその人生の30歳代には患者は全身化膿して斃死、とあった」[40]と。だが、

驚くべきことにも、ヤスパースは86歳までも生きることができたのである。それは、彼の節制と努力以外の何物でもない。たとえば、彼が毎日、日課として喀痰をしていたということなどは、一般に想像しにくいことであろう。そして彼は次のように述べる。「《長生きするためには、人は病気でなければならぬ》（一病息災）と、中国の諺にある。それ自体進行性ではない症状において、健康への愛着がどれほど展開するかは驚くべきことである。そこに残っている健康は、意識されればされるほど、ますます幸せに思われ、おそらく普通の健康状態よりも一層健康なほどになるのである」[41]と。しかし、いずれにせよヤスパースは、自分自身の病気のために、普通の人に比べれば、自分の死がいつ訪れるのだろうかということを常に強く意識しながら生活していかなければならなかったわけであり、彼自身にまとわりついている厳しい状況に置かれていたのは事実である。この状況こそ、彼自身の限界状況そのものであったにちがいない。

　ヤスパースの病気に関して、ザーナーは次のようにいう。「彼の生命は、子供のときから疾病状態であった。それは急性期にはしばしば死に近づくほど、脅かされるのがつねであった。ここに彼の根本経験の一つがあり、ここから、限界状況への反省が発したのである」[42]と。すなわち、ヤスパースが幼いころから病気であった事実が、限界状況概念を成立させた最大の契機であった、ということができるであろう。

　一方、ヤスパースにおける限界状況の体験ともいうべき孤独の経験に関係する出来事が、彼のギムナジウム時代にある。彼は『哲学的自伝』において、次のように述べている。「ギムナジウムでは、私は校長と衝突した。私は、自分には理性に反すると思える命令を、盲目的な服従において従うことに抵抗したのである。私の父は、私の質問について彼から答を受け取ること、そしてそれだけで説得力を持つ然るべきものに対する畏敬の念からであるにせよ、私がその意味を理解しないようなことを決して行なってはならないということを早くから私に慣らせた。父に啓発された結果、私は、教育制度と学校の授業に入り込んでいる軍隊的な訓練との間には相違が存するという原則のために戦った。ある日校長は、それは敵対の精神である、と私に厳粛に宣告した。その精神は

私の家庭に特有なものであり、それを斥けなければならない、とも宣告した。校長によって承認されていた、大学生組合を模倣した三つの生徒組合の内の一つへ加入することを、それらの組合が社会的な家柄や親の職業によって区別され、人格的な友愛に基づいたものではないという理由で私が拒絶した時、事態は極致に達した。同級生たちでさえ、初めは私に対して理解を表明していたのに、後になると実際には私の態度を非難した。ある友人が私とともに山地への週末のハイキングをした時、彼の所属する組合は彼を除名すると脅かして、私との関係を断つよう要求した。彼の問いかけに対して私は、彼は組合に留まるべきであると助言した。彼はそのようにした。校長は私に、教師たちが私に対して油断のない目を持つだろうと言明した。私は孤立した。」[43]

このような出来事によって、まさにヤスパースは闘争と負目を経験したのであった。ヤスパースは、「哲学への私の道」において、「孤独な学校時代の苦悩の中で、私はスピノザ（Spinoza）を読んだ。私にとってスピノザを通して世界全体を哲学的に自覚すること、そして彼が従った処世訓としての印につけたcaute（慎重に）という言葉が、その時代の一つの慰めであった」[44]と述べている。また『哲学的自伝』においては、「17歳の時、私はスピノザを読んだ」[45]と述べている。こうして、ヤスパースがこのギムナジウム時代に、スピノザの著作を通して哲学に関心を持つようになったことがうかがえる。そして事実彼は、苦悩の中で自ら哲学していたのである。

このように、ヤスパースにおける、病気のために意識される自己の死、孤独感、あるいは自我意識の強さ、といったようなものによって、限界状況概念が生み出されたものと思われる。すなわち、彼の生活そのものが、死と苦悩に直面していて、また闘争と負目に突き当たっていたのである。

ところで、ヤスパースには、限界状況の体験と並んでもう一つの根本経験があるとして、ザーナーは次のように述べている。「それと並んでもう一つの根本経験がある。すなわち、幼少時代には両親から発し、のちには夫人から発した、人間性への信頼ということである。彼女は彼の生存の維持のために、自分の存在を賭け、しかもついぞそのことを犠牲として感ずるようなことはなかっ

た。彼女は《世界への腕》であり、ほぼ危険を防ぎ、生きることの全活動が精神と密着した生活を可能にしたのである」[46]と。すなわち、孤独であったヤスパースは、親友のエルンスト・マイヤー（Ernst Mayer）の姉であるゲルトルート（Gertrud）と出会い、彼女と恋愛し、結婚することになる。そして、ヤスパースがゲルトルートと出会うことによって、「交わり（Kommunikation）」や「愛（Liebe）」が、ヤスパース哲学の要素になっていったと考えられる。それは、ゲルトルートがヤスパース自身の限界状況を真に理解し、なおかつ二人で共に人生を歩んでゆくことになったからなのである。交わりについては、次章で詳細に論じることにする。

ともかく、ヤスパースにおける限界状況概念は、彼自身の体験から生まれた哲学的概念であるといえよう。

第4節　限界状況と実存

われわれが限界状況に対処する仕方には二つあると考えられる。まず一つには、現存在としてのわれわれは、限界状況を前にして目を閉ざすことによってのみそれらを回避することができる。すなわち、われわれは世界の中で現存在を拡大しつつ、保持しようとする。そして、われわれは何らの疑問もなく、現存在を支配し享楽しつつ、あるいはそれに悩み屈服しつつ、それにかかわる。だがそれでは、究極的にわれわれを放棄すること以外の何物でもない。「それゆえ、われわれは限界状況を克服するために、企画や打算によってではなく、まったく別の能動性、すなわちわれわれにおける可能的実存の生成によって有意義に限界状況に反応する。つまり、われわれが目を見開いて限界状況に踏み入ることによって、われわれはわれわれ自身となるのである。」[47]ここにわれわれが本来在るべき姿が示唆されている。すなわち、限界状況から目をそらせてそれをおおい隠すのではなく、限界状況に直面してそれを受け入れることによって、われわれは真の自己存在である「実存（Existenz）」となるのである。それゆえ限界状況は、実存にとってのみ、現実として感得されるものとなる。

したがってヤスパースは、「限界状況を経験することと実存することとは、同じことである」[48]という。また、「現存在にとっては、限界状況における存在についての問いは、縁遠いものであるのに、自己存在は、限界状況において、一種の飛躍を通じて、その存在を覚知することができる。」[49]

ヤスパースによれば、「思惟による限界状況の解明は、解明的な観察ではあるけれども、まだ実存的な実現ではない。」[50] われわれが限界状況を考究する場合、われわれはそれを実存として行なうのではなく、可能的実存として飛躍の準備としてだけであって飛躍ではなく行なうのである。それゆえ、「限界状況が、人間に対して存立している状況のように客体的に把握されるにしても、なんといっても限界状況は、現存在における無比の転換する実行によって、すなわち実存が自分を確信し自分の現象の中で形造られる実行によって、ようやく本来的に限界状況となるのである。」[51] しかも、「それは、可能的実存において現実的実存へとなる第三の、そして本来的な飛躍である。」[52] そして、「その飛躍のそれぞれの形態は、限界状況において、現存在から実存へ——胚芽の内に鎖された実存へ、可能性としての自分自身を解明しつつある実存へ、現実的実存へ、導く。」[53]

したがってヤスパースは、われわれが限界状況を引き受ける時の飛躍の形態を三つ指摘している。まず第一に、「あらゆるものの疑問性に直面して、世界現存在から、普遍的に知る者の実体的な孤独へ向かう飛躍」があり、これは「諸々の世界像の内で哲学すること」へと導く[54]。第二に、「挫折の世界への私の不可避的な関与に直面して、事物の観察から可能的実存の解明へ向かう飛躍」があり、これは「実存解明として哲学すること」へと導く[55]。そして第三に、「可能的実存としての現存在から限界状況における現実的実存へ向かう飛躍」があり、これは「実存の哲学的生活」へと導くのである[56]。

ところで、ザーナーは、根本状況との関連において限界状況と実存に関して、次のように述べている。「あらゆる根本状況は、現存在の有限性に基づいている。根本状況は、人間が有限性と無限性の綜合として理解される限り、限界状況である。」[57] そして、「今やヤスパースにとって決定的なのは、人間がこのような

究極的状況にいかにかかわるか、である。彼は自己を隠蔽し、そうして非本来的に日を過ごしうる。彼はそれを経験し体験し、この点で実存へと突破しうる。根本状況の経験においてはじめて、根本状況が限界状況になる。この際《限界》とは、もはや現存在の制限として形容されるのではなく、そこにおいて現存在が超越者を目差して見通しがきくようになるかの場所である。」[58)]「一つの他者の経験において、現存在は実存に一変する。」[59)] つまり、人間が根本状況を経験することによって、根本状況は限界状況となり、人間は非本来的な状態から本来的な状態へ、すなわち現存在から実存へ飛躍するのである。

このように、われわれが限界状況を引き受けることと実存することとは同じことなのである。そして、実存は己れの超越者と関係している自己存在であるから、われわれは限界状況をじっと見据えて受け入れると同時に、そこに超越者と連繋して、実存へと飛躍することになる。すなわち、われわれは限界状況を引き受けて生きていく時、実存となるということができるので、このことを、「限界状況体験即実存」ということが可能であろう[60)]。そしてここに、ヤスパースの実存哲学における人間形成の核心といいうるものをまず見ることができる。

第5節　限界状況概念と教育哲学

(1)　限界状況と理性

死と苦悩、それに闘争と負目は、限界状況であるが、いずれにせよ限界状況の体験とは、挫折の経験に等しいと考えられる。ヤスパースによれば、「人が己れの挫折（Scheitern）を経験する仕方は、人間がどのようになってゆくかを決定する。」[61)] そこで、われわれは、挫折すなわち限界状況を引き受け前向きに生きていく時、実存となるのであった。

しかし、ここで次のような疑問が生ずる。それは、人間に限界状況を自覚させ、限界状況から交わりへと向けさせる根拠となるものはいったい何であるのか、という疑問である。これは、一見なにげなく素朴な疑問であるが、非常に

難しい問題であるよう思われる。端的にいえば、人間をよくする根拠は何なのか、という問題でもあるからである。しかし、その問題をよく考えてみても、われわれは、人間をよくし人間自らがよりよく生きていくことができる要素が、われわれの本性として備わっている、という答え方しかできないように思われる。そしてさらに、そのよりよく生きていくことへと人間を向けさせる本性とは何であるかと考えれば、それは人間の本性である限り、理性であろう、という答しか出てこないように思われる。だがここで、素朴な思考からこの理性という概念が現われ出たことに、われわれは驚嘆せざるをえない。なぜなら、限界状況から実存へと向ける根拠が理性であるとするなら、われわれはヤスパース哲学において重要な概念である「包括者(das Umgreifende)」における諸様式の紐帯として理性が重視されていることを思い起さないわけにはいかないからである。

すなわち、理性がわれわれに包括者の諸様式の在り方を明確にし自覚させるのである。つまり、真の自己存在である実存を実現させる根拠は、実に理性であるといえよう。ヤスパースは、実存概念とともに理性概念を重視し、実存と理性は相互に依存する概念であると考えるので、「実存は理性によってのみ明白になり、理性は実存によってのみ内実を得る」[62]という。すなわち、「実存と結びついた理性は、実存によって担われていて実存なしには没落するであろうが、その理性の方で、実存が実現され明らかにされるという実存の真理を可能にする。」[63] そして、「理性は己れ自身によっては何物をも産み出しはしないが、しかし何はさておきこの理性は、あらゆる包括者の最も内面的な核心に現存しながら、包括者のおのおのの様式を初めて完全に目覚ますことができ、それらの様式の現実化と真実化とを実現することができる。」[64]

このように、実存は理性によってのみ現実的となる。したがって、限界状況は実存に属するがゆえに、限界状況から実存へと向ける根拠は、実存と結びついた理性であるということができるであろう[65]。つまり、「限界状況体験即実存」ということを可能にする基盤が、理性であるといえよう。そして同じように理性は「全体的な交わりの意志(der totale Kommunikationswille)」[66]であるから、

「限界状況体験から実存的交わりへ」という方向も、理性が可能にするのだということができよう。

(2) 限界状況概念の教育哲学的可能性

以上のように、限界状況から人間をよくする根拠が理性であると明らかにできたが、この思考は、まさに教育的現実において人間存在を把握する過程で現われ出てきたのである。すなわち、人間が挫折から立ち直るという教育的現実に対する思索において、限界状況から真の自己になるための根拠が理性であると明らかになったのである。つまり、教育的現実における事実が哲学的思考を明確にさせたといえ、その意味で、ヤスパース哲学において重要な概念である限界状況の背後に理性の存在を認めなければならないというヤスパース哲学の根源的解釈にかかわる思考を、むしろ教育的現実から発する教育学的思惟が可能にさせるのである。このことは、教育そのものが哲学を構成しうることを示唆するものである。それゆえ、教育哲学は、教育を構成原理とする哲学であり、まさに教育が構成する哲学である[67]。

もちろん、教育哲学の学問的性格は一概に規定できないが、われわれは限界状況概念について検討していく過程で、教育哲学が、人間がよりよく生きていくという教育的現実についての哲学であるとの確信を少なからず持つこととなった。すなわち、その場合の教育哲学の研究方法は、教育的現実そのものを哲学する立場からは、現象学的、解釈学的方法であり[68]、さらに人間形成に存する事実に基づいて哲学的思索を展開していくという点では、帰納的方法といえるかもしれない。ただ、教育哲学も哲学である以上、演繹的方法を排除してしまうことはできない。それゆえ、哲学体系そのものを教育の哲学へ適用しようと意識的に予測しつつも、究極的に教育的現実について哲学することから教育哲学を構成していく立場も考えられ、これを仮説演繹法的な方法ということも可能であろう。

このように、教育的現実を踏まえ、現象学的、解釈学的方法、さらに帰納的、仮説演繹法的な方法によって教育哲学を構成していくことが、われわれの教育

哲学研究における一つの道標となるということができるであろう。

注（第Ⅰ部第2章）
1）K. Jaspers, Philosophie I. Philosophische Weltorientierung, 1932, Springer-Verlag, 4. Aufl. 1973, S. 56.
2）K. Jaspers, Philosophie II. Existenzerhellung, 1932, Springer-Verlag, 4. Aufl. 1973, S. 203.
3）ibid., S. 203.
4）ibid., S. 203.
5）ibid., S. 203.
6）ibid., S. 203.
7）ibid., S. 204.
8）ibid., S. 220.
9）ibid., S. 222.
10）ibid., S. 223.
11）ibid., S. 227.
12）ibid., S. 229.
13）ibid., S. 230.
14）ibid., S. 230.
15）ibid., S. 230.
16）ibid., S. 231.
17）ibid., S. 232.
18）ibid., S. 233.
19）ibid., S. 233.
20）ibid., S. 234.
21）ibid., S. 235.
22）Vgl. ibid., S. 242-246.
23）ibid., S. 242.
24）ibid., S. 243.
25）ibid., S. 243.
26）ibid., S. 243.
27）ibid., S. 246.
28）ibid., S. 248.
29）ibid., S. 249.
30）ibid., S. 249.
31）K. Jaspers, Psychologie der Weltanschauungen, 6. Aufl. Springer-Verlag. Berlin. Heidelberg. New York, 1971, S. 229.

32）Vgl. K. Jaspers, Philosophie und Welt. Reden und Aufsätze, R. Piper & Co. Verlag München, 1958, 1963, S. 305.
33）Karl Jaspers Gesamtausgabe, Der philosophische Glaube angesichts der Offenbarung, Band Ⅰ/13, Schwabe Verlag, Basel, 2016, S. 343.
34）ibid., S. 344.
35）ibid., S. 345.
36）H. Saner, Karl Jaspers mit Selbstzeugnissen und Bilddokumenten, 1970, Rowohlt Taschenbuch Verlag GmbH, 1984, S. 98. ザーナー、重田英世訳『ヤスパース』理想社、1973年、124頁、参照。
37）Karl Jaspers Gesamtausgabe, Der philosophische Glaube angesichts der Offenbarung, Band Ⅰ/13, a. a. O., S. 345.
38）ibid., S. 381.
39）ibid., S. 381.
40）K. Jaspers, Philosophie und Welt. a. a. O., S. 280-282.
41）ibid., S. 281-282.
42）H. Saner, Karl Jaspers, a. a. O., S. 68. 前掲訳書『ヤスパース』、84頁。
43）K. Jaspers, Philosophie und Welt. a. a. O., S. 276-277.
44）K. Jaspers, Wahrheit und Bewährung. Philosophieren für die Praxis, R. Piper & Co. Verlag, München, 1983, S. 8.
45）K. Jaspers, Philosophie und Welt. a. a. O., S. 278.
46）H. Saner, Karl Jaspers, a. a. O., S. 68. 前掲訳書『ヤスパース』、84頁。
47）K. Jaspers, Philosophie Ⅱ. a. a. O., S. 204.
48）ibid., S. 204.
49）ibid., S. 204.
50）ibid., S. 206.
51）ibid., S. 206.
52）ibid., S. 206.
53）ibid., S. 206.
54）Vgl. ibid., S. 207.
55）Vgl. ibid., S. 207.
56）Vgl. ibid., S. 207.
57）H. Saner, Karl Jaspers, a. a. O., S. 98. 前掲訳書『ヤスパース』、124頁、参照。
58）ibid., S. 99. 同上訳書、124頁、参照。
59）ibid., S. 99. 同上訳書、124頁。
60）文化的背景の相違は前提としつつも、「限界状況体験即実存」ということが、仏教語の「煩悶即菩提」に対してさほど遠いものではないように思われる。ただ、ヤスパース哲学は、実存と超越者の関係からもわかるように、基本的には二元的であるが、それに対して東洋思想は「不二性」に特徴があるといえよう。「東洋思想の

不二性」に関しては、鈴木大拙『鈴木大拙全集第二十巻』岩波書店、1970年、参照。
61) K. Jaspers, Einführung in die Philosophie, R. Piper & Co. Verlag, München, 1971, 18. Aufl. 1977, S. 20.
62) K. Jaspers, Vernunft und Existenz. Fünf Vorlesungen, R. Piper & Co. Verlag, München, 1973, S. 49.
63) K. Jaspers, Von der Wahrheit, R. Piper & Co. Verlag, München, 1947, 3. Aufl. 1983, S. 116.
64) ibid., S. 116.
65) 林田新二『ヤスパースの実存哲学』弘文堂、1971年、94-106頁、参照。
66) K. Jaspers, Von der Wahrheit, a. a. O., S. 115.
67) 神保博行『教育哲学の基本的考察』芦書房、1968年、1-103頁「第一部　教育哲学序説」、参照。
68) 細谷恒夫『教育の哲学——人間形成の基礎理論』創文社、1962年、参照。

第Ⅰ部第2章の内容は、以下の該当箇所と重複する部分がある。
豊泉清浩『ヤスパース教育哲学序説——ボルノーからヤスパースへ：自己生成論の可能性』川島書店、2001年、145-156頁、282-284頁。

第3章 交わり

第1節 限界状況と交わり

　ヤスパースにおける限界状況は、彼の病気と関係があると考えられた。そしてそれは孤独の体験ともいいうるものであった。つまり、ヤスパースが自分の死や孤独を見つめて生活していく中で、哲学的思索を通して、限界状況概念が成立したと見られるのであった。

　青年時代のヤスパースは、憂鬱であり、孤独であり、また自我意識が強かった。そのようなヤスパースにも、医学生時代になると、同期のエルンスト・マイヤーという親友ができ、二人は互いによき話相手となった。すなわち、二人は腹蔵のない対話ができたのである。そして、後のヤスパースの哲学にも、エルンスト・マイヤーの助言や批判が反映されているものと見られる。

　さらに、ヤスパースの人生と思想形成に決定的な影響を与えたのは、エルンスト・マイヤーに紹介され、彼の姉ゲルトルートと出会った出来事である。ヤスパースは、ゲルトルートと最初に出会った時から、彼女と人生に関する重大な問題について話をすることができた。それゆえ、ヤスパースがゲルトルートと出会うことによって、「交わり」や「愛」が彼の哲学の要素になっていったと考えられる。

　ヤスパースは、その出会いによっていわゆる実存的交わりを実現できた人として、親友であるエルンスト・マイヤー、愛する妻ゲルトルート、偉大な師マックス・ヴェーバーの三人を挙げている[1]。その中でもゲルトルートとの交わりは決定的に重要な意味を持つ。

ヤスパースは、ゲルトルートとの出会いについて、『哲学的自伝』において、次のように述べている。
　「孤独、憂鬱、自意識、といったようなあらゆるものは、1907年私が24歳でゲルトルート・マイヤーと出会った時に一変した。私にとってあの瞬間、すなわち私が彼女の弟と一緒に初めて彼女の部屋に入った時のことを忘れることはできない。彼女は大きな書きもの机に座っていたが、部屋に入った私たちにまだ背を向けたまま立ち上がり、ゆっくり本を閉じて、それから私たちの方へ向きなおった。私の眼は彼女の一挙手一投足を逃さず追ったが、彼女の動きは装う風もなく、型にはまってもなく、落ち着いた明るさの中に、無意識にも最も純粋な本質、すなわち現象の内における彼女の魂の気品を表現しているように私には思われた。私たちはすでに以前から知り合っていたかのように、会話がすぐに人生の大きな根本問題へ到ったことは、当然のことのようであった。最初の瞬間から私たちの間には、わけのわからない、決して期待されなかった一致があった。」[2]
　ところで、ヤスパースにおいては、自分一人だけではなくゲルトルートと共に思索をしたことが、彼の哲学の発展に決定的ともいえる影響を与えることになった。それゆえ、ヤスパースはゲルトルートと共に哲学したことを、次のように回想している。
　「ゲルトルートがそこにいるようになってから、つまり1907年から、私の内面に変化が生じた。その時まで私は、不満や憧れを感じていたにもかかわらず、冷静に真理のために努力しながら知ること欲する人間であった。今や私は、日々自分が一人の人間であることを想起させられる人間になった。言葉を通じてではなく、沈黙の内に、「あなたは自分が精神的な成果をもう十分にもたらしたと思ってはならない」と要求する人生の伴侶の現実を通じてそうなった。ゲルトルートは、私があまり多く怠けないように気づかい、彼女は、私がとかく忘れがちな人間的な出来事の中で私がしたことを思い出させた。彼女は、私が書くものを全部読んで検討する。彼女が現に存在することが、精神的世界や単なる思考に沈んでしまわない衝動を私の内に呼び覚ます。それどころかさらに、

私は、もし自分の哲学がある深みを持っているとすれば、その深みはゲルトルートなしには決して到達されなかったであろうと信じている。」[3]

　すなわち、ヤスパースはゲルトルートとの厳しく誠実な対話を通して自分の哲学的思索を展開したのである。したがって、ヤスパースにおける「交わり」や「愛」の概念は、なんといってもゲルトルートとの恋愛を無視しては考えられない。そして、おそらくヤスパースは、ゲルトルートと初めて出会った瞬間から彼女に好意を持ったことを示唆して、「私は、私が愛していることを知る前に、すでに愛している」[4]と述べているのであろう。

　こうして、ヤスパースは青年時代から身体的並びに精神的苦悩を持ちつつ生活し、そこから人生に関する思索をしていたが、彼はゲルトルートと出会い、彼女との交わりの中で哲学することになった。それは終生続いた。すなわち、ヤスパース自身の限界状況をゲルトルートが真に理解し、またゲルトルートの身の上をヤスパースが真に理解して、二人は愛し合い共に人生を歩んでゆくことになった。まさしく、出会いにより交わりが始まり、またその交わりの根底には愛があったのである。

　ところで、ヤスパースとゲルトルートとの出会いは、ヤスパースの体験に即して考えれば、限界状況から交わりへの方向を示唆している。そこで次に、限界状況と交わりの関係について考えることにする。

　限界状況の体験とは、単独者であることを意識することでもあり、すなわち孤独の自覚のことでもある。なぜならば、死も苦悩も、それに闘争も負目も、自分一人で引き受けなければならないものだからである。ヤスパース自身の経験からも、限界状況の体験は、すなわち孤独の体験のことであった。したがって、限界状況の体験である孤独の自覚が、いかなる事象と本質的に結びついているのかを明確にしておかなければならない。

　ヤスパースによれば、われわれが限界状況の体験と等しい状態であると考える「孤独（Einsamkeit）」は、それと対立するように見える「交わり」と二律背反（Antinomie）の関係にある概念である[5]。すなわち、二律背反とは、孤独と交わりというように、互いに対立したり矛盾したりする二つの概念の両方が存

在しうる現実をいう。したがって、孤独と交わりは、一方がなければ他方が存立しない概念である。つまり、孤独の自覚の前提に、交わりが存していると考えられる。

　自己は、自立していることが明らかな自己意識に基づいて、初めて孤独である。だが、そのことによって直ちに、自己は孤独において自己自身であるとはまだいえない。なぜなら、孤独は、交わりの内でのみ現実になる可能的実存の準備意識だからである[6]。交わりは、その都度、結びついているが、いつまでも二人でなければならない二人の人の間に起こり、またこの二人の人は互いに孤独から出るが、彼らが交わりの中にあるという理由によってのみ孤独を知る[7]。それゆえ、「私は、交わりに入ることなしには自分自身になることはできないし、孤独であるのでなければ交わりに入ることができない。」[8] したがって、交わりによって、どんなに孤独をなくしたところで、また新たな孤独が生じてくる。なぜなら、この孤独は、交わりの条件としての自分自身がある限り、消滅することがないからである。もし私が自分自身の根源から自分自身であることを思い切ってし、それゆえ最も深い交わりの中に入ることを思い切ってするのならば、私は孤独を欲しなければならない[9]。「熱狂的な自己献身と孤独の内における厳しい自己固執の両極性（Polarität）は、現存在においては実存的に排棄されないものである。可能的実存は、根源と目標が不明瞭な一つの軌道にある両極間の運動としてのみ、現存在の内にある。」[10]

　このように、ヤスパースは、孤独と交わりとは二律背反の関係にある概念であるとするが、彼は、現存在の二律背反的な構造そのものを限界状況として捉える[11]。したがって、孤独と交わりという二律背反は、われわれがそこから逃れることのできない限界状況であることを意味し、すなわちわれわれが孤独と交わりとの間で揺れ動く存在としてしか生きられないことを意味している。ただ、限界状況の体験は、本質的に自分自身のみで引き受けるものであるがゆえに、究極的に孤独の自覚と結びつくものである。それゆえ、他者との交わりの中で真の交わりが実現できないことを意識することによって、人は孤独の自覚へと至ると考えられよう。つまり、そのように孤独を自覚することによってこ

そ、真に限界状況を体験したということになろう。したがって、人は交わりの中にありつつ限界状況の自覚へと至り、また限界状況から交わりへ入るということが考えられる。

そこで、交わりの中でこそ自己自身となるのであれば、「限界状況から交わりへ」という方向が、限界状況概念に内在している、人間存在における可能性であると考えられる。しかも、限界状況は、実存に属するがゆえに、その方向を、「限界状況体験から実存的交わりへ」という方がより正確であろうと思われる。

ただ、限界状況と交わりの関係は、ヤスパースにおいても、論理的には説明されていないように思われる。つまり、孤独と交わりが二律背反の関係の中に捉えられるから、その意味では、むしろ交わりも限界状況に包含されていると考えられる。それゆえ、限界状況と交わりの関係は、論理的整合性を持つものではなく、むしろ主体的、即自的な要素を持っていると考えられる。したがって、限界状況と交わりの関係は、人間の行為の中に真実を見出せる関係であるといえよう。

第2節　現存在の交わりと実存的交わり

ヤスパースにおける「交わり（Kommunikation）」概念は、彼の哲学において最も重要な概念の一つである。というのは、自己は交わりの中で自己となるからである。この点に関して、ザーナーは、次のように述べている。「おそらく《交わり》は、ヤスパース哲学全般の基本用語であろう。その限り彼の思想は、孤独とは反対の哲学であり、それは共同人間存在に関しても、《私がただ私だけで存在するならば、私は荒廃せざるをえない》という命題を、中心に据えている哲学である。それはどの哲学をも、可能なる交わりを基準にして測定する。《ある思想は、思惟遂行が交わりを促進する程度に応じて、哲学的に真である。》それどころかこの哲学は、そのもっとも広大な真理意味を交わりに基礎づける。《真理とは、われわれを結びつけるものである。》この哲学は、交わりへの意志

の中に、哲学する営みの最包括的な根源を見ているのである」[12]と。

　ヤスパースは、交わりについて、主に『哲学』第2巻「実存解明」、『理性と実存』、『真理について』において述べている。その中でも、最も詳しく交わりについて論述しているのは、『哲学』第2巻「実存解明」においてである。そこでは、交わり概念は、「現存在の交わり（die Daseinskommunikation）」と「実存的交わり（die existentielle Kommunikation）」とに大きく二つに分けられている。

　一方、ヤスパース哲学の後期に入り、『理性と実存』や後期の主著である『真理について』などにおいては、交わり概念は、包括者の諸様式に対応する形で、「現存在の交わり」「意識一般の交わり（die Kommunikation des Bewußtseins überhaupt）」「精神の交わり（die Kommunikation des Geistes）」、そして「実存的交わり」とさらに包括者の諸様式の紐帯である理性による「理性的交わり（die vernünftige Kommunikation）」に細分化されることになった。なお、『真理について』においては、「実存的交わり」は「実存の交わり（die Kommunikation der Existenz）」ともいわれ、そして「理性的交わり」は「理性の交わり（die Kommunikation der Vernunft）」ともいわれ、また「現存在の交わり」も die Kommunikation des Daseins と表わされている。

　さて、ヤスパースは、『哲学』第2巻「実存解明」の「第3章交わり」の部分で、彼の交わり概念を詳細に亘り論述している。そこでは、交わりを「現存在の交わり」と「実存的交わり」とに二分している。ヤスパースは、「この実存的交わりは、あの現存在の交わりを、実存的交わりが現象することができる、自己の体として持つであろう」[13]という。すなわち、現存在の交わりを基盤にして、実存的交わりが成立することになる。彼は、「私がそれを他者とともに生じさせることによって、その中で私が本来的に初めて私の存在を知るところの真の交わり（die wahre Kommunikation）は、経験的に手もとにない。真の交わりの解明は、哲学的課題である」[14]と述べている。つまり、真の交わりである実存的交わりは、われわれの経験的現実の目前に常に現われるのではなく、現存在の交わりを過程としつつ、そこから飛躍して成立しうると考えられよう。

第3章　交わり

したがって、現存在の交わりなくしては、実存的交わりはありえないことになる。そこで、まず現存在の交わりについて見ていくことにしよう。

共同体の中での素朴で何らの疑いを持たない現存在は、彼の個人意識を、彼の周囲にある人々の一般の意識と合致させる。人は、万人がやることをやり、万人が信ずることを信じ、万人が考えることを考える。このような共同体を媒介として生活する限り、自己はまだ自己自身を意識していないから、交わりの内に入っているのではない。自我が、自分自身を意識して、他者と自分の世界とに自分を対立させることができるとすれば、それは一つの飛躍である[15]。つまり、共同体の中に他者と同一性を持って埋没している状況から、他者と自らの世界とに自分自身を直面させることになる。そのように独立の自我が解放された後で、自我と自我とはいかに理解し合い、互いに交渉するかという問題が起こる。そこには現存する多くの「自我の単子（Ichatome）」[16]としての人間、及び悟性と悟性、現存在と現存在としての関係が存在する。「この交わりにおいては、私は、ただ意識一般である悟性としてだけ考えられている。だが、この普遍的な合理性を持つ可能性は、私がそこにおいて実存としてはいまだ可能的に留まる媒質であるにすぎない。私はなるほど悟性によって私自身であるのではないが、しかし、悟性なしには私は私自身となることができない。」[17]

また人間は、単に形式的な悟性の自我でもなければ、また単に生命力としての現存在でもなく、原初的な共同性の暗闇の中に保たれているか、あるいは意識はされるが充分に知られない精神的な全体性を通じて実現されるかのいずれかである、ある一つの担い手である。この精神的な全体性は、理念として、悟性に明らかな規定性や目的性の共通性を越え包んでいるが、しかし漠然とした本能にしばられた個人の、主我的な関心からは、本質的に区別される。この理念は、一定の根拠づけられうる目的を通じて導くのではなくて、個人がそこにおいて自分が世界にまで拡大されたと感じることによって自覚されるある一つの意味に適合することによって導くのである。なぜなら、個人は世界に自己を捧げることによって内実を得るからである。そして、「一つの全体の理念――たとえば、この国家の、この社会の、この家庭の、この大学の、この職業の、

などの——理念における共同体は、私を初めて内容のある交わりの中へ連れて行く。」[18] けれどもこのような交わりにおいてもなお、私の自己との同一化はまだ欠如している。もちろん世界現存在の客観性の内にある私の生活は、理念への関与によってのみ充実した内容を与えられるが、しかし個人はこのような客観性を突破できる自立性を保持している。だから、彼は経験的な個人として、まったく客観性の内に現われるにしても、なお客観性に対立する。

けれども交わりが客観化される三つの仕方において、すでにそれぞれの限界が認められた。すなわちそれらにおいて実存的交わりへ向かう方向が分節されるが、しかし実存的交わりそのものは発見されなかった。素朴で基本的な共同体の場合には、それ自身独立の自我が、その限界であった。代置可能な点としてのこの自我と他の自我との交わりの場合には、いろいろな全体者、すなわちそれぞれの自我が活動するところの全体者、そして因果的にではなく理念的に彼らを結合している全体者を包括する理念が、第二の限界であった。「さて最後に、理念のもとにある交わりの限界こそ、実存である。このように先行している交わりのすべての段階に拘束されて現象しながらも、実存は決してその段階のいずれの中にも含められない。実存はその根源性において、単独で実存に属する交わりの中にある。」[19]

現存在の交わりにおいては、「私はそれぞれの交わりにおいて、ある特有の満足を経験するが、その場合でも絶対的な満足をどの交わりにおいても経験しない。なぜなら、私が私の交わりの特殊性を意識して、それとともにその交わりの限界に突き当たる時、私に不満が起こるからである。」[20]「それゆえ交わりについての不満は、実存への突破のためと、その突破を明らかにしようとする哲学することのための根源である。あらゆる哲学することが驚きとともに始まり、世界知が懐疑とともに始まるように、実存解明は、交わりの不満の経験とともに始まる。」[21] この不満は、私はその都度代理されえぬ他者を通じてのみ私自身として存する、という思想を理解することを望む哲学的省察にとっての出口である[22]。このように交わりの不満の経験から実存解明が始まることは、ヤスパースの実存哲学が交わりの哲学であることを示唆していると思われる。

さて、ヤスパースは、「実存的交わりの解明」の部分において、「孤独-結合」「明らかになること-現実となること」「愛しながらの闘い」「交わりと内容」「過程としての交わりの現存在」「交わりと愛」という項目を設定して、実存的交わりについて考察している。

　ヤスパースはいう。「私が私自身となる場合、この交わりの中には、自我存在と他者とともにある存在、という両方がある。」[23] つまり、交わりにおいては、自己がしっかりと自立し独立していなければならないのであり、それと同時に、自己をいたずらに孤立化させてはならず、他者に対して開かれていなければならないのである。そして孤独から他者との交わりへと向かうことになる。だから、「孤独は、社会学的な孤立存在と同一ではない。」[24] 人間が、共同体に保護されていても、除外されていても、一個の自立的な自己意識を持つ自我ではないのなら、孤独ではない。つまり、孤独は交わりの内でのみ現実になる可能的実存の準備意識なのである。交わりは、その都度、二人の人の間に起こるが、その二人は交わりの中にあることによってのみ孤独を知る。すなわち自己は、交わりに入ることなしには自分自身になることができないし、また孤独でなければ交わりに入ることができない。それゆえ、自己が真の交わりを求めるのならば、孤独を欲しなければならない。

　ヤスパースは、孤独に関して、次のように述べている。「孤独は第一に、それなしには交わりそのものが存立しない、交わりにおける排棄することのできない極である。孤独は第二に、空虚な自我性（Ichheit）の可能性として、深淵への本質的な非存在の表現であるが、その深淵から私は歴史的な決定において交わりにおける現実性を解放する。孤独は第三に、他者との交わりにおける結合の、現在の欠如であり、この欠如が排棄されうるかどうかという不確実さである」[25] と。ヤスパースによれば、孤独と交わりは二律背反の関係にある。また斎藤武雄は、「孤独と交わりとの間には両極弁証法がある。これは逆説弁証法といってもよい」[26] と述べている。

　次に、ヤスパースによれば、「交わりの中で、私は他者とともに明らかになる。」[27] この明らかになること（Offenbarwerden）は、しかし同時に、自分自身

として自我が初めて現実となること（Wirklichwerden）である[28]。すなわち、他者との交わりの中で自己自身が明らかになることは、自己が現実的なものとなることなのである。そして、「このような開顕性（Offenbarkeit）への意志は、ただその意志だけが実現させることのできる交わりにおいて、その意志そのものをそっくり賭ける。」[29]「それに対して、閉鎖性（Verschlossenheit）への意志は、その意志がそうあることとその意志の永遠の存在を混同して、そうあることを救うので、閉鎖性への（安全にすることの仮面や予防への）意志は、ただ外見上交わりの中に入るのみであって、その意志を賭けはしない。」[30] 自らを他者に開いて明らかにされることへの意志は、他者との交わりの中で自己を真実のものにするが、逆に自らを他者に対して閉じる意志は、現象として交わりに入ったように見える時でも、自己を真実なものとすることはできないのである。そして、「現実となることの、すなわち明らかになることのこのような過程は、孤立した実存においてではなく、他者と共にのみ実現する。」[31]

　また、ヤスパースによれば、「交わりの中で明らかになることの過程は、愛が同時に闘いとしてある、あの無比の闘いである。」[32] この闘いが、「愛しながらの闘い（der liebende Kampf）」といわれるものである。この闘いでは、二人がお互いに自己の心を限りなく相手に対して開いて、自己と他者の闘いが一つとなる。そして、可能的実存同士の二者は、この闘争する愛を基盤に実存となってゆくのである。

　さて、実存的交わりにより、あらゆる外的なものが突破され、本来のものが明らかにされるならば、ここに心と心が世界現存在の外面性における一切の束縛を脱し、ありのままで一体となるという目標が可能となるであろう。だが、それにもかかわらず、実存は超越的概念であるがゆえに、世界の内にあっては、実存と実存とは直接に出会うことはできず、内容の媒介を通じてのみ出会うことになる。心と心が一つになるためには、行動と表現との現実を必要とする。触れ合いが直接的であるかのような瞬間が、おそらくたびたびあるだろう。「触れ合いは、あらゆる世界現存在を越えて超越することにおいて満たされることができる。しかしその時でも、客観的になった、すでに超越された内容の広さ

と明るさは、本来的交わりの瞬間の厳然たる態度にとっての尺度である。この交わりは、世界における諸々の理念、諸々の課題、諸々の目標への関与によって、その交わりの飛躍を獲得する。」[33] そして、直接の触れ合いは、そのものとして真の交わりでありえないが、「触れ合いの直接性は、あらゆる本物の交わりの根源でもあり結果でもある。」[34] また、実存的交わりは、われわれの世界では、内容の媒介なくしては成立しえないので、「世界内容なしには、実存的交わりはその現象の媒介物を持たないし、交わりなしには、世界内容は無意味になり空虚になる。」[35]

ところで、「交わりは、闘いながらの交わりであることを決してやめない。この闘いはただ部分的に終わることがあるだけであって、全体としては決して終わることがない。というのは、交わりがまた現われる限り、実存の無限性のために、現象において決して交わりそのものを完成しないでいながら、生成することをやめないからである。」[36] すなわち、実存と実存の間には、愛しながらの闘いそのものは消失しない。ただ、「本来的になり真実となるものは、最も少なく成り立つ存在を持ち、現象としてただ生成（Werden）と消滅（Verschwinden）の内にあるにすぎない。」[37] したがって、「人間の間にあって、いわば一挙に真実なるものを把握することは、根本的なことにおいては、まったく不可能である。人間とその人間の世界とは、瞬間的に成熟するのではなく、いろいろな状況の成り行きを通してお互いを獲得する。人間と人間の世界とが相補うためには、人間は一時的で、中途半端で、不完全な状態を通らなければならないし、人間と人間の世界とがとんぼ返りするためには、極端に過度な状態を通らなければならない。」[38] すなわち、人間と世界とは、人間が一時的で、中途半端で、不完全な状態を通ってこそ、それぞれ本来的な在り方へと発展していくことが可能なのである。完全なものとは、現実の存在がたえず真実で本来的な在り方を求めて発展していくことでしかない。それゆえ、われわれは、実存になるにしろ、実存的交わりに入るにしろ、その過程として現存在を通らなければならないのである。「自己になることは、絶対的に義務づけられた存在の飛躍へと共に反発するために、一人の者が他者と共に明らかになる過程へ

入ることを要求する。」[39] また、「交わりにおいて、最終目標は知られることがない。」[40] なお、交わりは、現存在を過程として、実存的交わりに入ることになるので、可視的な現存在における物質的成果は、実存的成果を荷なう可能的肉体である。そして、「実現した自己の現実は、知識として存続しないとしても、現存在において、実存は自己として自己とともに実現した」[41] ということになる。

　さて、ヤスパースによれば、「自己存在（Selbstsein）は、交わりにおいて初めて生成するという限り、私も他者も交わりに先行する固定的な存在実体（Seinssubstanz）ではない。」[42] つまり、私が自分と他者とをそのような固定的な存在の永続と考える場合には、返って、本来の交わりはそこで停止してしまうかのように見える。「それゆえ、交わりにおける自己生成（Selbstwerden）は、無からの創造のように現われた。それはあたかも、自分自身の内からして、自己存在を現出させるために、孤独と結合、明らかになることと現実となることの両極性において、何らの認識可能な根源なくして、連帯的な闘争が、可能となるかのようである。独立に存続する個別存在を閉ざされたモナドとして考える、一切の固定的な主張に対し、生成の弁証法が、すなわち、生成する諸成員は単に、彼らが相ともに自己の自己存在としてつくり出すものにすぎないという生成の弁証法が、実際において、対立させられている。」[43] しかし、無からの実存の生成という言葉は、ある前提された現存在からする客観的説明の試みに対して、単に消極的な意味を持つだけであって、自己存在が根源において自己と積極的に出会ったことが知られうるような言葉としての意味を持つものではない。ここで問題なのは、自己存在として明らかになる、実存の存在に先行するものはいかなる意味において捉えられるべきかということである。「しかし可能性は、身を焼き尽くす不満の形態で先行する。」[44] それは友に対する準備を意味するものであり、さらに一切のいつわりの予見を確かめて、友を見出すことを可能にするものである。「先行する現存在的現実は、時間内における偶然的な事実的な自己との出会いである。しかし先行する実体は、単独者に対する理由なき愛である。客観的な観察にとっては、無が自己存在の存在根源で

第3章　交わり　83

あるならば、実存的な意識にとっては、交わりの準備としての不満や、現実を可能ならしめる偶然や、自己存在を感動させる愛などとして歴史的形態をとって現われる超越者が、自己存在の存在根源である。」[45] そして、「愛はまだ交わりではなく、交わりを通して解明される、交わりの源泉である。この世界における不可解な相互依存関係の一体化ということが、ある無制約的なものを感得させる。この無制約的なものは、だから交わりの前提であり、交わりの中で仮借ない誠実さの愛しながらの闘いを初めて可能にする。」[46]

第3節　愛しながらの闘い

　ヤスパースにおける実存的交わりの核心には、「愛しながらの闘い」がある。すなわち、愛しながらの闘いは、実存的交わりそのものである。

　ヤスパースはいう。「愛としてのこのような交わりは、盲目的な愛ではなく、この交わりが出会うどの対象にもなげやりではなく、鋭敏である闘争する愛 (die kämpfende Liebe) である。この愛は、問いの中にあり、可能的実存から他の可能的実存を困難にし、要求し、把握する」[47] と。したがって、「問いとしてのこの交わりは、自己の実存のための闘いと、他の実存のための闘いとが一つである、実存のための単独者の闘いである。」[48] 現存在の闘争にあっては、あらゆる武器の利用が必要であり、策略と欺瞞とが避けられずに、他者と敵対することになるが、実存のための闘争にあっては、それとははるかに異なったものが問題となる。「すなわち、それは徹底的な公明さ、あらゆる権力と優越感を排除すること、他者の自己存在と自分の自己存在とを同等に取り扱うことなどのための闘争である。」[49] この闘争において両者は、ためらうことなく進んで自分を見せ、問題視させる。そして、実存が可能である場合、両者は自己献身を通じて、自己獲得として現われるであろう。

　ヤスパースによれば、「交わりの闘争においては、比類のない連帯感 (Solidarität) がある。」[50] この連帯感は冒険に耐えうるがゆえに、初めて徹底的な問いを可能にさせ、それを共通なものとして、その結果に対して一致する。そし

て、「この連帯感は、闘争を常にその都度交わる両者の秘密である実存的交わりに限定するので、闘争の中で最も親しい友人は、世間の代わりに存することができ、利得と損失のもとでは共通に存する。」[51] またヤスパースによれば、「開顕性のためのこの闘争にとっては、規則を、すなわち優越性や勝利を決して欲してはならないという規則を、打ち立てることができよう。」[52] もし、優越性と勝利とが現われるならば、それらは妨害や罪過として感じられ、それらの方で排撃される。そこでは一切の秘密があばかれ、決して打算的な遠慮は行なわれない。お互いがお互いを見抜くことが、その都度の実際的な内容において必要とされるばかりでなく、問いと闘争との手段においても必要とされる。おのおのの者は、他者とともに自己を掘り下げることになる。「それは二人の実存相互の闘争ではなく、自己と他者とに対する一つの共通の闘争である。しかしそれはひたすら真理のための闘争である。」[53]

ところで、「この闘争は、まったく同等の水準に立ってのみ行なわれうる。二人の実存は、技術的な闘争手段（知識や才能や記憶力や疲労度）の差異にもかかわらず、一切の力をお互いに出し合うことによって、水準の同等化をつくり出す。」[54] しかし、この同等化は、各人が自分自身に対しても他者に対しても、それを実存的に可能な限り困難にするということが必要である。そして、「実存的に闘いながらの交わりにおいては、各人は、あらゆるものを他者に自由に使わせる。」[55]

実存的交わりは闘争の内にある。ヤスパースはいう。「闘争は同等の水準において行なわれるから、闘争そのものの内にすでに承認があり、設問の内にすでに肯定がある。それゆえ、実存的交わりにおいては、激しい闘争の内にこそ、まさに連帯感が明らかになる。この闘争は、分離することの代わりに、実存間の真実の結合への道である」[56]と。ここに、愛しながらの闘いが、実存的交わりそのものであることが示唆されている。すなわち、実存的交わり自体が闘争であり、その闘争の基盤には愛がなければならないのである。それゆえ、「この闘争は、実存の真理のための闘争であって、普遍妥当的なもののための闘争ではない。」[57] なぜなら、実存の真理とは、自己の主体性のことに他ならない

からである[58]。

　さて、ヤスパースは、愛しながらの闘いの核心について端的に次のように述べている。「私と汝とは、現存在において分かたれているが、超越者においては一つである。私と汝とは、現存在においては出会うこともなく、行き違いになることもないが、超越者においては、冒険において明らかにされ確認される闘いながらの交わりの生成の内において一つである」[59]と。それゆえ、愛しながらの闘いでは、本質的に他者と断絶している窓なき単独者同士が、超越者において、すなわち永遠によって、無時間的に結びつきつつ、共に真の自己を生成してゆくことになるのである。また、この文章の背後にはヤスパースとゲルトルートとの愛があるように思われる。つまり、ヤスパースがゲルトルートとの実存的交わりをイメージしながら、交わりと愛について語っていることが考えられる。したがって、愛しながらの闘いという概念は、ヤスパースとゲルトルートとの愛に基づく交わりが哲学的に概念化されたものと見なすことができよう。

　ところで、ヤスパースは限界状況について論述した部分で、「実存のための愛における闘争」について述べている。彼はいう。「実存はただ交わりの中でのみ実現し、時間による動きの中にある実存は状況の変化の中で実行するので、実存から実存への親密な理解の安らぎにおいて無時間的に生成してゆく一存在の静かな一致は、その都度の状況の中でその状況の暗さのために起因する愛しながらの闘いの消滅する瞬間であるにすぎない。存在の確信は開顕性のための闘争からのみ発するということは、現存在における実存にとっての限界状況であり、その限界状況の中で実存は自己を最も深く自覚するが、また最も途方に暮れて絶望することもある」[60]と。つまり、愛しながらの闘いは限界状況なのである。したがってヤスパースによれば、「実存的交わりは、本来的存在のための配慮からの闘争のこの過程として、この本来的存在の実現である。」[61]また、「この愛しながらの闘いは、現象の暗さの中で、実存間の相互性において根源を探求する。」[62]そして、「闘争は、この明らかになることを客観性を越える道の上で求める。」[63]もちろん、この闘争はいかなる暴力も伴わない。そこ

には限りない信頼があり、われわれの独自の根源がある。ヤスパースは、「私は、失われることのないこの実存的交わりの中にのみ存在している」[64]と述べている。

なお、ヤスパースは、「いろいろな逸脱は、了解心理学の媒介物においてほとんど任意に展開されるが、しかし闘いながらの交わりの真実の道は、現実的なものとして、常に唯一でまねできないから、直接的、一般的には示されない」[65]という。すなわち、実存的交わりは客観的なものではない。それはむしろ主体的なものである。それゆえ、実存的交わりには、心理学的な了解とは異なる性質があることが示唆されている。

さて、ヤスパースは、主著『哲学』が完成する以前の大著『世界観の心理学』では、了解心理学という基本的立場から「了解」概念を重視しているが、この了解概念が後の交わり概念に通じるものであることは前述した。

すでに、『世界観の心理学』の段階で、「愛しながらの闘い」という表現が出てきているし、「愛しながらの了解（das liebende Verstehen）」ということもいわれている[66]。このような了解は、基本的には認識の方法であるが、それはまさに愛しながらの心の闘争として現われる。それゆえ、『世界観の心理学』における了解概念は、すでに『哲学』における交わり概念の要素を持っていると考えられる。たとえば、了解の内容としての愛が闘争であったり、同等の水準を要求することなどは、了解が実存的交わりの核心の愛しながらの闘いと無関係ではないことを示唆しているといえよう。

このように考えれば、この了解概念こそ、後の交わり概念へ発展していったものと見ることができよう。とりわけ『世界観の心理学』における愛しながらの了解が、実存的交わりへ発展していったと考えられる。なぜなら、どちらもその根底には愛しながらの闘いが存するからである。ただ、相違する点を見れば、『世界観の心理学』では了解は、基本的に了解心理学という精神科学の立場における認識方法であると考えられるが、それが『哲学』では交わりとして本質的に形而上学における契機へと変化していると考えられるのである。

それでは、愛しながらの了解が実存的交わりへと変化した背後にはいかなる

力が加わったのであろうか。それを推論するなら、その力が『哲学』に現われ出た超越者概念であるといえよう。すなわち、了解は認識の方法であり客観的であるが、実存的交わりは超越者によって贈与され根拠づけられているものであり、実存同士にとって主体的なものなのである。

　ヤスパースにとって、『世界観の心理学』はあくまでも科学の段階であり、『哲学』こそ哲学の段階なのである。ただし、了解と交わりの比較からもわかるが、そのおのおのの真の在り方の根底に愛しながらの闘いがあるのは、『世界観の心理学』と『哲学』に通じる何かがあることを意味しているように思われる。すなわち、愛しながらの闘いが科学的というよりもむしろ実存哲学的性格を持つ概念であると見るなら、『世界観の心理学』は、精神病理学研究及び心理学研究から了解心理学を媒介にして、形而上学としての実存哲学へと至る過程の著書であることを、改めて認めることが可能であるといえよう。

　ところで、『哲学』においては、愛は、「絶対的意識（absolutes Bewußtsein）」の根源として考察されている。ヤスパースによれば、「意識は、絶対的意識としては、実存の存在確信である。」[67] すなわち、「意識が対象ではなく、対象の知識であるように、絶対的意識は実存の存在ではなく、実存の存在確信であり、本来の現実ではなく、その反映である。」[68] まず絶対的意識は、実存の存在確信を意味する。また、「哲学することにおいて、存在意識は、確かな構造となる。」[69] そして、「哲学することは、存在論的意識から存在の確信へと立ち返るが、存在は、この歴史的な自己存在の、自己を解明しつつある現在の現実として証明される。」[70] したがって、「やはり意識一般が世界内のあらゆる対象性の条件であるように、絶対的意識は、その非客観的な歴史的深みにおけるその都度の世界現存在の把握のための、実存の無制約的な行為のための、超越者の開顕のための、根源の反映である。」[71] それゆえ、「実存解明がわれわれにとって哲学することの中枢である時、絶対的意識は実存自身の最も深い内面と出会う。」[72] このように、絶対的意識とは、真の自己存在である実存の存在確信であることと、実存を根拠づける超越者の存在確信であることの二重の意味を持つ。

ヤスパースによれば、「愛は、最も測りがたく、かつ最も自明的である、絶対的意識の現実であるから、最も不可解である。ここに、あらゆる概念内容にとっての根源があり、ここにこそあらゆる探求の成就がある。」[73] すなわち彼は、絶対的意識としての愛に自己存在の根源を求める。そこで、「ヤスパースにおいては、愛は絶対的意識の諸契機の中で最も根源的である」[74] ということが確認される。

ヤスパースによれば、「愛なしには、良心(Gewissen)は途方に暮れたままでいる。」[75] つまり、愛なしには、良心は空虚なもの、形式的なものに落ち込んでしまう。そしてヤスパースは、「限界状況の絶望は、愛によって解ける」[76] という。これは、ゲルトルートとの恋愛を通して、ヤスパース自身の経験から出てきた言葉であろう。愛は絶対的意識の現実だから、「実存は、自己の超越的に根拠づけられた存在の確実性を愛の内にのみ持ち、それ以外のどこにも持たない。すなわち真実の愛の活動が失われることはない。」[77]

ヤスパースは、「愛は、自己生成(Selbstwerden)と自己献身(Selbsthingabe)である」[78] という。つまり、愛は真の自己となってゆくことであり、また愛する人に自己を捧げることである。だから、「愛は、実存から実存に対する関係の内にその深さを持つ」[79] のである。そして、愛は真の自己となることであるがゆえに、「愛の内には、一回性が存する。」[80] またヤスパースは、「愛の内には、絶対的な信頼(Vertrauen)がある」[81] という。愛に偽りはない。「私が愛するということは、賜物(Geschenk)のごとくであり、そしてなんといっても私の本性(Wesen)である。私は愛の内で、思い違いすることがない確実性を持つが、私が取り違える時、私は自分の本性の根源において責めを負う。」[82] だから、「愛は闘いながらの交わりの内にある。」[83] そして愛は信頼であるとともに尊敬である。それゆえ、「愛は尊敬しながらの仰視の内にある。」[84] このように、絶対的意識としての愛に実存の根源があるといえよう。

ところで、ヤスパースは、『真理について』において、「愛は最も固有の本質である、すなわち自己存在と愛は同一のものである」[85] と述べている。つまり彼は、自己存在と愛とを同一のものと考えている。彼によれば、「私が愛して

いる時、存在への運動の内で、また存在からの発展の内で、私は存在を確信している。」[86] また、「愛しつつ私は初めて本来的に存在する。愛は自己存在であり、それで私が独立して存在する自己存在であり、自由が自由の一部としてではなく存在へ向かう自由として存在する自己存在である。自己存在の強さは私の愛の力の内にある。」[87] そして、愛によって、自己は他者とともに自己となってゆくのであり、かつ存在そのものに根拠づけられている自己存在を自覚する。それゆえヤスパースは、「愛は全体としての存在に属し、またあらゆる存在に属している」[88] という。

また、ヤスパースは実存的愛について次のように述べている。「実存的愛は、自分の愛を選択してゆく決断の安らぎによって満たされている。その愛の現実化の道は確固として保たれている。この愛は誠実さであるが、その誠実さは感情や堅実さではなく、無制約的な結合である。この誠実さは道徳的信頼性としては十分には特徴づけられず、また気質の不変性としても十分には特徴づけられないものであって——むしろその両者を自分の内に包含しながら——その誠実さは形而上学的根拠に固定されていることを知っている」[89] と。つまり、実存的愛は、自らの選択と決断によって充実されてゆくものであり、その愛には誠実さがある。そして、実存的愛はその誠実さにおいて、まさに形而上学的根拠に結びつけられている。それゆえ、ヤスパースは存在そのものが愛であると考えている。彼は、「愛は自然の根本現象である。愛とかかわりを持つことが生きることである。愛は形而上学の対象であって、すなわち存在それ自体が愛である」[90] というのである。

ヤスパースにおける実存とは超越者と関係している自己存在であるが、超越者は暗号として現われ、実存がその暗号を解読することになる。それゆえ、「暗号の解読なしには実存は盲目で生きるのである。」[91] したがって、愛が形而上学の対象であれば、暗号としての愛を実存が解読しなければならない。愛はまさに暗号なのである。それゆえ、ヤスパースにおける病気が限界状況概念と結びつくように、彼自身の病気と並んで、おそらくゲルトルートとの恋愛と交わりこそヤスパースの人生における最大の暗号だったといえるであろう。

注（第Ⅰ部第3章）
1）Vgl. K. Jaspers, Schicksal und Wille. Autobiographische Schriften, Herausgegeben von H. Saner, R. Piper & Co. Verlag, München, 1967, S. 30-38.
2）K. Jaspers, Philosophie und Welt. Reden und Aufsätze, R. Piper & Verlag, München, 1958, 1963, S. 283-284.
3）K. Jaspers, Schicksal und Wille, a. a. O., S. 32.
4）K. Jaspers, Von der Wahrheit, R. Piper & Co. Verlag, München, 1947, 3. Aufl. 1983, S. 992.
5）Vgl. K. Jaspers, Philosophie II. Existenzerhellung, 1932, Springer-Verlag. Berlin・Heidelberg・New York, 4. Aufl. 1973, S. 250.
6）Vgl. ibid., S. 61.
7）Vgl. ibid., S. 61.
8）ibid., S. 61.
9）Vgl. ibid., S. 61.
10）ibid., S. 61-62.
11）Vgl. ibid., S. 249-254.
12）H. Saner, Karl Jaspers mit Selbstzeugnissen und Bilddokumenten, 1970, Rowohlt Taschenbuch Verlag GmbH, 1984, S. 101. ザーナー、重田英世訳『ヤスパース』理想社、1973年、127頁。
13）K. Jaspers, Philosophie II, a. a. O., S. 50-51.
14）ibid., S. 51.
15）Vgl. ibid., S. 51.
16）ibid., S. 52.
17）ibid., S. 53.
18）ibid., S. 53.
19）ibid., S. 54-55.
「この交わりは、実存そのものにおいて経験されるだけなので、見えることなしに客観的な交わりに対して存する。私は私の全体の本性の賭けとともに実存の内にあるのであり、ただ私の現存在の賭けとともにあるのでもなく、一般に譲渡できる形式によるのでもない。」（ibid., S. 55.）
20）ibid., S. 55.
21）ibid., S. 55.
22）Vgl. ibid., S. 55.
23）ibid., S. 61.
「私もまた自立している者として独立の自己自身でないならば、私は他者の中にまったく自分を失う。この時、同時に、交わりは私自身とともに効力を失う。その反対に、私が自分を孤立させ始めると、交わりは一層貧しく空虚になる。私は点のような空虚へと雲散霧消させられるので、私は交わりの絶対的な断絶の極端な場合にお

いて自分自身であることをやめる。」(ibid., S. 61.)
24) ibid., S. 61.
25) ibid., S. 79.
26) 斎藤武雄『ヤスパースの教育哲学』創文社、1982年、142頁。
27) K. Jaspers, Philosophie II, a. a. O., S. 64.
28) Vgl. ibid., S. 64.
29) ibid., S. 64.
30) ibid., S. 64-65.
31) ibid., S. 65.
32) ibid., S. 65.
33) ibid., S. 67.
34) ibid., S. 68.
35) ibid., S. 69.
36) ibid., S. 69.
37) ibid., S. 69.
38) ibid., S. 69.
39) ibid., S. 70.
40) ibid., S. 70.
41) ibid., S. 70.
42) ibid., S. 70.
43) ibid., S. 70.
44) ibid., S. 71.
45) ibid., S. 71.
46) ibid., S. 71.
47) ibid., S. 65.
48) ibid., S. 65.
49) ibid., S. 65.
50) ibid., S. 65.
51) ibid., S. 65-66.
52) ibid., S. 66.
53) ibid., S. 66.
54) ibid., S. 66.
55) ibid., S. 66.
56) ibid., S. 66-67.
57) ibid., S. 67.
58) ヤスパースは、真理とは主体性のことであるということに関して、次のように述べている。「確信は、証明したり、強要したりする真理の確実性ではなく、私がそれを生き、それとともに生きる真理の確実性である。」(K. Jaspers, Von der Wah-

rheit, a. a. O., S. 469. ヤスパース、浜田恂子訳『真理について3』(ヤスパース選集33) 理想社、1976年、42頁。)
「確信の真理は、そのつど言われたことや、行動および生が、決して対象的にはならない実存、もしくは実存によって把握された理念、および実存によって認められる超越者と一致することである。この一致は一つの項が対象的ではないために客観的に確証されることはない。それは実存の絶対的意識に基づいてそのつど検証される。」(K. Jaspers, Von der Wahrheit, a. a. O., S. 470. 同上訳書『真理について3』、42-43頁。)
59) K. Jaspers, Philosophie II, a. a. O., S. 71-72.
60) ibid., S. 242.
61) ibid., S. 243.
62) ibid., S. 243.
63) ibid., S. 243.
64) ibid., S. 244.
65) ibid., S. 246.
66) Vgl. K. Jaspers, Psychologie der Weltanschauungen, 6. Aufl. Springer-Verlag Berlin・Heidelberg・New York, 1971, S. 124-129. ヤスパース、上村忠男・前田利男訳『世界観の心理学〔上巻〕』(ヤスパース選集25) 理想社、1975年、252-260頁、参照。
67) K. Jaspers, Philosophie II, a. a. O., S. 255.
68) ibid., S. 257.
69) ibid., S. 259.
70) ibid., S. 259.
71) ibid., S. 260.
72) ibid., S. 260.
73) ibid., . S. 277.
74) 斎藤武雄『ヤスパースにおける絶対的意識の構造と展開』創文社、1961年、28頁。
75) K. Jaspers, Philosophie II, a. a. O., S. 277.
76) ibid., S. 277.
77) ibid., S. 277.
78) ibid., S. 278.
79) ibid., S. 278.
80) ibid., S. 278.
81) ibid., S. 278.
82) ibid., S. 278.
83) ibid., S. 278.
84) ibid., S. 278.
85) K. Jaspers, Von der Wahrheit, a. a. O., S. 988.

86) ibid., S. 991.
87) ibid., S. 991.
88) ibid., S. 992.
89) ibid., S. 996.
90) ibid., S. 1012.
91) K. Jaspers, Philosophie III. Metaphysik, 1932, Springer-Verlag Berlin・Heidelberg・New York, 4. Aufl. 1973, S. 155.

第Ⅰ部第3章の内容は、以下の該当箇所と重複する部分がある。
豊泉清浩『ヤスパース教育哲学序説――ボルノーからヤスパースへ：自己生成論の可能性』川島書店、2001年、165-184頁。

第4章 わがものにすること

第1節 「わがものにすること」概念

　ヤスパースにおける「わがものにすること（Aneinigung）」概念は、歴史的伝承を受容する際の一定の在り方を示唆している。つまり「わがものにすること」は、自己が歴史的伝承を変革しながら受容し、可能的実存として超越者との関係に入ることを意味する[1]。したがって、「わがものにすること」は、歴史的伝承を選択して受容することによる自己生成の契機といえる。

　ヤスパースは『哲学』第1巻「哲学的世界定位」において、哲学することを哲学の歴史との関連において捉えている。その際彼は、伝承の意義が気づかれず吟味もされない「同化作用（Assimilation）」は、伝統を明白な意識によって自分自身に関係するものとして選択し、自己を生成しつつ同化する場合の「わがものにすること」と別のものであると理解している[2]。ヤスパースは、「わがものにすること」は、「識別すること（Unterscheidung）」に由来すると考える[3]。したがって、ヴィッサー（R. Wisser, 1927-2019）は、「われわれは、ヤスパースは、「識別することとわがものにすること」の哲学を主張する、といわなければならない」[4]と述べている。そしてヴィッサーは、ヤスパースにおける「識別すること」の意義を認識した上で、「ヤスパースのテーゼは、識別することが初めて、わがものにすることのための前提を造り出すということである」[5]という明快な見解を示している。

　ヤスパースは、われわれが現に存在するわれわれであるのは、過去を伴ってのみであると指摘する。彼は、「わがものにすることは、可能的実存がその中

で他の実存の自己存在と出会うことを求める過去のものに頼っている」[6]という。そして彼は、われわれが過去を学ぶ際、特に哲学の学習が大切であると強調する。「哲学を学習している人間はむしろ、可能的実存として、実存たちとの交わり、すなわち歴史の中で、かつて存在した最も無制約的な実存たち及び最も明るくなった実存たちとの交わりへ入るのである。」[7] 過去の哲学を学ぶことによって、人間は、過去の哲学者と実存的交わりの関係に入りうる。つまり、「われわれは、可能的実存として初めて、自分の思想を伝えようとする哲学者の実存からわれわれに語りかけてくるものを聞くのである。」[8] したがって、「わがものにすること」は、歴史的伝承、特に哲学史の中で、自己の可能的実存が思想家の実存と交わり、自己生成を遂行することである。ヴィッサーは、「ヤスパースのわがものにすることは、己れの根源からだけでは自己を実現することができない実存を自己存在へもたらすようなものを、哲学史の中で自分のものにすることである」[9] と述べている。

　実存は、現在、過去、未来にかかわるものであるが、「わがものにすること」の根拠は過去にある。歴史上の人物の思想をわがものにすることによって、その思想は現在に生きるものとなる。ヤスパースによれば、「驚くべきことに、死者たちを故郷としている者が、最も生き生きしている者であり、死者たちを忘れている者は、貧しい生になる。」[10] つまり、実存にとって過去は現実的なものとしてよみがえり、超越者の内では、過去の死者たちは生きている。それゆえヤスパースは、「人間や民族や人類が、一人ももっぱら自分のために利用することができない超越者だけが、最終的な決定機関である」[11] と主張する。

第 2 節　「わがものにすること」と自己生成

　ところで、ヤスパースは、大哲人たちの思想と触れ合うことの意義に関して、「大哲人たちとの交際（Umgang）を通して、私は私の自己教育の一つの道を選ぶ」[12] と述べている。ヤスパースにおける教育の内実には、歴史的伝承の習得があり、まさに大哲人たちとの交際は自己教育の一つの方途といえる。すなわ

ち彼によれば、「哲学史の根源的な現実は、偉大な哲人たちである。」[13] したがって、哲学史の学習を通して大哲人たちと交わることによって、われわれは自己生成をなしうる。それゆえ彼は、「歴史的な知識は、自己の実存の中でわがものにすることによってのみ実現されるべきである」[14] という。

　こうしてヤスパースは、大哲人たちとの交際に、自己生成の一つの方途を見出している。その際、どの人物を偉大と見なすかが問題となる。ヤスパースは、「私がどのような人物を偉大と見なすかによって、私がどんな人間であるかが明らかになる。私が偉人をどのように見て、偉人とどのようにかかわり合うかによって、私は私自身となるのである」[15] という。自己は、他の人物と識別して、ある人物を偉人と見なし、「わがものにすること」を実現し、超越者と連繫して実存になる。だから、ヤスパースは、「偉人たちを熟視することにおける教育はすべて、偉人たちの内に固有の自己存在を再認識するという意義を持ち、また自ら自分自身で現実的になり根源的になっている人間が、仮定的な同一視という回り道をしないでも、なすべき事や決断に至るまでに、偉人たちを通して自分自身に到達するという意義を持っている」[16] と述べている。偉人たちを熟視する教育において、われわれは自己の生き方や決断をも、偉人たちを通して獲得するのである。

　したがって、「わがものにすること」を自己生成の契機と見ることによって浮かび上がってくる重大な事実は、ヤスパースが「わがものにすること」の核心を実存的交わりと見ているということである。過去の哲人が、一方的に語りかけてくるだけであると見れば、相互作用が前提になる実存的交わりがそこに成り立つはずはない。しかし、過去の哲学を読む側が、実存を目指す可能的実存として偉大な思想に立ち向かってこそ、偉大な思想は実存として語りかけてくれるのである。だから、仮に過去の固定したテクストと向かい合う場合でも、そこに相互作用が成り立つ余地がある。だから「わがものにすること」は、実存的交わりの性質を持つのである。このことは、ヤスパースがプラトンの対話篇における対話に実存的交わりの要素があることを認めるようになったことと関連する。ヤスパースは、「わがものにすることの遂行において、自己覚醒と

自己了解が生じる。単なる対象的なものは、実存の作用に変えられ、他人のものは、自分のものに変えられ、過去のもの及び単なるはかないものは、現在のもの及び永遠なものに変えられる。受動的に見ることから、積極的に実存することの準備が生じる。これは、人格的な交わりを通してわがものにすることの内での自己生成である」[17]と述べている。

さて、ヤスパースにおける「わがものにすること」概念の教育学的意味を探る場合、ボルノーの見解が参考になる。ボルノーは『実存哲学と教育学』(1959)において、「出会い (Begegnung)」について考察している。出会いは、人と人との出会いという意味の他、精神科学の領域での出会い、つまり精神的・歴史的世界における出会いも意味する。

ボルノーは、自己の生き方に決定的な影響をもたらす出会いを「実存的出会い」と呼ぶ。ボルノーは次のようにいう。「真に運命的な出会いにおいて、偉大な人物の一人が、絶対的な要求の力をもって人間に呼びかけるやいなや、精神的世界のあらゆる富も、自己の生のあらゆる拡大も、その価値を失い、戯れのように見える。精神科学において、了解の過程を通じて創造的な教育継続として重要であった一切のことが、今やその意義を失うのである」[18]と。ボルノーは、偉人との実存的出会いにおいては、精神科学における了解を越えたことが問題となると考え、それを「わがものにすること」という言葉で表わしている。したがってボルノーによれば、「このような事態を概念的に書き留めるために、わがものにするという言葉を用いるのが適切である。たった今すでにもはや通り過ぎて取り上げられたこの言葉は、実存的出会いにおいて成就する、精神的内実の受容に、制限される。」[19] ボルノーは、「わがものにすること」概念を、精神的世界との実存的出会いの内実を表現するものと規定している。この考え方は、ヤスパースにおける「わがものにすること」概念と同様の立場である。

注(第Ⅰ部第4章)
1) Vgl. K. Jaspers, Die geistige Situation der Zeit, 1932, Walter de Gruyter·Berlin·New York, 5. Aufl. 1979, S. 112-113.

2) 増渕幸男『ヤスパースの教育哲学研究』以文社、1989年、445-446頁、参照。
3) Vgl. K. Jaspers, Philosophie I. Philosophische Weltorientierung, 1932, Springer-Verlag Berlin・Heidelberg・New York, 4. Aufl. 1973, S. 285.
4) R. Wisser, Karl Jaspers:Philosophie in der Bewährung. Vorträge und Aufsätze, Verlag Königshausen & Neumann GmbH, Würzburg, 1995, S. 109.
5) ibid., S. 110.
6) K. Jaspers, Philosophie I, a. a. O., S. 285.
7) K. Jaspers, Weltgeschichte der Philosophie. Einleitung, Aus dem Nachlaß herausgegeben von Hans Saner, R. Piper & Co. Verlag, München, 1982, S. 60.
8) K. Jaspers, Die großen Philosophen. Erster Band, R. Piper & Co. Verlag, München, 1957, 3. Aufl. 1981, S. 61.
9) R. Wisser, Karl Jaspers:Philosophie in der Bewährung, a. a. O., S. 120-121.
10) K. Jaspers, Weltgeschichte der Philosophie. Einleitung, a. a. O., S. 64.
11) ibid., S. 66.
12) K. Jaspers, Die großen Philosophen. Erster Band, a. a. O., S. 56.
13) ibid., S. 61.
14) ibid., S. 93.
15) ibid., S. 31.
16) K. Jaspers, Von der Wahrheit, R. Piper & Co. Verlag, München, 1947, 3. Aufl. 1983, S. 1006.
17) K. Jaspers, Weltgeschichte der Philosophie. Einleitung, a. a. O., S. 67.
18) O. F. Bollnow, Existenzphilosophie und Pädagogik. Versuch über unstetige Formen der Erziehung, 1959 W. Kohlhammer GmbH. Stuttgart, 5. Aufl. 1977, S. 112-113.
19) ibid., S. 113.

第Ⅱ部　包括者における自己生成

第1章 包括者の思想と自己生成

第1節 哲学的論理学と包括者

　ヤスパース哲学の後期の特徴は、「哲学的論理学」と「哲学的信仰」とが概念として定式化されたことである。両概念とも理性の重視の方向において、「包括者」概念を基礎として構成されたものである。

　ヤスパースは、『哲学』が出版された後の1931-32年の冬学期ハイデルベルク大学での講義において、哲学的論理学の基礎概念である包括者を展開し、その後1935年オランダのフローニンゲン大学に招聘された際に行なった講義「理性と実存」において、公に包括者について語った。この講義内容を収録した著作『理性と実存』以降、『実存哲学』(1937)、後期の主著である『真理について　哲学的論理学第1巻』(1947)など、ほとんどの著作に包括者の思想が取り上げられ、これが彼の哲学体系の根本概念となっていることを示している。

(1) 哲学的論理学の意義

　ヤスパースは『理性と実存』において、「哲学することの可能性の一つは、存在の諸様式をその形式に従ってありありと描き出す思考操作の範囲にある哲学的論理学の活動である」[1]と述べ、哲学的論理学は、存在全体を諸形式によって描き出すことを課題とすることを示唆しているが、この哲学的論理学の内実は、「包括者（das Umgreifende）」と呼ばれる、存在の自覚的形式のことである。ザーナーによれば、「彼はこの論理学を、根本思想、根本知、第一哲学、包括者の諸様式の哲学、あるいは自分で造った用語をもって、包括者の学説を意味

する包括者存在論（Periechontologie）などとさまざまに呼んでいる。」[2] いずれにせよ、哲学的論理学は、包括者によって存在の諸様式を解明する根本知なのである。また、ザラムン（K. Salamun, 1940-）は、「ヤスパースの自由な基本的態度が表わされている包括者についての説の根本思想の一つは、開かれた、動的な、釣り合いのとれた多元性（Pluralität）の理想である」[3] と述べている。開かれた、動的な、釣り合いのとれた多元性とは、包括者の諸様式がそれぞれ独自の意義を持ち、しかもそれらが協調し合って成り立っていることを意味している。

　ヤスパースは、従来の存在論に対して、独自の存在論を提唱することになった。彼によれば、「われわれの道は、あらゆる根源をその内に蔵したものとしてわれわれが求めはするが、しかし決して適切に対象とはなりえない、包括者の解明である。」[4] そして彼は、この道の途上において成立する学説を、存在論との対立において、「包括者存在論（Periechontologie）」[5] と名づける。つまり哲学的論理学の基礎となる包括者存在論は、まさに存在全体である包括者の解明を課題とする。

　ヤスパースは、『哲学的自伝』において、哲学的論理学のいくつかの主題について述べているので、その要点をまとめてみる[6]。

1．哲学的論理学は、一方では無制約的な交わりの意志を実現する諸条件を認識し、他方では交わりの断絶の諸形態、それらの意味と帰結を認識する。
2．交わりは、理性の自覚を必要とする、つまり、思惟がなされる諸形態や諸方法についての知識、諸々の根源を確かめるに至るまでの思惟の手仕事における方向づけの知識を必要とする。
3．哲学的論理学における根本思想は、考えうる最も包括的な意味での交わりの媒体を獲得する試みである。
4．哲学的論理学は、一切のものを強制的で確かなものとして承認させるものではないが、一切のものを自覚させうるものである。
5．哲学的思惟に伴って、絶対的になりたがる合理性を通って突破が行なわれるが、しかしこの突破は、それ自体合理的手段をもって行なわれるのである。

その合理的手段は、悟性を失うことなく、悟性を越える。そこで獲得された思惟の媒体は、事実また悟性と区別されて理性と呼ばれる。

このように哲学的論理学は、交わりの可能性の追究と理性の自覚を目標としている。

ヤスパースの諸著作の中で、包括者の諸様式の名称と概念内容は共通しているが、その説明の仕方には多様性が見られる。『真理について』は、「包括者の存在」「認識の包括者」「真理」の三つの基本問題を扱い、ヤスパースの全著作中、最も体系的に包括者存在論について考究している。

(2) 包括者概念

ヤスパースは、包括者と名づけるものを漠然と次のようにいう。「越えることができないもの、そのようなものとしてそれ自身直接には把握されえないもの、そこからわれわれが存在し、それゆえわれわれは決して見渡すことができないもの、われわれに認識される対象をわれわれが包括的に規定しようとしても、依然として包括的であるもの、このようなものをわれわれは包括者（das Umgreifende）と名づける」[7]と。その際、ここで行なわれることは、包括者へと専心することであって、包括者を認識することではない。包括者は、われわれにとってあらゆる存在がそこで存在するようなものであり、あるいはあらゆる存在がその下でわれわれに対して本来的存在となるような条件である。

ヤスパースによれば、「包括者は、それの内にまたそれによってわれわれが存在するような一切のものである存在であるか、あるいは、われわれ自身がそれであり、すべての特定の存在様式またあらゆる世界存在がそこでわれわれに対して現われる存在かである。」[8]すなわち、包括的な存在への熟慮には二つの道があり、そのために存在がいわば二つの対立する観点から示されることになる。この両方の道の内で、そこから常にまず最初に通る当然の道は、われわれなしにでもそれ自身で存在であるような存在への道であり、その場合存在は世界として、また超越者として考えられる。もう一方の道は、われわれ自身がそれである包括者へと導く。そしてわれわれは、三重の様式において包括的な存

在である。われわれは時間の中では現存在である。われわれは普遍妥当的な知識の場所としては意識一般の媒介である。われわれは、われわれに生命を与える内実を結び合わせ、それらに方向を与えて秩序づける力としては、精神的総体性の空間である。「したがって存在は、第一には（世界と超越者として）即自的であり、第二には（現存在・意識一般・精神として）われわれがそれである存在である。」[9] また、包括者の第三の様式は、われわれがこれらすべての包括者の諸様式の地盤と紐帯について問う場合に、われわれにとって明らかになる。その場合、「われわれは、われわれの可能的実存すなわち真の自己存在である地盤に出会い、また理性すなわち一者へとたえず集中する働きである紐帯に出会う。」[10]

　したがって包括者の系統的分類は、次の四つの選別に基づいている。第一には、包括者一般から、われわれがそれである包括者と存在そのものがそれである包括者との区分へ、第二には、われわれがそれである包括者から、われわれが現存在・意識一般・精神としてある包括者の区分へ、第三には、内在者から超越者へ、第四には、瓦解しているものから統一へ、という選別である。

　こうして包括者は、われわれ自身と存在そのものの諸様式に分けられる。包括者は、われわれ自身としての内在的なものが、「現存在（Dasein）」「意識一般（Bewußtsein überhaupt）」「精神（Geist）」であり、われわれ自身としての超越的なものが、「実存（Existenz）」である。そして、存在そのものとしての内在的なものが「世界（Welt）」であり、存在そのものとしての超越的なものが、「超越者（Transzendenz）」である。これらの包括者の諸様式のわれわれの内なる紐帯が、「理性（Vernunft）」なのである。

第2節　包括者の諸様式

（1）現存在

　現存在は、時間・空間の内に現われる現実的存在であり、生そのものである。ヤスパースによれば、「現存在は、存在の現われの直接性であり、己れの世界

の中で生を感じ取り体験することである。」[11] 現存在は発生と消滅である。現存在は、熱望であり、欲求・衝動・意志である。現存在は、闘争による動揺であり、現存在への意志・権力への意志である。つまり、現存在は包括的な現実性である。したがって、現存在なしには、一切の他のものは無である。

　それゆえ、「包括的な現存在は、個々の現存在の中に、また共通の包括者である無反省な共同体の中に、直接的に現存している。」[12] 現存在は、その経験的な現実性においてわれわれがそれを観察し研究するような他者として、すなわち植物と動物と人間という生命としてわれわれの眼前にある。生命は形成し創造する生命である。現存在は、その肯定面では、自然と同様にびくともしないものであることができ、疑う余地のないその充実した自明性から生きることができる。現存在は、生きている現存在の底なしの歓喜である。そのようなものとしての現存在は幸福感である。したがって、「現存在は、己れについて自分では決断しないものとして己れを知っている。」[13]

　ところで、現存在は、はかない時間的現存在である。現存在は、時間の中で最終目標を持たず、己れの完成としての結末を持たない。だから、現存在の満足は、瞬間的には圧倒的で徹底的であろうとも、欺瞞と忘却なしには存在しない。現存在の永続状態というものは存在しない。こうして、「現存在自身は、無反省的な生命であり、不安と歓喜の中で駆り立てられる存在であり、己れ自身を自覚していない意識である。」[14]

（2）意識一般

　意識一般は、すべての人が共通に持っている意識である。ヤスパースは、「われわれは、一切のものにおける一つで同一の意識として意識一般であり、この意識一般をもってわれわれは、意識一般のそれぞれの作用の中である普遍妥当的なものがわれわれにひらめくのと同一の仕方で対象的になった存在へ向けられる」[15] という。われわれは、意識一般としてはすべてただ同一であるが、この同一のものに、特殊な現存在としてのわれわれが多かれ少なかれ関与しているのである。意識一般というわれわれすべてに共通のものは、われわれの本性

やその組織の単なる類似ではない。むしろこの共通のものは、まったく同一なのである。

　ただ、意識一般としては、すべての意識一般において同一のものとしてのわれわれは、われわれがそれによって同一のものを知る思惟の作用を遂行するが、しかしわれわれ自身に対して対象とはならない。「意識一般としてはわれわれは、非現実的なものではあるがしかし妥当するもの、すなわち普遍妥当的な真理に関与する。」[16] それゆえ意識一般自身は、その意義からすれば時間には無縁であり、中断がなく途切れず変化しないものである。したがって意識一般は、妥当性のある思惟をする場所である。「意識一般または思惟は、対象性としての存在がこの対象性に向けられた知識において姿を現わす包括者である。意識一般の展開は、対象の諸形式またはカテゴリーを現実化することの中で行なわれる。」[17] 意識一般は判断する。その判断は普遍妥当的なものの承認である。意識一般は、自分自身に対して同時に自分で明るくなる一切のものにとっての明るさである。それは、自分自身を知る点において自己意識である。

　ヤスパースは、「われわれは、意識一般を通して、存続し妥当する意識の領域に関与し、またこの意識一般とともに、普遍妥当性の何かある仕方が可能であるところにまで達する」[18] という。意識一般の限界は、われわれにとって不可解なそのようなものとして、意識一般の真理意義が挫折するところでのみ現われる存在そのものである。

（3）精神

　精神は、思惟・感情・行為に結びついている全体性であり、理念である。ヤスパースによれば、「精神は、思惟と感情と行為とに結合している全体性であり、導きとして現にあり、分節と限界設定と尺度を通して働く。」[19] そして、「それ自身は対象ではなく、目標としては引きつけつつ、私の内なる萌芽としては先へ先へと駆り立てつつ、諸々の形態と図式へその都度対象的に結晶しつつ、一切のものを貫き通る力であるこの全体性は、理念と呼ばれる。」[20] 理念は、その現実化の運動を通してのみ存在し、その絶えず新たに創造していく自己再建

の内にある。精神は、その諸理念においてはその都度の特殊な内実であり、決して単なる形式ではない。諸々の内実は、無限でいかなる原理によっても見渡せずに、精神の包括的な本質の深みから生じ、そして曖昧な現存在として現実的であり、実存によって覚醒され、意識一般を通して実存の解明を見出す[21]。

　精神は、時間内での継続として固定した存続によって安らぎを見出すことはできないし、また無時間性として単なる妥当性によって安らぎを見出すこともできない。しかし精神のたえまない運動は、己れ自身から生起することではなく、知識の反省を通しての運動である。その運動は、対立したものを肯定し否定しまとめて捉えることによって、己れ自身に関して働くことであり、己れと格闘しつつ己れを産み出すことである。このように精神は活動力であるが、この活動力によって精神は、絶えずすでに己れに与えられていて、また絶えず己れによって変化させられるべきでもある世界の中で、己れの意に添うものとともに己れ自身から現実となる。

　ところで、「精神の全体性は、動的な自己自身の了解というすべてを貫徹する内面性の明るさの中で完成している。」[22] 精神の全体性は、個々の現存する精神においてはまたそれぞれの閉鎖性の中にありながらなお非閉鎖的であって、それぞれの突破をなしうる発展可能性である。それゆえ、精神は、包括者において己れの実体を確認する。精神の明証性は、それが真理を認めることによって存在するような、その真理の存在としての内実の自己明証性である。「精神は、広範囲に分節された現存在の実在性に支えられ、己れの内で働く実存によって覚醒される。」[23]

(4) 実存

　実存は、超越者と関係している自己存在であり、真の自己存在である。ヤスパースによれば、「私が真に存在するものは、自己存在の包括者である。」[24] 私が単に現存在、意識一般、精神である限り、ある深い不満が私を襲う。内在的な存在として私がそれである三つの包括者の様式と、それらの諸様式の中にあってそれらすべてを超越している実存との間には、飛躍があるが、この飛躍

は、これまで論究された包括者の諸様式の間の飛躍とはまったく異なるものである。そもそも実存のみが、この現存在の具体的で歴史的な暗号であることができ、その暗号を読解することができる。したがって、「実存は、己れの決断（Entschluß）からの決意（Entscheidung）によって存在に至る途上にあり、真の自己存在（eigentliches Selbstsein）である。」[25] 実存は、排他的な決意によって己れの根拠へと突き進み、あらゆる閉鎖性を貫いて突破し、超越者の確信以外の何物をも欲しない。実存は、決して客観的でなく、それゆえ絶えず疑問の中にもあり続ける確信を超越者の前で獲得し、超越者が存在するというそのことに基づいて敢行する中で、生を成就する。

　さて、ヤスパースによれば、「実存が了解し合う場合、それは了解する者から分離されうる了解ではなく、つまり傍観ではなく、了解しながらの解明の中で自己も初めて生成してゆく根源である。」[26] 実存の相互了解は、ある他者への関与と同様ではなく、了解と了解する者の存在との一体の中にある。それは、普遍的なものにおける了解ではなく、この普遍的なものにおける了解を越えてゆく途上において、一回的な絶対に現在的なものの中で、また行為や愛や、絶対的意識のそれぞれの形態の中で了解することである。しかし実存は、ある他者へと止揚されえないものであり、自ら己れの責任を負い、派生せず、代替しえないものである。実存としては、単独者は、まったくの個人的なものとまったくの普遍的なものとに先立っていて、この両者に生命を与える根源である[27]。

　実存は、時間の中での永続性として歴史的である。そして実存は、己れの精神的な不透明性において己れの具体的現存在の絶対的歴史性である。また、実存の直接性は信仰である。信仰は、それが徹底的に疑問とされていることの反省の中で決断される。「信仰は、己れの超越者の前に立つ実存の歴史性である。」[28] われわれが実存を現存在、意識一般、精神に即して保持するかどうかということは、実存なしには一切が測り知れないようになるということと同一のことを示す。実存からして深さが働くようになる。包括者のすべての様式において、私自身は実存として初めて真に自己を確信する[29]。私がそれである三

つの包括者の様式はすべて、実存が自ら現象するようになり現実的になるための不可欠の条件である。

(5) 理性

　理性は、われわれの内なる、すべての包括者の様式の紐帯である。ヤスパースによれば、私が、あらゆる面にわたって際限なしに誘惑する注意散漫に堕することなしに、包括者のすべての様式を貫く運動の中で私自身となる場合、私は実存として地盤を獲得する。しかし私が真に私自身である場合、私は決して私自身だけでいるのではない。私はただ他の自己とともにのみ私自身であり、私がそれに対して無制限に開放的であり続ける世界の現実の中でのみ私自身であり、また交わりの共同体を求める中でのみ私自身なのである。そしてヤスパースはいう。「実存の決定性には、実存が結合することの広さが属している。この広さは理性によって可能である。理性は包括者のすべての様式の紐帯であり、またすべての様式におけるすべての形態の紐帯である」[30]と。だから、理性の包括者を解明することは、哲学的反省の最も不可欠のことである。

　理性は聞き取ること（Vernehmen）であるが、しかし存在するすべてのものと存在しうるすべてのものについての制限のない聞き取ることである。理性は、それ自身すでにその都度の特殊な聞き取る作用であるものを聞き取り、それはまた交わりを拒むように見えて理性によって初めて聞き取りの可能性を獲得するがゆえに、聞き取りえないものをもまさに聞き取るのである。しかし理性は、現われてくるすべてのものをなげやりに妥当させることではなく、身を開いて自らを関係させることである。「それゆえ理性は全体的な交わりの意志（der totale Kommunikationswille）である。」[31] そして、真正な交わりを可能にするために、理性は実直や正義を実現することを欲する。

　理性は根源を呼び覚ます。ヤスパースは、「実存と結びついた理性は、実存によって担われていて実存なしには没落するであろうが、その理性の方で、実存が実現され明らかにされるという実存の真理を可能にする」[32]という。すなわち、実存と結びついた理性が、実存の真理を可能にする根拠となるのである。

また、「理性は己れ自身によっては何物をも産み出しはしないが、しかし何はさておきこの理性は、あらゆる包括者の最も内面的な核心に現存しながら、包括者のおのおのの様式を初めて完全に目覚ますことができ、それらの様式の現実化と真実化とを実現することができる。」[33] すなわち理性が、包括者の諸様式を自覚させることができ、実現することができるのである。したがって、現存在・意識一般・精神から実存へと飛躍する過程である自己生成も、理性を基盤にして可能になるといえよう。

(6) 包括者の諸様式と交わり

ヤスパースは、認識は伝達として存在すると考える。「このように思惟が伝達可能性の形態においてのみ存在するのと同様、交わりのそれぞれの様式の包括者も、思惟への関与によってのみ存在する。思惟は交わりにおいてのみ充足され、交わりは思惟を通してのみ展開されうる。」[34] つまり、われわれ自身としての包括者の諸様式に対応した交わりの形態がありうるのである。

現存在の交わりは、現存在を相互性において維持し促進する共同である[35]。自己の関心あるいは各人が自分の関心と見なすものは、他者の内に再び見出される。必要が、すべての人々を共通に脅かす自然や他の諸々の共同体に対して、結び合わせる。各人が他者を欠くことはできないが、しかしまた耐え忍ぶこともできない「非社交的社交性」は、カントに従えば現存在の特徴である。

意識一般の交わりは、任意に代替しえて互いに似ていないで一致する意識の諸点の交わりであり、これらの諸点は知りうるものの分裂の中に(主体と客体、形式と実質、あるものと他のもの、同一と矛盾の中に)、あらゆる論理的範疇の手段を用いて、だれにも妥当する普遍性を否定したり肯定したりしながら把握するのである[36]。

精神の交わりは、全体の理念という共同の実体からの自己醸成である[37]。個人は、自己固有の意義をその全体から有している自分の場所にいることを自覚している。諸個人は、理念の共通に現在するものから互いに伝達し合う。

実存の交わりは、精神における全体の一部という在り方や意識一般の普遍妥

当性や現存在の現実性を保持しつつ、しかしまたそれらを突破しつつ、とにかく自己自身になろうと欲するそのような人々の愛しながらの闘いにおいてそれらを絶えずおおいつつ、実現される[38]。この実存的交わりは代替しえない諸個人の間に存在し、この闘いは同等の水準において行なわれる。自己存在及び真理存在は、無条件に交わりの内にあるということに他ならない。

　理性の交わりは、すべての他の交わりを支え、起こさせる[39]。実存の地盤は、その深さの中に、包括者のあらゆる様式の内でいかなる安定からも駆り立てる不安と同様に、現に共通の絆である力を蔵している。本質から本質への本来的な伝達は理性として生じるが、より厳密にいえば、現存在の現実性、意識一般、精神がいわば理性の現象の身体であるようにそうなのである。いかなる瞬間にも理性はこれらなしには存在せず、これらすべては理性によって動かされ、変えられる。理性によって現に存する他者の内実は、理性によって可能な交わりの深さにとっての基準であると同時に、理性において変わりつつある人間の本質にとっての基準でもある。ヤスパースは、「理性は、真理存在そのものであり、全体的な交わりの意志なのである」[40]という。

第3節　自己存在

　ヤスパース哲学は、一般に実存哲学と呼ばれている。それゆえ、実存とは何かということが問題となるが、これが難しい問題である。ヤスパースは、『哲学』第1巻「哲学的世界定位」において、「実存とは、自分自身に関係し、そしてそこにおいて己れの超越者（Transzendenz）に関係しているものである」[41]と述べている。『実存哲学』並びに『真理について』においては、まったく同じ文章で、「実存とは、自分自身に関係し、そしてそこにおいて超越者に関係している自己存在（Selbstsein）であり、その自己存在は超越者によって贈与されていると知っており、またその自己存在は超越者に基づいている」[42]と述べている。

　また、ヤスパースは『啓示に面しての哲学的信仰』において、実存が何であ

るかに関してその性質を七つに整理して論述しているが、その要点は次のようになる[43]。

(1) 実存は、そのようにある存在ではなく、存在可能である。つまり、私は実存ではなく、可能的実存（mögliche Existenz）である。私は私を保持するのではなく、私になるのである。実存は常に、存在するか存在しないかの選択の内にある。私は決断の真摯さにおいてのみ存在する。

(2) 実存は、自己自身に振る舞い、それが措定されている力に自己自身が関係しているのを知っている自己である（キルケゴール）。実存は、超越者がなくては自由ではなく、超越者によって自己自身に与えられているのを知っている。

(3) 実存は、おのおの単独者として、すなわちこの自己として、代替できず、掛け替えのないものである。実存は、無からではなく、超越者の前で自己自身に与えられていることにおける決断の存在可能である。

(4) 実存は歴史的である。伝承の継続と破壊を伴う単なる消え去ることとしての歴史と違い、実存は、永遠なものから現在のものになることとして時間の中で自己が自己自身になることである。

(5) 実存は、実存たちの交わりの中でのみ存在する。他の自己との交わりの中で、この他の自己が自己自身になる場合にのみ、自己存在は自己自身になる。その理由から、闘争する愛は実存に属している。

(6) 私は、私が実存するという知識によっては、現実的な実存でありえない。

(7) 実存は、自己自身に与えられているのを知っているがゆえに、根本においては隠されている。

このようなヤスパースの論述によれば、少なくとも実存とは超越者と関係している自己存在であるといえよう。それゆえヤスパースにおける実存とは、ほぼ自己存在と同じ意味であると考えて間違いない。この点に関して、ヤスパースの晩年の弟子ザーナーは、ヤスパースが自己存在を実存と呼ぶことを指摘している[44]。そしてヤスパース自身も端的に、「自己存在は実存と呼ばれる」[45]と述べている。

第1章　包括者の思想と自己生成

こうした点に関して、トルケッター（B. Tollkötter）もその著『教育と自己存在』(Erziehung und Selbstsein, 1961) において、実存と自己存在をほぼ同義に扱っているようである。トルケッターは、自分が試みてきたものはヤスパース哲学の中心をなす出発点を探り出すことであったとしている。彼は、「この際に、生存している人間の自己存在は、ヤスパースの哲学の本来的な中心として認識され示されたが、そのヤスパースの哲学は教育の問題と解きがたい関連の中にある」[46]という。すなわち、自己存在はヤスパース哲学の中心問題であり、教育の問題と不可分の関係にあると理解されている。したがってトルケッターによれば、「自己存在は、ヤスパースにおける哲学的な諸問題の接点である。」[47] このように、ヤスパースにおける実存とは自己存在と同義であるといえよう。

さて、ヤスパースにおける実存とは超越者と関係している自己存在であるが、その実存を根拠づける超越者は、科学的認識を超越した次元での存在とでもいうべきものである。だから、超越者とは、人間がこの世界に生まれてきて、各人の人生を生き、それを全うすることを規定している力とでもいうべきものであろう。ヤスパースは、人間の意志ではどうしようもなく、科学的に認識しえない、そのような人間存在を根拠づける力を、超越者といっているのであろう。そして超越者は、それを感得するおのおのの単独者に任されているものであるから、自己存在との関係において存在するのである。

このように、ヤスパースにおける実存は、人間の独自な在り方であり、人間の真実の在り方である。つまり、実存とは自己がどう生きるべきかを根拠づける超越者と連繋している自己存在であり、したがって真の自己存在であるといえよう。

第4節　自己反省

ヤスパースにおける実存は、限界状況体験や実存的交わりを通して実現する[48]。だから、限界状況と実存的交わりは、自己存在にとって最も重要な契機

である。しかし、限界状況や実存的交わりは、必ずしも日常的な出来事として
われわれの生活に現われるものではなく、むしろそれらは自己の主体的な生き
方を決するともいえる経験となる。したがって、日々の生活において自己存在
にかかわる契機としては、自己反省が重要となる。

　ヤスパースは、自己が自らを自由に支配する時こそ、自己自身であることを
認めると考え、それは自己制御（Selbstkontrolle）によるとしている[49]。彼は
いう。「私は、この自己制御を、世界内の対象的な研究の下で必要とするだけ
でなく、限界を知らない問いにまでの至る所に必要とするが、この自己制御の
媒介において私の根源的な行為の無制約性が私にとって確かなものになる。私
が世界存在とその中にある私の現存在を越えていく途上で自分を探求するこの
媒介は、自己反省（Selbstreflexion）と呼ばれる」[50]と。そして、「この自己反
省は、無限であることの中では失われるから、単に観察している自己反省とし
ては、消極的に留まり実を結ばないであろう。自己反省は、私が自分自身に働
きかけ、観察している自己反省を不可欠の手段とする、積極的な自己反省とし
てのみ、本来的な自己反省である。」[51]すなわち、自己反省とは、日々の生活
の中で自己の在り方を省みることである。

　したがって、ヤスパースによれば、「自己反省においては、私はだれであるか、
という問いが新たな仕方でなされる。」[52]すなわち自己反省では自己存在が問
われる。そこで彼は次のようにいう。「実存的な自己反省において私は、自分
に関する自分の判断から生ずるものとしての自分を求める。その判断は、自己
反省における自己存在の真剣さであって、その真剣さは、意識一般の判決の基
礎になっている、私の単なる知識欲からは生じえない。自己反省することの中
から、私の存在の源泉が発する」[53]と。つまり、自己反省を通して実存が生起
しうる。自己は常に自分の内面に問いかけながら日々生活していくことになる。
それゆえ、「自己反省は、私にとって完結することのない媒介である。」[54]また、
自己反省は究極的に完結するものではないから、「自己反省は目的ではなくて、
方途である。」[55]さらに、自己反省は自分に任されているものであるから、「自
己反省は、根源的に私自身から発する動機を持つ。」[56]そして、「自己反省は、

第1章　包括者の思想と自己生成　　115

自己の研究（Selbststudium）ではなく、自己との交わり（Selbstkommunikation）であり、認識として実現するのではなく、自己創造（Selbstschöpfung）として実現するのである。」[57] すなわち自己反省は、自己との交わり、自己創造を通して自己実現に至る方途なのである。

さて、ヤスパースは、「現象において私は、自己超克（Selbstüberwindung）を通じてのみ自分自身となった」[58] という。また彼は、「自己超克の機能は自己反省である」[59] と述べている。つまり、自己反省という方法による自己超克を通じて、自己生成が実現されるといえる。そしてヤスパースは、「自己存在と超克する自己反省の、多分に空虚になる循環の中で、世界内での私の現存在は私に飛躍の支点を与える。しかし私は、超越者に直面してのみその循環を破り出るのである」[60] と述べている。すなわち、自己は超越者に直面してのみ、真の自己となるのである。

このように自己反省は、自己存在に根源を持ち、真の自己となる方途である。それゆえ自己反省は、自己存在を問うことであり、まさに日々の自己生成の歩みそのものといえるであろう。

第5節　自己生成

ヤスパースは、「人間存在は人間生成である。（Menschsein ist Menschwerden.）」[61] と述べている。つまり彼は、人間存在は完全なものではなく、また完成されうるものでもなく、絶えず生成してゆくものであると考えている。トルケッターによれば、「ヤスパースにとってこの生成とは、途上にあること、自分自身が常に課題であること、ずっと続く動揺の中にいること、絶え間なく自己自身と世界とを問うこと、絶え間ない緊張の中で生活すること、を意味する。すなわち、本来の生成は、自己存在の実現を意味するのである。」[62] そして、「ヤスパースにとって人間生成は、同時に人間が自分に引き受ける像、すなわち人間が純粋な可能性として目指している像を、自己実現を通じて現実化するための、人間の不断の努力である。」[63] つまり人間生成は、自己存在を実現す

ることを意味している。そこでは自己存在は本来の人間存在の前提であり目標である。

　また、ヤスパースは、「人間は完成されうるものではない。すなわち人間は、そもそも存在するためには、時間の中で常に新たな運命へと変わっていかなければならないのである」[64]という。確かに、厳密に考えれば、人間の完成はありえないものといえよう。だからこそ、「人間は、まったく隠されている諸々の可能性から成り立つものとして、いつまでも生成してゆくものなのである。」[65] それゆえわれわれは、よりよき在り方を求めてたえず流転する存在である。まさしく、「われわれの本質は、途上にあることである。(Unser Wesen ist Auf-dem-Wege-Sein.)」[66] つまり、われわれは途上における存在である。ヤスパースによれば、「個人としてわれわれだれもが、何が本来的であるかを知らないまま、自分の人生を終わることになる。個人は、究極的なものなしに、途切れるだけで絶対的な目標において完結しない道の途上にある。」[67] すなわち、自己存在は決して完成しえなく、常に途上にある。そこで、「途上にある人間にとって、実存哲学は、それによって人間が自分自身を自らの進路に維持する表現であり、人間に人間の高い瞬間を人間の生を通して実現するために保持すべき手段なのである。」[68]

　このように、われわれは途上における存在であるがゆえに、本来的な在り方を目指してゆかなければならない。われわれは本来的な在り方とは何かと考えつつ、真理を求めてひたすら前進してゆかなければならない存在なのである。すなわち、人間はたえず生成してゆく存在である。そうすると、人間存在を、人間が人間となってゆくこと、すなわち人間生成として自覚することが、ヤスパース実存哲学の本質であるといえる。

　さて、人間存在の主体的な核心は実存である。実存は真の自己存在であるが、その実存も生成してゆくものである。それゆえ、自己存在は同時に、真の自己となってゆくこと、すなわち自己生成なのである。ヤスパースは、「実存は、自分自身との闘争である自己生成（Selbstwerden）の過程の内にある」[69]と述べている。このように、自己存在は自己生成であること、つまり自己存在即自

己生成ということを自覚することが、ヤスパースにおける実存概念の特徴を理解することになると同時に、ヤスパース教育哲学の核心を把握することになる。そして、自己生成の主な要素としては、限界状況体験、実存的交わり、わがものにすること、自己反省などが挙げられる。

したがって、ヤスパースにとって本当の教育とは、究極的には主体的な自己教育に他ならない。彼は、「本当の教育とは、私には常に自己教育（Selbsterziehung）であると思われた」[70]と述べている。つまり、ヤスパースにとっては、作用としての教育は援助にすぎない。それゆえ彼は、「教育は、自由の中で自己となることへの援助であって、調教ではない。(Erziehung ist Hilfe zum Selbstwerden in Freiheit, nicht Dressur.)」[71]というのである。そこで、ヤスパース教育哲学における教育観ないし教育概念の核心に、人間生成ないし自己生成が存するということが可能であろう。

ところで、自己教育と自己生成とはどのような関係にあるのだろうか。ヤスパース自身は、自己教育と自己生成とを明確に区別していないように見受けられるが、次のように考えることができるであろう。ヤスパースの自己教育概念には、もちろん自ら学習活動をしていくことから、実存的な決断をして前向きに生きていくことまでが含まれているはずである。それゆえ、単に自ら学習していくこととしての自己教育とは区別する観点から、ヤスパースの実存哲学における自己教育の意味を特徴づけるための概念として自己生成を用いるという見方が可能であるように思われる。したがって自己生成は、真の自己が生成してゆくことを示唆する概念であるから、知的能力を身につけるための教育などに対して、主として人格形成に意義を持つ「実存哲学的自己教育概念」と位置づけることが可能であろう。

第6節　包括者存在論と自己生成

ヤスパースは、「人間は、自己に集中しながら、また分離してゆくものを一つ‐に‐結びつけながら、真理の途上において自己自身となる」[72]と述べてい

る。すなわち人間は、真理を求める途上において真の自己となってゆくのである。したがって、真理を求めることは自己が変わっていくことを意味する。ヤスパースは、次のように述べている。「真理を獲得するということは、次のことを意味する。すなわちそれは、混乱して盲目的に動かされる状態から、自らの満たされた世界の中で自分の本質の明るい状態へと人間の自己変革をすることであり、しかも人間が存在そのものをその現実性において把握することを通して自己変革をすることである」[73]と。すなわち、真理を獲得することは、自己変革を遂行することなのである。

ヤスパースは、真理の産出と哲学的論理学の意義に関して次のようにいう。「真理は、実質的な成就においては、決して哲学的思惟によってのみ生み出されるのではなく、修養しつつある世界の中での教育過程と自己教育過程とによって生み出される。しかし、真理が何であるかは、この運命とともに生きることから、この運命へ向けられた眼差しにおいて哲学しながら明らかにされることができる。このことを果たすことが、哲学的論理学の意義である」[74]と。すなわち彼は、真理は、修養しつつある世界の中での教育過程と自己教育過程、つまり他者教育及び自己教育の過程で真理が生起するが、その際真理とは何かを明らかにすることが、哲学的論理学の意義であると考えている。また、「真理意識は、伝統を通して、人類の形成過程をわがものにしてゆくことから生じ、……また真理意識は、自分の共同体の中で個々人の内的行為を通して世界を経験することから生じる。」[75] このように伝統をわがものにすることだけでなく、他者との交わりの中で真理が生起しうるのであるから、ここでいう教育過程と自己教育過程には、実存的出会いによって伝統をわがものにすることと、実存的交わりを通して真の自己を生成していくことが含まれているはずである。そもそも哲学的論理学は交わりの可能性を問う。ヤスパースによれば、「哲学的論理学は伝達可能性の空間であり、そこでは思惟する人間たちが——その本質的な相違にもかかわらず——出会うことができる。」[76] そのような論理学は、最大限の伝達可能性、絶え間ない話しかけと説得を欲する。「それゆえ論理学的な熟慮の意義は、思惟しながらの交わりの機関になることである。」[77] つま

り哲学的論理学は、包括者の諸様式に対応した交わりの可能性を明示する。そしてヤスパースは、「こうして論理学は、自己生成の自由を可能にするものとなる。論理学の目標は、自己生成の途上における自己を勇気づけることである」[78]という。

さて、ヤスパースによれば、「理性の機関としてのこの論理学は、それぞれの個人の形成過程となる。」[79]すなわち哲学的論理学は、自己生成の過程を示唆するものであり、そしてその過程には常に理性が根底にある。「理性の形成過程は、個人的な、自己 - 自身 - に - 到達することの中で、存在の客観性の全体的な広がりを獲得する、あるいは逆にいえば、理性の形成過程は、人間存在の歴史性におけるあらゆる存在様式の開示を通して、人間存在そのものをその深みにおいて限りなく明らかな状態にもたらす。」[80]つまり理性の形成過程は、自己生成の過程における包括者の諸様式の意義を明らかにしつつ、自己存在の在り方を解明しようとする。こうして哲学的論理学は、理性を基盤とする自己生成を自覚的に把握する試みといえよう。

ところで、実存生成のための教育という場合でも実存が現存在・意識一般・精神を基盤にしなければ成立しえない以上、これらの諸段階の教育的意義を徹底的に認めた上で、さらにこれらの内在的な諸段階を超越していく教育的営為を見逃してはならない。そこで重視しなければならないのが、教師の役割である。すなわち、教師が生徒との交わりを通して、共に実存生成へと向かう過程に実存的教育の真実の姿が現われるのである。増渕幸男は次のように述べている。「教育的営為において直接の成果を約束できないとしても、教師は自らが実存から生きていると生徒に感得されるように振舞わなければならない。そうすることによってのみ、生徒が自己の実存生成に駆り立てられるような希望的基盤を用意し、生徒が自己自身を絶対化するいかなる試みをも打ち砕きつつ、生徒に真実自己の責任を覚醒させることができるのである。この点にわれわれは、実存的教育の中心的内容である覚醒の教育を指摘してもよいであろう」[81]と。こうして実存的教育は、教師が生徒の内面に訴えかけることによって真の自己となるように覚醒させる契機となる点に独自の意義を見出すことができよ

う。レール（F. Röhr）は、「そこで結局、実存生成のための教育の問題性は、可能的人間存在の全体性を獲得しようと努力する教育学にとって、根本的なものであるということが、明らかになる」[82]と述べている。つまり、人間存在全体を可能的実存の生成という観点から問う教育学は、根本的に実存生成のための教育をその根底に持つことになるのである。したがって、レールや増渕が用いる実存生成という言葉は、実存的教育の目的を示唆する概念のように思われる。

　こうして哲学的論理学は、理性を基盤にして可能的実存が実存を目指して歩む自己生成の過程を論理学的な構造として示したといえよう。ヤスパースは、「哲学しつつ己れ自身の中で己れを解明しながら、理性は哲学的論理学を展開する。哲学的論理学は、理性の自己意識あるいは理性の機関と名づけることができる」[83]と述べている。すなわち哲学的論理学が理性の機関であり、理性に関係づけられるということは、包括者の諸様式を解明することは、同時に理性の機能を解明することを意味する。その理性こそが、われわれ自身としての包括者の諸様式を可能にし、とりわけ実存を現実的なものとすることができるのである。それゆえザラムンは次のようにいう。「理性は、単独者が限界状況や交わりの中で、本来的に「自分自身」となるために実現しなければならない規範的な実存的内実及び道徳的な価値態度の普遍化に、永続的に従事するという使命を持っている」[84]と。すなわち、われわれが限界状況を引き受けて実存となることを可能にし、また孤独から交わりに入り実存的交わりを可能にするのも、理性の働きによるのである。

　したがって理性は、現存在・意識一般・精神から自覚的に実存へと飛躍する根拠になり、また全体的な交わりの意志として実存的交わりを可能にする。その意味で、理性は常に自己生成の根底にあり、自己実現という課題のために自己存在を持続的に支え続けるものなのである。それゆえ、哲学的論理学は、理性を基盤とする自己生成を包括者の諸様式を通して解明する試みとして、自己生成の論理学的な構造を開示するものといえよう。

注（第Ⅱ部第1章）
1) K. Jaspers, Vernunft und Existenz. Fünf Vorlesungen, R. Piper & Co. Verlag, München, 1973, S. 35.
2) H. Saner, Karl Jaspers mit Selbstzeugnissen und Bilddokumenten, 1970, Rowohlt Taschenbuch Verlag GmbH, 1984, S. 82-83.
3) K. Salamun, Karl Jaspers, Verlag C. H. Beck München, 1985, S. 94.
4) K. Jaspers, Von der Wahrheit, R. Piper & Co. Verlag, München, 1947, 3. Aufl. 1983, S. 159.
5) ibid., S. 160.
6) K. Jaspers, Philosophische Autobiographie, Erweiterte Neuausgabe, R. Piper & Co. Verlag, München, 1977, 2. Aufl. 1984, S. 88-90.
7) K. Jaspers, Von der Wahrheit, a. a. O., S. 26.
8) ibid., S. 47.
9) ibid., S. 47.
10) ibid., S. 48.
11) ibid., S. 54.
12) ibid., S. 59.
13) ibid., S. 62.
14) ibid., S. 64.
15) ibid., S. 65.
16) ibid., S. 66.
17) ibid., S. 67.
18) ibid., S. 67.
19) ibid., S. 71.
20) ibid., S. 71.
21) Vgl. ibid., S. 71.
22) ibid., S. 73.
23) ibid., S. 75.
24) ibid., S. 76.
25) ibid., S. 80.
26) ibid., S. 81.
27) Vgl. ibid., S. 81.
28) ibid., S. 82.
29) Vgl. ibid., S. 83.
30) ibid., S. 114.
31) ibid., S. 115.
32) ibid., S. 116.
33) ibid., S. 116.

34) ibid., S. 375.
35) ibid., S. 375.
36) ibid., S. 376.
37) ibid., S. 376.
38) ibid., S. 377.
39) ibid., S. 378.
40) ibid., S. 378.
41) K. Jaspers, Philosophie I. Philosophische Weltorientierung, 1932, Springer-Verlag Berlin・Heidelberg・New York, 4. Aufl. 1973, S. 15.
42) K. Jaspers, Existenzphilosophie. Drei Vorlesungen gehalten am Freien Deutschen Hochstift in Frankfurt A. M. September 1937, Walter de Gruyter・Berlin・New York, 4. Aufl. 1974. S. 17.
　　K. Jaspers, Von der Wahrheit, a. a. O., S. 49.
43) K. Jaspers, Der philosophische Glaube angesichts der Offenbarung, R. Piper & Co. Verlag, München, 1962, 3. Aufl. 1984, S. 118-121.
44) Vgl. H. Saner, Karl Jaspers in Selbstzeugnissen und Bilddokumenten, a. a. O., S. 95.
45) K. Jaspers, Von der Wahrheit, a. a. O., S. 76.
46) B. Tollkötter, Erziehung und Selbstsein. Das pädagogische Grundproblem im Werke von Karl Jaspers, 1961, A. Henn-Verlag, Ratingen, S. 11.
47) ibid., S. 12.
48) 豊泉清浩「ヤスパース哲学における限界状況概念の教育的意義――自己生成としての教育の観点から」、『関東教育学会紀要』第13号、関東教育学会、1986年、参照。
　　豊泉清浩「ヤスパースにおける「実存的交わり」と「ソクラテス的教育」の関連性について――愛の性格の観点から」、『教育学論集』第32集、中央大学教育学研究会、1990年、参照。
49) Vgl. K. Jaspers, Philosophie II. Existenzerhellung, 1932, Springer-Verlag. Berlin・Heidelberg・New York, 4. Aufl. 1973, S. 37.
50) ibid., S. 37.
51) ibid., S. 37.
52) ibid., S. 37.
53) ibid., S. 37.
54) ibid., S. 38.
55) ibid., S. 39.
56) ibid., S. 39.
57) ibid, . S. 39.
58) ibid., S. 47.
59) ibid., S. 47.

60) ibid., S. 48.
61) K. Jaspers, Einführung in die Philosophie, R. Piper & Co. Verlag, München, 1971, 18. Aufl. 1977, S. 57.
62) B. Tollkötter, Erziehung und Selbstsein, a. a. O., S. 25.
63) ibid., S. 59.
64) K. Jaspers, Die geistige Situation der Zeit, 1932, Walter de Gruyter・Berlin・New York, 5. Aufl. 1979, S. 183.
65) K. Jaspers, Die Idee der Universität, Berlin Springer-Verlag. 1946, S. 97.
66) K. Jaspers, Einführung in die Philosophie, a. a. O., S. 99.
67) K. Jaspers, Was ist Philosophie? Ein Lesebuch. Textauswahl und Zusammenstellung von Hans Saner, 1976 R. Piper & Co. Verlag, München, 1982, S. 164.
68) K. Jaspers, Die geistige Situation der Zeit, a. a. O., S. 150.
69) K. Jaspers, Philosophie II, a. a. O., S. 234.
70) K. Jaspers, Philosophie und Welt. Reden und Aufsätze, R. Piper & Co. Verlag München, 1958, 1963, S. 401.
71) K. Jaspers, Was ist Erziehung? Ein Lesebuch. Textauswahl und Zusammenstellung von Hermann Horn, 1977 R. Piper & Co. Verlag, München, 2. Aufl. 1982, S. 75.
72) K. Jaspers, Von der Wahrheit, a. a. O., S. 2.
73) ibid., S. 3.
74) ibid., S. 3.
75) ibid., S. 2.
76) ibid., S. 6.
77) ibid., S. 7.
78) ibid., S. 6.
79) ibid., S. 10.
80) ibid., S. 10.
81) 増渕幸男『ヤスパースの教育哲学研究』以文社、1989年、247-248頁。
82) F. Röhr, Die pädagogische Theorie im Denken von Karl Jaspers, Bouvier Verlag Herbert Grundmann, Bonn, 1986, S. 73.
83) K. Jaspers, Von der Wahrheit, a. a. O., S. 119.
84) K. Salamun, Karl Jaspers, a. a. O., S. 101.

第Ⅱ部第1章の内容は、以下の該当箇所と重複する部分がある。
豊泉清浩『ヤスパース教育哲学序説——ボルノーからヤスパースへ：自己生成論の可能性』川島書店、2001年、263-282頁。

第2章 哲学的信仰

　ヤスパースにおける哲学的信仰は、科学と啓示信仰との間で、哲学することを根源とする信仰である。彼は、信仰について考察する際、主観と客観を包括する包括者を前提とする。本章では、ヤスパースの著書『哲学的信仰』(1948)と『啓示に面しての哲学的信仰』(1962)における論述に依拠して、哲学的信仰の概念、哲学的信仰の内容、科学と哲学と神学の関係、哲学的根本知としての包括者の諸様式、哲学的根本操作などについて考察する。

第1節　哲学的信仰の概念

　ヤスパースは、キリスト教のように神の啓示に基づく啓示信仰と哲学的信仰の相違を考慮して、哲学的信仰の特徴を次のように述べている。「哲学的信仰は、固有の根源である。だが、哲学的信仰は、啓示を理解できないにもかかわらず、啓示を別なものに対する可能性と見なす。哲学的信仰は、悪意ではなく誠実を望み、断絶ではなく交わりを望み、暴力ではなく寛容を望む」[1]と。ヤスパースによれば、哲学的信仰は、思惟する人間の信仰であり、常に知識と結びついてのみあるという特徴を持っている[2]。哲学的信仰は、知りうるものを知ることを欲し、自分自身を見抜くことを欲する。したがって、限りなく認識することである科学は、哲学することの根本要素である。さらに、哲学的信仰は、自分自身を解明することを欲する。信仰は、確かに普遍妥当的な知識にはなりえないが、しかし自己確信によって私に現在的になるべきである。
　ヤスパースは、「信仰においては、私が確信を抱く信仰と、私がつかむ信仰

内容とは不可分である。——すなわち、私が遂行する信仰と、私がその遂行の中でわがものとする信仰とは——つまりそこから信ずることがなされる信仰と、信じられている信仰とは不可分なのである」3)と述べている。したがって、確かに信仰は常に、ある物への信仰である。信仰は、われわれが主観と客観として分離するもの、すなわちわれわれがそこから信じる信仰と、それを信じる信仰として分離するものの中で一つのものなのである。

　それゆえヤスパースは、信仰について語る際には、このような主観と客観を包括するものを念頭に置くことになると指摘する。このような主観と客観を包括する存在を、ヤスパースは包括者と名づける。「われわれは、単なる主観でも単なる客観でもなく、むしろ主観‐客観‐分裂の中で両方の側にある存在を、包括者と名づける。包括者は適当な対象となりえないにもかかわらず、われわれは哲学することにおいて、包括者から語り、包括者を目指して語る。」4) ヤスパースによれば、信仰とは、悟性によって媒介されるすべてのものとは対照的に、一種の直接性であるように思われる。信仰とは、一つの体験、すなわち私に与えられたり、与えられなかったりする包括者の体験である。

　ヤスパースは、信仰の本質について、キルケゴールに依拠して次のようにいう。「キルケゴールは、信仰の特徴を、信仰が歴史的一回性に関係づけられていて、それ自身歴史的であるという点に見ている。信仰は体験ではなく、また人が与えられたものとして記述することができる直接的なものではない。信仰はむしろ、歴史と思惟の媒介を通した、根源からの存在の覚知である。」5) 哲学的信仰は、このことを自覚している。だから哲学的信仰の思想は、教義とはならない。哲学的信仰の実質は、絶対に歴史的であり、ただ哲学的信仰だけが現われうる一般的なものの中では、確定されるべきではない。したがって哲学的信仰は、歴史的な状況の中で繰り返し根源から自分のものにしなければならない。むしろ哲学的信仰は、思惟し根拠づけるという仕方で自分自身を示さなければならない。

　ヤスパースによれば、「信仰の概念を獲得するためには、われわれは包括者を解明しなければならないであろう。」6) 包括者は、われわれが解明しようとす

ると、包括者の諸様式という形で多重性を持つものとして姿を現わす。包括者は、われわれが包まれている存在そのものであるか、あるいはわれわれである存在であるかのいずれかである。

　われわれを包んでいる存在は、世界と超越者といわれる[7]。

　われわれである存在は、現存在、意識一般、精神といわれ、さらに実存といわれる[8]。

　全体としての世界は、対象ではなく、一つの理念である[9]。

　超越者は、決して世界とならない存在であるが、世界内の存在を通していわば話しかける存在である[10]。

　われわれは現存在である[11]。

　われわれは、主観と客観の分裂の内にある意識一般である[12]。

　われわれは精神である。すなわち精神的な生は、理念の生である[13]。

　われわれは可能的実存である[14]。

　ヤスパースは、私である包括者は、おのおのの形態において主観と客観の両極性であると考え、主観と客観を対比させて次のように述べている。「すなわち私は、現存在として、内界と外界であり、意識一般として、意識と対象であり、精神として、私の内にある理念と諸々の事物からの意に添う客観的な理念であり、実存として、実存と超越者である。」[15]

　さて、これらの両極性の中の現在的存在は、最も広い意味での信仰といわれる。現存在は、われわれにとってあまりに当然なので、私が現に存在し事物が現に存在しているという実在性の単純な意識の内にある秘密は、われわれにとってたいていは現在的でない。意識一般として私は、正しいものの妥当性を経験する。精神として私は、意に添う理念を受け止める諸々の理念によって満たされる。「実存として私は、超越者によって贈られている私自身を心得ていることによって存在する。」[16]

　ヤスパースによれば、われわれは、実在の確実性、明証性、理念をより広い意味での信仰と呼ぶだろう。現存在として本能のような何かが、意識一般として確実性が、精神として信念が存在する。「しかし真の信仰は、超越者がその

現実性の中で意識される実存の活動である。」[17) ヤスパースは、哲学的信仰の核心について次のようにいう。「信仰は、包括者からの生き方であり、包括者による導きと成就である。」[18) したがって包括者に基づく信仰は、固定されたものではない。「包括者からの信仰は、ある絶対化された有限なものの内に固定されないので、自由である。」[19) それゆえ、ヤスパースによれば、「信仰について語ることは、常に避けられずにあり続ける対象的な思惟の内で、すべての対象性を越えることによって包括者を確かめるための哲学的根本操作を必要とする。」[20)

ところで、哲学的信仰は、迷信に対して感じやすい良心、すなわちこうしたある一つの客体への信仰とともにあり、その理由から、諸々の教理における告白に対して適格ではない。ヤスパースによれば、「したがって哲学的信仰は常に、一体化し止揚する弁証法の内にある。」[21) 弁証法にとって、そこに本質的な意味からの諸矛盾が存在するということだけが、一つの共通な点である。哲学的信仰は、それ自身の内にそのような弁証法の構造を持っている。「現存在や精神や世界の諸矛盾は、一種の調和する全体の幻想の中で宥和し、それでこの幻想は、虚偽に対する実存の憤激によって突破される。」[22)

またヤスパースは、「哲学的信仰は伝統の内にある」[23) という。したがって哲学は、その歴史によって規定され、それで哲学史はその都度、現在なされるような哲学することを出て一つの全体となる。彼は、「永遠の哲学は、時間の中ではどこにもすでに獲得されていないが、この永遠の哲学は、哲学することの理念の内に、また唯一の現在となる三千年の哲学の歴史としての、哲学の真理の全体像の内に、常に存在している」[24) と述べている。

ヤスパースによれば、「哲学が信仰告白となり、諸々の教義に固定され、学校教育を制度上の共同体に基礎づける場合、また哲学が伝統を権威とし、学派の指導者を英雄化する場合、さらに哲学が弁証法的に拘束を受けないことの遊戯に陥る場合、哲学はなんと軽率に滑り落ちることであろうか。」[25) 哲学的信仰は、冷静さと同時に徹底的な誠実さを求める。したがって、「常に根源的で、他のものの内に自分自身を再認識することができる哲学的信仰からのみ、哲学

の歴史における滑り落ちることの雑然を通して、哲学の歴史の中に現われる真理への道が、見出されるべきである。」[26] 哲学的信仰は、哲学史を通じて人間がどう生きるべきかという真理を見出そうとする。

第2節　哲学的信仰の内容

　ヤスパースによれば、哲学的思考は、端緒においてはあらゆる人間によって、時には子どもたちにおいて最も純粋に実行される。そのような思考過程を見出し、それらを明らかにし展開すること、そしてそうした思考過程を数千年の間に思惟されたものの再認識において反復することが、一つの職業的な手職となる思惟としての哲学の責務である。「そのために、第一に信仰内容の範囲に対する省察（方法的な熟慮）、第二に信仰の内容そのものに対する省察が必要である。」[27]

　ヤスパースによれば、哲学的信仰の内容の範囲は、次の四つの問いによって開かれてくる。第一の問いは、「私は何を知るのか」である。その答えは、「私が知っているすべては、主観－客観－分裂の内にあり、私にとっての対象（客観）であり、現象であって、それ自体として存在しない」[28] ということである。しかし、主観－客観－分裂の内では、客観と主観は結び合わされている。「したがって、私が存在として経験するものは、常に主観－客観－分裂の全体の内にあり、ただ一つの側面だけにあるのではない。」[29] ヤスパースによれば、主観－客観－分裂は多重である。すなわち、現存在は外界としての現存在の世界の内にあり、意識一般は対象と向かい合ってあり、精神は諸々の理念の内に生きている。実存は超越者に関係づけられている。しかし、外界、理念、超越者は、意識一般の中で初めて、諸々の型や象徴で対象化されることによって思惟された客体となる。「だから私が知っているものは、その都度意識一般の中での一つの客観存在であり、それで限定されている。しかし、私が知っているものは、その有限の中で超越することへの可能な踏み台である。」[30]

　第二の問いは、「何が本来的に存在するのか」である。ヤスパースは、存在

への問いに対する典型的ないくつかの答えや、あらゆる存在論に対する不満について述べた上で、本来的存在をどのように捉えるかに言及する。「客観でも主観でもなく、主観-客観-分裂の全体において現象する本来的存在、また範疇に意味と意義を与えるために、範疇を満たさなければならない本来的存在を、われわれは包括者と名づけた。」[31] したがって、何が本来的に存在するのかという問いは、包括者の諸様式、すなわち世界と超越者、現存在、意識一般、精神、実存の解明を通して、その答えを見出さなければならない。「しかし、すべてのこれらの様式は一者において基礎づけられる限り、結局、本来的存在は超越者（あるいは神）であるという答えである。」[32]

　第三の問いは、「真理とは何か」ということである。その答えは、「われわれである包括者の各々の様式の中に、真実存在の固有の意味が定着している」[33] ことである。現存在においては、感覚的な現在の直接性としての、生命にかかわる有用としての、本能としての、実践的なものと時宜を得たものとしての真理が存在する。意識一般においては、普遍的な範疇の中で対象的に考えられるものの矛盾しないこととしての真理が存在する。精神においては、理念の確信としての真理が存在する。実存においては、真の信仰としての真理が存在する。信仰は、超越者と関係している実存の意識といわれた。

　第四の問いは、「私はどのようにして知るのか」ということである。ヤスパースによれば、懐疑が起こる時、私は根拠づけを欲する。私は、私がどのように知るのかという仕方に応じて問い、このような知識の意味と限界に応じて問う。その時、あらゆる真理は、思惟の独特な仕方で現にあることが明らかになる。「この考え方は、範疇論や方法論の内で自覚される。範疇論と方法論をもって、私は哲学することの見取図を手に入れ、その見取図を熟知することによって、私は単に知るだけではなく、私がどのように知り、何によって知るのかということを知るのである。」[34] その際、哲学することにとって、より特別な、それどころかより決定的な意義から、諸科学で遂行されるような対象的に認識していく思惟と、哲学にふさわしい超越していく思惟との相違を確かめることが存在する。対象的に消滅していくものにおいて、哲学者は確かに本来的存在をつか

むことができないが、しかし本来的存在によって満たされることができる。

ヤスパースは、哲学的信仰の内容は、次のような命題で表現することができるとする[35]。

神は存在する。

無制約的な要求がある。

世界は、神と実存との間で消滅していく現存在である。

まず、「神は存在する」という命題に関して、「すべての世界を超越している超越者、あるいはすべての世界よりも先にある超越者は、神と呼ばれる。」[36] ヤスパースによれば、今日では、神は存在するということの証明を新たに哲学的にわがものとすることが、差し迫った必要性である。

次に、「無制約的な要求がある」という命題に関して、「無制約的な要求は、私を支えることによって、私の内にその根源を持つ。」[37] つまり無制約的な要求は、実存が発する要求である。「私の意志の根拠が無制約的な根拠であるならば、私は、その無制約的な根拠を、私が本来的に自己自身であるものとして、また私の現存在がそれに合致すべきものとして、覚知する。」[38] 自己は、無時間的な実存が、時間の内での現存在を導くことを自覚する。無制約的なものそれ自身は、時間的なものではない。「無制約的なものは、われわれの自由を越えていく途上で、超越者からこの世界の中へ突然現われ出る。」[39]

さらに、「世界は、神と実存との間で消滅していく現存在である」という命題に関して、ヤスパースは、「全体としての世界は、われわれにとって対象とならない」[40] と述べている。それに反して、世界の非閉鎖性と無地盤性とを確かめることがあり、それとともに、世界存在のすべての様式に関して、また常にまだ終わらない人生の時間上の経過の中での出来事や自分自身が行なったことに関して、絶え間なく聞くことの覚悟がある。次のことが、そのような覚悟と結びついている[41]。

第一に、世界に対する神の絶対的な超越性を確かめること。

第二に、神の言葉としての世界の経験。

ヤスパースは、「このような信仰にとって、時間の中でのわれわれの存在は、

実存と超越者との出会い——すなわち、創造されたものとして、また自分自身に贈られた存在としてわれわれが存在する永遠なものと、それ自体として永遠なものとの出会いである。永遠であるものと一時的に現象するものとが、世界の中で出会う」[42)]と述べている。「しかし、実存と超越者との出会いは、世界の中での出会いであるので、時間のために世界に拘束される。」[43)]

ところで、ヤスパースは、包括者の空間を示すことや、信仰内容を表わすことについてとにかく未決定に留まっている諸命題の指摘をもってしても、哲学的信仰は十分に特徴が示されないと考える。彼によれば、哲学は、根源と目標の間の中間存在である。われわれの内面には、この哲学する道の途上でわれわれを導いていき、真に哲学的に生きるために働く理性がある。ヤスパースは、理性と真理との関係について、「理性は、真理の意味のすべての様式を、それぞれを有効にすることによって、互いに生み出す」[44)]と述べている。そのため、理性は、包括者のある一つの様式を孤立させ、絶対化するあらゆる信仰が誤りになることを理解する。「理性は、すべての真理を含んでいない、真理の何かある意味に自分自身を固定することを拒む。」[45)]

ヤスパースは、理性が対立するものをも包含する性質を持つことについて次のように述べている。「理性はその上に、何物も堕落させないこと、存在するすべてのものとの関係へ入ること、あらゆる限界を越えて存在するものと存在すべきものとを求めること、さらに諸対立を包含すること、常に全体、すなわちあらゆる可能な調和を把握することを強いる。」[46)] 理性の根底は、知的な詭弁法の果てしなさにおいて影響を及ぼす破壊意志ではなく、諸々の意味内容の無限に対する開放性である。「悟性は、途方もない思惟として虚無的となり、理性は、実存に根拠づけられたものとして、ニヒリズムの前でも救いである。なぜなら、理性は、世界存在の具体性の中で悟性を伴う理性の動きによって、二律背反や突破や分裂という深淵の内で結局再び超越者を確信することになるための信頼を守るからである。」[47)]

ヤスパースによれば、「理性は、いかなる本来の根源も持たず、実存の道具である、われわれの内なる包括者である。」[48)] 理性は常に、実存と結びついて

機能する。「哲学する者は、自分にとって成功するものを実行する理性を賛美するだけでは足りえない。理性は、包括者のすべての様式の紐帯である。」[49] そこでは、普遍的な共に生きることが生じ、親しみやすく自分自身に関係させられることが生じる。理性は、他者との関係を開く。つまり、「理性は、限りない交わりを要求し、理性自身が全体的な交わりの意志である。」[50] なぜなら、現存在は他の現存在とともにのみ可能であり、実存は他の実存とともにのみ自己自身に到達するからである。このような意味で、ヤスパースは、哲学的信仰を「交わりへの信仰」[51] とも呼ぶことができると考える。

第3節　科学と哲学と神学

　ヤスパースは、理性的認識と信仰的認識との古い対立に代わり、現代では、科学、哲学、神学という三分類で捉えると指摘する。彼は、哲学に対する現代の科学性の結果に関して、近代科学の特徴を次のように理解している[52]。近代科学とは第一に、その都度の方法に関する知識とともにある方法的認識である。第二にそれは、強制的に確実である。第三にそれは、普遍妥当的であるが、より厳密にいえば、あらゆる以前の認識のように、要請においてのみではなく、事実上も普遍妥当的である。すなわち、ただ科学的認識だけが、あらゆる人にとってわかりやすいものとして普及する。第四にそれは、普遍的である。

　ヤスパースによれば、科学性は、知識とともに、同時に知識の限界を知っている。普遍的な科学性は、普遍科学ではない。哲学と神学は、その形態、その自己意識、その方法の明確さを、普遍的科学性によって新たに発生する状況の制約の下で、変えなければならない。「哲学は、もはやそれ自体科学ではない。哲学は、科学と啓示信仰との間の、一つの独立した根源である。」[53]

　ヤスパースは、哲学は、近代諸科学の意味での科学ではないと指摘する。近代諸科学に属するものは、むしろ哲学から排除される。「哲学に依然としてあるものと、ずっと以前から哲学の実質であったものとは、各人の悟性にとっての普遍妥当性の意味での認識ではなく、哲学的信仰の解明という思考の動きで

ある。」[54] 哲学と科学は、両者の真理のまったく異なっている根源での洞察による両者の分離と、それに起因する両者の認識の方法の分離とに応じて、実際解決できずに互いに関係がある。「科学性がそもそも存在すべきであること、知識への意欲の真剣さと危険、関与の無制約性は、哲学的にのみ解明されるべきであるし、信仰に由来する。」[55] それぞれの思惟の真理にとって決定的な点は、諸科学と哲学において別々に存在する。その点は、諸科学にあっては、徹頭徹尾対象的な事柄、思惟されたもの、判断にある。哲学においてはその点は、内的外的行為の現実性、心の状態、決意にある。「検証は、諸科学では対象的研究、調査・検査に頼り、哲学では実存の現実性に頼る。」[56]

さて、ヤスパースによれば、哲学することと啓示信仰は区別されるが、哲学することは啓示信仰を要素として取り入れる。「哲学することの真実性は、啓示信仰を理解できないものの厳密さにおいて存続させることを、自ら要求する。啓示信仰は、その陳述において、たくさんの矛盾の合理的思惟として存在し、不一致を通して行為と実存することにおいて現われ出る。」[57] しかし、この諸々の矛盾と不一致は、それ自体信仰の要素となり、強くなり、自覚される。啓示は現われる。ところが、それは隠すように現われる。

ヤスパースによれば、人間の本性は、生理学的・心理学的に研究可能な対象としてあるものではなおのこと言い尽くせない。本来の理性は、正当な強制的認識に対する能力のある意識一般の要点としての、単なる悟性では言い尽くせない。「人間の《本性》はむしろ、実存として自分自身に贈られていることにおいて世界を見て、存在するものを洞察し、諸々の暗号によって動かされ、決意において決定する本質である。超越者への関係は、そこからわれわれが生きるものである。」[58] 哲学的信仰は、超越者によって実存として自分自身に贈られていることを根拠とする。

それゆえ、ヤスパースによれば、「啓示信仰を断念することは、不敬の結果ではなく、超越者によって自由なものとして創造された実存の信仰の結果である。」[59] 哲学的信仰は、啓示を求めず、人間相互の関係の中に真理を見出す。ヤスパースは、「超越者へ向けられた秘密から、その人に近づきうる真理とす

べての人間の遠い未来を追う哲学的信仰は、その曖昧さの運動における暗号のために、実際の啓示を断念しなければならない。この哲学的信仰は、多くの形態で現われるが、権威にならず、教義にならず、必然的にお互いに語るが、しかし必ずしも一緒に祈らなくてもよい人間たちの交わりを頼りにしている」[60]と述べている。

第4節　哲学的根本知としての包括者の諸様式

　ヤスパースは、われわれが世界の中でどのような在り方をしているかを意識することを、「哲学的根本知（das philosophische Grundwissen）」と捉えるが、これは包括者の諸様式の哲学を意味する。彼は、意識とは、主観と客観への分裂という根本現象であると捉える。彼は、「現象の場所が主観と客観に分裂されたものを、われわれは包括者と名づける」[61]と述べている。

　ヤスパースによれば、われわれは、個人的に異なり、体験する現実的な意識においてすべての人々に共通な意識を、意識一般と呼ぶ。意識一般は、多くの人々の偶然の主観性ではなく、一般的なものと普遍妥当的なものを対象的に把握する一つの主観性である。現存在は、それに対応し、それへ影響を及ぼす自己の環境の中にある。現存在は、自分自身に対する反省をしないで、自分の世界の中で生きることの体験として存在する。精神とは、われわれが想像力によって形成物を計画し、意義に満ちた世界の状態を作品において実現させる包括者としてのわれわれである。精神の主体は、想像力である。そして、「全体は理念と呼ばれている。精神の本来の理念（ヘーゲル的理念）は閉ざされている。理性の理念（カント的理念）は開かれている。」[62] ヤスパースは、「しかしこの根拠、この自由、私は私自身であり、他の自己とともに交わりの中で私自身となりうるということ、これをわれわれは可能的実存と呼ぶ」[63]という。

　ところで、ヤスパースによれば、実存は、そのようなものとして明瞭に観察されえない。実存は、そのようにある存在ではなく、存在可能である。つまり、私は実存ではなく、可能的実存である。私は私を保持するのではなく、私にな

るのである。「実存は、超越者がなくては自由ではなく、超越者によって自己自身に与えられているのを知っている。」[64] 実存は、おのおの単独者として、すなわちこの自己として、代替できず、掛け替えのないものである。私は私の決断によって、私であるものになる。「実存は、無からではなく、超越者の前で自己自身に与えられていることにおける決断の存在可能である。」[65]

また、ヤスパースによれば、「実存は歴史的である。」[66] 伝承の継続と破壊を伴う単なる消え去ることとしての歴史と違い、実存は、永遠なものから現在のものになることとして時間の中で自己が自己自身になることである。「実存は、実存たちの交わりの中でのみ存在する。」[67] 私は、私が実存するという知識によっては、現実的な実存でありえない。実存は、自己自身に与えられているのを知っているがゆえに、根本においては隠されている。

さらに、ヤスパースによれば、存在そのものであり、われわれが包括者として存在するものによって包まれている包括者は、世界と超越者といわれる。存在そのものである包括者は、同時にいかなる様式でもわれわれにとって客観とならないようなものである。ヤスパースは、「しかし超越者をわれわれは絶対に探求できず、われわれは超越者によって——たとえて言えば——心を動かされ、そしてわれわれは超越者を他者、すなわちすべての包括者の包括者として心に感じる」[68] と述べている。

ヤスパースは、哲学的根本知の意義について、「われわれが世界の中に存在するようなことの根本知は、存在しない全体知を放棄する」[69] という。根本知は、われわれの思惟を通して、世界や人間のありさまを捉えようとするが、全体知は、すべてを知り尽くしていると思い込む知であり、完全なる知であると錯覚する知である。彼によれば、「根本知は、十分に定義された概念が到達しないところで、批判的な区別によって明らかになる。」[70] 彼は、根本知はわれわれの清明さを増進すると考える。

ヤスパースは、包括者における理性の役割について、「超越者がすべての包括者の包括者であり、実存が基盤であるならば、理性は、時間の中で実現する紐帯である」[71] と述べている。理性は、包括者の諸様式の紐帯であり、人間と

人間を結びつけるものである。「われわれは、われわれの課題、すなわち哲学の課題を結合の道、交わりの道に至ることに見ている。存在そのものが超越者によって包まれている包括者のすべての様式は、われわれにおいては包括者のすべての様式の紐帯、すなわち理性によって包まれている。」[72]

　ヤスパースによれば、理性は、われわれが頼りにしながら実現させる道を示す。「理性は、超越者においてすべての包括者の包括者であるように、内在において、絶対化したいすべてのものに先立って存在するものである。」[73] 理性は、実存と結びついている。「理性は、理性に誠実さを授ける実存と同盟して働く。理性は、すべての考えられるものを越えて、すべてが向けられる一者によって引き寄せられる世界の中での動きである。」[74] したがって、理性と哲学することは密接に関連する。「実際に、ここではこの理性という包括者において、運動の空間があり、この運動へ達することが哲学することの課題である。しかし、哲学することはここの真空では達成されることができず、包括者のすべての様式において実現することができる。包括者のすべての様式の内容は、一者へ至る紐帯をすべての側面に応じて求めることによって、初めて明瞭で純粋になる。」[75]

第5節　哲学的根本操作

　ヤスパースは、われわれがいかに、どこに存在しているかについての自己確信について、哲学的根本知によって探ることに関して次のようにいう。「つまり、われわれは存在の諸層ではなく、主観－客観－関係の根源を求めるのであり、対象的な定義の世界を存在論的にではなく、主観－客観がお互いに重なり合って関係しながら生じる主観－客観－関係の根拠を、包括者存在論的に求めるのである。」[76] 包括者の諸様式は多面的であるが、包括者は存在の全体である。「確かに結局、包括者は一つであり、すべての包括者の包括者であり、超越者である。われわれが可能的実存である限り、われわれは超越者をそのようなものと見なし、われわれは超越者に直接かかわる。」[77] しかしわれわれは、超越者か

ら包括者の諸様式を導き出せないし、思惟において適切に超越者自身に到達できない。「包括者の諸様式は根本的現実性であり、その緊張状態の中でわれわれは事実上生きている。」[78]

ヤスパースは、「哲学的根本操作 (die philosophische Grundoperation)」という概念を用いる。彼は、「われわれが世界の中でどのように存在しているかを、包括者の諸様式を通して確かめるために、思考においてなされることを、われわれは哲学的根本操作と称する」[79] という。この哲学的根本操作は、われわれが対象へ向けられ、対象に結びつけられる主観-客観-分裂から、主観でも客観でもない包括者への転換を実行する。「主観と客観を自己自身の内に閉じ込め、それでも再び思惟される包括者が、だから主観に対して存立する客観となるように見えるという二律背反において、絶えず繰り返される根本操作のみが、あらゆる現在へ導くことができる。」[80] したがって、哲学的根本操作が同時に実行し、自覚させる転換は、われわれが人間として初めて真の人間となる回心の一契機である。

そこで、転換において実現された思惟の転倒が見られる。ヤスパースによれば、「われわれの根本状況を解明する言葉が、存在の陳述に変えられる場合、解放する転換との対比において、哲学することは、それを通して自分で制限する転倒に陥る。」[81] 西洋の哲学することの歴史において、その哲学することの過程にとって不可欠である即事性は、絶えず現われる。この即事性は、科学的性格の研究対象となり、独立した、哲学に左右されない根拠を獲得するか、または、存在認識ではなく、浮動し消滅する超越者の言葉を意味する暗号である。ヤスパースは、次のように述べている。「一般的には哲学することに対して、次のようにいえる。すなわち、科学の単なる意識一般と違い、哲学することの客観的即事性はそれを越えて、思惟する者の実存と包括者のすべての様式における彼の経験に結びついている」[82] と。

さて、ヤスパースは、包括者の自己確信に関して、「包括者においては、主観の自己確信は、同時に客観の自己確信とその意味の多様性における主観客観両者の自己確信とともに生じる。自己確信は同時に存在確信である」[83] と述べ

ている。彼は、われわれが主観－客観－分裂を越え出て、その根拠、万物とわれわれ自身との根源へと達しようとする場合、二つの道によって可能であると説明する[84]。

　第一に、神秘的経験へ入ることによる度を越えること。主観と客観の神秘的合一は、諸々の対象と同時に、あらゆる形態における自我を消滅させる。

　第二に、そのようなものとしての包括者の覚知によって分裂を越え出ることが生じる。この越え出ることが、抽象的な指示に代わって、思惟する人間自身の気分で実現される時、この哲学的根本操作を通して人間の自己意識の転換が起こってくる。

　ヤスパースは、主観性と客観性の賭けに関して、主観的性格だけの確信は真理ではなく、主観的性格の客観と一緒の確信が真理であると考える。彼は、こうした立場を、キルケゴールの主体性に関する命題によって説明している。「キルケゴールの命題《主体性が真理である》は、単に《講義する》だけの哲学者、神学者、牧師たちに対して彼によって意識的に挑戦して書かれている。まさしくキルケゴールは、彼らに対してここで原則的に別の特質を意識させることによって、この実存的主観性の中に客観性を確保した。」[85]

　ヤスパースによれば、包括者の諸様式の確信は、主観と客観、主観性と客観性の対立を防止することを可能にする。「包括者のそれぞれの様式において、主観－客観の分裂と両者の重なり合う関係は、独特なものである。すなわち、意識一般においては、対象へ意図して向かう存在。現存在においては、内界と外界との関係として。精神においては、想像力と形成物との関係。実存においては、それによって私が存在する超越者に関係している自由としての私自身。」[86] 現象にとっては、客観がないいかなる主観も、主観がないいかなる客観も存在しないということが、常に妥当する。「つまり、超越者への関係を持たないいかなる実存も存在しない。」[87] 実存は、自分を取り巻く世界から超越者への飛躍、すなわち内在から超越への飛躍をする。この飛躍によって、われわれは世界に対して自由となる。結局われわれは、超越者へのかかわりにおけるわれわれ自身として自由となる。

第 2 章　哲学的信仰　　139

第6節　普遍的根本知の理念

　ヤスパースによれば、哲学的信仰は、一つの真理への転倒を防止する。一つの真理というものの虚偽性は、包括者の個々の様式の絶対化によって発生する[88]。現存在は、いわゆるプラグマティズム、生物主義、心理主義、社会学主義で絶対化され、意識一般は合理主義で、精神は教養で、実存は実存主義（これはニヒリズムになる）で、世界は唯物論、自然主義、観念論、汎神論で、超越者は無世界論で絶対化される。ただ理性のみは、絶対化されえない。理性は、さらに突き進めば進むほど、それだけますます真実となる。理性は、特有のそれにふさわしい客観化と主観化を持たない。

　ヤスパースによれば、包括者の確信は信仰の確信である。「客観も主観も失われることなく、むしろ両者が一者においていつまでも現在的にある包括者の実現を、われわれは最も広い意味で信仰と呼び、包括者の確信を信仰確信と呼ぶ。われわれは、実存と超越者の確信において、高められた、内在を越えて広がる意味での信仰に出会う。哲学することに不可欠な意味としての理性の確信は、哲学的信仰に最も特有な力として哲学的信仰に属する理性信仰を解明する。」[89] 彼は、哲学的信仰における根本知は、存在の知識としての存在論ではなく、包括者の確信としての「包括者存在論（Periechontologie）」を考えているので、異なった特質を獲得している。「したがって根本知は、その都度の形態にあると同時に、それを思惟し、その中で生きている人間の内面的状態の様式である。」[90] 包括者の諸様式の根本知はまた、一つの内面的状態に対応する。ところがそれは、ただ空間を広げ、根源を指示し、この空間の実現を通して補完を要求するような一つの内面的状態である。

　こうしてヤスパースは、普遍的根本知の理念について次のようにいう。「理念とは次のことである。すなわち、われわれが包括者を、われわれが出会い、われわれにとって共通なものとして確かめるならば、われわれは、われわれが生きている根源、すなわち見通しがつかないくらい多様で分けられた根源において、われわれを相互に自由にすることができる。」[91] このような根本知の理

念は、次のことが重要である。「地球上のすべての人間が、本質的に結合一般の形式として計画されている普遍的理性に、結局共通に基づくことができるかどうかが、問題である。」根本知の展開は、科学のように説得力があり普遍妥当的な認識へ導かないにもかかわらず、とにかくそれ自身は何らかの信仰をも表わそうとしない。「根本知の展開は、科学的認識と実存的哲学の境界線上にある。」[92]

ヤスパースは、根本知と実存との関係について、「包括者の思惟における表出の相対性は、実存することの誠実さに対応する」[93]という。包括者の思惟において、次のことが明白になる。「思惟は、単なる定立であり、解明であるにすぎない。それは一つの手段である。したがって哲学は、なおのこと思想上の展開の厳密さにおいてではなく、思惟する者の生活実践において初めて、自己自身を証明する。」[94] 一つの根本知という理念に対応する異議は、ここでもまったく信仰が基準となっている。実際に一つの信仰が根底において活動している。この信仰は、真理とは、われわれを結びつけるものであるという信仰である。

第7節　哲学的信仰における自己生成

ヤスパースにおける哲学的信仰は、科学と啓示信仰との間で、哲学することを根源とする信仰である。彼は、信仰について考察する際、主観と客観を包括する包括者を前提とする。したがって、哲学的信仰の概念を獲得するためには、包括者を解明しなければならない。

ヤスパースは、われわれが世界の中でどのような在り方をしているかを意識することを哲学的根本知と捉え、この哲学的根本知は包括者の諸様式の哲学を意味する。この場合、現象の場所が主観と客観に分裂されたものを、包括者と名づけている。またヤスパースは、われわれが世界の中でどのように存在しているかを、包括者の諸様式を通して確かめる思考を、哲学的根本操作と称する。

こうして哲学的信仰は、包括者の諸様式の哲学に基づく信仰であることが明らかになる。哲学的信仰の主体は、実存である。実存は、超越者がなくては存

在せず、理性がなくては包括者の他の諸様式と結びつくことができず、他の実存と交わりに入ることができない。

われわれは、われわれである存在として、現存在、意識一般、精神と段階的に高度となり、実存へと飛躍する。この自己生成を通して、実存は、自分を取り巻く世界から超越者への飛躍をすることになる。この飛躍によって、われわれは世界に対して自由となる。最終的にわれわれは、超越者へのかかわりにおけるわれわれ自身として自由となる。つまり実存は、自由の中での主体的な決断によって倫理的生き方を通して、超越者と連繋する。それゆえ哲学的信仰は、包括者の諸様式の哲学として、すべての包括者の包括者である超越者から贈られている実存の倫理性をその根源から示唆しているといえよう。

注（第Ⅱ部第2章）
1) Karl Jaspers Gesamtausgabe, Der philosophische Glaube angesichts der Offenbarung, Band I/13, Schwabe Verlag, Basel, 2016, S. 121.
2) Vgl. K. Jaspers, Der philosophische Glaube, R. Piper & Co. Verlag, München, 1948, 7. Aufl. 1981, S. 13.
3) ibid., S. 13.
4) ibid., S. 14-15.
5) ibid., S. 15.
6) ibid., S. 16.
7) ibid., S. 17.
8) ibid., S. 17.
9) ibid., S. 17.
10) ibid., S. 17.
11) ibid., S. 17.
12) ibid., S. 18.
13) ibid., S. 18.
14) ibid., S. 18.
15) ibid., S. 19.
16) ibid., S. 20.
17) ibid., S. 20.
18) ibid., S. 20.
19) ibid., S. 20.
20) ibid., S. 20.

21) ibid., S. 21.
22) ibid., S. 22.
23) ibid., S. 22.
24) ibid., S. 23.
25) ibid., S. 24.
26) ibid., S. 24.
27) ibid., S. 25.
28) ibid., S. 25-26.
29) ibid., S. 26.
30) ibid., S. 26.
31) ibid., S. 27.
32) ibid., S. 27.
33) ibid., S. 28.
34) ibid., S. 28.
35) Vgl. ibid., S. 29.
36) ibid., S. 29.
37) ibid., S. 31.
38) ibid., S. 32.
39) ibid., S. 32.
40) ibid., S. 32.
41) Vgl. ibid., S. 33.
42) ibid., S. 33.
43) ibid., S. 33.
44) ibid., S. 38.
45) ibid., S. 38.
46) ibid., S. 38.
47) ibid., S. 39.
48) ibid., S. 39.
49) ibid., S. 39.
50) ibid., S. 40.
51) ibid., S. 40.
52) Vgl. Karl Jaspers Gesamtausgabe, Der philosophische Glaube angesichts der Offenbarung, Band I/13, a. a. O., S. 167.
53) ibid., S. 168.
54) ibid., S. 170.
55) ibid., S. 170.
56) ibid., S. 171.
57) ibid., S. 176.

58) ibid., S. 178.
59) ibid., S. 178.
60) ibid., S. 179.
61) ibid., S. 181.
62) ibid., S. 183.
63) ibid., S. 184.
64) ibid., S. 185.
65) ibid., S. 186.
66) ibid., S. 187.
67) ibid., S. 187.
68) ibid., S. 188.
69) ibid., S. 190.
70) ibid., S. 190.
71) ibid., S. 192.
72) ibid., S. 192.
73) ibid., S. 193.
74) ibid., S. 193.
75) ibid., S. 194.
76) ibid., S. 195.
77) ibid., S. 196.
78) ibid., S. 196.
79) ibid., S. 197.
80) ibid., S. 197.
81) ibid., S. 198.
82) ibid., S. 199.
83) ibid., S. 199.
84) Vgl. ibid., S. 199-200.
85) ibid., S. 201.
86) ibid., S. 201.
87) ibid., S. 201.
88) Vgl. ibid., S. 204.
89) ibid., S. 205.
90) ibid., S. 208.
91) ibid., S. 208.
92) ibid., S. 210.
93) ibid., S. 210.
94) ibid., S. 211.

第3章 暗　　号

　本章では、ヤスパースが暗号概念をどのように理解し、使用していたかについて、『哲学』第3巻「形而上学」、『啓示に面しての哲学的信仰』及びこの書の内容を要約する形で1961年夏学期に行なわれた最後の講義をザーナーが編集した『超越者の暗号』（1970）をテクストとして考察する。

第1節　暗号の解読と挫折

　実存とは、自己がいかに生きるべきかを根拠づける超越者と連繫する自己存在であるが、超越者は、「暗号（Chiffren）」として実存の前に立ち現われる。いうなれば、超越者と実存の間の媒介が暗号なのである。ヤスパースが、「わがものにすること」は、過去の偉人との実存的交わりを意味すると考える時、自己がテクストの中にある暗号を解読することによって、超越者と連繫することが示唆されているように思われる。

　実存は、超越者との連繫においてのみ存在する。ところが、われわれ人間は、超越者の存在を、視覚や聴覚や触覚によって直接捉えることができない。なぜなら、超越者は、われわれにとって、形而上学的対象である暗号として現われるのみだからである。暗号は、超越者そのものではなく、超越者の言語である。

　ヤスパースは、超越者には三つの言語があると想定している[1]。第一言語は、実存の絶対的意識においてのみ顕現し、個々の人間によって歴史的一回性の瞬間において聞き取られる。第二言語は、諸々の実存間における直接的伝達であり、伝達において普遍的になる言語である。第三言語は、哲学的伝達であり、

思弁的言語である。超越者の現実は、第一言語においてだけ決定的であるが、根源的暗号を解読するのに、本来的意味を保持する場合の第二言語及び第三言語が役立つのである。

　人間の方から見れば、暗号は多義性を維持しているので、暗号文字は、可能的実存の自由が、超越者を顕現させる場合に存在する。その際、現存在における経験が、超越者を感得させる。経験は、「感官知覚」「体験」「認識」「思惟」「感情移入」などとしてありうるが、これらすべての諸経験を基礎にして、初めて形而上学的経験が生まれる。この形而上学的経験は、第一言語の解読を意味する。ヤスパースは、「第一言語の経験は、直ちに可能的実存が自己存在になることを要求する」[2]という。実存は、現存在においては可能的実存であるが、現存在なき実存はありえない。したがって、「暗号とは、私が明らかになり、実際私がそれであるものになることができるにすぎない、認知されるべき現存在である。」[3]人間は、現存在において、暗号、とりわけ第一言語を察知して、その意味を解読することによって、可能的実存から実存へ超越することになる。その際、暗号文字の解読は、自己存在にとって、自由に選択し、責任を持って決断する内的行為によって遂行される。

　ところで、ヤスパースにとって挫折は、あらゆる暗号存在の包括的根拠を意味している。彼によれば、「暗号を存在の現実として見ることは、まず第一に挫折の経験に起因する。」[4]つまり、人間が挫折を経験した時にこそ、暗号が自覚されるのである。人間は、限界状況に直面することによって挫折する。あるいは、他者との交わりの中で、また歴史的伝承との交際の中で、挫折する。ヴィッサーは、「挫折とは、まさに難破することや砕けることを意味するだけでなく、憶測の完全性を失うことであり、人間を有限性の中で堕落させないために、人間に有限性を意識させるものが優勢であるという洞察へ強制されることである」[5]という。人間の歩みには、挫折がつきまとう。それは、人間はあらゆる意味で有限性の壁に突き当たるからである。

　挫折は暗号であるが、自己が挫折の意味を自覚できないこともある。したがって、挫折の経験にいかなる意味があったかを、「わがものにすること」によっ

て暗号を解読して自覚することもありうると思われる。つまり、歴史的伝承や偉大な思想の中にある暗号を解読し、わがものにすることが、自己の挫折の暗号を解読し、明確にすることと、本質的に同じ意味合いになる場合がありうると考えられる。

　ヤスパースは、暗号を解読する過程は、個人の内にだけあるのではなく、むしろ交わりの内にあると考えている。実存的交わりの核心である「愛しながらの闘い」において、また偉大な思想をわがものにすることにおいて、人間相互が交わり、精神的闘争をするところに、暗号は現れる。暗号は、超越者の言語であり、人間の内的行為によって解読されなければならない。

第 2 節　暗号の本質

　ヤスパースは、暗号の本質について、実存によって感得され、解読されるものであるとして考察している。彼は、「暗号の真理は、実存との関係においてある。超越者から実存に対する牽引力は、暗号において言語となる。暗号は、存在の諸空間を開く。暗号は、私が決意することを明らかにする」[6]と述べている。実存は、必然的に超越者との関係において存在する。したがって、「実存としてわれわれは、われわれが暗号と称する諸対象において超越者を考える。」[7] しかも、「その場合、暗号はわれわれの空間を明るくし、決定的瞬間に超越者の言語としてその光度を放射させる。」[8] 暗号は、いわば超越者から発せられる言葉である。

　ターマン（Paul R. Tarmann）によれば、暗号の語は、ヤスパースの思惟にとって自由概念の重要性をさらに際立たせる。ターマンは、暗号の綴り方は「Chiffre」が伝統的な書き方であるが、ヤスパースが大多数のテクストにおいて、「Chiffer」という独自の書き方をすることを指摘している[9]。ターマンによれば、「暗号（Chiffren）は、ヤスパースの後期哲学にとって中心である。」[10]「Chiffre」は、暗号、符丁、標語、略号、数字などと訳されるが、この語は、ヤスパースにとっては単なる記号や印とは異なり、実存と超越者との関係において独自の意味を

持っている。ターマンは、ヤスパースにおける暗号の語の意味するものについて、次のように述べている。「要約すると、暗号（Chiffre）はヤスパースにとって「記号（Zeichen）」や「印（Signum）」に対する類義語であり、彼が客観的に提示されると同時に主観的に人間の表象力によって具体化されて理解する言葉であるということができよう。暗号は、さらに超越者の暗号（Geheimzeichen）であり、実存性への道と超越者への道を示すその意味支持者である」[11] と。

ヤスパースによれば、「われわれは、実存と超越者という非対象的なものを思考する対象性を、実存の記号と超越者の暗号と名づける。だから私は、実在性の現象、実存の記号、超越者の暗号を区別する。」[12] 第一に、自然、心的生活、社会、歴史のように、異なった実在性の諸現象は、普遍妥当的に記述されるべきである。第二に、実存の一つの記号は、自由である。「第三に、対象が思惟する意識に対するように、超越者は実存に対して振る舞う。可能的実存としての私が、超越者の言語を傾聴する、意識一般の媒体における諸々の表象、形象、思想を、われわれは超越者の暗号と呼ぶ。」[13] そして、超越者の暗号を解読するには、実存的経験がなければならない。ヤスパースは、「ただ実存的経験のみが、暗号の意味を解明する」[14] という。

したがって、真の現実性であり、実存にとってのみ経験しうるものは、暗号において現在となる。出現する一切のものが、暗号となりうる。自由は、それ自身を明確に確信すればするほど、同時に超越者を確信するが、超越者によって自由は存在する。感覚的に現実的な経験と証明を要求する悟性は、暗号において話すものを聞けず、この言葉において超越者が伝達される実存の自由のみが、それを聞き取る。ターマンによれば、「自由は、すでに暗示を与えられたように、ヤスパースにとって実存の暗号である。」[15] つまり実存の自由は、暗号の領域にある。ヤスパースは、「決定的なことは、そのためにわれわれが発したということ、すなわち自由のみが超越者に関係するということである」[16] という。暗号は、われわれの言語における、また哲学と文学と芸術品における精神的実在性であるが、しかし暗号は決して超越者自体を体現するものではない。

ヤスパースによれば、実存は、啓示がなくても暗号を媒介として超越者と関係する。それゆえ、「自由な実存は、暗号の言葉を必要とする。」[17] したがって、暗号の本質への理解は、暗号がその実存的な力とその言葉の豊富さを取り戻す見込みのための前提である。

　またヤスパースによれば、「暗号は、可能的実存にとってのみ存在する。」[18] 暗号の解釈は、解釈者の根源からのみ真理を獲得することができる。これに対して、哲学的信仰と啓示信仰の前提は、根源の経験である。哲学は、おのおのの由来の暗号をわがものにしうる。哲学自身が、その思弁の中で暗号を産み出す。われわれは、いわば超越者の周りに横たわるいろいろな範囲から暗号に耳を傾ける。あるいはわれわれは、暗号をもって超越者に向かって話す。「だからわれわれは、すべての暗号言語でさえ止み、超越者が無知の知、すなわちあの満たされた沈黙において触れられる、深みあるいは頂点へ暗号を越えて達するために、突き進むのである。」[19]

　ヤスパースは、暗号世界の純粋性のためと暗号世界の内部での二重の闘争について考察している。彼は、「内面的な闘争は第一に、暗号の純粋性のために、神話や啓示信仰における現実化に対して進み、第二に暗号の領域自体において、すなわち暗号に対する暗号において進む」[20] という。そこで、「第一の闘争は、暗号世界のために、それを守り、思い違いしないそのようなものとして進む。」[21] 哲学的信仰と啓示信仰という両者は、神について話す。哲学的信仰は神について知らず、ただ暗号の言葉を聞く。神自体は哲学的信仰にとって一つの暗号である。そして、「第二の闘争は、暗号に対する暗号において進む。」[22]

第3節　暗号の領域における闘争

　暗号が実存的感動の中で聞かれる時、暗号の領域における闘争が始まる。ヤスパースによれば、私が一つの暗号を傾聴すれば、私は他の暗号を否認している。われわれが個々の暗号に没頭する時、背後に全体としてのこの領域が闘争の領域としてある。その場合、「暗号における闘争は、超越者に関係づけられ

ている。」[23] 暗号とともに真理意志の闘争が起こる。「この闘争は、自分自身に自己をもたらす、あるいは自己を先へ先へと駆り立てる実存の運動である。」[24] 真理は闘争がなければ可能ではない。最も厳しい闘争、すなわち自己自身のための真理の闘争が重要である。われわれが暗号を聞くところでは、われわれはすでに関与している。われわれが関与している場合、われわれは単に論理的にではなく、われわれの在り方をもって意図に従うのである。だから、「暗号において相互に理解し合うことは、超越的なものの関連における交わりを意味する。」[25] それは、真実なもののための開いた愛しながらの闘いと、閉ざされた愛のない闘いとの相違である。

　ところで、ヤスパースは、「自由思想は寛容である」[26]という。寛容はむしろ、知らない人がいうことを真剣に取ること、耳を傾けること、自分自身を関係させることである。われわれは、暗号で満たされている闘争の空間の中で、一緒に生きている。ただ実存の歴史的決断によってのみ存在する無制約的真理と、信仰の諸命題において表現される一般的真理とが、区別されるべきである。実存的に現実的なものは証明できないが、しかしお互いに話し合うことにおけるすべての真剣さの前提である。ヤスパースは、「われわれは、単独者としてのわれわれを可能な人間存在の計り知れないものへ広げる諸々の直観の世界によって満たされている。ここにわれわれの自由思想と人道主義精神の掛け替えのない源泉がある」[27]と述べている。つまり暗号は、決して究極のもの、一つの、唯一のものではない。したがって、「われわれに関心を持たせるのは、このようなものとしての真理問題であり、しかも人間が知ることができず、実存的に経験することができるにすぎない暗号のこの真理への問いなのである。」[28]

　ヤスパースは、超越者の暗号について繰り返し次のように述べている。「私はもう一度繰り返す。すなわち、世界がもはやそれ自体から成り立つものとして、つまり即事存在としてではなく、経過として経験され、思惟される時、超越者は現在である、と。このような超越者は、人間の自由にとっての基準点である。人間自身は、彼の根源において、すなわち全世界を越えて、現存在の自然性を越えてあるものにおいて、自由として明らかになる。」[29] つまり人間は、

超越者との自由な関係において存在する。

第4節　実存的状況の暗号

　ヤスパースは、「実存とは、人格存在としての自己存在である」[30]と述べている。彼は、人間が暗号をどのように解読して、把握するかによって、その人間がどのような人間になるかを示唆すると考える。彼は、「人間がそれぞれの特殊な暗号において自分自身に印象づけさせる仕方は、彼の生きることの契機となる。人間がどのように神の暗号を思惟するかというこの像に従って、彼は自身となる」[31]という。つまり人間は、暗号を解読することによって、実存となりうる。彼によれば、「事実は探求され、暗号は、実存にとって明らかになるものを表わす。」[32] そしてヤスパースは、次のようにいうことができると考える。「人間が暗号においてどのような神を見るかが、人間自身がなるものである。人間が自己自身を手に入れようと努力することは、神性を手に入れようと努力することにおいて成就する。」[33] つまり、人間が暗号においてどのような神、すなわち超越者を見るかによって、その人間がどのような生き方をするかを決定するということである。そこで、実存にとって何を偉大と見るかは極めて重要である。ヤスパースは、「実存たちは、どのように、そしてどのようなものとして偉大なものを見ているかを示すことによる交わりの中で彼らの闘いを導く。何が偉大であるかは、見る者の実存とともに明らかになる」[34]と述べている。

　さて、ヤスパースによれば、「純粋な思索が超越者である。」[35] 超越者は、存在論の対象であるが、ヤスパースは独自の存在論を構想している。「われわれは、一つの根本知のために諸々の存在論と存在論的考え方を突破する。これは、存在論から包括者存在論への一歩である。」[36] つまり彼は、存在論としての根本知を、包括者存在論としての根本知から区別する。根本知は、理性の生産物であり、理性の道具である。それゆえ彼は、「われわれは今、限界状況から出発するが、限界状況にわれわれの実存は暗号による解明をもって答える」[37]とい

う。
　だから、実存は、厳しく誠実な生き方が求められる。ヤスパースは、「実存は思い切ってしなければならない。実存は、さらに依然として、決断において、すなわち起こることを聞く途上での決意においてある」[38]と述べている。つまり実存は、決断によって生き方を決する。したがって、「実存は、責めがあるということをどうしても引き受けなければならない。」[39] そして実存は、超越者への眼差しを持ち続ける。「特に実存から超越者への関係は、信仰としてあり、相等性としてあるのではない。暗号は、実存から超越者への関係における具象的になる言語の領域である。」[40]

第5節　暗号と神性の関係

　ヤスパースは、実在の現象、実存の記号、超越者の暗号を区別する。彼は次のようにいう。「ここで確かに再び心像、表象が重要であるが、われわれが超越者を示すそのようなものが重要である。われわれは、そのようなものを暗号と名づける。われわれがここでかかわり合いがあるものは、示すことのできる現象でもなく実存の記号でもなく、われわれが超越者に関係するこのような何かあるものである。」[41] しかし、暗号は、何かあるものの認識ではない。暗号は、それが印をつけるものを言い表わすことによって、明らかなる印ではなく、印自体において現在となり、決して他の仕方で現在となることができないものである。これらの暗号は、数千年を通して大量に、非常に多くの人間において、かなり体現した。「暗号は、このような瞬間にそのようにわれわれに語りかけ、屈服させようとする言葉である。しかしわれわれは、理性的存在者として、おのおののこのような暗号を熟考するための能力、他のそれに対してあるものと勝負するための能力を持っている。」[42] 初めに、科学的、個別的、方法論的、強制的な認識であるものは、このような気のつかない無批判な拡張によって、人間が頼って、暗号として役立つものになる。
　ヤスパースによれば、歴史に基づいて、われわれが内的経験の内に神を有す

るということに関係なく、神の思想は啓示にとって神学上要求されると同じほどに根源的に哲学的であるということを、われわれは主張する。だから、彼はそもそも哲学の教授としてこのような題目について論じることができると指摘する。「それゆえ、世界から理解されることができず、世界もまた理解させずに、それによって私が自分の自由を自覚する何かあるものである超越者、そのような何かあるものはわれわれが論じたい超越者である。」[43] なぜなら、われわれは、われわれにとって対象となる、世界の内の事物について論じることができるからである。暗号は、決して超越者そのものではない。

ヤスパースによれば、「われわれは、暗号すべてを体現性、神性そのものと見なす必要はなく、それによって超越者への関係を獲得するために、だがしかしわれわれが常に仮象にあるものに強制されることなしに、暗号にいわば神性そのものの現実化、体現化を生じさせることから、暗号すべてを暗号として聞き、見て、読むことができる。そのような暗号は、決して神性そのものではない。」[44] ところで、暗号はものすごくたくさんある。「決定的なことは、暗号は歴史的であり、形態において一回であるということである。」[45]

ところで、人間は、自分が包まれている存在全体である包括者を意識することによって、主観と客観の分裂において、暗号とかかわる。「人間の現存在において、人間にとって明るさに達するものすべては、彼の意識の中に、思考の中にあり、常に、われれれが包括者と名づける根本的現実性から、突然客観的であると同時に主観的である何かあるものである。」[46] そして人間は、包括者を意識することにおいて、超越者と自己存在の関係に気づく。ヤスパースによれば、「私がたった今述べたように、包括者が意識において明らかになる時、この人間的に思惟する意識の形式において、人格的神の客観性と人間の自己存在の主観性とが突然そこにある。この両者は、重なり合って関係している。」[47] したがって彼は、次のようにいうことができると考える。「超越者が人格的神の暗号を引き受ける程度に応じて、同じような程度において人間の人格性は発展する。人間は人格、個人になることができるので、人間はそうなることによって、神の人格の暗号において、分裂するこの包括者の内の超越者のこの客観性

第3章　暗　　号　153

にかかわる。」[48]

第6節　超越者の言葉としての暗号

　ヤスパースによれば、人間存在は、絶え間ない精神的な円環において、異質な根源に出会うこと、力の限り交わりに入ること、それからまったく本質的に異なっている内面的な人生を歩むことを意味する。彼は、「暗号は、超越者の現実の言葉であり、超越者そのものではない。暗号は、未決定で、多義的であり、普遍妥当的ではない。暗号の言葉は、われわれの悟性にとって聞くことができず、可能的実存としてのわれわれにとってのみ聞くことができる」[49]と述べている。可能的実存としてのわれわれは、超越者を暗号である言葉として感得する。また彼は、「暗号の世界は、精神的闘争の場である。暗号の世界において、人間はお互いに出会い、自己自身となる。人間の交わりは、暗号の中に現われる動きにある。このこと自体は、再び暗号の中で能力によって話し合われる」[50]という。したがって、思惟されたこと、思惟しつつ行なわれたこと、行動されたことに対する反省において初めて、われわれが述べ聞くことの妥当性の意味を解明することによって初めて、われわれは哲学的に真実になる。

　ヤスパースによれば、哲学することは、いわば二つの翼を持っている。一つは、伝えることができる思惟の努力で、つまり普遍的なものの教説で羽ばたき、他は単独者の実存でこのような思惟をもって羽ばたく。両方の翼が協同してのみ、飛躍に達する。思惟しつつわがものにすることの熟慮において、実生活のみが生活実践で持っているものに対して明晰が獲得される。したがって、「哲学は、おのおのの単独者が哲学によってではなく、超越者によって自己自身に贈られ、彼の実存によって決断するところへ導く。」[51]そしてヤスパースは哲学で学んだことについて、「私は、哲学によって忍耐、そして謙虚を学んだが、思惟しつつ、覚悟し回想するべき活動へ絶えず呼びかけられる」[52]と述べている。

　ヤスパースによれば、「哲学する者は、情け容赦のない運命が人間自身によっ

て人間に設定した課題を最終的に果たすことは、人間にとって可能でなければならないと信じる。」[53] その一方で、「しかしまた哲学する者は、単なる失敗ではない挫折において現われる超越者を、すなわちわれわれがわれわれの実存へ達し、愛する限り、このような挫折においてもなお属している時間から無制限の永遠性を信じる。」[54] すなわち哲学者は、人間とは何か、存在とは何かという問いに答えることの可能性を信じるが、またそれが挫折した時に超越者とその永遠性を確信する。そこでヤスパースは、「哲学は常に考え方の革命であったし、今日でもそうである」[55] という。つまり哲学は、常に新たな思考を求めて続けてきた。「しかし、人間自身に贈られるところで、哲学は現在のものへの気高い愛によって、今日、そしていかなる他の時代でもなく、生きていることへの感謝によって支えられている。」[56]

第7節　暗号と自己生成

　ヤスパースにおける暗号概念は、彼の後期哲学において中心概念の一つである。それは、哲学的信仰において暗号が不可欠な概念であることを意味している。哲学的信仰は、主観と客観を包括する包括者の解明を前提とし、実存と超越者との関係において成立する。暗号は、超越者そのものではなく、超越者の言語であり、いわば超越者自身が発する言葉である。実存は、その言葉の意味を、実存的経験を通して解読する。すなわち、超越者が伝達する言葉を、実存の自由のみが聞き取る。したがって実存は、超越者との自由な関係において存在する。

　実存が超越者の言葉を聞き取る時、暗号の領域における闘争が始まる。そこでは、暗号をどのように読み取るかという「わがものにすること」の闘争が起こる。暗号における闘争は、超越者に関係づけられ、真理のための厳しい闘争が行なわれる。暗号において相互に理解し合うことは、可能的実存同士の交わりを意味する。超越者と関係する実存同士が向き合い、厳しく誠実な対話をする実存的交わりでは、「愛しながらの闘い」が実現する。

ヤスパースは、人間が暗号をどのように解読し、把握するかは、その人間がどのような人間になるかに関係すると考える。彼は、人間が超越者をどのように捉え、何を偉大と見るかによって、その人間がどのような生き方をし、どのような人間となるかを決定すると強調する。

　ヤスパースによれば、自由は実存的経験である。人間にとって、自由があるところでは責任があり、また責任があるところでは負目がある。自己は、責めを負い、負目を引き受けることによって、実存となりうる。人間は、実存の歴史性において存在する。決定的なことは、暗号は歴史的であり、形態において一回であるということである。

　哲学は、真理を探究しようとするが、われわれ人間は完全ではなく、不完全であるから、完全な真理に到着しえない。だから人間は、少しでも完全なものを求めて真理に近づこうとするのである。ヤスパースは、哲学者は、真理を探究しつつ、挫折することによって、超越者とその永遠性を確信すると考える。

　実存は、超越者との関係において存在する。暗号を解読し超越者と連繋することは、暗号として暗示されるものを自己がどう生きるべきかを示唆する契機であると自覚することを意味する。それゆえ、人間が自己の良心に従い、自己の人生を前向きに歩む途上で、暗号を感得し解読するので、暗号は人間の倫理的生き方における自己生成に示唆するものであるといえよう。

注（第Ⅱ部第3章）
1 ）Vgl. K. Jaspers, Philosophie III. Metaphysik, 1932, Springer-Verlag Berlin・Heidelberg・New York, 4. Aufl. 1973, S. 129-136.
2 ）ibid., S. 150.
3 ）ibid., S. 206.
4 ）ibid., S. 234.
5 ）R. Wisser, Karl Jaspers:Philosophie in der Bewährung. Vorträge und Aufsätze, Verlag Königshausen & Neumann GmbH, Würzburg, 1995, S. 257.
6 ）Karl Jaspers Gesamtausgabe, Der philosophische Glaube angesichts der Offenbarung, Band I/13, Schwabe Verlag, Basel, 2016, S. 213.
7 ）ibid., S. 213.
8 ）ibid., S. 214.

9) Vgl. Paul R. Tarmann, Ethik in Freiheit, Zur Grundlegung politischen Denkens bei Karl Jaspers, Peter Lang GmbH, Frankfurt am Main, 2016, S. 131-132.
10) ibid., S. 132.
11) ibid., S. 133.
12) Karl Jaspers Gesamtausgabe, Der philosophische Glaube angesichts der Offenbarung, Band I/13, a. a. O., S. 215.
13) ibid., S. 216.
14) K. Jaspers, Kleine Schule des philosophischen Denkens, R. Piper & Co. Verlag, München, 1965, 1974, 8. Aufl. 1983, S. 144.
15) Paul R. Tarmann, Ethik in Freiheit, a. a. O., S. 134.
16) Karl Jaspers Gesamtausgabe, Der philosophische Glaube angesichts der Offenbarung, Band I/13, a. a. O., S. 220.
17) ibid., S. 226.
18) ibid., S. 241.
19) ibid., S. 247.
20) ibid., S. 248.
21) ibid., S. 248.
22) ibid., S. 249.
23) ibid., S. 251.
24) ibid., S. 252.
25) ibid., S. 254.
26) ibid., S. 255.
27) ibid., S. 258.
28) ibid., S. 259.
29) ibid., S. 260.
30) ibid., S. 266.
31) ibid., S. 289.
32) ibid., S. 316.
33) K. Jaspers, Chiffren der Transzendenz, R. Piper GmbH & Co. KG, München, 1970, 4. Aufl., 1984, S. 44.
34) Karl Jaspers Gesamtausgabe, Der philosophische Glaube angesichts der Offenbarung, Band I/13, a. a. O., S. 323.
35) ibid., S. 331.
36) ibid., S. 335.
37) ibid., S. 337.
38) ibid., S. 395.
39) ibid., S. 395.
40) ibid., S. 407-408.

41) K. Jaspers, Chiffren der Transzendenz, a. a. O., S. 29.
42) ibid., S. 36.
43) ibid., S. 43.
44) ibid., S. 44.
45) ibid., S. 44.
46) ibid., S. 60.
47) ibid., S. 61.
48) ibid., S. 61.
49) ibid., S. 97.
50) ibid., S. 99.
51) ibid., S. 107.
52) ibid., S. 107.
53) ibid., S. 108.
54) ibid., S. 108.
55) ibid., S. 108.
56) ibid., S. 108.

第Ⅲ部　理性の展開

第1章 大 学 論

　フンボルト（Wilhelm von Humboldt, 1767-1835）の理念に基づいて、1810年に創設されたベルリン大学は、19世紀及び20世紀のドイツの大学の模範になった。ヤスパースも、フンボルトの理念を尊重し、その理念を踏まえながら、大学論に関する著作等を表わした。ヤスパースは、『大学の理念』（Die Idee der Universität）という題名の書物を、1923年、1946年、1961年と3回に亘って出版した[1]。また、ヤスパースは、1945年8月、ハイデルベルク大学医学部の再開の際に、「大学の再興」（Erneuerung der Universität）と題する講演を行ない、大学の再興のためには、学問性（Wissenschaftlichkeit）と人間性（Humanität）という二つの柱が必要であること、またもともと大学は一つの全体であったというドイツの大学の理念を聴衆に訴えかけた[2]。「大学の再興」を含む大学論や学問論に関する、1945年から1947年頃にかけて行なわれた講演や発表された論文は、後に他の論文等とともに『弁明と展望』（Rechenschaft und Ausblick, 1951）に収録され、公刊された[3]。それらの大学論に関する講演と論文は、レナート・デ・ローザ（Renato de Rosa）の編集による『大学の再興』（Erneuerung der Universität, 1986）に再録されている[4]。また、ヘルマン・ホルン（Hermann Horn）によって、編集、出版された『教育とは何か』（Was ist Erziehung?, 1977）の「Ⅵ. 教育と大学」の部分に、ヤスパースの諸著作における大学教育に関する論述が集められている[5]。なお、1986年に創立600年祭が行なわれたハイデルベルク大学で、記念行事として行なわれた六つの講演を収めた書物が、ヤスパースの著書の題名に因んで『大学の理念』と題して、1988年に出版されている[6]。

さて、本章では、ヤスパースの大学論の代表的な著作である、1946年に公刊された『大学の理念』[7]を中心に、「大学の課題（Die Aufgaben der Universität）」として、とりわけ「研究（Forschung）」「教育（教養）（Erziehung (Bildung)）」「授業（Unterricht）」「制度（Institution）」「学問の宇宙（Der Kosmos der Wissenschaften）」について考察する。その際、大学の課題が、ヤスパース哲学において最も重要な概念の一つである「交わり（Kommunikation）」と結びついていること、大学における教育や授業は、交わりの具体的展開としてありうることを、明らかにしていきたい。つまり、ヤスパースが、大学教育は本質的に「ソクラテス的教育」であると主張する意味を、大学の授業形態、真理の探究の方途としての交わり、議論と討論、学問と世界観との出会い、などを通して探る。また、大学における制度の必要性と問題点、学問の宇宙と学部の在り方、そして大学の拡充について考察し、ヤスパースが、大学の理念の根底に大学の構成員相互の交わりが不可欠であると考えていること、また学部制度の根幹に哲学部の統一性を位置づけていることを、明らかにする。

第1節　大学の課題

（1）大学の再興

　ヤスパースは、1945年8月のハイデルベルク大学での講演「大学の再興」において、次のように述べている。「この再興は、実際に、研究者と学生の個々の骨折りによって、彼らの精神的生活の協同の内にのみ起こりうる。この協同は、大学の不滅の理念を、先導のために持っていなければならない。研究と指導に同時に一つのものとして働き、すべての個々の大学教官と学生の責任のある自主性の条件として、教える自由と学ぶ自由を要求する大学の理念は、単なる学校運営や隔絶する専門化を退け、むしろ生き生きした交わりと精神的な闘争によって諸学問の統一を発展させる」[8]と。ヤスパースは、大学の再興は、研究者と学生との協力、連携の内で、研究者と学生との努力によって実現されると考える。しかも彼は、研究者と学生との協力関係は、普遍的な大学の理念

に導かれなければならないと確信している。また、彼は、大学の理念は、研究者と学生の双方の自由を前提とし、学問の統一を実現するために、交わりと精神的な闘いがなくてはならないと主張している。ヤスパース哲学は、交わりを大変重視するが、大学の理念の根底に、大学を構成する人々の相互の交わりがなくてはならないことの重要性を、ここでも強調している。

ところで、ヤスパースは、1945年－1946年の冬学期にハイデルベルク大学で行なった、ドイツにおける精神的状況に関する連続講義の中から、戦争の罪の問題を扱った授業内容を、1946年に『罪の問題』（Die Schuldfrage）と題して出版した[9]。その『罪の問題』の中の「ドイツにおける精神的状況に関する連続講義への序論」において、ヤスパースは、新たに得た自由のもとで、ドイツを再生するために、「お互いに語ること（Miteinanderreden）」の大切さを訴えかけている[10]。つまり、主張するだけでなく、関連の中で熟考し、いろいろな根拠に耳を傾け、新たな洞察へ至る心構えを持ち続けたいというのである。したがって、ヤスパースは、ドイツの再生のために、またその精神的支柱となるドイツの大学の再生のために、人間相互の交わりが何よりも重要であると認識し、「われわれドイツ人が、交わりによってお互いに認める場合にのみ、ドイツは再び正気に戻ることができる」[11]と述べている。

さて、「お互いに語ること」に、ドイツの再生を賭けたヤスパースは、1946年に公刊した『大学の理念』において、改めて「大学の課題」について熟考している。

ヤスパースは、「大学の課題は、学問である。しかし、学問の研究と学問の教授とは、真理が明らかになることとして精神的生の陶冶に奉仕する」[12]と述べている。ヤスパースは、大学の課題は学問であると言明しているが、その課題は、研究、教授（Lehre）、教養（教育）の三つにまとめることができる。それらの大学の課題は、大学を構成する人間相互の交わりと結びつき、制度という枠組みの中で実現される。また学問は、その意義に従えば、一つの全体であり、学問の宇宙においては、それらは再び相互に求め合うのである。

ヤスパースによれば、学生は、学問を研究し、職業への準備をするために大

学へ入る[13]。しかし、まず学ぶものの分量が学生を圧倒する。この困惑にもかかわらず、学生は諸学問の全体に対して畏敬を持ち、こうした全体を通じて一つの根拠となる世界観を見出そうと期待する。しかし、それだけでは青年はなお満足しない。ヤスパースは、「若い人は、あるマイスターへの服従においてであれ、自己教育においてであれ、同じように努力している人との闘いながらの、また愛しながらの交わりにおいてであれ、教育されることを望んでいる」[14]と述べている。だが、こうした期待が、大学において充足されることはまれである、と彼は考える。ただし、幸運な場合には、個人的な才能がその個人を正しい道へ、つまりそれ自身の中に発展と目的性を持った道に導くのである。

　ヤスパースによれば、大学は次のような三つのことを要求する。「個々の職業のための授業、教養（教育）、研究である。」[15] この意味において大学は、専門の学校であり、教養の世界であり、研究の施設なのである。これら三つの目的はすべて、生きた全体の一契機である。こうした目的を孤立化させれば、そこに精神性の死滅が始まる、とヤスパースは考える。

(2) 研究

　ヤスパースによれば、大学におけるあらゆる認識の進歩の前提は、強靭で粘り強い仕事であり、この仕事は、三つの契機を含んでいる[16]。

a) 狭い意味での仕事は、学習と練習、つまり知識の所有を拡大し、方法を熟知することの中にある。

b) 仕事が単なる果てしなさにならず、その中に意味と理念が存在するためには、実直な意志だけでは習得されえないものを必要とする。理念それ自身は正しいものとして合理的に分別できないものであるが、理念は、認識に初めて重要性を与え、研究者に推進力を与える。理念は、成長し、運動し、任意に強いて作り出すことはできないが、絶えず仕事をする人間の下でのみまた発展する。

c) 学問的な人間は、勤勉性の原則と理念の生命とに対して、知的良心を持っ

ている。至る所で彼は、自分が確実な幸福に、また暗い本能に自分を任せなければならないことに気づくが、しかし至る所でまた彼は、誠実な意識が及ぶ限り、自分の仕事に関して制御と支配を欲する。

以上三つの契機から成り立つ精神的作業が、大学において正しく成長しなければならない。

ヤスパースは、大学における指導と研究が密接な関係にあることを認識している。「とりわけ指導は、その中身に対する研究を必要とする。それゆえ、研究と指導の結合は、大学の高い、放棄してはならない原則なのである。」[17] 彼がこのように主張するのは、最良の研究者が理念上、同時に唯一のよき教師であるからである。なぜ最良の研究者が唯一のよき教師であるかといえば、研究者がたとえ教授法に習熟していなくて学習素材の単なる伝達がうまくなくても、そうした研究者のみが、認識の本来的な過程との接触、つまり学問の精神との接触を可能にするからである。

大学は、職業のための専門教育を含んでいるが、その理念は人間によって充実され、その根拠は学問性にある。ヤスパースは、「学問的な理解と認識を生涯に亘って発展させるための萌芽を設けることと、認識しうるものの全体へと方向づけることとの二つの契機は、大学によってあらゆる精神的な職業に対して与えられるべき前提である」[18] と述べている。たとえば、医師、教師、官吏、判事、牧師、建築家は、それぞれ異なる側からではあるが、職業ということにおいて、全人と人間生活の総体とかかわるのである。ヤスパースは次のようにいう。「精神的な職業を営むあらゆる人は、彼の思惟方法に応じてさまざまな物事と関係する一人の研究者なのである。しかし研究者は、認識することの運動の中に留まり、理念から全体へ向かう人なのである。それゆえ、実践のための諸学問における唯一の真の教育は、研究する態度に関与させることである。」[19]

このように、ヤスパースは、研究者は、理念に基づいて全体を志向する人であり、このような全体への方向は、「哲学的」ということであると考える。彼は、「全体への方向は、「哲学的」といわれる。したがって、あらゆる学問は、手段

のために目的を忘れず、辞書的なもの、装置、収集物、技術的なもの、単なるばらばらなものに堕落せず、理念を失わない限り、哲学的なのである」[20]と述べている。

（3）教育（教養）

　ヤスパースは、授業の内容は、その都度の社会の欲求に従って選択され、教育は、それぞれの教養の理想とともに変化するものであると考える。「学校制度は、それ自体社会構造の模写である。かつては、身分学校、貴族子弟の寄宿学校、貴族や名門の個人教授があった。あらゆる民主主義は、共通の教育を要求している。平等な教育より人間をそれほどまでに平等にするものは何もないからである。」[21] 彼は、現代の民主主義国家では、すべての国民が平等に教育を受ける権利を有していると指摘している。

　ヤスパースは、社会的、歴史的な制約を度外視して、主要な「教育の基本形式（Grundformen der Erziehung）」を探すならば、次の三つの可能性を見出すことができるとする。その三つの可能性とは、「スコラ的教育（Scholastische Erziehung）」「マイスターによる教育（Meistererziehung）」「ソクラテス的教育（Sokratische Erziehung）」である[22]。

a ）スコラ的教育

　この教育は、単なる「伝達」に限られる。教師は再生するだけで、教師自身は活発な研究者ではない。教材は体系である。権威のある著述家と書籍とがある。教師は、あらゆる他の人によって代理しうる代表者にすぎず、非個性的に活動する。教材は一定の形式において印刷されている。中世において、人は口述し、注釈した。口述は書籍によって換えうるので、今日では口述は廃止されている。口述の意味は、今日でもまだ考えることができる。人は、個別的な人格に身を委ねることなしに、自分が保護されている全体に従属する。知識は秩序ある世界像として最終的に固定されている。そこには、定まったものを学びたい、結果を習得したい、「書き留めて家に持って帰りたい」という気持が存する。スコラ的なものは、合理的な伝統にとって不可欠な基礎なのである。

b）マイスターによる教育

　決定的なのは、一つの非個人的な伝統ではなく、唯一のように感じられる一人の人物である。その人物に表わされる尊敬と愛は、崇拝の傾向を有している。従属における距離は、程度の相違でもなく、世代の相違でもなく、質的な相違を設ける。その人物の権威は驚くべき力を持っている。従属への欲求、すなわち責任を免れることのための欲求、またある人に追随することにおける安心、このようなひもへの付属によるいつもはわずかである自己意識の高揚、自力ではうまくいかない厳格な教育への要求――これらの動機が一緒にあるのを見出す。

c）ソクラテス的教育

　教師と生徒は、自覚に基づいて同等の水準に立っている。両者は理念から見れば自由である。そこには固定的な教説は存せず、限りない問いと絶対者はわからないという無知とが支配する。それで個人の責任は極限にまで高められ、その責任はどこでも軽減されない。教育は「助産的」である。すなわち生徒の内にある諸力が生まれ出るように教師が助け、生徒の内にある諸可能性が目覚まされるが、外から押しつけられるのではない。偶然的で経験的な個人はその個別の気質において認められるのではなく、無限な過程の中で自分自身となってゆく自己が現実となることによって認められるのである。ソクラテス的教師は、教師を権威にしマイスターにしようとする生徒の衝動に対しては、生徒にとっての最大の誘惑であるとして抵抗する。それゆえソクラテス的教師は、生徒を自分から突き放して自分自身に立ち返らせ、自分はパラドックスの中に身を隠して、生徒を自分に近寄れないようにする。ソクラテス的教師と生徒の間には過程としての闘争する愛（kämpfende Liebe）があるだけであって、従属的な追従はない。教師は自分が人間であることを承知しており、教師は生徒が人間と神とを区別するよう要求する。

　以上のそれぞれの教育形態の核心には、スコラ的教育では伝達が存し、マイスターによる教育では権威のあるマイスターへの従属が存し、ソクラテス的教育ではソクラテス的な対話法が存している。ヤスパースによれば、「以上の三

つの教育類型のすべてにおいて、畏敬（Ehrfurcht）が支配している。この畏敬は、スコラ的教育では人間の階層秩序の中に共に顕現して現にある伝統において最高度に高められ、マイスターによる教育ではマイスターの人格において最高度に高められ、ソクラテス的教育では自己の責任に基づいて超越者の前で実存することが肝要であるという無限な精神の理念において最高度に高められる。」[23]。

　ところで、潮木守一は、ヤスパースの三類型は、ウェーバーの設定した「カリスマ」「教会」「ゼクテ」の理念型に極めて密接な関連があると指摘している[24]。ヤスパースが「マイスター的教育」として定式化した教育類型は、その内的論理的構造をたどっていった場合、ウェーバーの「カリスマ」と密接に照応する。スコラ的教育とは、まさにカリスマ原理にもとづくマイスター的教育が、非人格化され、物象化され、化石化され、固定化された結果の産物にほかならない。スコラ的教育組織体は、ウェーバーの設定した「教会」の概念に極めて近接している。カリスマ的教師によって提起された本来革新的、革命的な学説・理論が、「カリスマ的貴族層」である「高弟集団」によって体系化され、教条化され、その正統的解釈が一定の官職カリスマによって権威づけられた祭司層としての教師層によって閉鎖的に独占されたとき、「マイスター的教育」は「スコラ的教育」へと転化する。スコラ的教育組織体は、その本質において閉鎖的で、排他的で、独善的で、官僚機構的である。こうした「教会」原理にもとづくスコラ的教育組織体に対するアンチテーゼとして登場してくるのが、ウェーバーにあっては「ゼクテ」であり、ヤスパースの教育論にあっては「ソクラテス的教育」である。ウェーバーの「ゼクテ」概念のなかから、ヤスパースの「ソクラテス的教育」と密接に関連する要素を拾い出すならば、(1)加入における自律性の原理、(2)貴族主義原理、(3)共同体内での継続的立証原理、(4)反官僚制原理・万人司祭主義原理、(5)小共同体の原理、(6)良心の自律性・自由の原理の六つになると考えられる[25]。

　潮木守一は、ヤスパースの設定した教育の三類型が、その内的論理構造において、ウェーバーの設定した「カリスマ」「教会」「ゼクテ」の概念と密接に関

連し合うという考察をもとにして、大学と名づけられた共同体、組織、制度を検討するための理念型として、次の三つの概念を設定することが可能となると考える。つまり、「カリスマ原理にもとづくマイスター的教育共同体」「教会原理にもとづくスコラ的教育共同体」「ゼクテ原理にもとづくソクラテス的教育共同体」の三つである。[26]

さて、ヤスパースは、大学においても、教育形態としては、スコラ的教育、マイスターによる教育、ソクラテス的教育の三つのすべてがありうるが、「大学における教育は、その本質上、ソクラテス的教育である」[27]と考える。学生は、成熟した十分な自己責任を持っている。自由こそは、大学の雰囲気の中で個人の自己教育によって得られる高い価値なのである。ヤスパースによれば、「大学における教育は、内容豊かな自由への陶冶の過程であり、しかもこの際生じる精神的生への関与によってなされるものである。」[28] こうした陶冶は、大学での教育において決して切り離すことができる課題ではない。「それゆえ、研究と指導の統一性という原則と並んで、大学の第二の原則は、研究及び指導と、陶冶過程との結合である。研究と専門教育は、知識と能力を伝達するだけでなく、全体の理念に目覚めさせ、学問性の態度を発展させるので、形成する作用を持っている。」[29]

そこで、ヤスパースは、大学の原則とは次のことであると考える。「大学の原則とは、知的領域においてあらゆる道具と可能性を与えること、限界へ導くこと、しかし学習者を行為のあらゆる決定的な事柄において自分自身に、つまり自分自身の責任に注意するよう指示することである。この責任は、まさに認識することによって初めて正しく呼び覚まされ、最高度の水準で、その意味の最も明白な意識の中へもたらされるのである。大学は、仮借のない認識意志を要求する。」[30] 大学は、真理だけをその無限の諸形態において尊重するが、真理は万人が探し求めようとしても、だれもが最終的に完結的に所有することができないものである。大学の理念による教養は、本質的に、根源的知識欲の中に基礎を置いている。根源的知識欲にとっては、認識することが自己目的なのである。

したがって、ヤスパースは、「同等の水準で成り立つ、権威を伴わないソクラテス的関係は、教授と学生の間においても理念に合致している関係である」[31]と述べている。ソクラテス的関係における教授と学生は、同等の水準に立ち、闘争する愛を基盤とする関係である可能的実存同士となる。そこには精神的貴族主義が必要であるとヤスパースは考えるが、この精神的貴族主義の意味について、彼は次のように説明しているように思われる。「われわれは、自分を凌駕するものへの根源的な憧憬を持っている。その実存がわれわれに対する最高の要求であるような偉大な人間への愛が、われわれに翼を与える」[32]と。すなわち、偉大な教授への憧れは、学生の勉学の意欲を掻き立てる。しかし、教授と学生の関係は、あくまでもソクラテス的関係である。だれもが権威者ではなく、そこでは依然として自由が重んじられている。

(4) 授業

ヤスパースによれば、授業の形式としては、「講義 (Vorlesungen)」「演習 (Übungen)」「ごく狭い範囲で行なわれる少人数での討論 (Diskussionen in kleinen Kreisen, die privatissime stattfinden)」「二人での討論 (Diskussionen zu zweien)」がある。

まず、ヤスパースは、「指導において優位を持っているものは、昔から講義である」[33]と述べている。講義では、その獲得と基礎づけの方法が聴講者に生き生きとわかるように提示される。聴講者は、ノートに書き留め、講義内容を熟考し、読書や経験を通して講義への準備をしたり、学習したものを発展させるという課題を持っている。

ヤスパースによれば、どのような講義の仕方が正当かという尺度を定めることはできない[34]。よい講義は、それぞれ独特な形態を持っている。講義の基本的意味は、教師の態度によってまったく異なっているが、それぞれに豊かな価値があることにある。講義というものは、学問の全体的観点を与えるものであり、ある特別の地位にあるものなのである。したがって、ある学問の全体に目を向けようとする衝動は、講義によって目覚まされる。その場合、講義内容が、

決定的に、根本的に研究されていることが条件となる。こうした講義は、自分の生涯の仕事の総体を講義の中に発揮する円熟した教師によってなされる。だから、大学では、基礎学問は、最も卓越した教授たちによって主要講義において、その都度一つの全体として論じられるべきである。

したがってヤスパースは、「基礎学問は、認識の全体を全体として特殊な形態において出現させる学問である」[35]という。補助科学や専門化した技術とは異なり、基礎学問は、その領域の特殊性の中で一つの明晰さを示す。それ自体の専門性を全体の代表とすることに成功した学問は、全体の代表とすることによって普遍的性格を得ることになる。このような学問が、学問の心術を実現する。

ヤスパースは、講義は最近の数十年間では、かなり非難されてきたとする[36]。たとえば、講義は、聴講者を受け身にしてしまう一方的な説明ではないか、聴講者が理解したか、習得したかが何の確証もないではないかということである。また、講義内容は、書物の中にも明示されていて、そこから早く学習できるではないかということである。この非難あるいは疑問は、今日にも通じるところがあるように思われるので興味深い。それに対してヤスパースは次のようにいう。「講義は、それが大学教官の本質的な一生の仕事となり、周到に準備されると同時に、生き生きと現にある精神的生に繰り返すことなく起因する場合に、価値を有する」[37]と。つまり、講義が大学教官にとって重要な仕事と自覚され、それのための十分な準備がなされ、それが現実的な諸問題とも関連する学問の本質への理解に基づいている場合、講義は、大学の授業形式の一つとして意義が認められる。

それゆえヤスパースによれば、「こうした講義は、伝統の掛け替えのない現実の一部である。優れた研究者の講義の思い出は、生涯を通じて人の心に残る。」[38]言葉通りに書き留められ、印刷された講義は、力のない残骸にすぎない。それに対して、ヤスパースは、「講義は、無意識的に、口調、身振りを通して、想像上のものを実際の現にあることを通して、事柄の雰囲気を伝えることができる。その雰囲気は、単なる会話においてや討論においてではなく、実際、話

された言葉においてのみ、また講義の関連においてのみ、現われうる」[39]と述べている。

さて、ヤスパースは、講義が生き生きとした知識を伝達するものであるのに対して、演習は学生に方法を習得させるものであると考えている。「演習において、方法は、具体的な事例における素材や装置や概念との実際的な関係において自分のものにされる。演習は、参加者自身の主導によって拡大されるべきである。」[40] 演習は、直接的に、事物と、認識の根拠へ迫るべきものである。単に学校規則に適したようなやり方で何かを伝える課程と、こうした指導とは、原則的に区別されるべきである。

ヤスパースによれば、「最後に挙げる指導の形式が、討論である。」[41] 小さな集団において、全員が積極的に参加して、原理的な問題が論究される。ここで生まれた基礎をもとにして、その都度二人の間で活発に討論を繰り広げ、最後には二人きりの討論に突き進むこともある。二人きりの討論で、教師と学生は、精神を明晰な意識的な形態に現在化させる努力において、また孤独な仕事においてのみ客観的な成果へと迫っていく衝動を目覚めさせるための努力において、協同して、理念に従って、同等の水準で向き合う。

したがってヤスパースは、「大学における指導は、図式に固まってはならない」[42] という。なぜなら、指導は、それが精神的である場合、何気なく常に担当者の形態になるからである。しかし、大学の授業において極めて少数の最優秀な人々だけを相手にするというわけにはいかない。重要なのは、研究を必要とする少数者であり、平均的な人ではない。授業は、最優秀の人や中間的な人を対象とするのではなくて、向上心と活動力という資質を持ち、しかも授業を必要とする人々を対象にするのである。

第2節　大学における交わり

(1) 交わり

　大学は、学問的に認識し、精神的に生きようとする人々を集めたものである。

だからヤスパースは、「教師と学生の共同体としてのウニヴェルシタス（universitas）の根源的意味は、すべての学問の統一の意味と同様に重要である」[43]と指摘している。したがって、大学では自ずと教師と学生との交わりが重要な意義を持つのである。ヤスパースはいう。「それゆえ大学は、研究者がお互いに、また研究者と門下生が、その内部で討論と伝達との親密な結びつきの中へ歩み入る枠組みであるべきである。こうした交わりは、理念に従えば、人間が自己自身を明らかにし、自己を相互に明らかにするために、闘いながら問いの中にあるソクラテス的交わりでしかありえない。理念に基づく共同体から生じる交わりの雰囲気は、結局常に孤独な学問的仕事に対して、有益な条件を造り出す」[44]と。そして、真の交わりである実存的交わりは、二人の人間の間に成立する。ヤスパースは、「精神的に実り豊かな交わりは、人間の間で、二人による友情、青年同盟、愛と結婚生活の中により堅固な形式を見出す」[45]と述べている。つまり実存的交わりは、二人の間の親密な交わりの要素を持つ。

　ところで、大学は真理の探究の場である。ヤスパースは、「大学は、あらゆる意味での真理が無条件に研究される場所である。研究のすべての可能性が、真理に奉仕しなければならない」[46]と述べている。真理の探究は、徹底的なものであるから、大学には最も強い精神的緊張がなければならず、この精神的緊張は、前進の条件であり、精神的な闘いへと導く。「本物の研究者は、激しい闘いの中で同時に連帯的に結びつけられている。」[47]つまり、真理の探究を目指す実存的交わりには、強い連帯感がなければならない。

　大学における真理の探究は、あらゆる直接の実際的責任から解放されているべきで、そこには真理そのものに対する責任を持つだけである。「研究者は、お互いに真理を求めて努力するので、現存在の闘争の中にはお互いにいない。その努力は、試みの水準の中で行なわれる。」[48]それゆえ交わりそのものは、精神的に語られたことや把握されたことが人間に与える影響を確かめることによって、真理を見出す源泉なのである。だから、ヤスパースによれば、「交わりは、大学を真理の生活にする。」[49]なぜなら、実存的交わりは、実存の真理のための闘いだからである。それゆえ、大学で行なわれる交わりの在り方は、

大学の成員すべてが精神的な責任を負うべきものである。ヤスパースは、「用心深く自分の中に閉じこもることや、交わりを拘束力のない社交へ変化させ、本質的な交際の形式を人目につかない因襲へ変化させることは、常に同時に、精神的生の低下である。交わりの仕方に対する意識的な反省は、この交わりのための道を開けておくことができる」[50]と主張している。

(2) 議論と討論

　ヤスパースによれば、「学問の領域では、交わりは、討論（Diskussion）として存立する。」[51] 交わりの過程は、設問とともに始まる。設問は、まず専門的な個々の論究の中で行なわれ、限界に際して初めてそれは究極の問題設定となり、哲学的となる。ヤスパースは、そこにおいて、二つの形態を区別している。一つは、「論理的な議論（die logischen Disputation）」であり、もう一つは、「精神的な交わりとしての討論（die Diskussion als geistiger Kommunikation）」である[52]。

　論理的な議論においては、固定的な諸原理が前提とされる。そこから形式的な仕方で結論が推論され、相手は、古代から論理的な論争術が意識的に行なってきた数え切れない策略を併せ働かせることによって、矛盾律をもって打倒される。一方が勝利を得るが、議論の気分は、あくまでもだれが正しいかといった態度にある。

　精神的な交わりとしての討論は、いかなる固定的な原理も、勝ち抜くまで固執するようないかなる立場もない。それぞれの人が自分の原理として前進するものが、まずそこで尋ねられる。人は、自分本来考えているものが明らかになることを欲する。そこにはいかなる結論もなく、いかなる勝利もない。あらゆる成果は、段階であるにすぎない。

　さて、ヤスパースは、『哲学』第2巻「実存解明」において、「交わりの諸状況」の一つとして「討論」について言及している。彼は、ある事柄の討論に関して次のように述べている。「事柄の了解のための状況は、お互いに話し合うことであり、その結果によって真実が聞き出されるべきである。政治的な交渉

第1章　大学論　173

においては最終目標が一定の意志決定であるのに、事柄の討論は、妥当する内容の理解や発見へ向けられる。主張と反対の主張において、さらに基礎づけと反対の基礎づけにおいて、何かある事柄が明らかになる」[53]と。討論は、直ちに政治的な交渉となるか、あるいは実存的交わりへと深まっていく。「実存的な触れ合いは、純粋な事実性の自己規律を実行する人々が相互に入りまじって賭ける信頼と、研究された諸問題がそのような理念から意味と価値を持つ諸々の理念の協同だけに限る。」[54]だから、討論そのものが必ずしも実存的交わりになるとは限らない。ヤスパースはいう。「それゆえ討論は、本来の交わりの手段であるが、まだそれの実現ではない。可能的実存は、自分自身の信念と意志との意味を明らかにするために、討論の中へ入る。討論する者は両者とも、彼らが本来何を考えているかをまだ知らない。つまり彼らは、彼らの討論の中で、一致したり一致しなかったりするあの根源に、また言明された原則の形態において討論によって初めて明瞭を保つべきであるあの根源に、到達しようと努める。」[55]しかし、討論もある条件によって実存的交わりになり、自己存在と他の自己存在を結びつけるものとなる。「実存的な結合における信頼の意識が、他の諸根源からすでに力強くなっている場合、討論のこの形式は、ある一人の自己存在と他の自己存在との絶え間のない哲学的解明への道である。まさに、はっきりした不一致は、実存的な分裂ではなく、結び合わせている未解決の困難である。」[56]実存的交わりとしての討論でも、双方の主張が一致することもあれば、一致しないこともある。しかし、その討論が双方の信頼に基づき真理を目指すものである限り、不一致も実存的交わりの一つの過程であり、乗り越えるべき課題なのである。したがってヤスパースは、「討論は、対話の中でのみ行なわれている」[57]と述べている。

　このように、討論そのものは、可能的実存同士の交わりの手段ではあるが、まだ実存的交わりの実現ではない。しかし、可能的実存間に、決定的な不一致があるにせよ、相互の信頼に基づき、討論の内容に意味と価値を見出す態度があるならば、その討論は、実存的交わりへと展開しうるのである。それゆえヤスパースは、「限界を知らない、正真正銘の討論は、四つの目の下で二人によっ

てのみ存在する」[58]と述べている。

（3）学問と世界観との出会い

　ヤスパースによれば、「あらゆる学問的業績は、決定的な点においては、個々の人間の業績である。それは、個人的な業績である。」[59]しかし、このような個人的な業績は、多くの人々の共同作業によって一層の高まりを獲得する。共同作業は、衝動や明晰さや刺激が最高度に達し、一方の着想が他方の着想を呼び覚ますような交わりなのである。ヤスパースは、このような交互的研究活動を、指導的な頭脳の持ち主が作業者に仕事を依託して、何かを作り出そうとする学問的な事業経営である集団作業とは区別している。

　ヤスパースによれば、「学問的伝統の継続性として、学派が成立する。」[60]学派の形態には、二つの種類があるとされる。一つには、ある模範となるものの模倣として学派が形成される場合であり、二つには、学問的伝統の関連として学派が形成される場合である。「このような学派の形成は、求められずに発展する。」[61]

　大学には、すべての学問が集まっている。そこでは、さまざまな学問の代表者が出会う。さまざまな学問の交わりは、一層深い交わりによって担われるものである。したがって、大学で出会う研究者は、自ずと交わりの意志を持っていなければならない。「交わりの意志は、異質なものや遠く離れたものへも、また交わりを避けて精神的に自分や自分の信念の中に閉じこもろうとする人間へも向かう。真理が自分自身の道の途上にあるかどうかは、極端に疑問視することの中でのみ明らかにされるので、交わりの意志は、疑問にされる危険を求める。このことは、大学における精神的な運動を許容するための原則的な帰結である。」[62]すなわち、交わりの意志は、他者との交わりの中で、自己も他者も心を開いて語り合い、共に真理と自己が明らかにされることを望むものでなければならない。

　ところで、ヤスパースは、「大学の理念によって貫き通されていることが、世界観の要素である」[63]と考える。大学の理念は、大学を構成する人間の価値

基準を示しうる。だからヤスパースは、「大学の理念は、世界観を吟味するのではなく、学問的業績や、大学がその構成員にしようとする人間の精神的水準を吟味するのである」[64]と述べている。つまり、大学の理念そのものは、世界観を提示するものではなく、それぞれの立場の世界観を有する構成員の規準を示唆しうる。したがって、大学の構成員は、交わりの意志を持っている人であることが、その重要な条件の一つとなる。ヤスパースは、「大学の交わりの意志は、交わりに反抗している物事をも開示しようとする」[65]というのである。

第3節　制　　度

(1) 制度における理念の沈滞

ヤスパースによれば、「大学は、その課題、すなわち研究、教授、教育、交わりを、その制度の枠組みの中で実現する。」[66]大学は、建物、資料、書物、研究機関などを管理し、またその構成員に権利と義務を配分しなければならない。「大学は、制度としてのみ、世界の中でその生命を持つ。大学の理念は、制度においてその体を獲得する。」[67]つまり、大学の理念は、制度によってのみ、現実のものとなるのである。

しかし、ヤスパースは、大学の制度における理念の沈滞を危惧している。彼は次のように述べている。「制度は、それ自体を最終目的にする傾向を持っている。制度が研究の発展と伝承のために不可欠の生活条件であるということは、いかなる事情であっても制度の存立を維持することを確かに要求するが、しかしまた手段としての制度の意味が理念の実現の目的にふさわしいかどうかを常に吟味することも要求する。ところが、管理組織は、それ自体固執しようとする」[68]と。つまり、大学の制度は、大学の理念を実現するための手段であるべきだが、制度それ自体が目的となってしまって、理念を無視してしまう傾向がある。

たとえば、ヤスパースは、人事に関係する問題点を指摘している[69]。招聘の際に人物を自由に選抜する時、最高の人材を目指すべきであるのに、たいてい

は次善の人物が選抜される傾向がある。大学だけでなく、あらゆる団体は、競争と嫉妬という反精神的な利害の無意識の連帯性を持っている。人々は、本能的に自分より勝った人物を遠ざけ、排斥しようとする。

　また、後継者の選抜にも禍が潜んでいる。ヤスパースは、教師は、教授資格審査に当たって、自分自身の弟子を優遇する傾向があると指摘している[70]。名声のある教師たちは、自分の弟子たちに対して地位を世話することを求められる。ヤスパースは、「教授資格取得の際に自分の弟子たちを実質的な過大評価によって認めさせるとしたら、それは教授の重大な罪である」[71]とまで述べている。また彼は、「多くの教師は、自分たちの手に負えなくならない、都合のよい弟子の素質に傾く一方で、むしろあらゆる教授は、少なくとも弟子が自分自身によって実現された業績の高さに到達するであろうことを期待してよいような弟子だけに教授資格取得を許可することを自分の原則にすべきであろうし、また自分をはるかに凌ぐであろうよりよい人物を心待ちにして見て、たとえその人が自分の弟子ではなくても、まず第一にそのような人を奨励することを自分の原則にすべきであろう」[72]ともいう。現実は、理念とは裏腹に、自分の弟子を優遇しようとする教授たちが多いがゆえに、ヤスパースはこのように述べているものと思われる。教授資格取得を許可する際、自分の弟子ではなくても、実力のある者は正しく評価すべきであるということが理念なのである。

　ヤスパースによれば、大学の課題である学問の研究と教授を実現するためには、構成員相互の交わり、とりわけソクラテス的交わりが前提となる。しかし彼は、「大学の理念から生じる自由な交わりは、制度の人的な条件の下でしばしば単なる論争に変化する。嫉妬と羨望は、無条件の否定へ導く」[73]と述べている。つまり大学の理念に基づく交わりは、制度の下で、論争へと変質し、そこから相手を否認することになりがちなのである。お互いに自分の心を相手に対して開いて対話をする自由な交わりの理念は、制度の諸条件の下で、相互に自分の心を閉ざして敵対する形式に転じてしまうのである。また彼は、大学における交わりの微妙な性質に関して次のように述べている。「研究と指導における制度的に保証された自由は、その意味からいえば、個人にとっては無制限

のものであり、しかも同時に各人が極端に疑問視される拘束のない交わりの根源であるが、個人をその特殊性の中に閉じ込める傾向、その人を不可侵のものにする傾向、その人を交わりへ駆り立てる代わりに、むしろ孤立させる傾向を持っている」[74]と。つまり大学における研究と教授の自由は、無制限の交わりの基礎となるが、そうした交わりがだれとでも実現できるという保証はないので、交わりの基礎となる自由は、人を孤立させる傾向が強い。なぜなら、人はお互いに自由を持ち、他者の干渉から身を守るために、あらゆる人に最大限の自由を許すからである。

　ヤスパースによれば、個人的な領域においては、大学の理念に合致する発言、討論、要するに真の交わりは、大学の精神性の特徴であり、人間が全体として問題にされる根拠にまで交わりが進められることは、真理の条件である。

（２）制度の必要性

　ヤスパースは、制度そのものにこのような欠陥が出てくるからといって、大学の理念にとって制度が必要ではないということはできないと考えている。「個人の創造や実存は、影響がなく消えていく危険の中にある。個人の創造や実存は、後から行く人にも喚起や教訓や対象となるために、制度的に保証された伝統の中への受け入れを必要とする。学問的な業績は特に、個人にはめったに自由に使わせない物質的手段や、継続している制度によってのみ可能となる多くの人々の共同作業と結びついている。」[75]それゆえ、制度としての大学は極めて重要なものなのである。

　ヤスパースは、「大学は、あらゆる欠陥にもかかわらず、理念の場所なのである」[76]と強調する。大学の理念に生きるということは、必ずしも国家的制度への所属を要求するものではない。しかし理念は、制度へと踏み入るものであり、個人を孤立化させることの中では決して完全な実り多いものにはならない。つまり、「大学の理念の内に生きることは、個人を全体の中へ受け入れる。」[77]

　しかし、そうだからといって、大学が精神的生の唯一で本来の場所であるかのように思い上がることは許されない、とヤスパースは考える。「自分たちの

生の空間及び家として大学を愛するわれわれは、大学の特殊性と制限された状態を忘れてはならない。創造的なものは、通例の場合、大学の外で成立し、まず大学によって拒否されるが、それが支配権を獲得するに至ると、大学によって採用される。」[78] たとえば、ルネサンスの人文主義は、スコラ的大学の外部で、それに反抗して成立した。その後、大学が人文主義的となり、さらに文献学的になった時、デカルト、スピノザ、ライプニッツ、パスカル、ケプラー等によって、17世紀の哲学的、自然科学的革新が再び外部で起こった。哲学がヴォルフ主義の形態で大学に侵入した時、ヴィンケルマン、レッシング、ゲーテ等を代表とする新人文主義が再び外部で起こり、しかも偉大な文献学者F. A. ヴォルフによって、それは直ちに大学を支配した。比較的小さな新しい現象も、少なからず大学の外部で発生した。マルクスの社会学、キルケゴールやニーチェによって展開された了解心理学などがその例である。しかし、もちろん大学の外部で成立したものが、大学に影響を与えただけではない。ヤスパースはいう。「大学は、何回も、より厳密にいえば決定的な場合に、新しいものでさえ根源的に運動の中へもたらした。最も偉大な現象は、カント哲学であり、その結果として現われたドイツ観念論哲学である。19世紀には、すべての新しいものの中にある歴史学と自然科学のほとんどは、大学に依存していた」[79] と。つまり、近代の思想や学問は、まず大学の外で成立し、その力が増すと大学に取り入れられることになったが、ドイツ観念論哲学以降、学問のほとんどは大学を中心に発展することになったのである。

（３）人物と制度

　ヤスパースによれば、大学の制度の最も内的な問題は、人物と制度の関係である。つまり、大学の生命は、制度にではなく、人物にかかっている。制度は単なる条件にすぎない。「それゆえ制度は、それが最良の人物を招致することができるかどうか、またそうした人物の研究、交わり、指導に対して最も有利な条件を与えられるかどうかということによって、評価されるべきであろう。」[80]

組織の中で働く人間にとって、人物と制度のいずれをいかに信頼するかということは、際立った特徴である。ヤスパースによれば、「人物だけが、制度に生命を与える。」[81] 制度の中では、業務の進行をより確実にし、より必然的にするために、合目的的な諸機構が考案される。

　あらゆる制度には、上下の秩序がある。そして、あらゆる合目的的な組織は、指導なしには考えることができない。一人の研究者の周囲に初めは自由に学生たちが集まり、その後その一人の研究者が一人の指導者となると、指導者は自分の学問的な研究室とその助手たちを制度に従って支配することになる。そこでヤスパースは、「研究所の指導のために招聘し、なんといっても自分の限られた力を自覚して自分の指導の下にいる人々のあらゆる生き生きした衝動に自由を認めてやり、こうした人々が自分自身よりもよりよいものを成就してほしいことに自分の功名心を見つける創造的な指導者たちは、すばらしい」[82] と述べている。

　ヤスパースによれば、制度そのものは、決してわれわれを満足させるものではない。複雑な関係を抽象的に構成しなおし、配置しなおすことは、一つの堕落である。したがって具体的な困難の中にあって、単純な分離は、決して解決ではなく破壊なのである。その単純な分離とは、研究機関と教授機関の分離、学問と職業の分離、教養と専門の分離、優秀な人のための授業と大衆向けの授業の分離などである。これらの分離をしないで、対になっている両方を大学が総合的に包含する時、大学の精神的生は展開しうる。ヤスパースは、「常に真の精神的生は、一つのものが他のものに並んであるところではなく、一つのものが他のものの中にあるところにまさに存在する。そしてこのような統一は、常に人物によってのみ実現される」[83] と述べている。

第4節　学問の宇宙

(1) 学問の分類

　ヤスパースによれば、学問は初め実践から生じた[84]。つまり学問は、医術、

測量術、職工や画家の工房、航海などから生まれた。「すべての学問が一つの全体に属して互いに関係があるということは、哲学的な理念である。この哲学的な理念から初めて、諸学問の統一が、知識の全体を形成する課題として出てくる。それとともに、すべての学問の協同が、一つの目標に向かって始まる。」[85] そして、大学での意味における学問的授業は、一つの知識の理念を通して知識の根拠へ導こうとする。また、大学は、常に実践的な職業の要求を充足させるという課題を負っているが、大学は、こうした要求を、知識全般という包括的なものの中に取り入れることによって充実させようとする根本的な斬新さを持っている。

ヤスパースは、「学問の宇宙は、実践の中ではなく、哲学の中で基礎づけられるので、哲学的意識があらゆるものを貫き通る限りは、学問の宇宙は大学において有効である」[86] と述べている。学問の宇宙は、哲学の中で基礎づけられるので、大学における学問の基礎に哲学がある限り、学問の宇宙という諸学問の広大な空間は、大学において実現されるのである。

知識の統一体が理念として把握されるようになって以来、知識の統一体は、諸学問の分類の中で現われるようになった。こうした分類のたくさんの図式が提出されているが、いかなる分類も、一般に妥当する有効な真の分類ではない。学問の分類は、包括的な対立項から出発することがよくいわれている。ヤスパースは、たとえば次のような分類を示している[87]。

理論的学問と実践的学問（Theoretische und praktische Wissenschaften）。理論的学問は、目的を持たずに事象自体へ向かい、実践的学問は、世界の中で実現されるべき目的のための応用へ向かう。

経験科学と純粋理性学（Erfahrungswissenschaften und reine Vernunftwissenschaften）。経験科学は、空間と時間の中の実在的諸対象に向かい、純粋理性学は、認識がそれを構成することによって把握する観念的諸対象へ向かう。

自然科学と精神科学（Naturwissenschaften und Geisteswissenschaften）。自然科学は、因果律あるいは数学的構造によって外から説明し、精神科学は、意味法則によって内側から了解する。

法則科学と歴史学（Gesetzeswissenschaften und historische Wissenschaften）。法則科学は、一般的なものを認識しようとし、歴史学は、おのおの唯一の人物を、認識しようとする。

基礎学と補助学（Grundwissenschaften und Hilfswissenschaften）。基礎学は、実際に知識の全体から光を自身に集め、それゆえ全体を代弁し、その限りでは全般的な性格を持つような学問である。補助学は、そこで素材が集められるだけでもたらされるか、あるいはそこで実践的な個別の目的のためにこの際役に立つ知識の構成が行なわれるような学問である。

ヤスパースは、「学問的な認識作用が対比へと分かれるすべてのこうした両極性は、それ自身の内で結び合わされている」[88]と考えている。相対立しているものがその他の極から切断されて分断されうるというのは、単に暫定的なことに過ぎない。「具体的な学問の本質は、ある一つの極それぞれが他の極とともに有効になるということである。学問は、決して二つずつのグループにきちんと極端に分割されるべきではない。」[89]このような学問の分類において対立項を設定しその双方が深く結びついているという考え方は、ヤスパース哲学の基調である二律背反的性格を想起させる。

(2) 学部

ヤスパースによれば、「大学で生きている、諸学問の宇宙は、一つの原理から設計されることはできない。」[90]つまり諸学問は、常にある全体的なものへと向かう認識運動の多様性として成長してきた。したがって具体的な学問は、こうしたさまざまな全体性である。

ヤスパースによれば、今日まで存続している諸学部は、中世に起源を持っている[91]。中世の大学には、神学、法学、医学の上級学部があり、その他自由科（今日の哲学部）が第四の下級学部としてあった。こうした諸学部の意味は、研究の意味の変化とともに、変わってきた。すでに150年前に、あちこちの大学でいくつもの学部が増設されたが、その後再び昔ながらの四つの学部に戻された。今日では、哲学部が、数学・自然科学部と精神科学部とに分裂した結果、

たいてい五つの学部が存在する。後者の精神科学部は、その後も哲学部と呼ばれている。

　諸学部は、さまざまな学問の宇宙をありのままに叙述する理念に基づいて理解されなければならない。ヤスパースによれば、「諸学部は、知識の全体を代表する。」[92] しかし、諸学部は、学問区分の理論的図式から生じてきたものではなく、実際の精神活動の大きな領域から成長してきたものである。神学、法学、医学は、宗教的啓示、実定法的生活と国家生活、人間の自然についての理解における変わらない根本領域を包括し、またそれらの学問は、司祭、判事や官吏、医師の実践活動を準備するものなのである。それらの職業に就くすべての人々は、共通の根本知として、少なくとも論理学と哲学を必要とする。

　ヤスパースは、「神学と法学と医学は、学問の外に目的を持つ。すなわち、魂の永遠の救済、社会の部分としての市民の福祉、身体の福祉（カント）という目的である」[93] と述べている。森昭は、ヤスパースが以上の点について文字通りカントの「諸学部の争い」という論文に依拠しているだけでなく、以下の論述においても、本質的にはカントの思想を多く取り入れている、と指摘している[94]。

　ヤスパースは、神学、法学、医学のそれぞれの学問で問題とされている事柄を、次のように理解している[95]。

　神学では、聖書、教会、教義の歴史の中で理解され、そして現にある信仰内容として保証される啓示が問題である。神学においては、超理性的なものの限界が、まったく理性によって触れられる。啓示の地盤を理性的にありありと描き出すことの代わりに、不条理なものへの情熱が生じうる。

　法学では、国家の実定法が問題である。国家の実定法は、国家権力によって作り出されて現実化され、論理的に理解されてその適用においては合理的に算定できるようにされる。法学において地盤は、実定法的秩序の現実である。

　医学では、人間の本性を理解する知識の基礎の上に、人間の健康、その維持と増進と回復が問題である。医学において地盤は、種の中の人間としてのあらゆる人間の生命と健康の増進への意志である。

こうして、ヤスパースによれば、「理性、自然法（正義）、生命と健康は、三つの上級学部の研究と活動が意味を保持すべきであるのなら、絶対必要な基準である。」[96] 啓示や、実定法や、生物としての人類の中に、徹底的に解明されうるが、しかし結局は解明し尽くせない、暗い諸力が残るということが、研究に内実と運動を与えるのである。

　これに対して、哲学部は、独特の位置を占めている。哲学部は、もともと一定の職業の準備を行なうものではなく、他のすべての上級学部に対する準備課程であった。しかしその後、この地位は変化し、準備から基礎へと変わった。ヤスパースは、「哲学部は、それ自体だけですべての学問を包括する」[97] と述べている。神学部、法学部、医学部は、哲学部において総括される基礎学との関係から、その学問的意味を持つことになる。「だから哲学部は、人が研究と理論だけに目を向けるなら、それだけですでに大学全体である。」[98]

　ヤスパースは、「哲学部の唯一性もその統一性も、19世紀の時の流れの中で忘れ去られてしまった」[99] と考えている。哲学部は、数学・自然科学部と精神科学部とに分裂され、さらに後者の精神科学部から経済学部が分離されることになった。その際、人々は、これらの学部を一つの構造においてではなく、並存するものと見てしまったので、大学の統合性の意味は失われることになったのである。

　ヤスパースは、1945年8月にハイデルベルク大学で行なった講演「大学の再興」で、大学の伝統的な学部として、「神学部」「法学部」「医学部」「哲学部」の四つを挙げている[100]。これに対して、ヤスパースは、1946年1月にハイデルベルク大学で行なった講演「大学の生きている精神について」（Vom lebendigen Geist der Universität）では、中世に由来する四つの学部として、「神学部」「法学部」「医学部」「工学部」を挙げ、これらの生活現実の四つの領域における目標の達成のための基盤は、「哲学部」に統合される基礎学の全体であるとする[101]。ここで「工学部」が挙げられている点は、『大学の理念』における「大学の拡充」と関連があると考えられる。これについては後述するが、ヤスパースは、「大学の生きている精神について」において、「学問の宇宙」に関して次

のように述べている。「学問の生きている精神は、諸学問が、すなわち各学部が、無関係に互いに並んでいるのを許さない。」[102]「しかし全体は、個々の学問領域及びその学部においても、また大学全体においても、どこにも完成していない。それは、どこでも、解かれない緊張によって生きている」[103]と。つまり学問の宇宙では、学問が相互に関連し、学問の全体は、緊張関係の中で生きている。

（3）大学の拡充

　ヤスパースは、学問の宇宙との関連において、「大学の拡充（die Ausdehnung der Universität）」について言及している。これは、学部や学科の増設のことを意味している。現代世界においては、大学は、社会の新しい要求に対応して、常にその施設やカリキュラムを整備していかなければならない。彼は、「大学の拡充は、絶え間ない過程である」[104]と考えている。

　大学を拡充する際、あれこれの専門学科を無関係に並べ立てる場合もまれではない。いうまでもなく、大学の理念は開放性を要求する。しかし、大学が全体の精神をもってすべてを貫くことに成功する時、大学は、すべてを公平に評価できる。大学は、実際の知識や能力の運び寄せられた素材を、新しくされた形態において習得し、理念の導きの下で認識可能なものの全体に組み入れることによって、学問性の構造を保持しなければならない。

　ヤスパースによれば、学科の増設による大学の拡充の仕方には、二つの仕方がある[105]。第一の仕方は、より豊かになりつつ分節化していく学問の自然な発展の仕方である。拡充の第二の仕方は、外部から新しい素材と新しい能力を手に入れることである。これらの新しい素材と能力は、学問の宇宙に対して掛け替えのない一部分を貢献することができるので、入口を求める。

　三つの以前の上級学部、神学部、法学部、医学部という区分は、中世世界に呼応するものである。これら三学部は確かに何千年に亘る生活領域に適合したものであったとしても、しかし現代生活の諸領域を包括するには不十分である。従来の三つの専門学部だけではあまりにも少なすぎるのである。このことは、

大学の外部に設置された、工業大学、農業大学、獣医大学、教員養成機関、商科大学、鉱山大学などの、多数の単科大学の類型を見れば明らかである[106]。

このような考え方は古くからあったもので、ヤスパースは、1803年にバーデン政府によって、ハイデルベルク大学に独立の「国家経済学科」が設置され、しばらく哲学部に組み込まれていたことを例として挙げている[107]。これ以上のものは、19世紀に初めて生まれ、徐々に意識されていったものである。このことは、現実の新しい生活領域は、技術に他ならないということがはっきりしてきたことに関連する。ヤスパースによれば、「技術は、独立した巨人のようになった。」[108] この科学技術の急速な進展が、大学の学部構成に大きな影響を与えることになった。ヤスパースはいう。「こうして、問題は、現代世界が全体的な広がりの中で、世界史のあらゆる事態と進行の破滅的な変化の結果とともに初めて現実化したもの、すなわち、自然の中での人間生活の形成、自然力の支配における人間世界及び技術的世界の形態といったものが、神学、法学、医学と並んで同価値の客観性において、人間の基本的関心事の下にあるかどうかということである」[109] と。

ヤスパースは、神学、法学、医学という三つの上級学部の後に、これと並ぶ第四の学部を設けて、大学を拡充することは、現実の課題であると考える。その際、たとえ直接的な環境世界がその性格を変えたとしても、環境世界そのものは、すべての人間に対して存在し続ける。現代の環境世界を形成しているすべての事物は、合目的性と手段としての自然科学によってだけでなく、「現存在の形成の基本理念」[110] によって関連づけられている。

つまりヤスパースは、現代の環境世界も、その中で営まれる人間生活も、技術に支配されていると考える。彼はいう。「すべてのものが、技術的な秩序の一つの流れの中へ組み入れられることを待っているかのようである。その流れは、われわれにとって歴史的に十分に把握できず、ほとんど突然に 150年前に流れ始め、今日まで相変わらず流れを増してあふれ出ながら増大した。今やわれわれは、このような途方もない現象が、形而上学的根源から現われるにちがいないし、すべてのものが生きようとする時、すべてのものがこのような途方

もない現象の意味へ踏み入るべきである、ということを要求しているような気がする」[111]と。ヤスパースは、大学が奉仕しようとする精神の健全さと技術の健全さとは、精神と技術の交流に依存していると考える[112]。つまり、大学は精神と技術の出会いの場であり、その出会いによって、技術に大学の理念に基づく精神的意味が付与されるのである。ヤスパースは、「古い大学の理念の新たな躍進が研究者たちに使命の偉大さを感じさせる時だけ、一つの希望は、工業大学を工学部として組み込むことが実り多いものになるであろうということである」[113]と述べている。こうした目的に向かう衝動がすべての学部において効果を現わす時にのみ、工学部の組み入れによって大学全体の精神的更新が同時に生じてくることになる。工学部を組み入れることも、こうした更新の一部なのである。

　ヤスパースは、「それゆえ、工学を組み込むことと同時に、他の構造変化、とりわけ古来の哲学部の統一の回復、自然科学部と精神科学部への分裂の止揚が、無条件に必要となるであろう」[114]という。彼は、工学部を上級学部として大学に組み入れる場合、古来の哲学部の統一性が不可欠の条件であると考えるが、それは、哲学部はその統一性においてのみ、すべての理論的な基礎学の宇宙を実現しうるからである。

　工学部は、大学にとって新しいものである。技術から、それをもって今や可能となった形而上学的に基礎づけられた生活形式がいかにして成長してくるかという人類の世界史的な生存問題が、初めて完全に意識に上ってくることになる。そうすることによって、方法と可能性が見えてくる。「しかし、すべての技術的な行為の基礎は、世界における人間生存の拡大への内容のある意志である。」[115]ヤスパースは、工学部は、医学部と同様、哲学部の付属物と見なすことはできないと考える。「工学部は、その固有の活動領域と、その実践的課題とによって、独立している。しかし、工学部は、医学部と同じように事実に即したものであり、また哲学部においてその生命を持つ基礎学によって、授業を基礎づけている。」[116]すなわち、物理学、化学、数学は、哲学部で教えられるので、工学部において繰り返される必要はないし、また、精神史、芸術史、経

済学、国家学も、同様に哲学部において教えられることになる。ヤスパースは、大学と工学部との統合は、両者にとって健全なものになるであろうと考えている[117]。しかし、彼は、工学部と並んで、農業大学、林業大学、商科大学等々がさらに同等の権利を持った学部として編入されることは、決して適当ではない、と主張する。なぜなら、こうしたさまざまな単科大学は、包括的な生命領域を持たない単なる専門性にすぎないからである。しかも大学は、こうしたものも拒絶してはならない。大学は、教授しえるすべてのものを、自分の課題としてよいからである。ただし、それは、大学がその構造上、業績と内容を通じて自分自身に組み入れることのできる研究領域と、大学の特殊な教科施設として暫定的に付設すべき教授領域との間に根本的な区別を認める場合に限るのである。ヤスパースは、農学や商学などが大学の付属機関で教授されることはかまわないが、それらの学問を学部組織として大学に位置づけることは適当ではないと考えるのである。

第5節　大学の理念における交わりの意義

　ヤスパースが、1946年に公刊した『大学の理念』は、ドイツの大学の再生を目指すものであると同時に、第二次世界大戦後のドイツの精神的支柱を大学の精神的生活に求めようとするものである。ヤスパースには、大学の再興こそ、ドイツの再生の基礎であると思われた。そして彼は、ドイツの再生の契機に、「お互いに語ること」がなければならないと考えていた。

　ヤスパースによれば、大学の課題は、研究者と学生との協同の中で真理を探究することにある。したがって、大学の課題の中心には、学問があり、大学における学問の課題は、研究、教育（教養）、授業である。これらの大学の課題は、大学を構成する人間相互の交わりと結びついて実現される。

　ヤスパースは、教育形態には、スコラ的教育、マイスターによる教育、ソクラテス的教育の三つがあると考える。また、大学における授業の形式には、講義、演習、少人数での討論、二人での討論がある。ヤスパースは、大学では教

師と学生との交わりが重要な意義を持つと強調している。彼は、討論も実存的交わりへ展開する可能性を持つと考えている。ヤスパースは、スコラ的教育やマイスターによる教育の意義、講義形式の授業の意義も当然認めているが、大学における教育は、その本質上、ソクラテス的教育であると認識している。したがって、大学における交わりは、人間が自己自身を明らかにし、自己を相互に明らかにするために、闘いながらの問いの中にあるソクラテス的交わりでしかありえない。なぜなら、ソクラテス的教育では、教師と生徒が闘争する愛を基盤とする交わりの中で共に真理を探究するからである。この交わりは、研究者と学生との協同という大学の課題の根底になければならないものである。

　大学の制度は、大学の理念を実現するための手段である。しかし、ヤスパースは、制度それ自体が目的となってしまって、理念を無視してしまう傾向を憂慮している。ヤスパースによれば、大学の課題である学問の研究と教授を実現するためには、構成員相互の交わり、とりわけソクラテス的交わりが前提となる。ヤスパースは、大学の制度の下で、交わりの相手を否認してしまうことになることを恐れている。大学の理念に合致する真の交わりは、大学の精神性の特徴であり、真理の条件を意味する。

　しかし、ヤスパースは、大学の制度そのものに欠陥が出てきても、制度の必要性は否定できないと考える。ヤスパースによれば、大学の制度の最も内的な問題は、人物と制度の関係である。大学の生命は、単なる条件にすぎない制度にではなく、人物にかかっている。

　学問の宇宙は、大学において実現される。学問の宇宙は、哲学の中で基礎づけられる。いかなる学問の分類も、一般に妥当する有効な真の分類ではない。ヤスパースは、包括的な対立項に基づく学問の分類を示している。

　ヤスパースによれば、今日まで存続している諸学部は、中世に起源を持っている。中世の大学には、神学、法学、医学の上級学部があり、その他今日の哲学部が第四の下級学部としてあった。こうして諸学部の意味は、研究の意味の変化とともに、変わってきた。今日では、哲学部が数学・自然科学部と精神科学部とに分裂し、さらに精神科学部から経済学部が分離されることになった。

ヤスパースは、哲学部はすべての学問を包括すると考え、哲学部の統一性の意義を重視する。また彼は、科学技術の急速な進展との関連において、「大学の拡充」として工学部を組み入れることの意義について語っている。

　こうして、ヤスパースにおける大学の理念は、大学の構成員は、交わりの意志を持っていなければならないとの信念に支えられている。したがって彼は、大学の課題である研究、教育（教養）、授業の根底に不可欠なものとして交わりを置き、それらの課題の展開を実存的交わりの可能性を求める立場から考察していたと見ることがでる。また大学は、その課題である研究、教授、教育、交わりを、制度の枠組みの中で実現し、学問の宇宙を実現する。それゆえヤスパースは、大学の制度を理念に基づくものとして実現するためには、大学の構成員相互の交わりが不可欠の条件であり、学問の宇宙を実現するためには、哲学部の統一性が不可欠の条件であると考えているといえよう。

注（第Ⅲ部第1章）

1) 1961年版の『大学の理念』は、ロスマン（Kurt Rossmann）との共著である。(Die Idee der Universität für die gegenwärtige Situation entworfen von Karl Jaspers und Kurt Rossmann, Springer-Verlag Berlin・Göttingen・Heidelberg, 1961.)
2) K. Jaspers, Erneuerung der Universität, in:K. Jaspers, Erneuerung der Universität, Reden und Schriften 1945/46, Nachwort:Renato De Rosa, Politische Akzente im Leben eines Philosophen Karl Jaspers in Heidelberg 1901-1946, Verlag Lambert Schneider GmbH・Heidelberg, 1986, S. 93-105.
3) K. Jaspers, Rechenschaft und Ausblick. Reden und Aufsätze, R. Piper & Co, Verlag München. 1951.
4) K. Jaspers, Erneuerung der Universität, Reden und Schriften 1945/46, a. a. O. .
5) K. Jaspers, Was ist Erziehung? Ein Lesebuch, Textauswahl und Zusammenstellung von Hermann Horn, 1977 R. Piper & Co. Verlag, München, 2. Aufl. 1982.
6) Die Idee der Universität:Versuch einer Standortbestimmung, von Manfred Eigen, Hans-Georg Gadamer, Jürgen Habermas, Wolf Lepenies, Hermann Lübbe, Klaus Michael Meyer-Abich, Mit 4 Abbildungen, Springer-Verlag Berlin Heidelberg, 1988.
7) K. Jaspers, Die Idee der Universität, Berlin Springer-Verlag. 1946.
8) K. Jaspers, Erneuerung der Universität, Reden und Schriften 1945/46, a. a. O., S. 97-98.

9） K. Jaspers, Die Schuldfrage. Zur politischen Haftung Deutschlands, R. Piper & Co., München, 1965, 1987.
10） ibid., S. 7.
11） ibid., S. 13-14.
12） K. Jaspers, Die Idee der Universität, 1946, a. a. O., S. 38.
13） Vgl. ibid., S. 38.
14） ibid., S. 39.
15） ibid., S. 40.
16） Vgl. ibid., S. 40-42.
17） ibid., S. 44.
18） ibid., S. 45.
19） ibid., S. 46.
20） ibid., S. 46.
21） ibid., S. 47.
22） ibid., S. 47-49.
23） ibid., S. 49.
24） 潮木守一『近代大学の形成と変容』東京大学出版会、1973年、1-27頁、参照。
25） 同上書、17頁、参照。
26） 同上書、23頁、参照。
27） K. Jaspers, Die Idee der Universität, 1946, a. a. O., S. 50.
28） ibid., S. 50.
29） ibid., S. 50.
30） ibid., S. 51.
31） ibid., S. 52.
32） ibid., S. 52.
33） ibid., S. 53.
34） Vgl. ibid., S. 53.
35） ibid., S. 54.
36） Vgl. ibid., S. 54.
37） ibid., S. 54.
38） ibid., S. 55.
39） ibid., S. 55.
40） ibid., S. 55.
41） ibid., S. 56.
42） ibid., S. 56.
43） ibid., S. 59.
44） ibid., S. 59.
45） ibid., S. 59.

46) ibid., S. 59.
47) ibid., S. 59.
48) ibid., S. 60.
49) ibid., S. 60.
50) ibid., S. 60.
51) ibid., S. 61.
52) Vgl. ibid., S. 61.
53) K. Jaspers, Philosophie II. Existenzerhellung, 1932, Springer-Verlag Berlin・Heidelberg・New York, 4. Aufl. 1973, S. 99-100.
54) ibid., S. 100.
55) ibid., S. 100.
56) ibid., S. 100.
57) ibid., S. 101.
58) K. Jaspers, Die Idee der Universität, 1946, a. a. O., S. 61.
59) ibid., S. 62.
60) ibid., S. 62.
61) ibid., S. 63.
62) ibid., S. 64.
63) ibid., S. 64.
64) ibid., S. 64.
65) ibid., S. 64.
66) ibid., S. 65.
67) ibid., S. 65.
68) ibid., S. 66.
69) Vgl. ibid., S. 66-67.
70) Vgl. ibid., S. 67.
71) ibid., S. 67.
72) ibid., S. 67-68.
73) ibid., S. 68.
74) ibid., S. 68.
75) ibid., S. 69-70.
76) ibid., S. 70.
77) ibid., S. 70.
78) ibid., S. 70.
79) ibid., S. 71.
80) ibid., S. 71.
81) ibid., S. 72.
82) ibid., S. 72-73.

83）ibid., S. 73.
84）Vgl. ibid., S. 73.
85）ibid., S. 73-74.
86）ibid., S. 75.
87）Vgl. ibid., S. 76.
88）ibid., S. 76.
89）ibid., S. 76.
90）ibid., S. 77.
91）Vgl. ibid., S. 78.
92）ibid., S. 78.
93）ibid., S. 79.
94）ヤスパース、森昭訳『大学の理念』（ヤスパース選集２）理想社、1955年、161頁、参照。
95）Vgl. K. Jaspers, Die Idee der Universität, 1946, a. a. O., S. 79-80.
96）ibid., S. 80.
97）ibid., S. 81.
98）ibid., S. 81.
99）ibid., S. 81.
100）Vgl. K. Jaspers, Erneuerung der Universität, Reden und Schriften 1945/46, a. a. O., S. 103.
101）Vgl. ibid., S. 219.
102）ibid., S. 219.
103）ibid., S. 219.
104）K. Jaspers, Die Idee der Universität, 1946, a. a. O., S. 81.
105）Vgl. ibid., S. 82.
106）Vgl. ibid., S. 83.
107）Vgl. ibid., S. 84.
108）ibid., S. 85.
109）ibid., S. 85.
110）ibid., S. 85.
111）ibid., S. 86.
112）Vgl. ibid., S. 86.
113）ibid., S. 86.
114）ibid., S. 86-87.
115）ibid., S. 87-88.
116）ibid., S. 88.
117）Vgl. ibid., S. 88.

第2章 理性と反理性

　ヤスパースは、1950年に、全ドイツ学生自治会の要望に応じて、ハイデルベルク大学で、「現代における理性と反理性」(Vernunft und Widervernunft in unserer Zeit) という題目で、3日間に亘る講義を行なった。1日目は、「理性の不可欠の要素の一つは科学である」ということについて、2日目は「理性そのもの」について、3日目は「闘いの中の理性」について、講義をした。いずれの講義も、理性が主題であり、理性の前提に科学性の要求がなければならないこと、理性とは何か、そして理性は闘いにおいて獲得されなければならないことが述べられている。本章では、この3日間の講義が収められた著書『現代における理性と反理性』(1950)を中心に、その年代の前後の著作や論文にも若干目を配りながら、ヤスパースが理性と反理性をどのように捉えていたかを考察する。

　ヤスパースは、時代の反理性の代表として、「全体知 (Totalwissen)」であることを理由に、マルクス主義と精神分析を厳しく批判する。もちろん、本章の目的は、マルクス主義と精神分析を批判することにあるのではなく、むしろそれらの批判がヤスパースの理性概念といかに関連しているのかを明確にすることにある。

　ヤスパースは、科学の前提には、方法論的な反省と自覚がなければならないと考える。彼は、理性は科学の方法論を制御するものであると認識している。科学も、人間相互の交わりの上に成り立ち、その交わりは理性によって可能となる。したがってヤスパースは、人間の理性が開発され、鍛えられなければならないと考える。つまり、理性は大学の理念と結びつき、理性の鍛練は大学で

の哲学の教育と関係する。

　このように本章では、ヤスパースが、時代状況の中で、反理性として批判するものと、彼が主張する理性の立場を鮮明にし、実存の哲学から理性の哲学への展開の意味を探っていく。それゆえ、本章の目的は、第二次世界大戦後のヤスパース哲学の理性を重視する展開を、全体知への批判、科学性への要求、理性の闘いという観点から考察することにあり、その考察を通して、科学は哲学に導かれること、理性は大学の理念及び哲学の教育と関係することを明らかにすることにある。

第1節　マルクス主義に対する批判

　ヤスパースは、理性が人間の努力を通して生成してゆくことを強調している。理性とは何かということは、ヤスパースが学生になってからの思惟の中心に位置する。「私がかつて学生として1901年に畏敬の念をもってハイデルベルク大学及びその構内に足を踏み入れて以来、私には理性が常に真の哲学することと見なされていた。世界と大学での半世紀に亘る経験の後でも、私は、理性とは何かということを結局知ることができない。」[1] このようにヤスパースは、理性に尊敬の念を込めて、理性が深さを持つものであることと、理性と大学とが密接に関係があることを述べている。

　ヤスパースは、理性には科学性という前提がなければならないと考えるが、科学の衣はまとっていながら、独善的な信仰となってしまった現代思想の二つの潮流として、マルクス主義と精神分析を批判している。この批判を通して、彼は、真の哲学の条件としての科学について指摘したいのである。

　ヤスパースによれば、「マルクスの眼前には、歴史は一つの全体として存在する。」[2] 労働の発達史が全歴史を理解する鍵であり、この運動を把握する方法が弁証法である。共産主義革命は全体の状態そのものの変革を、これに当然付随する人間一般の変化と同時にもたらす。この革命によって、自己疎外の状態や自己喪失の状態から人間の完全な回復が遂行される。この最初で最後の革命、

全体的な人間存在に及ぶこの革命は、必ず到来すると予言されている。従来の歴史哲学は消極的に傍観していたが、この歴史哲学は積極的であり、思考とともに自ら直ちに行動しようとする。「なぜなら、この革命のために、この革命の内部において、この革命に従って正しく、すなわち歴史的必然性の路線の上で行動するためには、科学がなくてはならないからである。この科学をマルクスがもたらすのである。」[3] ヤスパースによれば、マルクスの影響は、次のような科学的な影響、哲学的な影響、政治的な影響という三重の影響である[4]。

a）マルクスは、著名な国民経済学の理論家の一人として、他の一連の理論家の中にある。社会学的な思考にとっての彼の影響は大きい。マルクスによって科学的にわがものにされたものや批判的に論駁されたものは、広い分野を包含している。しかし、このようなあらゆることによっても、マルクスは、今日世界的に影響を与えるほど、傑出した唯一の人物ではない。

b）マルクスは、哲学者である。彼は、彼の科学的研究において確かに哲学者である。彼は、全景を持っている。新たな哲学は、哲学という名称をも捨て、唯物論と呼ばれている。このような唯物論は、超越者というものを知らない。マルクス主義的統一科学としての科学は、この近代科学とは何のかかわりもない。マルクス式の科学の形式は、むしろ幾千年を通して偉大な哲学体系において全体知として通用した知識の形態である。マルクスの全体知は、ヘーゲルが実現させたように、この憶測の知識の一形式として、正体を暴かれるべきで、その知識をマルクスは、時代遅れにその形式において特別に近代的な内容とともに繰り返した。マルクス主義的思考の重さは、信仰を憶測の科学として擁護するための虚疑の中にまさに明らかにある。独特の信仰が、科学と呼ばれる。その独特の信仰は、自身で決して信仰とは称さないが、しかしあらゆる独断的な信仰と同じような状態である。すなわち、あらゆるものに対して盲目であり、それに敵対するものには攻撃的であり、交わりに対して不適格である。

c）科学者としての、また哲学的信仰者としてのマルクスは、政治家のマルクスと不可分である。むしろ政治的な意志が先行している。彼の政治的活動は、

信仰の活動である。信仰自身がすでに政治的である。マルクスとマルクス主義者は、信仰の闘士である。マルクスは、幻想を持たずに暴力と権力という実体を知っているので、これらの実体を決定的なものとして彼の活動綱領の中に設定する。目標は、まずプロレタリア独裁である。プロレタリア独裁は、暴力によってのみ勝ち取られるべきである。この政治は、歴史の全体的な見識を持っているので、全体計画を作成し実現させることができる。

ヤスパースは、「われわれが科学、信仰、政治という三つの契機をマルクスと一体のものとして見ると、その点において思想上の非運は、マルクスによって遂行された、科学の名の下における科学の破壊ということになる」[5]と述べている。このことをわかりやすく説明するには、弁証法の意味を手がかりにするのが最もよい、とヤスパースは考える。弁証法は、全体の出来事を規定する単一の因果性となり、一つの過程の急変を生じさせることを期待する。また弁証法は、詭弁の最も効果的な形式に転じる。したがって、弁証法によって、歴史は必然的な成り行きになる。だから、「マルクスによって、神に見捨てられた世界に予言者となる人間がよみがえった。」[6] 予言者は、ユートピアの到来を告げるが、予言は現実とはならない。ヤスパースは、マルクス主義に対する批判として、次のように述べている。「信仰と科学と行動との統一、さらに弁証法によるあらゆるものの基礎づけと正当化という、現実の統一の中にではなく単なる主張としてあるこのような統合は、人がそのような信仰の事実の前で驚嘆と恐怖とともにあるということを、言語道断な虚偽の中でとても簡単に見抜いているように思える」[7]と。

第2節　精神分析に対する批判

ヤスパースは、信仰としての精神分析は基本的な科学的誤謬によって可能となったと考えるが、その誤謬を三つに分けて指摘している[8]。

意味了解が、因果的な説明と取り違えられている。意味了解は、交わりの相互性の中で実現する。因果性は、隔たりにおいて他者として認識するためには、

意味と無関係である。了解によって、私は何事かを引き起こすのではなく、自由に訴えかけるのである。しかし私が、自由の空間における意味の了解可能性と因果的な説明可能性とを混同するとすれば、私は自由を侵害することになる。

　治療上の効果の有様が疑わしい。精神分析の治療方法には、他の方法と同じように成功と失敗があるということを、われわれは見る。

　神経症と呼ばれるものは、現象の了解可能な内容によってではなく、精神的なものから身体的なものへの、つまり意味から意味と無関係な身体的な事象への翻訳の仕掛けによって特徴づけられる。これらの誤謬は、医学諸部門の領域内にあるが、医学や諸科学からはるかに越える誤謬の見せかけによって、誤謬のとりこになる医学諸部門の領域を誘導し、誤謬はまったく別な物事を可能にしてしまう。

　この問題点について、「まず第一に、人間についての、つまりさらに肉体と魂との分離以前の人間の本来的存在についての、全体知という主張である」[9]とヤスパースは指摘する。つまり、精神分析は肉と霊とに分かれる以前の人間の本来の在り方についての全体知であるという主張である。人間観を合わせてまとめることは、思考構造の上では、政治観における全体主義に相当するが、これは認識可能性と自由との混同に基づくのである。

　ヤスパースは、精神分析は一つの信仰であると解釈し、この原理に対する批判には、激しく反抗すると指摘する。したがって彼は、「不忠な弟子に対するフロイトの破門とともに始まったこと、すなわち異端者宣告をもって正教になることは、この信仰の中にある一つの傾向を示唆する」[10]と述べている。

　ヤスパースによれば、この時代の内部で、一つの倒錯した人間世界が、解放を切望している。「精神分析は、この人間世界に欺く解放を与えるが、この解放は、この解放にのみ反映するこの人間世界自体と同じように、真実ではない。」[11]ヤスパースは、精神分析は、時代の要求に対応して科学的に理解され、宗教儀式的、魔術的に理解されないが、まさにその点において、新しい形態における魔法である生活態度、また本来の科学性を失う生活態度になる、と厳しい批判の目で見ている。ヤスパースの目には、精神分析は科学性を荒廃させる

ものとしか映らない。彼は、「問題は、ここで人間の生の価値を見出すが、根源の虚偽の下で、人間の知識だけではなく、人間の本質も途方もない困惑に陥るにちがいない、人間の魅惑とともにある、ものすごく時代の制約された自己欺瞞の過程である」[12]と断言する。

第3節 科学性の要求

　ヤスパースは、科学には方法論的な反省が不可欠であることを強調する。「われわれの科学的な態度の明確さは、方法論的な熟慮によってのみ信頼できるものになる。この方法論的な熟慮は、思考の哲学的方法から科学的認識の多様な仕方を分離することへ導く。」[13] 彼は、この点に関する基本的な考え方を、われわれの知というものが持つ意味に関連づけて、次のように示唆している。「世界の中のあらゆる知識は、個別の対象に関係し、一定の方法をもって、一定の立場から獲得される。それゆえ、何かある知識を一つの全体知へ絶対化することは誤りである。」[14] このような逸脱が生じるのは、われわれがとかく陥り易い錯覚の結果である、とヤスパースは考える。彼は、マルクス主義にも精神分析にも、方法論的な反省が欠落し、一つの知をもって、すべての事象を説明しようとする全体知の傾向があることを強く批判する。

　そこで、ヤスパースは、「われわれは、哲学的根本操作によって、客体への束縛から揺れ出て、包括者の中へ入っていかなければならない」[15]と主張する。包括者のあらゆる明確さは、われわれが主観客観分裂の中で出会う一定の明らかな対象性によってのみ、われわれに与えられる[16]。この立場に立てば、諸科学における知識の意味の構造が変わってきて、知識の意味は、もはや存在についての唯一の包括的な理論の可能性、またはもはや全体的な知識の独断的な像とは見られず、方法論的な体系としてのみ、見られる。ヤスパースは、包括者に関して、「このような方法論的に自覚している知識は、部分的な認識の独断的な絶対化による誘惑から守り、理論一般の意味の意識によってあらゆる特定の理論から解放する」[17]と述べている。

ヤスパースは、自分の著書『精神病理学総論』において、方法論的に意識された科学性を、自分の精神病理学によって、つまり方法論的な解明によって実現しようと試みたのであって、精神医学的な認識の全体を独断的に表現することによって実現しようと試みたのではない。彼は、「私は、この著書をその内容からは専門科学の書と思うが、その形式の自覚からは同時に哲学の書と思う」[18]と述べている。

　ヤスパースは、近代科学における方法論を前提とした科学性の問題は、紀元前500年前後の「枢軸時代（Achsenzeit）」[19]に匹敵する世界史的な出来事であるという認識に立ち、もはや科学を前提としなければ哲学が成り立ちえない状況になったと断定している。ヤスパース自身の哲学も、精神病理学という個別科学なしには成立しえなかったのである。近代科学の信奉者として彼は、「真理への意志、すなわち人間のこの尊厳は、近代科学の本質における根源であり、知りうる人間の自由の自主独立性である」[20]と述べている。

　また、ヤスパースは、「われわれは、信仰の代用の諸現象を、その中から、マルクス主義と精神分析を取り出して見るが、また、誤りのみではなく、特有の「科学」の名において真正の近代科学をそれに対して当然に棄却することを見る」[21]という。これらの諸現象に駆り立てる基本的な傾向があり、それは自由から逃れようとする衝動であり、真の自己存在の可能性を忘れようとするものである。あらゆるこのような邪道において断念されるものは、可能的実存であり、理性による実存である。

　ヤスパースは、これらの提示された間違いは、二つの行為によって克服されるべきであると考える[22]。まず第一に、全体知の不真実、すなわち神話まがいの客体化の不真実がのぞき見られる科学的方法よりも、むしろあらゆる真実性の根底に据えられる科学的方法の取得によってである。第二に、形象がなく、客体化されない、われわれ自身が現われ出る根源、すなわち理性への飛躍によってである。

第4節　理性の可能性

　理性とは何かという、哲学の大きなテーマは過去幾千年の思考によっても説き尽くされてはいない。ヤスパースは、まず理性というものを次のように性格づけている[23]。理性は確実な存続なしに、動きの中にある。理性は、獲得したあらゆる立場をあくまでも批判しようとする。理性は慎重さを求める。理性は自己認識を遂行する。理性は絶え間なく聞くことを望み、待つことができる。理性は、このような動きの中で、独断、横暴、慢心、陶酔の束縛から抜け出す。ところでどこへ抜け出すのだろうか。理性は統一への意志である。理性は何かある統一をつかもうとするのではなく、現実の唯一の統一を求めようとする。理性は、それ自身として限りない開放性なのである。理性が自分の本質から普遍妥当的なものの基準を設ける時、理性自身はこの基準を絶対的なものにさせるように思われない。世界がいかに壮大で、いかに見事であっても、理性は安らぎを見出すことはできないし、問うことをやめることはできない。

　それゆえ理性は、二つのことを指し示す[24]。一つは、理性が果てしなく魅惑されながら思惟するあの一者の得がたいものである。もう一つは、理性によって命がもたらされ聞き取れるようになる諸原因の他者である。ヤスパースは、「理性は、存在するもの及び存在しうるものが展開しなければならないということを引き起こし、理性は、すべてのものを鍵で開けるものである。そして理性は、一者に向かって鍵で開けられたものを押し進め、一者との関連において鍵で開けられたものはぼんやりしたものの価値のないものへ没入しない」[25]と述べている。ヤスパースは、このような簡単な理性の特質づけを、理性によるいくつかの可能性の論究によって補足している。「理性は、無制限の交わりの意志と一つのものである。理性は、あらゆるものに開いていてすべての存在するものの内で一者へ向けられるので、交わりを断絶することを拒否する。」[26]
交わりを否定することは、理性にとっては理性そのものの否定と同じである。交わりのない真理は、理性にとって非真理と等しくなる。ヤスパースは今や、「もし神が永遠に存在するならば、人間にとって時間の中で真理は、交わりの内で

生成する真理としてある」[27]ということができるとする。超越者の前では、交わりの未完成、それとともに真理の未完成は消えてしまう。われわれの交わりの真理は、一者を目標としていればこそ、本質的な意味があるのであり、一者を起源としていればこそ、充実を得ているのである。

ところで、理性は、このような無制限の交わりの空間である[28]。けれども理性は、最小限であるにすぎない。なぜなら、交わりの力は、愛から、すなわち歴史的な実存から初めて生じるのであって、なおのこと非歴史的な理性からは生じないからである。非歴史的な理性は、むしろ歴史的な実存から原動力と実現を得る。

理性のもう一つの可能性は、一者の根源に近づくための道として徹底的に分離することである[29]。理性は、悟性の否定的な力を動かす。あらゆるものを包括し、否定的には確実性を度外視し、肯定的には一者に関係づけられるこの理性は、突然存在するすべてのものを、新たな不思議な透明な仕方で再び、今までになく表現豊かに現われさせる。

分離のもう一つ別の様式を、理性は遂行する。永遠なものは、歴史的な形態においてのみ現在となる。歴史性とは、実存的には、時間性と永遠との統一である[30]。この歴史性は、充実と結合とを意味している。われわれは、歴史性と同一のものである。しかし、われわれは、理性を通して歴史性の特質を意識することによって、歴史性を超越する。われわれは、われわれの歴史性の維持の下で、歴史性そのものを通して超歴史的なものへ帰郷することができる[31]。

また、理性は結合し、単なる現存在は分離する。理性は、あらゆる包括的なものに対して開いていて、解明を通してすべての結合を深め、実存の連続性を成就する[32]。

次に決定的に重要な点として、理性は本来そこにあるのではなく、決意を通じてのみ現実となる[33]。理性は、自由から生じる。理性への決意におけるこの一歩、つまり自由、真理、実存的決断の無条件さへの決意と符合するものは、自然、生起、必然的なものと反対の方向へ向かう。これは、負目を引き受けるための選択において、つまり現在の決断において、責任を認めるための決意で

ある。理性は、現存在の見せかけの閉鎖的な実態から存在そのものの現実性への飛躍によってのみ、実存と共に現実となる[34]。

　理性の限界は、一面では理性と無縁なものとして理性に与えられている現存在の実態にあり、他面では実存として理性に極度に理性的に明らかになるように与えられている現実性にある。ヤスパースは、「この実存によって理性自身は支えられているが、他方、実存は理性によって初めて完全な現実になる。理性と実存は、不可分である」[35]という。

　ヤスパースは、何十年か前、キルケゴールの影響の下で、実存哲学ということを語ったが、「今日では、私はこの哲学をむしろ理性の哲学と呼びたい。なぜなら、哲学のこの極めて古い本質を強調することが、急務だと思えるからである」[36]と述べている。というのは、哲学の任務は、理性を獲得すること、悟性の持つ必然性の下で悟性そのものを完全に自己のものとしながら、本来の理性として哲学自身を立て直すことにあると考えるからである。

第5節　闘いにおける理性

　ヤスパースによれば、理性は、抵抗に突き当たるだけではなく、理性を壊滅させようとする反対者にも突き当たる。反対者に向かい合うと、哲学は理性の自己主張になる。批判的に先導する愛しながらの闘いにおける交わりの力である理性は、唯一の反対者に向かい合っている時、論争好きになり、入り込んで質問することや口をはさむことによって思想的に論争好きになる[37]。

　実現と現存と体現とが、理性に導かれた真の充実として、また理性による歴史的な継続における構成として、真実になるか、それとも理性を欠いてまた理性に反対して多様性と任意の別のものになることの散漫と統率のなさにおいて思い違いになってしまうか、これが理性と理性の欠如との別れ道である。真に自己でありうること、すなわち自由でありうること、これが、絶えず繰り返される決断である[38]。これは、真理への道に、つまり自己であり自己として語る人間の究極的な態度に至るまでのこのような素朴な誠実さに、符合する。

ヤスパースは、「理性の哲学と対立するのは、非哲学であるが、しかし非哲学は、哲学することの始まり以来、無力で無価値なものとしてではなく、強大な魔法としてある」[39] という。つまり非哲学というものは、脱線する神話的思考あるいは大きな勢力を持つ魔法として哲学に対立している。魔法とは、たとえば、ニーチェの予言者めいた幻想やマルクスの千年王国論などを指している。「哲学は、魔法からの、すなわちあらゆるさらに荘厳で、科学的に殻に包まれた、詩的に誘惑する魔法の形式からの意識的な転向なしには、真実にならない。」[40]

　ヤスパースによれば、魔術師と魔法をかけられる者との間に強くなる反理性の事象は、科学的な客観性の形式においてその反理性を許し、その反理性の不条理を真剣に受け入れる中途半端な人々や優柔不断な人々によって促進される[41]。この場合の反理性とは、具体的には、ナチズムや共産主義を指していると思われる。非哲学は、理性の自由の放棄をもって、政治的な不自由に対して人間を覚悟させる。人は、理性を放棄したことによって、気づくことなしに、自由を放棄している、とヤスパースは警告している[42]。

　ヤスパースは、哲学においても、理性による思考はしばしば落胆させるように思えるので、次の点には考慮してよい、と指摘している[43]。

　今日、お互いに知らない人と理解し合うことをもっと生み出し、逆説的な仕方で交わりのない孤立の中に追い込むあらゆる交わりの、この包括的な力が、理性であるように見える。

　理性の存在は、理性がまったく存在しないかのように、空気と同じように働く。成長すること、自己自身になること、自分を試すことを可能にする雰囲気だけを造り出す哲学も、空気と同じように理解できない。哲学は、自己思考と自己生成を求め、そのために援助するが、それを進呈しはしない。哲学は、可能性としての自由を前提とする無慈悲さである。

　一種の歴史的な考察は、すべての大きな宗教運動は、根本において何か不合理なものを持ち、まさにこの不合理なものを通してその宗教運動の大きな影響を獲得したということを示しているように思える。

　このような点を考慮すると、理性は幻滅を感じるだけでなく、弱気になる。

弱気に対抗する道は一つしかない。理性信仰を粘り強く回復することだけが、その道である。その根本態度とは、緊張に耐え、希望を失わないことである。知識は、意気消沈しそうなことに直面すると、おそらく反対を表明することができないだろう。「しかし、可能性は理性にとって開かれている、そして可能性にとって準備になること、個人としての可能性を彼のわずかな一部をもって準備することが、理性の闘いである」[44]とヤスパースはいう。

　理性は、自己自身の根源に立脚して生きている。どのような現在にあっても、理性は、決して真理を所有することはないが、真理への途上にいるという意識をもって生きている。ヤスパースは、「それゆえ理性の辛抱強さは、理性そのものによってのみ可能である。理性がその意味において自明である時、理性は、事物の根源に対する基本的信頼、他の人間と自己自身に対する基本的信頼と一つである」[45]と述べている。

第6節　理性と大学

　ヤスパースは、理性を再興し、理性的思考を鍛えるために、哲学の課題を見出す。「哲学の課題は、単調になった社会の宣伝の冷笑に対して、また公開裁判での罪の告白においてその恐ろしい極致に到達する、不条理なものの信仰への堕落に対して、哲学の考え方を通して内面的な抵抗力を強化することである。」[46] つまり哲学の課題は、全体主義へ向かわせる権力と闘うことである。そのためにも、哲学と科学との関係、換言すると、一般的にいって、思惟と認識の方法を明確にすることが、今日の哲学の重大な課題である。ヤスパースは、欺瞞に満ちた全体知に反対して、今日の哲学が遂行すべき課題について次のように述べている。「哲学は、おのおのの個人に、彼は彼自身でありうること、そしてもし彼がこのことを断念するならば、彼は人間であることをやめるということを、忘れないように注意しなければならない。われわれの共同体の未来にとって決定的なことは、思惟が、最も深い責任から発する意志の明晰さにおいて、理性によって現実に達するということである。」[47] 哲学は、理性に基づ

くものであり、理性的思惟を鍛練することを課題として持つ。

ヤスパースによれば、「理性の実現のための理性の闘いは、理性が、認識することを通して心構えをさせられるべきである限りでは、大学で闘いの場を持つ。」[48] すなわち、理性の自覚、理性の実現、理性の闘いは、大学と結びついて行なわれるものである。ヤスパースはいう。「大学では、実り豊かな緊張の中で理性的自覚の最高限度を諸科学の全体において得るために、哲学と神学とがそれらの場所を持っている。」[49]「これが、西洋の理念である。」[50] つまり、西洋の大学の理念は、個別科学における理性的自覚を覚醒させるために、哲学が科学を導くという考え方が根本にあることになる。

だが、大学の理念には、大学の自己批判が必要である[51]。理性のための闘いは、あらゆる科学において行なわれるが、哲学においては最も明白な意識をもって行なわれる[52]。哲学に従って哲学部と呼ばれる学部から、実証主義の時代に、ここに所属していた数学的自然科学部が、哲学を忘れ去ることによって、不合理にも分離されてしまった。今もなお哲学が講じられているのは、中世からの伝統に負うていて、その伝統が維持され、黙って許されているまでのことである。哲学は重視されていない。このようにヤスパースは嘆く。どうしてこのようなことになったのか。その原因を、ヤスパースは二つ挙げている[53]。第一の原因は、現代の思考が多数の専門科学へ分散したこと、理性の広さが単なる悟性の作業になった虚脱状態にあると思える。次に、事実上の近代的理性の広さを満足させる現代哲学の欠乏、この使命に耐えられる哲学者の不足が、決定的な原因である。

ヤスパースは、哲学が軽視される原因は、専門科学への細分化にもあるが、それ以上に近代的理性を継承している哲学者が不在である点にあると考えている。したがって、このような哲学者であることをヤスパースは目標にしてきたともいえる。とりわけヤスパースは、カント哲学における理性を再興することを自分の哲学の課題としてきた。理性を問い、理性を開化させようとする哲学を基礎にして、大学の理念を語らなければならないと考える。ヤスパースは、そのような状況の中では、哲学するということが可能な制度を設ける他に道が

ないと力説する。「西洋にとって、それが大学である。大学は、理性の再現の可能性と理性の働きの可能性を正直に維持する。大学は疑わしいままであるが、大学は現実の機会である。理性のための精神的闘争は、大学を訪れるであろう。大学は、純粋理性の正統な場所である。」[54]

こうして、ヤスパースは、大学が理性をめぐる闘いの場であり、理性を復興する場であると考えるから、大学における哲学の教育と哲学を学ぶことの重要性を指摘する。彼は、諸科学は哲学から発生していると考える。彼によれば、「それゆえ、すべての学生に哲学の内に居住権を獲得させることは、大学の授業の、自明で不可欠な使命であるように思われる。」[55] 彼は、大学における哲学の没落は、哲学の孤立が原因となっていると考える。つまり、近代科学が哲学の代用品としての性格を持ったことによって、大学で哲学に重きが置かれなくなってしまった。しかし、哲学史の知識は、依然として重要な事柄であり、哲学のテクストそのものの内に含まれている諸々の内容に触れることは大切である。だから、大学においては、哲学の講座や演習や図書館は不可欠である。

ヤスパースは、哲学を学ぶかどうかは、学生の自由に任せられなければならないが、大学においても、また高等学校においても、哲学の講義は不可欠であると主張する。哲学の教育を高等学校に任せる場合は、教師の人格性とその哲学的な基本態度が、重要な役割を果たす。「哲学的な学校の授業の意義は、決して後の大学における哲学の学業のための基礎学科講義という意味を持っているのではない。哲学することがおぼろげで自発的に子どもの中で感じられる場合は、それによって一つの道を見出す思想が、子どもに提供されるべきである。」[56] 理性的思惟を鍛錬するためにも、学校での哲学の授業は重要な意味を持つのである。ヤスパースは、「瞑想の精神、貫き通る自省の能力、偏見のない考え方、あらゆる含蓄のある可能性に対する開放性、これらすべては直接に教えられることはできないが、偉大な哲学の理解において目覚まされ、引き出されることはできる」[57] と述べている。

ヤスパースによれば、哲学の指導は、専門科学の研究の基礎の上に、また専門科学の研究の前提の下で行なわれる[58]。哲学の指導は、哲学的な伝統をよく

守る。哲学の指導は、またさらに、思考されたものの見渡せない多くの事柄の中から、単純なもの、本質的なものを見出す任務を持っている。それゆえ哲学の研究は、諸科学の研究と自分自身の生活の実践とを通して行なわれ、伝統の偉大な哲学によって目覚まされる。だから、「哲学の教師は、彼の意味を理性による理性のための闘いに持っている。」[59]

ヤスパースは、大学の理念を実現させるための哲学教授の在り方について次のように述べている。「哲学教授の理想は、他の理性的存在者との生活における一人の理性的存在者の理想である。彼は、自分自身を疑うことを望み、彼は、自分自身に対する異議と攻撃とを熱望し、彼は、それを通してすべての真理があり、またそれなしにはいかなる真理もない、限りなく深まってゆく交わりの中で、互いに語り合うことができるようになることを願う」[60] と。哲学教授は、理性的存在者として、交わりの中で真理を生み出すことを理想とする。この在り方は、まさにソクラテス的教師である。

第7節　反理性と理性の再興

ヤスパースは、マルクス主義と精神分析は両者とも、科学であると主張しているが、科学に不可欠な方法論的な反省が欠落していると批判している。理性の前提には科学性の要求がなければならないが、理性は科学の方法論を制御する。したがって、ヤスパースにとって、全体知による独善的な信仰と見なされるマルクス主義と精神分析は、時代の反理性を代表する。

ヤスパースは、全体知としてある反理性の立場を批判することを通して、自らの理性の哲学の立場を明確に打ち出そうとする。理性は、限りない開放性であり、人間相互の交わりを可能にする。そして理性は、闘いの場を大学に求める。学生が理性的自覚を獲得するためには、大学での哲学の教育が何よりも重要である。哲学は、自己省察のための理性的思惟に他ならず、哲学を学ぶことは、理性を鍛練することである。

こうして、ヤスパースにおける理性と反理性についての考察は、一方では『原

子爆弾と人間の将来』(1958) にも見られるように、反理性である全体知の批判が、全体主義批判と直結する特徴を持っている。つまり、ナチス支配が終わり、第二次世界大戦後の冷戦体制に突入した時代状況に関連する思惟である。その一方で、反理性に対する理性の闘いの考察は、包括者概念が中心にある哲学的論理学に基づく哲学的信仰の立場から展開されている。それゆえ、ヤスパースにおける全体知の批判は、理性の再興を、科学に対する確固とした哲学の位置づけ、その背後にある哲学的論理学及び哲学的信仰の立場、さらに大学における哲学の教育の重要性、と関連づけて考察する契機となっていたと考えることができよう。

注（第Ⅲ部第2章）
1) K. Jaspers, Vernunft und Widervernunft in unserer Zeit. Drei Vorlesungen, R. Piper & Co. Verlag, München, 1950, 3. Aufl. 1990, S. 9.
2) ibid., S. 9.
3) ibid., S. 11.
4) Vgl. ibid., S. 12-15.
5) ibid., S. 15.
6) ibid., S. 17.
7) ibid., S. 17.
8) Vgl. ibid., S. 18-20.
9) ibid., S. 20.
10) ibid., S. 20.
11) ibid., S. 21.
12) ibid., S. 22.
13) ibid., S. 22.
14) ibid., S. 22.
15) ibid., S. 23.
16) Vgl. ibid., S. 23.
17) ibid., S. 23.
18) ibid., S. 24.
19) ヤスパースは、世界史の軸を、紀元前 500年頃の前後に当たる紀元前 800年から 200年の間に生じた精神的過程にあると想定する。この時代に、最も深い歴史の切れ目があり、今日に至るまでわれわれ人間が生きてきた、その人間が発生したと考える。彼は、この時代を、「枢軸時代」と呼ぶ。(Vgl. K. Jaspers, Vom Ursprung

und Ziel der Geschichte, R. Piper & Co. Verlag, München, 1949, 8. Aufl. 1983, S. 19.)
20) K. Jaspers, Vernunft und Widervernunft in unserer Zeit, a. a. O., S. 25.
21) ibid., S. 27.
22) ibid., S. 29.
23) Vgl. ibid., S. 33-34.
24) Vgl. ibid., S. 35.
25) ibid., S. 35.
26) ibid., S. 36.
27) ibid., S. 36.
28) Vgl. ibid., S. 37.
29) Vgl. ibid., S. 37.
30) Vgl. ibid., S. 38.
31) Vgl. ibid., S. 38.
32) Vgl. ibid., S. 40.
33) Vgl. ibid., S. 41.
34) Vgl. ibid., S. 43.
35) ibid., S. 46-47.
36) ibid., S. 50.
37) Vgl. ibid., S. 55.
38) Vgl. ibid., S. 57.
39) ibid., S. 58.
40) ibid., S. 59-60.
41) Vgl. ibid., S. 60.
42) Vgl. ibid., S. 61.
43) Vgl. ibid., S. 61-62.
44) ibid., S. 65.
45) ibid., S. 66.
46) K. Jaspers, Die Aufgabe der Philosophie in der Gegenwart, in:Philosophie und Welt. Reden und Aufsätze, R. Piper & Co. Verlag München, 1958, 1963, S. 12-13.
47) ibid., S. 20.
48) K. Jaspers, Vernunft und Widervernunft in unserer Zeit, a. a. O., S. 66.
49) ibid., S. 66.
50) ibid., S. 66.
51) ibid., S. 67.
52) ibid., S. 67.
53) Vgl. ibid., S. 67.
54) ibid., S. 69.

55) K. Jaspers, Von Studium der Philosophie, in:Philosophie und Welt, a. a. O., S. 21.
56) ibid., S. 25.
57) ibid., S. 26.
58) Vgl. K. Jaspers, Vernunft und Widervernunft in unserer Zeit, a. a. O., S. 69.
59) ibid., S. 69.
60) K. Jaspers, Philosophie und Wissenschaft, in:Rechenschaft und Ausblick. Reden und Aufsätze, R. Piper & Co. Verlag München, 1951, 1958, S. 259.

第3章 ヤスパースにおける カント理解

　本章では、まずヤスパースがカント（Immanuel Kant, 1724-1804）の哲学をどのように理解していたかを考察する。その際、主に次の二つの著作、すなわち一つは、『大哲人たち』第1巻（1957）の「哲学することを生み続けている創立者たち」という分類の中の「カント」についての論述、もう一つは、論文「カントの「永遠平和のために」」（1957）を通して、ヤスパースにおけるカント理解について考察する。その考察で得られた知見などから、ヤスパース哲学においてカント哲学がどのように受容され、どのような影響を与えているかを探る。

第1節　認識解明の構造

　ヤスパースによれば、私が直観的に何かを知る場合、私に何かが与えられているが、それをカントは感性（Sinnlichkeit）と呼ぶ。「感性とは一般に、思考行為を直観的に満たすすべてのもの、狭い意味では感覚的知覚、《内部の感覚》における自己知覚、思考において考えられるが、貫徹されない、おぼろげに存在しているものといわれる。」[1] 感性なくしては、いかなる実在性も存しない。感性は、カントの意味において、そもそも具体的現在であり、これはもちろん決して感覚なくしては存在しない。「空間と時間について、実在性自体としてではなく、われわれに対する事物の直観形式として把握することは、観念論と呼ばれる。」[2]
　あらゆる知覚の中に、すでに悟性（Verstand）が潜んでいる。「悟性は、われわれに現われうるすべての対象的なもの一般の構成において、活動的に働く。

われわれは、実体や原因を考えによって知覚する。このような知覚そのものが、すでに思考である。」[3] われわれにとって存在するすべてのものは、思考される。存在への問いは、思考された存在への問いとなる。「思考されたものの根本形式を、カントは実体、因果性というような範疇、より厳密にいえば、範疇が世界の中の実在的対象の形式を生じさせるので、構成的範疇と呼ぶ。」[4]

　われわれの認識は、感性と悟性という二つの根幹から合成されている。前者によって対象が与えられ、後者によって思考される。両者の根源は、重なり合って頼りにしている。両者の統一が初めて認識をもたらす。「それ自体として考えられる先験的なものを、カントは《純粋》と呼び、それを通して初めて対象が存在する実現を、《経験的》と呼ぶ。」[5] したがって、「主観-客観-分裂は、一方では対象の存在から分けられず、他方では同時に対象そのものの構造の中にある。」[6]

　ヤスパースは、このようなカントの考え方は二元論的であるといわれるが、そうではないと否定する。「カントは、感性と悟性という《二つの根幹》について、両者は《おそらく一つの共通な、しかしわれわれに知られていない根源から発している》というのである。」[7] 確かにカントは、感性と悟性、純粋と経験的、主観と客観というように存在しているものを解明する際、二元的である。「しかし彼がこのようにわれわれの認識の二つの源泉として見出すものは、彼にとって全体としては存在の二つの原理ではなく、これはむしろ一つのわれわれに知られていない根源と見なされる。」[8] つまり、もともとは一つのものであるが、われわれが意識する形では二元的だということである。ヤスパースは、「彼は決して《二元論的世界観》を持っていない。そうではなくて彼は、その中で今後洞察への指針と手段が探求され、見出される解明のために、避けられずに二元論的に思考しているのである」[9] と述べている。

　われわれの現存在は、意識である。意識の解明は、われわれの思考の解明である。ヤスパースによれば、「思考の解明としての意識の解明は、その意図に応じてこの個人としての私にではなく、《意識一般》、おのおのの自我である《自我》に的中する。」[10] 現存在としての存在が意識であり、そしてこの意識が知

識であるならば、われわれが知っているすべては、この現存在の状況、すなわち主観‐客観‐分裂の中で知りうるにすぎない。「私自身は、知りながらこの意識一般としてあり、この意識一般はわかっているが、それ自身は対象として知られていない。」[11] そこで、「意識一般は、何においてわれわれすべてが思考している存在者として一致するかをわれわれに示す。」[12]

ヤスパースは、確かに《われ思う》と、自分自身の現存在（実存）の意識は結びついていると考える。われわれにとって存在するすべては、この実存自身との結合によって現在となり、それとともに実存ですら現在となる[13]。ただ、存在として明らかになり、伝達可能になるものは、意識一般において現われなければならない。「私は、意識一般の諸契機を解明することによって、いかに私にとって近づきうるかという、妥当的に知りうる存在の根本可能性を把握する。」[14] 批判の核心部分である「超越論的演繹」は、主観と客観の関係を扱う。ヤスパースは、「《超越論的演繹》は、カントの理性批判の中心である」[15] と述べている。カントは、非対象的なものにおいて根源を解明する方法を使う。「カントは、彼の思考が当然の思考を踏み越えていることを知っている。彼は、彼の哲学をはっきりと《超越論的》と呼ぶ。」[16]

ヤスパースによれば、カントは対象を心理学的、論理学的、方法論的、形而上学的という四つの見方から語ると指摘している。ただし、心理学的、論理学的、方法論的、形而上学的というすべての特殊な客体化は、むしろ一つの包括的な根本思想の実現の道具、あるいは契機として受け取られるべきである。「哲学的には、四つの様式のそれぞれの独特な表現は、《超越論的》意味で受け取られなければならない。その際、対象的に特別な語義は、四つの表現様式からの翻訳が、一つの超越論的思想の中で起こるように翻訳されるのである。」[17] 哲学的認識は、自分自身の他に何も持たない全体に関係づけられ、科学的認識は、他の対象と対立している特定の対象に関係づけられている。「対象的な認識ではなく、対象的な認識における自己確信が、カントの思想にとって目標でありうる。」[18]

第2節　二律背反

　ヤスパースは、『哲学』第2巻「実存解明」の「第7章限界状況」の部分において、「現存在が至る所限界状況において現存在そのものの内にあるものとしてもろく現われる仕方は、現存在の二律背反的な構造である」[19]と述べている。現存在には、二律背反的な構造があり、対立と矛盾がある。その場合、客観性と洞察を得ようとして努力することは、諸々の矛盾や対立を利用しながら、それの支配者となるために、それと闘うのである。しかしヤスパースはいう。「それと反対に、克服することのできない不一致や、解放されないばかりか確かな思惟の下で深まるのみである矛盾や、決して全体とならないばかりかむしろ取り返しのつかない断絶としてある対立、などをわれわれは二律背反（Antinomien）と呼ぶ、現存在の二律背反的な構造は、解決がただその都度現存在における一定の対立について有限なものでしかあり得ないということを意味する」[20]と。つまり、矛盾したり対立したりする二つの概念の関係が二律背反であり、現存在は二律背反的な構造を有している点に特徴があると、ヤスパースは考える。

　このような限界状況において、価値の高いものが、それ自体価値のない諸条件と結びついている。ヤスパースは、「自由は隷属と結ばれ、交わりは孤独と結ばれ、歴史的意識は普遍的なものの真理と結ばれ、可能的実存としての私自身は私の経験的な現存在の現象と結ばれているのである」[21]と述べている。

　二律背反が限界状況である限り、われわれは二律背反から逃れることはできない。ヤスパースは、「けれども私は、実存する者として、二律背反の限界状況の内でのみ私となることができる」[22]という。したがって、二律背反の限界状況の中でのみわれわれはわれわれ自身となりうる。つまり、二律背反の世界においてこそ、実存は存在しうる。ヤスパースは、「現存在なき実存はない」[23]といい、また「私にとって現存在なき超越者はない」[24]ともいうのである。

　さて、ヤスパースは、『大哲人たち』第1巻におけるカントに関する考察の中でも、もちろん「二律背反」について言及している。「カントが《1769年が私に偉大な光を与えた》と自分自身で書き留めた時、彼は二律背反の発見の方

法を考えた。ここに批判に基づく超越論的思考の独自の出発点があった。二律背反論は、さらに続くカントの批判的著作を通して独自の主要部であり続け、有効な形式として進んだ。」[25] ヤスパースは、二律背反の概念をもってカント哲学の独創性を特徴づけると考える。「こうしてわれわれは、カントの道に、二律背反の根源、二律背反の解決、さらにわれわれの全体としての存在意識に対するこの見解の意義を見なければならない。」[26] つまり二律背反は、われわれの理性そのものの構造に存し、純粋理性は二律背反によって分裂する。カントがいうように、悟性から理性へとこのように越えて行くことに、二律背反の根源がある。

ヤスパースによれば、二律背反の解決は、カントによって決定的に与えられている。「二律背反の解決への鍵は、世界の中でのわれわれの現存在の現象性格への洞察である。われわれに現われるすべては、現象であり、事物自体ではなく、現象体（Phänomenon）であり、可想体（Noumenon）ではない。」[27] もし世界が事物自体であって、現象でないならば、独断論的思弁の原則は正しい。だがその時は、二律背反は解決できないであろう。ヤスパースは、「しかし世界が現象であるならば、二律背反は解決できる」[28] と述べている。その際、解決は、二つの仕方で行なわれる。一つの組では、定立と反定立の両方とも誤りであり、第三のものが存在する。他の組では、両方とも正しく、定立は英知界に対して、反定立は現象界に対して正しい。「超越論的観念論が、二律背反の解決を可能にするということは、カントにとっては一つの実験の成功のようである。超越論的演繹における世界の現象性のための直接的証明は、二律背反からの間接的証明によって確認される。」[29]

カントの思考法は、一つの立場に堕落することなく、二律背反のすべての対立に浸透する。より厳密にいえば、その結果、この浸透は、彼がその根源を見抜くこの思想を自由に支配する。「経験可能なものと超感性的なものとの区別による、必然的な二律背反の設定とその解決との形式は、カントにとっては、道徳律や、美や、生き物の認識の批判的な解明を継続するための手段である。理性にとって、解決できない反定立が現われるが、それらは世界の公開の思想

で解ける。」[30] こうしてカントは、純粋理性における二律背反による分裂に対して、実践理性の優位を説き、良心に従って生きることを重視する。

ヤスパースは、次のように述べている。「ところで、次の点は注目すべきである。すなわち、カントは、彼自身の行為についての問題を体系的に設定しなかった。彼は一度も《超越論的方法》という表現を用いず、《批判的方法》といい、超越論的哲学について語る」[31]と。

第3節　理念と道徳的行為

理性は、悟性を越え、悟性を指導するよう規定されている。ヤスパースは、カントが理性の能力を次のように理解していると指摘する。「理性の能力を、カントは第一に理念の有効性（理論理性）、第二に道徳的行為（実践理性）、第三に美の直観（美的判断力）において示す。」[32] まず、理性の理念とは次のようなことを意味する。「理念とは、一つの対象を獲得することがなく、科学的認識のために積極的な意義を持ち、科学的認識を有意義な行為として全般的に初めて可能とする。」[33] すなわち理性の理念は、われわれの理性自身の本性を通して、なんといってもわれわれに課せられている。

ところで、行為において、われわれは選択する。行為は、道徳律に従うべきであるが、しばしば道徳律に従わない。この道徳律は、周知のように命令において現われる。命令は、二通りの仕方による。仮定の命令は、一つの目的の前提の下で妥当する。定言的命令は、形式的である。ある状況に適用するためには、定言的命令はさらに《実践的判断力》を必要とする。このことの意味は、あなたが行為する場合、世界はそれがあるように存在するのではなく、あなたが行為しつつ世界を共に生み出すということを意識しなさい、ということである[34]。真に存在するものを、あなたは認識によってではなく、行為によって経験するのである。

人間は、感性においては、道徳的な自覚が欠けている。感性的存在者としての私は、習慣、伝統的慣習、傾向、無思想の自明性を扱う。そこから中へ稲光

第3章　ヤスパースにおけるカント理解　217

のように理性の思想が打ち当たる。私が盲目的に生きていることが明白になる。しかしこの理性の思想は、感性的存在者としての私にとって、それが成就する現存在の現実の中で、その内容を獲得しなければならない[35]。したがって、「すべての有限で理性的な存在者にとって、道徳律は義務の法則である。人間への愛から善を行ない、秩序への愛から正義であることは美しいが、これだけでは十分でない。われわれはそれに加えて、われわれの行為の道徳的格律を必要とするが、これは理性的存在者の下で人間としてわれわれの立場に妥当する。」[36]

　さて、定言的命令は、何を根拠とする命令であろうか。ヤスパースによれば、「定言的命令は、人間が無力であるがゆえに従わなければならない無関係な命令として、人間に立ち向かうのではない。むしろそれは、理性的存在者が理性一般として自分自身に与える命令である。ここに理性自身による、また同時に理性以上のものによる、理性の拠り所の要点がある。」[37] そして、道徳的行為においては、自由が前提とされている。定言的命令は、理性が自分自身で洞察する原則をいい表わしている。私がなすべきならば、私はまたなしうるのでなければならない[38]。こうして自由は存在する。自由は、認識に対する出来事として存在するのではなく、私の行為による現実として存在する。自由な行為は、何ら時間的な起源を持たず、一つの無時間的な理性の起源を持つ。永遠なものが、時間の現象の中で決定されるのである[39]。しかし自由の現実を、カントは実践的な原理によって、その原理の使用において確信している[40]。

　カントの哲学することは、悟性を失うことなく、悟性をもって悟性を越える哲学的思考の一つの新しい形態である。悟性を越えることは、自分自身に法則を与える《反省的判断力》として、それで一つの対象を定めることなく実現する[41]。悟性は、意識一般の《正当性》である。理念において、道徳的なものにおいて、美的なものにおいて、正当性を越えて初めて真理をもたらす現在がある。カントによれば、真理は全体としてのみ存在する。理性から確信へと至る唯一の原理は、理性の特有な《完全性》のための補完ということである[42]。「理性の補完の欲求の中心に、道徳的なものがある。道徳的行為は、たとえ神が存在せず、霊魂不滅が存在せず、まったくその行為が宇宙の全体で無意味であり

続けるにせよ、確かに同等の基準の下に立ち、その行為の独特の尊厳を持つであろう。道徳的行為は、根拠や目的がなく、信仰や希望がなくても存在するであろう。それゆえ、道徳的行為には、神が存在し、霊魂不滅が存在するという《要請》(《実践理性の要請》)が出る。」[43]

カントは、神が存在するか、あるいは霊魂は不滅かということについて説明はできないが、もし神が存在し、霊魂が不滅であるならば、そのことによって、人間は道徳的行為をなさざるをえないと考える。したがって最高善を実現するためには、神の存在と霊魂不滅が要請される。つまり神が存在し、霊魂不滅であることへの実践理性の要請は、人間が定言的命令により良心に従って生きる際、良心の背後に神が存在するという考え方に基づいているのである。

第4節 思考法の革命と理性の限界

ヤスパースは、カントにとって哲学することの意義とは何かについて、端的に、「哲学とは、カントにとって《思考法の革命》である」[44]と述べている。人間の考え方を変革することが、カントの生涯に偉大な意味をもたらした。「カントが自分の生涯に歩んだ道は、それ自体が哲学することの証明であり、道の証明であるが、哲学することは道を見出した。」[45] 考え方を変える際、理性の役割を問うことが中心的課題となった。したがって、「思考法の革命は、理性そのものの本質である。」[46]

新たに形を与えられたカントの根本知は、人間の状況を明らかにする。すなわちわれわれは、あらゆる思考法の限界を把握することができる。われわれは、理論的に未解決の存在意識のために自己教育を見出すのであり、この存在意識の広がりの中で、道徳的行為の実践的無制約性が可能であり、またその行為の意味を理解する[47]。

ヤスパースによれば、カントは、信仰において認識として現われたものの根拠を問うたのである。したがって、「カントの全著作を通して、普遍妥当性としての客観性の基礎づけが進んでいる。」[48] カントの理性的な態度に対立する

ものは何かについて、ヤスパースは次のように述べている。「唯一の元来和解できないカントに対する敵は、理性が限界を持つため、理性が限界の中で留まるのみならず、不可避的に精神的暴力と結びついた反理性的な客体化への満足を通して、理性を破棄しようとする態度にある。」[49] カントの確固とした方法で理性の限界を悟らせることは、われわれに与えられた現存在の穏当の中で生きること、それから理性の限界から理性自身がさらに成長し、より深く満たされることを要求する。

　そこから、カントの次の命題がある。「すなわち、人間は《哲学を学ぶことができるのではなく、哲学することのみを学ぶことができる》、そして《まさに哲学することの限界を知ることにおいて哲学が存立する》。」[50] われわれの中に隠されている要求、すなわち感性的肉体的に所持することが問題であることは、われわれに非感性的な理性の無力さを感じさせるかもしれない。しかしカントは、彼に道徳律、理念、生命、美を通して、常に神との関係を経験させる理性の中に、逆のものを見ている。すなわち、ここに彼は真の力を見て、ここに真の力が現実的に存在する。

　理性は、自らが行なうことを、自分自身に負うべきである。「それゆえ理性は、恩寵による救済というあの超感性的可能性を否定しないだけではなく、理性の欠乏の補完として恩寵を考えているのである。」[51] われわれにとってみれば、理性はあくまで自己自身に拠っている。ヤスパースは、「理性はいつまでも、避けられず、時間的現存在において何物によっても越えられるべきでない試練の媒体である。理性は、どこでも盲目的な、すなわち無思慮な、あるいは思考を制限する服従を拒む」[52] と述べている。すなわち理性は、哲学する際に、自ら主体的に思考する不可欠の根拠である。ヤスパースは、哲学史におけるカントの位置づけに関して、「昔から独立した哲学の高い要求である理性は、カントによって例のない深みを獲得した」[53] と強調する。

第5節　政治的歴史観

　ハンナ・アーレント（Hannah Arendt, 1906-1975）は、『カント政治哲学講義』において、カントは政治哲学についての著作を書いていないと指摘している。それは、カントの内に政治哲学は存在するが、他の哲学者たちとは違って、カントはそれを書かなかったという意味である。そしてアーレントは、はっきりしていることは、「そもそもカントの政治哲学なるものがあるとすれば、私たちはそれを、通常「カント政治哲学」というタイトルの下に集められるごく少数の論文だけでなく、彼の著作全体の内に見出せるはずだ、ということです」[54]と述べている。アーレントは、こうしたカントの政治哲学についての捉え方を前提とした上で、「カント哲学全体を扱っているあらゆる著作の中で、唯一ヤスパースのものだけが、その少なくとも四分の一をこの特定の主題に当てています」[55]という。ヤスパースのものとは、『大哲人たち』第1巻の「カント」についての論究を指している。その該当する箇所は、「第6章政治と歴史」の部分であり、この部分でヤスパースは、カントの政治的歴史観の観点から、共和的体制、永遠平和、公開性等について考究している。

　ヤスパースによれば、歴史、すなわち最初と終末の間の道は、出来事であると同時に自由な行為でもある。そして、善はあらゆる人間にとって、いつでも可能である。その場合、カントは、最高善との関連において、世界と歴史の目的をどのように捉えているであろうか。ヤスパースは、「世界の中で現実となる目に見えない霊界の統一での最高善を、カントは《究極目的》と呼ぶ。歴史の時間性の中で完成の目標として無限なものへの理念の下で求められるものを、彼は《最終目的》と呼ぶ」[56]と述べている。最高善は、根源的存在者の支配の下でのみ可能である。この究極目的は、われわれの実践理性の要請であり、霊魂不滅の理念をもってのみ満たされるべきである。それに対して、世界の中には究極目的は存在せず、最終目的が存在するにすぎない。ヤスパースはいう。「最終目的は、人間の究極目的ではない。このことは、歴史は歴史の上位の制約の下に存立するということを意味する。換言すれば、全体の歴史過程は、そ

れ自体で完了せず、人間の最終目的でありえないということ、あるいは歴史は神性ではないということである」[57]と。

カントは、政治的歴史観の根本思想を具体的な観点から示している。「第一に《市民社会》の理念の構成において、第二にそこへ至る道として啓蒙の方法を示すことにおいて、第三に彼特有の時代の解釈においてである。」[58]市民社会の創設、保管、発展は、人類の最も崇高な課題である。市民社会では、最も重要な自由が、したがってその成員たちの例外のない敵対が、この自由の限界の最も厳密な規定と結びつけられるべきである。

ヤスパースによれば、「共和的体制だけが、市民的制度の名に値する。」[59]その場合、統治方式とは、憲法を意味する。共和的統治方式は、行政権を立法権から分離することを原理とする。市民社会（共和的体制）の政治を規定するのは、幸福の原理ではなく、法の原理である。理性にとっては、永遠平和の理念の下で行為することが義務である。

そこでカントは、永遠平和の理念から二つの考察方法を実行する[60]。第一に、カントは、本性の意向から永遠平和へ導かなければならない必然的拘束を見ている。第二に、だがカントは、本性の意向の必然的拘束は、自動式に作用するのではなく、人間の自由を通して初めて作用すると見ている。「純粋な平和への意志の諸前提は、自由な法治国家においてのみ可能である。」[61]カントが世界平和の秩序のために目指す世界市民的社会は、自由な法治国家であることを条件とする一つの理念である。

ヤスパースは、カントが求める自由な法治国家は、歴史の必然性とその思想の絶対性に基づく全体知と全体計画に対立することを指摘する。すなわち、「われわれの意志の限界は、われわれは決して全体を知らないということである。」[62]すべての計画は、理性に基づき自由の中で実現されるべきである。したがって、「われわれにとって、すべての計画、権力に応じるすべての努力は、われわれが理性的であるとともに道徳的である限り、道徳的要請の基準の内と基準の下にある。」[63]

ヤスパースは、カント哲学が、理性に基づく自由を根拠とする観点から、全

体知や全体計画に支配される専制政治と反対の立場にあることを強調する。「カントの哲学は、ドイツ観念論の思想体系をもって始まり、マルクス主義を経て全体知と全体計画の実践へ誘導した総体に対立している。カントの思考には自由が、したがって自由の限度の意識を伴う実践の真剣さのための能力、理念の指導の下での現実で立場を認識する能力が特有である。」[64]

ヤスパースによれば、カントはわれわれの歴史的現存在を、経験の始めと終わりを示さない進路の小部分と見る。「カントの理性的思考の情念は、彼の哲学そのものであり、その哲学をもって彼は自分自身を大きな歴史の動きの中で心得ている。この哲学は、それ自身が政治の一要素であることを望む限り政治哲学であり、またこの政治的思考が、自由な理性的自己理解の途上において、実践的根拠に基づいて超感性的なものの中で経験し、思弁的に思考される至高の存在に義務づけられる限り、政治哲学である。」[65] ヤスパースは、カント哲学は自由と理性に基づく政治哲学の要素を持っていると理解している。

ヤスパースは、カントの言葉を次のように理解している。「《人は決して哲学を学ぶことはできず、せいぜい哲学することを学ぶことができるにすぎない。》この言葉についてカントは、学者が歴史的知識を学ぶように、人はある哲学を確かに学ぶことができるというのである。」[66] したがって、ただ歴史的に哲学について教えられるだけではなく、哲学することを望む者は、すべての体系をただ理性の使用の歴史と見なし、訓練のための対象として用いなければならない。

カントは、《学派概念》としての哲学と《世界概念》としての哲学を区別する。「人間理性の最終目的の学である、世界概念へ向かう哲学だけが、《哲学に威厳、すなわち絶対的価値を与える》、《高貴な概念》である。」[67] つまりカントにとって、世界概念へ向かい、究極目的を目指す哲学こそが、真の哲学である。「われわれの多くの目的は、なお最高目的ではない。究極目的のみが、唯一の目的でありうる。この目的は、《人間の全体の使命であり、これについての哲学は道徳と呼ばれる》。」[68] つまり究極目的は、神を根源とする最高善である。それに対して、「世界概念での哲学は、《すべての人間に関係する》哲学である。」[69]

ところで、ヤスパースによれば、カントにおいては、公開性は、社会生活の制度にとって、決定的である。というのは、伝達可能性と拘束のない伝達が理性の本質だからである。伝達の自由は、思考そのものの自由の前提である[70]。伝達なくしては、思考は個人の狭さと主観的なものの誤りの内に留まる。公開性は、国家制度において権利の特別な条件である。公開性なくしては、正義の実現はうまくいかない。あらゆる権利の主張は、個々のことにおいても、原則的なことにおいても、公然の告知の資格を持たなければならない。「そこで市民は、市民にとって公共の制度に反して不正と思われることについて、自分の意見を公然と告知する権利を持たなければならない。」[71]

　ヤスパースによれば、カントにとって歴史的意識は、政治的事件との関連において成長したが、その大きな転換点はフランス革命であった。フランス革命はカントにとって、人間の進歩の現実のための徴候であり、哲学的事件であった[72]。1795年のバーゼルの平和条約が、彼の「永遠平和のために」という論文の外的原因となった。

　ヤスパースは、カントが独特な時代の政治的状況の中で期待した自由は、理性の自由であり、また政治的自由であったと考える。ヤスパースは、「この現実の理性の自由と政治的自由は、重なり合って頼りにしている」[73]という。理性の自由と政治的自由を可能にする体制は「共和的統治方式」であるとカントは考えていた。その際、「ただ《代議制》だけが、《共和的統治方式》を可能にする。この制度なしには、あらゆる統治方式は、あらゆる体制で、専制的で暴力的となる。」[74] 議会を設け、国民が選んだ代議士が政治を行なう体制こそ、独裁体制に対峙するとカントは考えた。

　ヤスパースは、カントがそのような政治体制を志向する際、道徳性の進歩についてどのように考えているかを、次のように述べている。「道徳性の進歩は一般に、合法性における進歩、生活秩序と生活形式における進歩、全般的な状態を通して個人にとって明らかになる軌道における進歩として、解釈されるべきである。道徳性の進歩は、個々の人間において、いつでも絶えず新たに根源的に《思考法の革命》において実現する。」[75] すなわち、道徳性の進歩は、人

間が理性を信頼し、理性に基づき行為をすることによって現実的となる。

　ヤスパースは、ドイツ観念論の完成者といわれるヘーゲル以降の哲学が、二つの大きな流れに分裂していくことについて、次のように述べている。「マルクスとキルケゴールは、両者ともヘーゲルから出て、対立した道を進む。マルクスは、人間の救済を社会に見出し、キルケゴールは単独者に見出す。カントの思想は、両方の可能性を含んでいる。」[76)] ヤスパースは、カント哲学に両者を統合した要素を見るが、それは批判的理性の基本的な態度によるのである。「後世の人たち（キルケゴール、マルクスその他）は、彼らの重要な精神的形成物の光彩の中で——異なっている方向へあたかも爆発しながら——批判的理性の基本的態度を失ってしまったが、この批判的理性の基本的態度は、人間の現実性の構成における連続性の諸条件を満たす。」[77)] すなわち批判的理性は、全体知と全体計画に対立し、理性の自由と政治的自由を要求する。

第6節　永遠平和のために

　ヤスパースは、論文「カントの「永遠平和のために」」において、国家が法によって統治されることを大前提としている。ヤスパースは、「法治国家だけが、お互いに永遠の平和において生き続けることができる」[78)] と述べている。その際ヤスパースは、カントが法による支配は、共和的統治方式において可能になると考えていることを重視する。ヤスパースは、共和的統治方式について次のように述べている。「《共和的》ということを、カントはある国家形態（民主的、貴族的、君主制の国家形態というように）と理解しているのではなく、統治方式として理解しているのである。共和的統治方式の反対は、専制的統治方式である。共和的統治方式は、第一に社会の一員としての自由の原理に従って、第二に共通の立法へのすべての人々の依存の原理に従って、第三に平等の法則に従って、設立される。そのような体制の下で生きている人間は、人間として自由であり、臣民としてと同様に国民として、共通の立法に依存している。《市民的》ということを、カントは貴族や無産階級に対する一つの階級として理解

しているのではなく、自由な共同体の一員としての国民のすべての人々の属性として理解しているのである。」[79]

　この共和的体制は、次の三つの特徴によって性格づけられる。「すなわち、第一に、人権を保障する（多数に従属しない）法的に規定された自由であり、——第二に、三権分立であり、第三に、（自由な選挙に結びつけられた）代議制である。」[80] 平和は、諸制度を執行する関与者の実際の正義の心情によってのみ永続しうる。「カントは、法がそこから発する道徳的存在者へ人間が変化するという前提の下でのみ、平和を望ましいものと見なした。」[81]

　ヤスパースは、カントにとって平和は、共和的統治方式と理性を基盤とすることを読み取っている。「カントによれば、平和にとってすべてのことは、諸国家の内的体制（その統治方式が《共和的》であるということ）にかかり、その諸国家間でだけ平和は存続しうる。このような体制は、人間の内的本性、すなわち人間の理性から生じる。」[82]

　ヤスパースは、カントが永遠平和を実現するためには、共和的体制が基盤となり、共和的体制の諸国家の関係は、法に基づく関係であるが、専制体制の国家との関係はそうはならないと指摘する。「カントにとって、合法的に自ら望んだ法律によって（共和的に）統治された諸国家は、その諸国家と合法的な状態へ入るか、その近隣から遠ざかるかという二者択一の前にその隣国を置くことしか、残されていない。」[83] そこでヤスパースは次のように述べている。「カントの頭に浮かぶのは、地球を包括する秩序の思想、すなわち自由で共和的に統治された諸国民の連盟の範囲の外にある最小限の秩序の思想である。」[84] つまりこれは、共和的体制の諸国家による世界秩序を意味する。

　そしてヤスパースは、カントが永遠平和を実現できると考える世界秩序について次のように述べている。「こうして次の選択のみが残っている。すなわち、専制政治によって自由が必ず抑圧される世界国家の平和の静寂か、あるいはまったく常に戦争の危険が残っている、法による平和への自由な発展の状態かである。カントは、後者の道を採ることに決める。なぜなら、この道においてのみ人間は、生存の現存在が尊敬に値する道徳的存在者となるからである。」[85]

ヤスパースは、カントの永遠平和のための思想について、一部の国家が原子爆弾を保有し、核戦争の危機に直面する今日的状況から次のように述べている。「カントの思想は次のようなものであった。すなわち、人間における自然現象の強制的な必然性、すなわち《自然の機構》は、平和を保障する法的状態が成立する善への自由に対して道を開く。万人の万人に対する暴力の結果としての窮状において、不安は人間を国家的な法的状態に連れ出した。戦争の窮状で人間は、確かにゆっくりと、しかも無限の接近においてのみ、永遠平和の設立へ導かれる。不安は、まずしばらくの間ごとに戦争を防止するが、戦争はそれからより大きな安全性を伴う法によってますますまれになるであろう。すなわち、人間が強制的な状況によって法の思想を自分たちのものにする時、平和は存在するであろう。」[86] すなわちカントは、世界中の諸国家が共和的体制となり、法により統治され、諸国家が法の支配によって関係を維持することにより平和は実現できると考える。

　ヤスパースは、「人間は、カントが理解した《思考法の革命》によって変わる場合にだけ、破滅しないであろう」[87] と述べている。すなわち人間は、理性を信頼し、批判的理性に基づく自由を保障されてこそ、永遠平和への道を歩むことができるのである。

第7節　ヤスパース哲学におけるカントの影響

　ヤスパース哲学は、実存哲学と称されるように、実存概念は彼の哲学を特徴づける。ヤスパースは、1913年に初めてキルケゴールの著作を知ることになり、キルケゴールの実存概念あるいは単独者概念から大きな影響を受けることになった。実存哲学は、人間の非合理的側面に注目し、理性への不信に根差している部分があることは否定できない。しかし、ヤスパース哲学は、実存哲学であるとともに、理性への回帰を志向する哲学として展開する。

　ヤスパースは、『哲学的自伝』（1957）において次のように述べている。「私は《実存》の概念をキルケゴールに負うているが、この概念は、私にとって

1916年以来、その時まで私が動揺の中で骨を折ったものを理解するために、基準となった。しかし、さらにカントを通じてだんだん明らかになった理性の概念と理性の要求とは、実存の概念と同等の勢力によって存した」[88]と。

　理性は「全体的な交わりの意志（der totale Kommunikationswille）」[89]として、人間相互の交わりを実現し、真の交わりである実存的交わりを可能にする。理性が、包括者の諸様式を自覚させることができ、実現することができる。したがって、現存在・意識一般・精神から実存へと飛躍する過程である自己生成も、理性を基盤にして可能になるといえよう[90]。このように、包括者の諸様式の紐帯としての理性の役割に、カントの批判的理性の影響が見受けられる。

　また、ヤスパースは、限界状況において、現存在の二律背反的な構造を捉える。つまり、現存在における矛盾と対立を二律背反で理解する。ヤスパースによれば、死と苦悩の限界状況、闘争と負目の限界状況は、個別的な二律背反を示す。同じように、自由と隷属、交わりと孤独、歴史的意識と普遍的なものの真理は結ばれている。

　カントが、理論理性である純粋理性は二律背反によって分裂するので、実践理性の優位を説く点は、ヤスパースが現存在の二律背反的構造を前提としつつ、それを超越して理性に基づく実存として生きることに通じると考えることができる。

　ところで、ヤスパースの政治哲学は、第一次世界大戦、第二次世界大戦というドイツにとって未曾有の危機の中で形成され、またヤスパースはカントと比べ、生きた年代も160年程違うが、カントの思想の影響ではないかと思われる部分が多く見受けられる。ヤスパースは、カントがいう「共和的統治方式」を、今日の民主主義の基本的要件を備えている政治体制と見ている。共和的統治方式に対立するのは、専制的統治方式である。共和的体制の特徴は、第一に人権を保障する法的に規定された自由であり、第二に三権分立であり、第三に自由な選挙による代議制である。また、カントは、世界中の国家が共和的体制となれば、諸国家同士が合法的な関係に入り、そうした世界秩序によって永遠平和を実現できると考える。

ヤスパースにおいては、自由の問題は、実存的自由の解明にあったが、実存的自由は国家が政治的自由を保障した場合に実現できる。それゆえヤスパースは、すべての国の国民が、主体的に真理を探究することができ、政治的自由が保障されることにより、世界平和が実現すると考える[91]。

　ヤスパースは、カントがいう共和的統治方式を、理想的な国家体制である民主主義の基本と捉えている。民主主義は、人間の理性に基づく政治体制である。この理性は、実存と結びつき、実存は主体性を有し、自己の決断によって道徳的行為を遂行することにおいて、現実的となる。ヤスパースが、あらゆる国家において、主体的真理の探究が可能で、政治的自由が保障されることによって、世界平和が実現できるという考え方は、カントが世界中の国家が共和的体制となって、その諸国家による世界秩序によって永遠平和が実現できるという考え方と合致する。

　ヤスパースは、カントから学んだ理性概念によって、実存と理性は相互に依存する概念であることに気づき、彼の哲学は、非合理主義的傾向が強いという意味での実存哲学を、理性の力によって克服する方向へと発展していった。ヤスパースは包括者存在論によって、常に理性が持続的に支えている自己生成の過程を論理学的構造によって開示しようとした。

　こうしたヤスパースにおける理性概念の重視は、シュナイダース（W. Schneiders）や重田英世の指摘を待つまでもなく、ヤスパース哲学の最も重要な基盤がカント哲学にあること、そしてその意味でヤスパースはカント主義者であり、現代のカントといっても過言ではないことを示している[92]。この点に関して、ザラムン（K. Salamun, 1940-）は、「ヤスパースが理性のダイナミックな機能を強調することによって、ヘーゲルの理性哲学の伝統においてではなくて、カントの理性概念の中で理解される」[93]と考えている。したがってザラムンは、ヤスパースがカントの理性概念に依拠しているという理解に立ち、「ヤスパースの諸思想が自由主義的で啓蒙主義的な思惟の伝統に基づいている」[94]ことを考究している。つまりカント哲学の強い影響を前提としてこそ、ヤスパース哲学が自由主義的で啓蒙主義的な傾向を有していることを語りうるのであ

る。こうした背景から、ザラムンが、「ヤスパースは自らの哲学する行為を、1950年からはもはや実存哲学としてではなく、理性の哲学（Philosophie der Vernunft）として理解されることを望んでいる」[95]ということもうなずけるにちがいない。

ヤスパースは、『大哲人たち』第1巻の「カント」についての論述の最後の部分で、「カントの叙述は、この本の中で最も困難なものである」[96]と述べている。この記述について、重田英世が邦訳書『カント』の「解説」の部分で指摘している[97]ように、カント哲学が難解であることに留まらず、おそらくヤスパース哲学が、理性への確信という点においてカント哲学と親近性を有するがゆえに、ヤスパースにとってカント哲学の解説とカント批判についての論述が書きにくかったものと思われる。

ヤスパースにおける理性の重視は、カントからの影響であることが明瞭になる。具体的には、ヤスパースにおける理性を紐帯とする包括者概念、理性に基づく民主主義を理想とする政治哲学や平和論は、その思想の萌芽ないし起源をカントの思想に見ることができる。ヤスパース哲学は、単独者としての実存の哲学から出発し、実存による交わりの哲学からさらに理性の哲学への展開が見られる。これは、ヤスパースがカントから学んだ理性概念を根拠として発展した、実存の倫理性の帰結と考えられる。

ヤスパースにおける実存は、理性を根拠に他者との交わりへ入り、理性に基づく民主主義においてその形成者として自覚して歩む自己存在である。それゆえ実存は、道徳的行為を遂行する主体的存在であり、このことは同時に、カントがいう実践理性の核心である良心に従って生きることと同様の意味を有するといえよう。

注（第Ⅲ部第3章）
1) K. Jaspers, Die großen Philosophen. Erster Band, R. Piper & Co. Verlag, München, 1957, 3. Aufl. 1981, S. 418.
2) ibid., S. 420.
3) ibid., S. 424.

4) ibid., S. 426.
5) ibid., S. 429.
6) ibid., S. 429.
7) ibid., S. 429.
8) ibid., S. 430.
9) ibid., S. 430.
10) ibid., S. 430.
11) ibid., S. 432.
12) ibid., S. 433.
13) Vgl. ibid., S. 434.
14) ibid., S. 434.
15) ibid., S. 438.
16) ibid., S. 439.
17) ibid., S. 443.
18) ibid., S. 450.
19) K. Jaspers, Philosophie II. Existenzerhellung, 1932, Springer-Verlag Berlin·Heidelberg·New York, 4. Aufl. 1973, S. 249.
20) ibid., S. 250.
21) ibid., S. 250.
22) ibid., S. 251.
23) ibid., S. 253.
24) ibid., S. 254.
25) K. Jaspers, Die großen Philosophen. Erster Band, a. a. O., S. 453.
26) ibid., S. 454-455.
27) ibid., S. 457.
28) ibid., S. 457.
29) ibid., S. 458.
30) ibid., S. 458.
31) ibid., S. 461.
32) ibid., S. 465.
33) ibid., S. 465.
34) Vgl. ibid., S. 482.
35) Vgl. ibid., S. 483.
36) ibid., S. 485.
37) ibid., S. 486.
38) Vgl. ibid., S. 493.
39) Vgl. ibid., S. 494.
40) Vgl. ibid., S. 497.

41）Vgl. ibid., S. 507.
42）Vgl. ibid., S. 508.
43）ibid., S. 508.
44）ibid., S. 515.
45）ibid., S. 515.
46）ibid., S. 517.
47）Vgl. ibid., S. 518.
48）ibid., S. 524.
49）ibid., S. 526.
50）ibid., S. 527.
51）ibid., S. 533.
52）ibid., S. 533.
53）ibid., S. 533.
54）H. Arendt, *Lectures on Kant's Political Philosophy*, edited and with an interpretive Essay by Ronald Beiner, the University of Chicago Press, 1992, p. 31. ハンナ・アーレント著、ロナルド・ベイナー編、仲正昌樹訳『完訳　カント政治哲学講義録』明月堂書店、2009年、59頁。
55）ibid., p. 7. 同上訳書、18頁。
56）K. Jaspers, Die großen Philosophen. Erster Band, a. a. O., S. 545.
57）ibid., S. 545-546.
58）ibid., S. 546.
59）ibid., S. 547.
60）Vgl. ibid., S. 555-556.
61）ibid., S. 556.
62）ibid., S. 561.
63）ibid., S. 561.
64）ibid., S. 561.
65）ibid., S. 563.
66）ibid., S. 564.
67）ibid., S. 566.
68）ibid., S. 566.
69）ibid., S. 566.
70）Vgl. ibid., S. 569.
71）ibid., S. 570.
72）Vgl. ibid., S. 571.
73）ibid., S. 572.
74）ibid., S. 573.
75）ibid., S. 581.

76) ibid., S. 584.
77) ibid., S. 584.
78) K. Jaspers, Philosophie und Welt. Reden und Aufsätze, R. Piper & Co. Verlag, München, 1958, 1963, S. 100.
79) ibid., S. 100.
80) ibid., S. 101.
81) ibid., S. 103.
82) ibid., S. 103-104.
83) ibid., S. 104.
84) ibid., S. 106.
85) ibid., S. 106.
86) ibid., S. 133-134.
87) ibid., S. 134.
88) ibid., S. 390.
89) K. Jaspers, Von der Wahrheit, R. Piper & Co. Verlag, München, 1947, 3. Aufl. 1983, S. 115.
90) 豊泉清浩『ヤスパース教育哲学序説――ボルノーからヤスパースへ：自己生成論の可能性』川島書店、2001年、271頁、参照。
91) Vgl. K. Jaspers, Wahrheit und Bewährung. Philosophieren für die Praxis, R. Piper & Co. Verlag, München, 1983, S. 158-171.
　豊泉清浩「ヤスパースにおける「自由」概念に関する一考察――道徳教育との関連において」、『文教大学教育学部紀要』第51集、2017年、257-268頁、参照。
92) Vgl. W. Schneiders, Karl Jaspers in der Kritik, H. Bouvier u. Co. Verlag, Bonn, 1965. 重田英世『ヤスパース』（人類の知的遺産71）講談社、1982年、351-364頁、参照。
93) K. Salamun, Karl Jaspers, Verlag C. H. Beck, München, 1985, S. 98-99. K．ザラムン、増渕幸男訳『カール・ヤスパース――開かれた地平の哲学』以文社、1993年、136頁。
94) ibid., S. 9-10. 同上訳書、4頁。
95) ibid., S. 98. 同上訳書、135頁。
96) K. Jaspers, Die großen Philosophen. Erster Band, a. a. O., S. 615.
97) カール・ヤスパース、重田英世訳『カント』（ヤスパース選集8）理想社、1962年、478頁、参照。

第Ⅲ部第3章の内容は、以下の該当箇所と重複する部分がある。
豊泉清浩『ヤスパース教育哲学序説――ボルノーからヤスパースへ：自己生成論の可能性』川島書店、2001年、156-161頁、300頁。

第4章 ソクラテスからプラトンへの展開

　ヤスパースは、大学論において、大学の構成員相互の交わりの重要性を指摘するとともに、実存的交わりの広がりを視野に入れて論じていた。本章では、ヤスパースの交わり概念の展開を、前期の『哲学』における交わり概念から包括者思想の影響下で細分化された交わりへと発展したことと関連し、実存的交わりは限定的な二者間のみに成立する交わりという立場から、理性的な人間関係において真理を求めて行なわれる真摯な対話へと解釈を拡大したことと捉える。この展開を、ソクラテスの問答法からプラトンの対話法を含む交わりへの広がりと見る。この展開と同様なことが、医師と患者の関係についての論述にも見られる。それゆえ本章の目的は、ヤスパース教育哲学における交わり概念の展開を、実存的交わりの解釈の拡大と見て、その広がりを対話法におけるソクラテスの見地からプラトンの見地への展開と捉えることにある。

第1節　ソクラテスの問答法

　ソクラテスの対話は、彼の生涯の現実であった。ヤスパースは、ソクラテスの対話に基づく教育について、次のように述べている。「ソクラテスにとって教育といわれることは、知っている者が知らない者に引き起こす付随の生起ではなく、人々に真実が現われることによって、人々が互いに自己自身へ至る基礎である。ソクラテスが青年たちを助けようとした時、青年たちが彼を助けた。こうして次のことが生じた。それは、うわべの自明なことの中に困難を見つけ出し、困惑させ、強いて考えさせ、探求することを教え、繰り返し問い、答を

避けないということである。このことは、真理とは人々を結びつけるものであるという根本知によって支えられていた。」[1] ソクラテスの対話は、彼が一方的に話すのではなく、ソクラテスと青年が相互に助け合い、真理を生み出すためのものであった。その際、「ソクラテスは、無知の知をもって思考することの「途上における存在」である。ソクラテスは、論証をやめるが、しかし彼がそこから生きている実体が、すべての訊問に対してより明るい輝きにおいてのみ持ちこたえる限界を知っている。」[2] ヤスパースは、ソクラテスの助産術に関して次のように述べている。「ソクラテスは与えず、他の人に産み出させる。彼が見せかけの知っている人に無知を悟らせ、それによって本物の知識をその人自身に見出させる時、人間は不思議な深みから、彼が元々すでに知っていたことを、しかしそれをすでに知っていると知らずに、獲得するのである。」[3] すなわち、ソクラテスは厳しい論破により、青年に無知を自覚させ、青年が真理を生み出すよう助ける。

ヤスパースは、こうしたソクラテスによる青年に真理を生み出させる根源的な対話は、近代になってキルケゴールによって、人間の真実の在り方へ至る道として再認識されたと考える。「キルケゴールが初めてソクラテスへの根源的な接近、そして現代の世界において今までの最も深いソクラテスの解釈、すなわち彼のイロニーと助産術の、真理の仲介者としてではなく、真実を発見するための動機としての彼の影響の、今までの最も深いソクラテスの解釈を見出した。」[4] またヤスパースは、ニーチェも別の観点からソクラテスを通して思索したとして、次のように述べている。「ニーチェは、ソクラテスの中に、ギリシア精神の悲劇的な意味内容に対する偉大な敵を、主知主義者と学問の創始者を、ギリシア精神の宿命を見た。ニーチェは、彼に近く、彼の意識にとって徹底的な反対者であるソクラテスと一生涯格闘した。」[5] すなわち、キルケゴールとニーチェは、大衆化社会において人間の主体性を回復することを力説したが、ソクラテスの思想に実存哲学の根本問題が潜んでいることを示唆した。ヤスパースは、キルケゴールとニーチェはそれぞれソクラテスの思想を批判的に継承し、人間の主体的生き方に対する思索を深めたと考える。

第 2 節　プラトンの対話篇

　ソクラテスの思想は、弟子のプラトンに継承され、新たに発展していくことになる。ヤスパースによれば、「プラトンにとって、彼の哲学の根源は、ソクラテスによって青年の心を揺さぶることにあった。」[6)] したがってプラトン哲学は、生涯続くソクラテスとの人格的な結びつきに根源がある。「対話篇において、プラトンは自分の哲学をソクラテスの創造として発展させている。」[7)] プラトンは、いわばソクラテスにおいて考える。「プラトンは、ソクラテスの現実の中に、ソクラテスの本質を見つけた。」[8)] そのため、プラトンの大多数の対話篇では、ソクラテスが主人公である。

　ヤスパースは、ソクラテスとプラトンの関係を次のように述べている。「ソクラテス-プラトンは、一人の思想家がその偉大さを他の思想家とともにのみ持ち、その一人の思想家は他の思想家によって存在するという哲学史上唯一の場合である。プラトンはわれわれにとって経験的で現実的であり、ソクラテスはプラトンに対する彼の歴史的な影響の内に存在している。」[9)] ソクラテスの思想はプラトンに継承され、プラトンによってさらに独自性を発揮したが、ソクラテスの思想がなければプラトンの思想はなく、プラトンの著作がなければ、ソクラテスが語った内容は伝承されなかった。つまりソクラテスの思想とプラトンの思想は、相互に依存し、渾然一体となっている側面がある。したがって、「もし、二元性であり一体であるソクラテス-プラトンが、哲学史上唯一の事実であるなら、とにかくそのことはすべてを含んでいる真理からある。」[10)]

　ところで、人間は孤独では真理を獲得できず、他者との交わりの中でのみ真理に至る。ヤスパースは次のようにいう。「単独者は、いかなる真理も見出さない。単独者は、彼が伝達することができ、彼の核心をその人とともに確かめることができる他者を求める。より厳密にいえば、対話において二人ずつは、同時に二人以上であってはならない。」[11)] 彼はまず対話は二人で向き合うことだと強調する。つまり対話を通して二人で考える。「対話は、思考そのものの現実である。話すことと考えることは、一つである。」[12)] したがって、「対話は、

真理に至る道である。」[13] プラトンは、ソクラテスとの対話を想起しつつ、思索をした。「プラトンは、ソクラテスとともに問いと答えの状況の中で意識して哲学することを引き起こし、しかもそれを越えてすべての可能性のある対話の中で哲学することを引き起こした。」[14] そして対話の前提は、真理があるという確信である。

さて、ヤスパースは、プラトンの対話篇を、実存的交わりの観点からは否定的に捉えた時期もあったが、その後評価する立場へと見解を改めたと考えられる。

ヤスパースは、『哲学』第2巻「実存解明」において、プラトンの対話篇における対話は実存的交わりといいうるものではないとして、次のように述べている。「言語上固定されたものとしての対話（Dialog）は、他の哲学的な言語形成物と同様に、読者に対する一つの伝達形式であるにすぎない。一つの作品としての対話もまた、それが哲学的である場合は、受け取る者の側での補足と顕在化を必要とする。他の実存的交わりへの関与は、単なる理解によってではなく、自分自身の新しい実現によってのみある。」[15] 「さらにしかしながら、実存的交わりは、事実に即した問題に対する制限の中で弁証法的に論争するものとしての対話においてはなおのこと述べられていない。それゆえ、プラトン的な対話は、可能的実存の交わりの表現ではなく、思惟しつつある認識の弁証法的な構造の表現であるにすぎない。友人たちの間にあってのみ真理は幸福な時間へとひらめくが、しかし言語作品の中では表現されないということを、なるほどプラトンは知っていた。饗宴はわれわれにとって多分一度読まれると、まるでそれは本物の交わりの啓示であるかのようだ。しかし、われわれが交わりと呼んでいるものが、プラトンの場合に当てはめられるかは、疑わしい。意気盛んで、形相に結びつけられているギリシア人たちにとって、交わりは、彼らに存在として意識されたものの外にあるように思われる。」[16]

これに対して、ヤスパースは、『大哲人たち』第1巻におけるプラトンに関する論述では、プラトンの対話篇に対する見解を改めている。

ヤスパースは、プラトンの対話篇で、真似できない仕方で述べられた思想の

内容のために場面や状況や人物との関係に成功したと考える。つまり、『饗宴』ではエロスが、『パイドン』では不死性が、ソフィストとの対話では非存在が叙述され、内容としての思想は、その実例を、話し手または反駁する者の行為や振る舞いに有する。ヤスパースは、「こうして、対話篇は、要するに人間や状況に対する対話内容の逆の関係によって、思考された事柄の論理的な意味と同時に実存的な意味をもって現在とならせることを可能にする」[17]と述べている。

　このようにヤスパースは、プラトン的な対話を実存的交わりと見なす方向へ見解を修正している。対話法と哲学は同じものであり、前者は方法によって、後者は意味内容によってそのように呼ばれる。対話法は、上昇における思考でもあり、存在そのものにおける思考でもある。ヤスパースによれば、「プラトンの対話法は、堕落させる対話法に対する反撃であった。」[18] つまり対話法は、伝えることができる思考の動きの論理である。

　ヤスパースは、プラトン的な対話に実存的交わりの要素を見るようになったので、次のようにも述べている。「求められたものは教説にはなりえないが、それでも哲学する実存の思考において到達されるべきであるということは、プラトンの対話篇の読者を最も高い緊張へ刺激する。」[19] つまり対話篇における真摯な対話を通して、真理へ到達しようとする。したがって、「プラトンの対話篇は、われわれに最高の要求を申し立てる。なぜなら、一切のものを支え明るくするものが問題となっているからである。」[20]

　ところで、ヤスパースによれば、こうしたプラトンの対話篇に、実存的交わりの要素を見出す思考は、自由や愛と結びつく。「このような哲学することの中で、自由は、同時に他者の自由とともに飛躍において獲得される。この自由は、愛によって保たれ、また満たされる。哲学的知識は、愛しながらの知識であり、そして愛することは認識することである。知識を教えうることは、愛しながらの交わりにおいて起こる。」[21] ヤスパースは、プラトンは最初の愛の哲学者であると考える。プラトンの思考は、ソクラテスに対する愛にその根源を持っている。プラトンのエロスは現実に存在し、そしてそこから照らした。プ

ラトンのエロスは、彼に出会ったすべての高貴なものに対するエロスとなった。ヤスパースは、プラトンの思考を上昇する愛であるエロスとの関係に見る。つまり、「哲学的思考は、羽ばたいて飛び上がるエロスの熱狂である。」[22]

　ヤスパースは、プラトンの偉大さを次の点に見る。「プラトンの思考は、非常に確固とした思想と具体的な直観によって常に満たされている。プラトンの偉大さは、真に哲学することの根本動機より、思想上の構想の豊富さ、それ以来存続する諸問題の発見、可能な解決の考察力に少なくなくある。」[23] それゆえこのエロスは、思惟する生活の中で、あらゆる存在の向こう側のあの最高のものへの飛躍を見出す。

　さて、哲学することは、途上において真理を求めていく態度に関係する。ヤスパースは次のように述べている。「途上における存在の基本的態度、すなわち知恵ではなく哲学、知ではなく無知を通しての知は、続いている。思考の中で達せられる飛躍の道、すなわち存在に参加することによる存在への生成は、続いている。伝達手段としての対話の形式、すなわち実在性で創作しつつ変容した人物たちを通して哲学することは、続いている。」[24] したがって、途上における存在である人間は、無知を自覚することによって真理を求めていく。

　ヤスパースは、哲学することの不可欠なものに関して、「変わらないものは、哲学的自由である。」[25] という。この哲学的自由は、国家の在り方と関係する。なぜなら、真実の人間の思想は、プラトンでは真実の国家の思想と一致しているからである。プラトンの哲学することは、国家的なものである。

　ソクラテスは、問答法による教育において、青年との個人的な関係に基づき、教育を個人的見地に立って考えていた。それに対して、プラトンは、アカデメイアの学園での対話法による教育や著作において、教育を国家との関係からポリス的、社会的見地に立って考えていた[26]。

　ヤスパースは、プラトンにおける国家と教育との関係について次のように述べている。「国家は、真実の教育であるか、あるいは真実でない教育であるかである。すなわち、真実の教育であるのは、統治者が哲人たちである場合であり、その結果、ともかく圧倒的な多数が自分の認識との善の直接的な一致に達

第4章　ソクラテスからプラトンへの展開　　239

したことなしに、すべての人間は、全体の秩序の中で彼らにとってふさわしいものとして彼らの立場で行なうものの程度に応じて、真理の一部を獲得するのである。」[27)] プラトンは、真実の教育がなされるのは、哲人王の場合に限られると考える。ヤスパースは、「プラトンでは、真の国家に対する情熱は、ポリスと世界が価値のないものに没入する、超国家的で、国家外的な哲学することにしっかり結びついている」[28)] と述べている。

ヤスパースは、プラトンにおける国家や政治に対する思考も、歴史的な制約があることを指摘する。「プラトンの政治的思考は、中世以来のヨーロッパ世界において世界史的な現実を勝ち取った政治的自由の理念の欠如に限界がある。」[29)] まさしく、貴族や市民の下位に奴隷がいて、しかも強権を持つ統治者が支配するポリスがあった時代には、現代のような民主主義も政治的自由もなかったのである。

第3節　医師と患者の関係

ヤスパースは、『哲学』第1巻「哲学的世界定位」において、医師と患者の関係について言及している。その際、まず人間存在は客観的に把握し切れないということを前提としている。彼は、「人間は、全体として客観化されえない。人間が客観化されうる限りでは、人間は世界定位の中の対象であるが、しかしそのようなものとしては決して人間自身ではない」[30)] と述べている。つまり、人間は世界定位の対象として、感覚的、知覚的、科学的に捉えられる側面もあるが、それだけでは人間を全体としては捉え切れない。

ヤスパースは、人間における客観的・対象的なものと、実存としての人間とを区別して、次のように述べている。「今や、経験的な意味において現実的なものとしての人間における客観的・対象的なものと、交わりの中に現われる実存としての人間との混同は、もはや犯されてはならない。前者は、探求しうるものであり、一般化されうるもの、諸規則の下でもたらされうるものである。しかし後者は常にただ歴史的なものであって、一般化されえないものである。

前者は技術と育成と学芸によって扱われうるものであり、後者はただ運命共同体の中で展開されうるものである」[31]と。

さて、実存は人間相互の交わりの中で生起しうる。したがって、医師と患者の関係においても、実存的交わりは成立しうる。ヤスパースによれば、「それゆえ医師と患者にとって究極的なものとして、実存的交わりがある。すなわち医師は、自己自身で患者の運命に関与する。」[32]つまり、医師と患者との交わりにおいては、人間の生死という運命にかかわる事柄が語られるため、実存的交わりとなりうる。「しかし医師がすべての彼の患者と実存的交わりに入ることは、完全に不可能である。」[33]なぜなら、医師と患者との交わりにおいても、例えば患者の健康状態を聞き取ること、医学的な治療の方法や治療の効果の説明、患者の希望を聞くことなどに留まる場合が多く、人生の重大な問題や運命に関して相互に語り合い共感し合うことは難しいからである。つまりヤスパース哲学の観点からいうと、超越者と関係している人間同士の交わりへは至らないからである。

医師と患者の間に実存的交わりが成立するのは、治療する者と治療される者という立場を越えて、人間同士が向き合う場合である。だからヤスパースは、「権威が失われるこの場合にのみ、実存的交わりの可能性が始まる」[34]という。

ところで、ヤスパースは、第二次世界大戦後の論文「医師の理念」(1953)において、医師と患者の関係を理性的交わりの観点から考察している。彼によれば、「医師と患者の関係は、二人の理性的な人間の関係の理念の中にあり、この二人の理性的な人間の関係の中で科学的な専門家が患者を援助する。」[35]したがって、医療の真実に耐え、その真実と理性的にかかわることができる患者のみが、真実に対して当然の権利を持っている。また、医師と患者の間の信頼に基づく親しい関係は、理性的交わりにおいて形成される。ヤスパースは、「医師と患者の間に成立する友情の予測できないどっちつかずの場合において、医師にとって折々うまくいく最高の事柄は、患者とともに、また理性は理性とともに、人間は人間とともに、運命を共にする人となることである」[36]と述べている。

また、ヤスパースは、論文「医師と患者」(1953) においても、医師と患者の関係の前提は、両者が理性的でなければならないことを指摘している。彼は、「前提は、医師と患者の両者が、一つの自然事象を認識して治療しつつ、共同で対決し、そして彼らの人間性から目標への願いにおいて一致している理性的な存在者であるということである」[37)] と述べている。こうした両者の理性的な関係を前提としつつ、医師と患者の関係は、実存的関係となりうる。ヤスパースによれば、「医師と一つの対象に対してではなく、我と汝の関係に対して、医師の態度において永続する決定的なことがあるといわれる。」[38)] ここでいわれている我と汝の関係は、可能的実存同士の実存的交わりの関係を意味する。

　ヤスパースは、精神療法の観点から、了解心理学における了解は手段であると指摘している。「それにもかかわらず、了解心理学におけるその仕組の客体化は、患者との交わりの中での解明に携わる精神療法専門医の道具なのである。この了解する知識の内容と価値、すなわち広大無辺の領域は、歴史や生活経験の中に、文学や哲学の中に、そして知っている者の自己経験の中に、その源泉を持っている。」[39)] つまり了解する内容は、文化遺産や生活経験と関係する。

　そしてヤスパースは、精神療法の効果について次のように述べている。「さて、そのような効果は、それが精神療法と関連して生じる時、もはや科学的に基礎づけられた方法や因果関係に関係づけられえない。因果関係への洞察のためでもなく、方法の有効性のためでもなく、精神療法の効果には、少しも強制する性格はふさわしくない。ここではむしろ、まったく異なった観点が決定的となる。すなわち、もはや何はさておき病気の治療ではなく、魂の救いが、生物学的な健康ではなく、人間の実存が問題である。実存が獲得されると、結果として生物学的な健康が期待される。」[40)] すなわち、精神療法の効果は、科学的な了解心理学の段階に留まることなく、実存を獲得することによって現われる。

　さて、『哲学』における医師と患者の関係についての論述と、1953年の論文「医師の理念」及び「医師と患者」における医師と患者の関係についての論述の相違を探ることは、ヤスパースにおける交わり概念の展開を考える上で大変重要な示唆をもたらす。

ヤスパースは、『哲学』において、医師と患者の関係にとっても究極的なものとして実存的交わりになりうると考えている。というのは、医師と患者の交わりにおいて、人間の運命にかかわる生死の問題が語られるからである。しかし、とりわけ重要な点は、ヤスパースが医師と患者の対話は、実存的交わりであるといっているわけではなく、実存的交わりが成立する可能性があり、医師とかかわるすべての患者と実存的交わりに入ることはできないと考えていることである。

　『哲学』における実存的交わりは、二人の人間がそれぞれ超越者と関係している対話であり、限られた二者間にだけしか成立しないという要素が強い。二者が超越者と関係しているというのは、両者が善美な事柄とは何か、人生とは何かについて答えられないというソクラテス的な無知を自覚していることを意味していると考えられる。

　一方で、1953年の論文では、医師と患者の関係は、理性的な人間関係であることが強調されている。医師と患者の関係にも、友情のような関係がありうるが、その前提となるのは理性による関係である。こうした両者の理性的関係を前提として、我と汝という実存的交わりの関係に入りうる。また精神療法における医師と患者の関係においても、了解心理学における了解の段階を越えて、実存を獲得する実存的交わりが成立する可能性があることが指摘されている。つまり、医師と患者の関係は、理性的交わりを基盤として、そこから実存的交わりが成立しうることを示唆している。

　ところで、医師と患者の関係において理性的交わりが強調されているのは、包括者思想が関係していると考えられる。ヤスパースの後期哲学では、包括者の諸様式の紐帯である理性の役割が重視され、それと呼応して交わり概念においても、実存的交わりとともに理性的交わりないし理性の交わりの意義が強調されてくる。理性的交わりが基盤となり、実存的交わりの成立を可能にし、支えているともいえよう。

　ヤスパースは、理性的交わりを基盤として実存的交わりが生起すると考えるが、このことは『哲学』においては実存的交わりを限定的な二者間の交わりと

捉える傾向が強かったのに対して、後期哲学においては理性的交わりを基盤として真理を求めて行なわれる真摯な対話を実存的交わりと見なすようになってきたためではないかと推察される。こうしたことが、1957年の『大哲人たち』第1巻において、プラトンの対話篇における対話を実存的交わりと認めるように、『哲学』での見解を改めたことに関連すると考えられる。

　また、医師と患者の関係でいえば、『哲学』では医師とある特定の患者のみとの間に実存的交わりが成立するという立場から、1953年の医師と患者の関係に関する論文では、医師と患者の理性的交わりを通して、人間の運命としての生死の問題を語り合う過程で、実存が生起し、実存的交わりに入ると考えた。こうした医師と患者の関係における実存的交わりの捉え方の変化も、その対話の在り方から見て、ソクラテスからプラトンへの展開と見ることができよう。

第4節　交わり概念の展開の意義

　交わり概念において最も高度で、真の交わりといわれるのは、実存的交わりである。実存的交わりの根底にあるのはソクラテスの問答法に基づく対話である。ヤスパースは、ソクラテスにおける厳しい論破により、青年に無知を自覚させ、青年が真理を生み出すように援助する対話を、実存的交わりと考えていた。したがって『哲学』では、プラトンの対話篇を実存的交わりが描かれているものとは認めなかった。しかし、後年『大哲人たち』第1巻の「プラトン」についての論述の中で、プラトンの対話篇における対話の中に、実存的交わりが見られると見解を改めている。

　ソクラテスにおける問答法による教育は、青年との個人的な関係に基づいているため、教育は、個人的見地から考えられていた。それに対して、プラトンの対話法は、ソクラテスの死を経て、アカデメイアの学園での教育に基づいているため、教育は、ポリス的、社会的見地から考えられていた。つまり、ソクラテスの問答法は、個人的関係に限られたが、プラトンの対話法は、国家や政治との関係へと発展したということである。

もともと『哲学』における実存的交わりは、可能的実存同士の限られた二者間にのみ成立するものであるという傾向が強い。プラトンの対話篇における対話に実存的交わりの要素があると認めるようになったのは、限られた二者間にのみ成立するものと捉える狭さを克服する意図があったと考えられる。その狭さは、理性的な人間同士の真理を求めて行なわれる真摯な対話も実存的交わりと捉えるように発展したことが関係している。もちろん実存的交わりは、その人とかかわるすべての人との間に成立するわけではなく、ある程度特定の人との交わりに限定される。その狭さの克服は、包括者思想により、実存的交わりを根底で支える理性的交わりあるいは理性の交わりの意義が明らかになったことに対応している。

　こうした実存的交わりの解釈の拡大は、医師と患者の関係への論述においても見られる。『哲学』では、医師と患者の関係において究極的なものとして実存的交わりの可能性について言及している。しかしヤスパースは、医師と患者の関係はすべて実存的交わりになりうるといっているのではない。やはり実存的交わりは、限られた二者間に成立する要素が強い。

　一方、1953年の論文では、医師と患者の関係は、理性的な人間関係であることが強調される。医師と患者の関係にも、友情のような関係があり、また両者の理性的関係を前提として、我と汝という実存的交わりの関係に入りうる。つまり、医師と患者の関係は、理性的交わりを基盤として、実存的交わりが成立しうることを示唆している。

　こうしたことも、包括者思想において、包括者の諸様式の紐帯である理性の役割が重視されてきたことと関係している。この医師と患者の関係についての論究も、プラトンの対話篇における対話を実存的交わりと認めるように改めたことと同様に説明することができる。

　ヤスパース哲学は、前期の主著『哲学』の時期から『理性と実存』以降の後期哲学への展開において、実存哲学であることは一貫して保持されているが、後期哲学では理性の哲学である要素が強まってくる。前期から後期への展開は、実存哲学から理性の哲学への展開と見ることもできる。交わり概念にもこの実

存哲学から理性の哲学への展開は、実存的交わりの解釈の広がりとして表われている。それゆえ、ヤスパースにおける実存的交わり概念が限定的な二者間の交わりという狭さから、理性的な人間関係において真理を求めて行なわれる真摯な対話という広がりへと展開したことを、対話法におけるソクラテスの見地からプラトンの見地への展開と見るのである。

注（第Ⅲ部第4章）
1) K. Jaspers, Die großen Philosophen. Erster Band, R. Piper & Co. Verlag, München, 1957, 3. Aufl. 1981, S. 107.
2) ibid., S. 108.
3) ibid., S. 109.
4) ibid., S. 122-123.
5) ibid., S. 123.
6) ibid., S. 243.
7) ibid., S. 243.
8) ibid., S. 244.
9) ibid., S. 245.
10) ibid., S. 246.
11) ibid., S. 262.
12) ibid., S. 263.
13) ibid., S. 263.
14) ibid., S. 263.
15) K. Jaspers, Philosophie II. Existenzerhellung, 1932, Springer-Verlag Berlin・Heidelberg・New York, 4. Aufl. 1973, S. 114-115.
16) ibid., S. 115.
17) K. Jaspers, Die großen Philosophen. Erster Band, a. a. O., S. 265.
18) ibid., S. 283.
19) ibid., S. 289.
20) ibid., S. 289.
21) ibid., S. 290.
22) ibid., S. 291.
23) ibid., S. 292.
24) ibid., S. 295.
25) ibid., S. 295.
26) 木下法也「プラトンの教育思想に於けるポリス的見地及びイデア的性格に就て」、

『教育学研究』第16巻第1号、日本教育学会、1948年、参照。
27）K. Jaspers, Die großen Philosophen. Erster Band, a. a. O., S. 297.
28）ibid., S. 297.
29）ibid., S. 304.
30）K. Jaspers, Philosophie I. Philosophische Weltorientierung, 1932, Springer-Verlag Berlin・Heidelberg・New York, 4. Aufl. 1973, S. 126.
31）ibid., S. 126.
32）ibid., S. 126.
33）ibid., S. 127.
34）ibid., S. 128.
35）K. Jaspers, Philosophie und Welt. Reden und Aufsätze, R. Piper & Co. Verlag München, 1958, 1963, S. 171.
36）ibid., S. 182.
37）ibid., S. 184.
38）ibid., S. 194.
39）ibid., S. 198.
40）ibid., S. 200-201

第Ⅳ部　自由と民主主義

第 1 章　自　　由

　本章では、ヤスパースにおける「自由 (Freiheit)」概念について、『哲学』第 2 巻「実存解明」(1932) における「第 6 章 自由」、第二次世界大戦後の論文「自由と権威」(1951)、論文「真理と自由と平和」(1958) を手がかりとして考察を進める。ヤスパースにおける自由の問題は、基本的に実存的自由の解明にあり、自由は責任を伴う。また自由は、権威を伴うことによって真実である。さらに、平和政策の前提との関連で見ると、実存的自由は、政治的自由が保障されることによってのみ実現する。

第 1 節　実存的自由

　ヤスパースは、『哲学』第 2 巻「実存解明」において、自由について考察しているが、その際まず自由は存在するかという問いから出発している。自由についての問いにおいては、真の自己存在が問う者であると同時に答える者である。自由と称されるすべてのものを見渡すと、自由とは何であるか、自由とはどこにあるか、自由とは何でないかという客観的な目的意識なしには、多種多様な事態と定義に陥る。ヤスパースによれば、「自由に関する私の本来の関心が私を導く時にのみ、この多種多様の中で私を自由と見なすものに気づく。というのは、私は可能性において自己自身すでに自由であるからである。」[1]

　ヤスパースは、人間が自由であることを、自由存在の可能性と見る。「このような自己自身の自由存在の可能性から、私は初めて自由について問うことができる。したがって自由は、まったく存在しないか、あるいは自由についての

問いの中にすでに存在しているかのいずれかである。」[2] 自由存在の可能性から哲学する働きは、論争しつつ自由が存在することを確かめる道に入り込む。

　ヤスパースは、自由の問題は実存解明に関係すると考える。したがって、「自由は、時間的現存在における実存としてのみ存在する。」[3] 確かに自由の中には、それ自身を不必要とすることを目的とする運動がある。すなわち、その運動は、実存の時間的現存在の現象における究極的なものを、超越者において解除する。ヤスパースはいう。「自由は、依然として実存の存在であり、超越者の存在ではない。自由は、実存が超越者を捉えるための梃子である。けれどもそれは、この実存がその自主性において自由そのものであるということによってのみである」[4] と。

　ヤスパースは、実存的自由を解明する際に、知識としての自由、恣意としての自由、法則としての自由について考察している[5]。ヤスパースによれば、私は知識においてはまだ自由ではないが、知識なしにはいかなる自由も存しない。私の選択は、私の知識の状態に依る。内実がないがゆえに、恣意はまだ自由ではない。しかし、恣意なしにはいかなる自由も存しない。私が恣意の知識によってではなく、法則に従って決定し、この法則に従うことを義務として認める場合、私が自分自身の内に見出した、服さなくてもよい命令に服する限り、私は自由である。

　ところで、ヤスパースは、理念としての自由に関して次のように述べている。「私は、何かある物を忘れて抜かすことなしに、全体性から、私の視覚や決意の規定、私の感情や行為の規定を獲得すればするほど、自分が一層自由であることがわかる。」[6] 時間的に規定された選択においてこそ初めて、根源的自由を私が意識することを経験する。というのは、このような自由において初めて私は自らを、真に自己自身として知るからである。ヤスパースによれば、「この立場から、自由のすべての他の契機は、この最も深い実存的自由を明るみにもたらすための前提条件のようにだけ見られると思える。」[7]

　自己は、どのように生きるべきかについて自ら選択して決めなければならない。ヤスパースによれば、「自己自身である者は、歴史的な一回性として選択

する。その中で、自己を自己自身と他の実存に明らかにする。」[8] この選択は、現存在において私自身であるための決意である。決意において私は、望むことができることを通じて、私の内にある根拠において、自己自身に出会うという期待から、自由を捉える。「この選択は、徹底的に媒介される。あらゆる客観性に直面して、可能なものの範囲内で、主体の限りない反省によって、実存の絶対的な決断を確かめ、表明する。」[9]

　ヤスパースによれば、決意は、まず飛躍の内にあり、また無制約的である。もし私がすべてを熟考せず、私が思考しながら諸々の可能性の中へ進まず、限りない反省の中で没落しないのなら、私はいかなる決意もせず、見せかけだけの示唆に従う。「それにもかかわらず、決意はまた完全に直接的である。しかし決意は、現存在の直接性ではなく、真の自己存在の直接性である。決意と自己存在とは、一つのものである。優柔不断はそもそも、自己存在の欠如である。」[10]

　自己存在は、決意とともにあり、決意は自由の中で実行される。ヤスパースによれば、「決意の内で私は自由を経験するが、この自由の中で私はもはや何かあるものを決断するのではなく、私自身を決断するのであり、その自由の中で選択と私とを分離することは可能ではなく、私自身がこの選択の自由である。」[11] 自己は、自ら生き方を自由に決断する。「選択におけるこの決意は、根源的に交わりに関係する。私自身の選択は、他者の選択とともにある。」[12] つまり自由な決断は、他者との交わりを通して選択される。選択は、根源的な自由に基づく。「根源的な自由が、自己自身の根拠となることを試してみた人間は、今や自由の存在しか真の存在として知らない。」[13] 自由の存在を根拠として生き方を決定する選択をする。したがってヤスパースは、「選択は、比類のない確信を必要とする」[14] という。

　さて、ヤスパースは、実存的自由を解明するための考察を次のようにまとめて述べている。「形式的な自由は、知識と恣意であった。先験的な自由は、明白な法則に対する服従における自己確信であった。理念としての自由は、一つの全体の中で生きることであった。実存的自由は、決断の歴史的根源の自己確

信であった。まったく理解できない、すなわちいかなる概念でも代われない実存的自由において初めて、自由意識が成就する。」[15]

　実存的自由は、その根源によって偶然の浅薄さに対して、実存的な必然によって一時的な意欲の勝手さに対して、忠実と継続によって忘却と消去に対して持ちこたえる。ヤスパースは次のように述べている。「しかし、自由の解明の始めと終わりは、自由は認識されえず、いかなる仕方によっても客観的に思惟されえないということであり続ける。私は、自由を自分自身で思考において確信するのではなく、実存することにおいて確信する。すなわち私は、自由を自分自身で自由についての観察や問いにおいて確信するのではなく、実行することにおいて確信する。自由に関するあらゆる命題は、むしろ常に誤解されるものであり、間接的に指示する交わりの手段にすぎない」[16] と。実存的自由は、自己が真の在り方を目指して主体的に生きていく過程に存し、その過程の中で獲得されるものである。したがって、「自由は絶対的ではなく、同時に常に義務づけられている。自由は所有物ではなく、努力して手に入れるものである。自由そのもののように、自由が思惟されることも運動の内にのみある。」[17]

　ヤスパースによれば、「私が選択する」ことにおいて、決断の意識が真の自由に出会う場合、この自由は選択の恣意の中にあるのではなく、「私はしなければならない」という意味で「私は望む」として現われるあの必然性の中にある。「私はしなければならない」と「私は望む」という「この両方の表現において、実存は、経験的な現存在から区別されたその根源的な存在を確信し、この瞬間に「私は存在する」ということができるであろう。そして実存は、この「私は存在する」ということの内で、自由の存在である一つの存在に出会うであろう。」[18]

　ヤスパースは、自由の存在への問いに関して、「自由は、その実現においてそれ自身を試す。自由は、その形式的な無効の限界で、その由来の意味内容からその積極性を配慮する」[19] と述べている。また彼は、自由の現存在を証明しようとする思考過程に関して、この思考は、思考として存続なしに客観的であり、もはやある客観的存在の概念として意味しない解明のための表現手段とし

て可能であるにすぎない、と考えている。彼は、自由意識の根源に関して、「自由は、自己存在の外には存しない」[20]と述べている。すなわち、自由は、現存在にではなく、実存の内に根源を持つ。また彼は、自由には必然的なものの抵抗があると考え、根源的な実存的自由は必然性に対立していることを指摘する。「それゆえ実存的自由は、現実的なものという破棄できない抵抗としての自然法則性と、規則の固定的な形式としての当為法則性という二つの必然性の間に見られる。」[21] 自由と必然性とを統一するものは、自己自身の決断においてある。「おのおのの実存的選択は、その都度一回で実行され後戻りされるべきでないある決定的なものとして明らかになる。」[22]

ところで、ヤスパースは、絶対的自由はありうるかということについて論じる。「絶対的自由の思惟は、自由そのものを破棄しないで、おのおのの自由の制限を破棄するある存在に向けられている。」[23] それでは、対立がなく制限のない自由などありうるのだろうか。彼は、「絶対的自由があるとすれば、それは、それ自体として存在する自由である。このような絶対的自由の思惟は、最も完全にヘーゲルによって展開されている」[24]と述べている。しかし現実的には、絶対的自由は幻想でしかない。彼は、「絶対的自由は結局、背理である。すなわち、対立のないところでは自由は空虚になり、自由は対立するものの中で過程として存在する」[25]という。

ヤスパースは、自由と責任の関係を問う。「私は自由であるがゆえに、責任を負うことと闘う一方、私の自由によってすでに責任を負っている。しかし私は、私の自由そのものを否認するための責任なしには、この責任から逃れ去ることはできない。」[26] すなわち、自由は常に責任を伴う。「なぜなら、われわれは自由の固有の根拠である能動性において実存するか、あるいは消極性は価値がないので、われわれは存在しないかのいずれかであるからだ。私は望まなければならない。なぜなら、私が最終的に存在したいならば、意志が私の究極的なものでなければならないからである。しかし、私がどのように自由を望むかというその仕方によって、超越者が私に明らかになりうる。」[27] つまり、どのように自由を望んで自ら決断してどのように生きるかを示唆するのが、超越者

である。それゆえ、自由の中で生きることは、超越者に関係づけられている。したがってヤスパースによれば、「私が完全に自立するように思われる時にこそ、私は私の究極の従属性と独立性を問う。」[28]

ヤスパースは、自由における超越者について次のように述べている。「私が自由を問うことによって、自由がすでに存在するように、超越者の可能性もまた、自由そのものの中にのみ存在しうる。私が自由であることによって、私は自由の中で、しかし自由によってのみ、超越者を経験する」[29]と。つまり、自由意識と必然性意識という二律背反は、超越者の内では一つとなる。したがってヤスパースは、次のようにいう。「私は、自己自身を失うことによって、現存在において自由を失いうる。しかし、超越者においてのみ自由は止揚されうる。私は、超越者によって可能的実存として、すなわち時間的現存在における自由として存在する」[30]と。すなわち自己は、超越者との関係において可能的実存として自由の中で決断するのである。

第2節　自由と権威

ヤスパースは、自由と権威は、社会学的、心理学的な諸概念で記述されると指摘する[31]。たとえばその例として、マックス・ヴェーバーによる支配の三つの社会学的類型である合法的支配、伝統的支配、カリスマ的支配を挙げている。ヤスパースによれば、権威という言葉と概念は、ローマの考え方に由来している。社会的地位や職業による多様な権威の根拠は、語られ認められる存在の内実である。これらの存在の内実は、歴史的伝承によって、あらゆるものの根拠である超越者に関係している[32]。したがって、われわれが権威を自覚する時、われわれはすでに権威の中で生きている。

ヤスパースによれば、「自由は、自由が従う権威によってのみ、内容のあるものである。権威は、自由を覚醒させることによってのみ真実である。」[33]自由と権威は、互いに関係し合っている。自由は権威とともにあってのみ、より真実で、より純粋で、より深くなる。自由のない権威は、恐怖政治のための暴

力を生じさせる。「したがって次のことが妥当する。すなわち、現実的に自由になる人は権威の中に生き——真の権威に従う人は自由になる。自由は権威によって内容のあるものとなる。」[34] そうした権威の存在の内実は、専門知識の諸形態の中に現われる。

ヤスパースは、権威をその本質において感じられるようになるために、権威を認識することなしに、権威そのものについて周囲を回りながら語ろうとする。

第一の考え方は、対象的に研究する方法である[35]。

第二の考え方は、哲学的に解明する方法である[36]。

この両方の考え方は、あらゆる哲学的洞察に必要である。ヤスパースは、「われわれは対象的に考え、そして有限な事物の世界が開く。われわれは包括者における対象的なものを通して考え、そして対象的なものの消滅において存在そのものの充実が生じる。両方とも思惟である」[37] と述べている。哲学のこのような思惟する解明は不可欠である。しかしヤスパースによれば、決定的なことは第三のものであり、それによって特定の目的を持っている製作可能な領域も限界のあまり断念することも、広がる導きの下で現われる。「その第三のものは、内的行為における人間の責任であり、常に残薄な心理学的洞察の帰結ではなく、自己変革の帰結による自己解明である。それは、設定された目的なしの活動であり、規定できる事柄なしの責任である。それは、ある他者として距離を置いて観察されず、私自身を客観化できない現実との同一存在において実現する、われわれ人間の自己存在の歩みである。」[38] つまり、最も重要な第三のものは、自己の内的行為による責任であり、自己を理解しつつ真の自己存在を目指して生きていくことである。

ところで、ヤスパースは、教育学及び教育について次のように述べている。「教育学は心理学を利用して、教育を特定の目的を持つ心理学的行為へ変えることを探る。しかし、あらゆる教育の決定的なことは、何を目指して何で教育されるかの内容であり、信仰と同じように有意義に基礎づけられた陶冶世界であり、人間像であり、直接に教えられず、手本により、また教材や練習の材料の選択により実現されるすべてのものである。教育は、子どもたちがある偉大な信仰

の中に受け入れられる場合や、彼らが生涯続く理想的なものによって満たされる場合や、彼らが伝えられた諸々の象徴とともに生きる場合には、常に優良である。」[39] すなわち、教育において決定的に重要なことは、価値のある内容であり、その内容から信仰に根差した陶冶の世界に導かれ、伝承から生きる目標を得られ、生涯に亘って理想を持ち続けられることが望ましい。したがって、どのような陶冶の内容によって教育が導かれ、この目的の自由な根拠から個々の教育目的を選ぶかということが重要である。

　この点に関して、ターマンは次のように述べている。「ヤスパースによれば、教育学を心理学の利益の下で特定の目的を持っている心理学的行為に変えることも間違いである。するとすべての教育の決定的なものは、「そのためにその中で教育される意味内容」であり、だから直接教えられるのではなく、模範による教えの中で、学習材料や練習材料の選択を通して実現されたすべてのことである」[40] と。つまり教育は、伝統的に価値あり権威あるものに満たされることによって充実する。またターマンは次のようにもいう。「教育科学者ヘルマン・ホルン（Hermann Horn）は、ヤスパースは権威と自由の本質的な両極性を教育に関連づけるということを指摘する。ヤスパースは、人間自身が何よりもまず権威を受け入れることによって、真の権威は増大すると記述している。つまり人間は、自己の思考に成熟することができる前に、権威に結びつけられている。けれどもやはり、まず浅薄な思考だけが最終的に特有のものになることによって、人間はこの権威から徐々に成長してくる」[41] と。すなわち人間は、初めは未熟であっても、権威に結びつけられることによって、成長するのである。

　それゆえヤスパースは、自由は権威の中で自覚されると考える。「自由はそれ自身では十分でなく、権威の中で初めて明らかになるということをわれわれは確信するので、われわれは権威を欲する。」[42] しかし権威は、自分のために作ってもらうものではない。ヤスパースは、権威に対するわれわれの態度にとって、また権威の有効性の将来にとって、次のような考慮が重要であると考えている。「あらゆる権威は、最後には超越者に根源がある。しかし権威が神性そ

のものである場合には、また権威が神性に対する服従においてのみ語ってよい場合には、どこで神が語るのか、神は明白に語るのか、という問いがある。」[43] それ自身奉仕と従順において遂行される権威は、聞くことにおいて、畏敬と順応の気分の中で存続する。したがってヤスパースによれば、世界において確信を抱かせるあらゆる権威には、次のことが見られるべきである[44]。

　第一に、権威は歴史的運動と変化の中に留まっている。

　第二に、一つの権威ではなく、より多くの権威が存在する。あらゆる権威は歴史的である。

　ヤスパースは、権威の根源に神性があるにしても、「神性は明白には語らない。神性をよく聞き、取り違えないためには、また神性を何かある考えられた姿においてそれだけで無理に奪わないためには、われわれは人間から人間への交わりを必要とする」[45]と指摘する。ヤスパースによれば、真の権威は、いつまでも開いていなければならない。真の権威は、より深い自己理解による変転と、他の権威との交わりの中にある。ヤスパースは次のようにいう。「その現象の変化において、そして多様な歴史的形態において、したがって限りない交わりの用意に留まる権威と、排他的な一つの真理として交わりを断絶する他の権威との間の二者択一の中には、自由を強める本物の権威と、自由を無効にする偽の権威との相違が同時にあるように私には思われる」[46]と。

　さて、ヤスパースは、どのような危険の下で、またどのような機会によって、権威が呪縛から解放された世界に現われうるかを熟考する。そして、全体主義的なものに直面して意識されてきた、われわれの時代の政治の特色ある要求は、信仰からの政治の分離であると考える。彼は、「政治と信仰の分離は、それ自身信仰によってのみ可能であり、すなわちあらゆる歴史的信仰に特有であり、任意のもののニヒリズムに反して現存在の領域ですべての人を結合させる超越者へのあの関係によってのみ可能である」[47]と述べている。

　ヤスパースは、自由は権威に基礎づけられるべきであるが、権威も人間相互の交わりの中に存在すると考える。「われわれの時代にとって、権威と自由とは、信仰と生き方と精神的産出がその形態の多様性において、交わりにおける自由

な競争へ向かって解放される場合にのみ、救われうる。」[48] ヤスパースは、諸々の思惟形式の再建が、われわれの将来にとって決定的に重要だと考えるが、それは自由と権威によって自己確信へと導く道を、有効な哲学において見出すことが成功するかどうかにかかっていると強調する。

ヤスパースは、絶望的な悲観論とこじつけの楽観論との気分にふける代わりに、われわれの世界の不確実さの中に、恐ろしい危険だけではなく、諸々の機会も見えることを認め、「しかし、最も重要で固有の機会は、人間の、すなわちおのおのの単独者の責任の中にある。彼から生じるものは、彼自身にある」[49] と述べている。未来を切り開いていくのは、単独者自身の力であり、単独者には常に責任を自覚した自由な決断が求められる。ヤスパースはいう。「われわれは、歴史に身を任せるべきではなく、退廃する時代においてもなおのおのの単独者が経験しようとする自由と権威との緊張の現実において、永遠の現在に関与すべきである」[50] と。すなわち、単独者は、実存として自らの自由な決断によって未来を切り開いていく責任を有するのである。

第3節　真理と自由と平和

ヤスパースは、原子爆弾を保有する国がある以上、終末が来ない外的平和は、世界平和としてのみ可能であると考える。彼は、世界政策としての平和政策についてではなく、その諸前提について次のように述べている。「第一に、人間の内的平和を保つことなしにはいかなる外的平和も存在しない。第二に、平和は自由によってのみ存在する。第三に、自由は真理によってのみ存在する。」[51] この考え方を、斎藤武雄は、「真理→自由→平和」という方向性として捉えている[52]。

まず、内的平和なしにはいかなる外的平和も存在しない。平和は闘争のないことではない。なぜなら、人間は闘争を、暴力的闘争から、精神的な愛する闘争に変えることができるからである。暴力的闘争は、人間相互の交わりにおいては消失する。交わりによる闘争を通じて、相互に各人は初めて自己自身に到

達する。

　ヤスパースは、「平和は自分自身の家庭で始まる。世界平和は、諸国家の内的平和とともに始まる」[53]と述べている。この場合も、家庭や国家に対立や争いがまったくないということではないが、家庭における信頼関係や家庭を取り巻く地域社会の平穏、国内政治の安定は、平和の前提となる。

　またヤスパースは、「個々の人間の内的平和と個々の国家の内的平和は、自由によって存在する」[54]と述べている。ヤスパースは、カントが共和的統治方式を、われわれが今日民主主義の理念と名づける自由の統治方式として理解していたと指摘する。「国家の外的自由とその統治方式による内的自由とは、個々の人間の実存的自由によって永続する。」[55] 自由は、個人の自由として始まり、共和的統治方式において共同体的形態を獲得し、他国の圧倒に対して自己主張をなすのである。この三つの契機の全体において、自由は現実的である。

　さらにヤスパースは、次のように強調していう。「まず自由、それから世界における平和がある！《まず平和、それから自由》というこれと逆の要求は欺くものである。なぜなら、偶然によるか、専制または巧みな操作によるか、あるいはすべての関与者の不安による、その時に成り立つ外的平和は、人間自身の根底において保証された平和ではないからである。このような平和は、個人の不自由による事実上の不和からすぐまた戦争へと導かれるだろう。」[56] まず平和と思いがちであるが、戦争をしていない状態を平和だとすると、独裁体制によって国民を圧制する状態も平和だということになる。しかしこれでは国民に自由はなく、本当の平和ではない。

　ヤスパースは、制度の形式としての民主主義もまだ決して自由ではないと指摘する。国民によって突然整えられ生み出されたのではなく、したがってなおまだ理解されていない民主主義というものは、国家の国民が民主主義の理念を学び取り、それによって市民として自由となる機会だけである。形式的な自由だけでは、簡単に失われる。諸々の党派の闘争が連帯的な結束から自己破壊的な過程の中に流れ込む場合には、自由な国家は、明日にもすべての政治家と党派とともに転覆されるかもしれない舞台装置となる。ヤスパースは、ヒトラー

の政権掌握を念頭に置きながら、「ただ単に、正常な民主主義自身が、全体的支配を生み出す」[57]と述べている。また彼は、「世界情勢は切迫している。すなわち、今日では世界平和は唯一の救済である」[58]という。世界平和への道は、われわれの日常で信頼のおける自由によって可能である。ヤスパースによれば、「このような自由の無制約性にとっては、おそらく超越的な力が助けとなるであろう。」[59]

　ヤスパースは、真理とは何であるかと問う。「われわれの真理の現実性とともに、われわれは常に途上にあるにすぎない。だれも真理を持っているのではなく、われわれすべては真理を求めているのである。」[60] つまりわれわれ人間は、途上における存在であり、完全なものではないので、真理を求めながら歩んでゆくのである。われわれが自由と平和とを欲する場合には、すべての党派や立場の前にあり、われわれの決断と決意の前にある真理の空間の中で、われわれは出会わなければならない。

　真理は、第一に内容にあるのではなく、内容がいかに思惟され、示され、論じられるかという仕方、すなわち理性の考え方にある。ヤスパースは次のように述べている。「政治的な自由世界の全体において、非真理はわれわれの最大の危険である。われわれは、いわゆる自由世界は、今日では現実に存在するということを主張してはいけない。自由世界は、全体的支配より自由になる機会が優越しているだけである。自由世界は、この機会を完全な真剣さでつかむ場合にのみ持続するであろう。民主主義の理念──共和的統治方式──は、政治家と経済利権との操作の手段によって堕落する、一種の形式化する民主主義においてなくなる恐れがある」[61]と。彼は、自由世界は民主主義を基盤とするが、民主主義が永続的に発展するためには、国民が真理を求める姿勢を持ち続けることが不可欠であると考えている。

　それゆえ彼はドイツ人の立場から、「われわれドイツ人は特に、平和の前提条件としてわれわれの真実性を獲得しなければならない」[62]という。政治的思惟の仕方の意識的な転向によってのみ、われわれはわれわれの自由を獲得しうる。だから、「忘却は、真理とともに政治教育を妨げる。」[63]ヤスパースは、両

親が自分の子どもたちを、ナチスの恐怖政治についての忌まわしい知識から守ろうとしてはならないと忠告する。

ヤスパースは、第二次世界大戦が終結して10年あまり経ったドイツの状況を次のように述べている。「われわれは、西でも東でも同じドイツ人である。われわれの政治的自由はわれわれの功績ではなく、東側の不自由はそこにいるドイツ人の罪ではない。ここ西側のわれわれには、自由は戦勝者から与えられ、東側にいるドイツ人には、全体的支配が押しつけられている。両方の政体は、その根拠を占領国の意志に持っている」[64] 彼は、西側では、われわれに戦勝者たちの意志によって、民主主義となる機会が与えられていると考える。

ヤスパースは自由とは何かを問いつつ、ヨーロッパでは、歴史的に、政治的自由などの政治的帰結を享受していると指摘する。「しかしわれわれが、民主主義を今まではただ制度形式として外面的に持っていたが、なおまだ決して民主主義の理念の現実性として内面的にわれわれの心や頭の中に持っていないということを知る場合にのみ、われわれが民主主義者となる可能性がそこにあるのである。」[65] つまり、民主主義の制度がもたらされたとしても、民主主義の理念を理解していないので、その理念を持ち、実践する態度によって民主主義者となりうると考えるのである。

ヤスパースは、人間が個別の事象への知識や理解を持っているが、世界全体を把握することはできないと考える。彼は、「世界は全体として何であるか、世界はどこへ行くのかをだれも知らない。この無知の純粋さは、われわれが真理と名づけるもの、または理性と名づけるもの、あるいは礼拝と名づけるものを初めて可能にする」[66] という。それゆえ、われわれが真理への途上にありうるということは、われわれが出発した、平和は自由によってのみ、自由は真理によってのみ可能であるという連関によって勇気を獲得するために十分である。ヤスパースは、結論的に、「平和の前提は、真理と自由における各人の生活の仕方による各人の共同責任である。平和の問題は、まず第一に世界に関する問題ではなく、各人にとって自己自身に関する問題である」[67] と述べている。

斎藤武雄は、前述した「真理→自由→平和」という方向性を、それぞれの概

念を吟味して考察することを通して、「真理（愛→理性）→自由（実存の自由→政治的自由）→平和（内的平和→外的平和）」という構造関連として示す[68]。斎藤は、ヤスパースと同様に、繰り返しこの矢印で示したこの順序を逆にしてはならないと強調する。

第4節 自由と自己生成

　ヤスパースが指摘するように、自由の問題は実存解明に関係する。それは、自由の問題は、自己がどう生きるべきかという問題に関係するということを意味する。その際、自由の問題は、実存的自由を解明することである。実存的自由は、自己がどのように生きるかを決断する歴史的根源の自己確信であり、他者との交わりを通して自分で選択する自由である。それゆえ、自由は責任を負い、自己は決断において超越者と関係する。つまり、自己は実存的自由によって真の自己となるのである。

　また、ヤスパースは、自由は権威を伴わなければならないと主張する。自由は、自由が従う権威によってのみ、内容あるものとなり、権威とともにあってのみ、より真実となる。真の権威に従う人は自由になり、自由は権威の中で自覚される。真の権威は、常に開かれていなければならず、人間相互の交わりの中に存在する。自己は、自由の中で生き方を決断するが、その際自由は権威に従うということは、権威の根源には超越者が存在することからくる。

　さらに、ヤスパースは、自由を、真理の探究と平和の実現との関連において捉える。つまり彼は、平和政策の前提として真理と自由を考える。平和は、戦争がないことであるが、全体主義による独裁体制で一時的に戦争のない状態を作り出しても、国民の自由が保障されていないため、対外的に、あるいは国内で戦争が勃発する恐れがある。そこで、恒久平和のためには、国民が主体的に真理を探究する自由が保障されなければならない。自由の問題は、実存的自由の解明にあったが、実存的自由は国家が政治的自由を保障した場合に実現できる。それゆえヤスパースは、すべての国の国民が、主体的に真理を探究し、政

第1章　自　由　263

治的自由が保障されることにより、世界平和が実現すると考える。

　ヤスパースは、カントがいう共和的統治方式である民主主義を、理想的な国家体制と考える。民主主義の体制を維持していたワイマール共和国が、ヒトラーに政権を掌握され、恐怖政治による全体主義体制へ転換してしまった経緯から、形式的な民主主義の制度ではまだ決して自由ではないと指摘する。民主主義は、政治的自由が保障されることが前提となるが、それだけではなく、国民に常に民主主義を維持、発展させようとする覚悟がなければならない。つまり民主主義が健全に発展するためには、国民が主体的に真理を探究する心構えを持ち、学校教育と自己教育によって主権者となる自覚がなければならない。ヤスパースは、自己は自由の中で自己生成をなすべきであると考えるが、その前提として国民教育の重要性に注意を向けさせる。

注（第Ⅳ部第1章）
1 ）K. Jaspers, Philosophie II. Existenzerhellung, 1932, Springer-Verlag Berlin・Heidelberg・New York, 4. Aufl. 1973, S. 176.
2 ）ibid., S. 176.
3 ）ibid., S. 177.
4 ）ibid., S. 177.
5 ）Vgl. ibid., S. 177-179.
6 ）ibid., S. 179.
7 ）ibid., S. 180.
8 ）ibid., S. 180.
9 ）ibid., S. 181.
10）ibid., S. 181.
11）ibid., S. 182.
12）ibid., S. 182.
13）ibid., S. 183.
14）ibid., S. 183.
15）ibid., S. 185.
16）ibid., S. 185.
17）ibid., S. 185.
18）ibid., S. 186.
19）ibid., S. 187.

20）ibid., S. 191.
21）ibid., S. 193.
22）ibid., S. 195.
23）ibid., S. 193.
24）ibid., S. 194.
25）ibid., S. 195.
26）ibid., S. 197.
27）ibid., S. 197.
28）ibid., S. 197.
29）ibid., S. 198.
30）ibid., S. 199.
31）Vgl. K. Jaspers, Wahrheit und Bewährung. Philosophieren für die Praxis, R. Piper & Co. Verlag, München, 1983, S. 27-28.
32）Vgl. ibid., S. 29.
33）ibid., S. 30.
34）ibid., S. 30.
35）Vgl. ibid., S. 31.
36）Vgl. ibid., S. 31.
37）ibid., S. 31.
38）ibid., S. 32.
39）ibid., S. 33.
40）Paul R. Tarmann, Ethik in Freiheit, Zur Grundlegung politischen Denkens bei Karl Jaspers, Peter Lang GmbH, Frankfurt am Main, 2016, S. 209.
41）ibid., S. 220.
42）K. Jaspers, Wahrheit und Bewährung, a. a. O., S. 37.
43）ibid., S. 38.
44）Vgl. ibid., S. 38.
45）ibid., S. 39.
46）ibid., S. 40.
47）ibid., S. 41.
48）ibid., S. 41.
49）ibid., S. 44.
50）ibid., S. 44.
51）ibid., S. 159.
52）斎藤武雄『ヤスパースの教育哲学』創文社、1982年、58頁、参照。
53）K. Jaspers, Wahrheit und Bewährung, a. a. O., S. 159.
54）ibid., S. 160.
55）ibid., S. 160.

56) ibid., S. 160.
57) ibid., S. 161.
58) ibid., S. 161.
59) ibid., S. 161.
60) ibid., S. 161-162.
61) ibid., S. 163.
62) ibid., S. 164.
63) ibid., S. 165.
64) ibid., S. 165.
65) ibid., S. 166.
66) ibid., S. 170.
67) ibid., S. 171.
68) 前掲、斎藤武雄『ヤスパースの教育哲学』、62頁、参照。

第2章 ヤスパースにおける全体主義批判

　ヤスパースは、第二次世界大戦後、ドイツがナチスの台頭を許し、恐怖政治に脅え死に直面した経験から、ドイツ人としてヒトラー政権への批判と反省を論じた。またその一方で彼は、ナチスと同様に、スターリンによるソ連の共産主義も全体主義であると見なした。そこで本章では、ヤスパースにおける全体主義批判について考察し、その中に見られる人間の尊厳について探っていく。

　まず、ヤスパースの『罪の問題』(1946)において、ヒトラー政権の罪状への批判を見ていく。次に、米ソ冷戦体制下で執筆された論文「全体主義との闘争において」(1954)及び『原子爆弾と人間の将来』(1958)における全体主義批判について見ていく。さらに『罪の問題』の「1962年のあとがき」の意義について考察する。

第1節　罪の問題

　ヤスパースは、『罪の問題』において、ドイツにいる者が語り合うこと、すなわち精神的に意志を疎通することの重要性を認識している。彼によれば、「われわれはお互いに語ることを学びたい。つまりわれわれはわれわれの意見を繰り返したいだけではなく、他の人が考えていることを聞きたい。」[1)]相容れない事物の内に共通なものを捉えることは、避ける立場から軽率に確定し、その立場をもって談話を見込みのないものとして止めることよりも重要である。「われわれは、真にお互いに努めて語ろうとする場合、根源の場所へ向かっている。そのためには、他の人を信頼し、信頼を得る何かが絶え間なくわれわれの内に

あり続けなければならない。」[2] それゆえわれわれは、相次いで腹を立てずに、お互いに道を見出すことを試みたい。われわれはお互いに関係がある。われわれは、お互いに語る時、われわれの共通の責務を感じなければならない。

ヤスパースによれば、われわれが生き残っているのは、われわれ自身のおかげではないし、われわれの努力で達せられたのではないことを意識しておくべきである。彼は、連合国によってドイツが解放され、自由が与えられたことを歓迎しつつも、連合国の統治による政策に逆らえない現実をもどかしくも思っている。「だれもこの状況からまったく免れることができない。われわれは、自分で憤激している。憤激が清められてほしい。われわれは、心の清浄を得ようと闘うのである。」[3] ヤスパースは、当時のドイツの現状を見て、語り合うことができないことを痛感している。「お互いに語ることは、ドイツにおいて今日困難になっているが、われわれがわれわれの下で、体験し、感じ、願い、行なったものにおいて非常に異なっているので、最も重要な任務である。」[4]

ヤスパースは、ナチス統治下の状況を次のように振り返っている。「今や相違がはっきり出てくるのは、12年間公開の討論が可能でなく、私生活においても反対するもののすべてが、最も親密な談話に限られ、まさに一部は友人に対してさえも用心深いものであったということによる帰結である。そこで成長した青年にとって、公然で一般的で、したがって暗示的で、ほとんど当然であったのは、ナチズムの考え方と言い回しだけであった。」[5] 大戦の終結により状況は変わった。「われわれは、お互いに出会い、一緒に語り、われわれを納得させるよう努めたい。」[6] お互いに語ることと連続して傾聴することが、われわれには大いに不足している。「お互いに語ることと理解することによる合意は、確固としている共同体へ導く。」[7]

ところで、ヤスパースは、ドイツ人としての罪を四つに区別しなければならないとしている。それは、刑事上の罪、政治上の罪、道徳上の罪、形而上学的な罪である。彼は次のようにいう。「罪の問題は、以前とはまったく異なって響く。戦争の罪の問題は、今度は明白である。戦争は、ヒトラーのドイツによって起こされた。ドイツは、すべての他の人々が望まなかったのに、彼によって

選ばれた瞬間に戦争を始めた彼の統治によって、戦争の罪を持っている。」[8] ヤスパースは、ドイツ人としての罪の問題を明らかにしなければならないと考える。

　ヤスパースは、今日は世界史上まったく新たなものとして、戦勝国が裁判所を構成し、ニュルンベルク裁判が犯罪を扱っていると指摘している。彼によれば、「法廷の前のここに立っているのは、ドイツ民族ではなく、犯罪者として起訴された個々のドイツ人であるが、しかし原則的にナチ政権のすべての先導者である。」[9] ヤスパースは、この裁判で裁かれるのは、ドイツ人一般ではなく、ナチスの指導者であることを強調する。ナチス政権が犯した罪は、従来の戦時とは比較できない残虐な犯罪であった。「「戦争において、後日の和解をまったく不可能にする行為をしてはならない」というカントの命題は、初めてヒトラーのドイツによって原則的に棄却された。」[10]

　ヤスパースは、「おのおののドイツ人が自己自身を解明する限りでの個人に関連する罪の問題を、われわれは道徳上の罪と名づける」[11] と述べている。道徳上の罪は、良心と悔恨に譲歩するすべての人々の下で存続している。道徳上の義務があるのは、償いができる人々である。けれども、われわれのおのおのは何もしていない限り、罪がある。消極的態度の罪は、他と異なっている。ヤスパースによれば、「他の人々の禍に対する盲目、この人情の想像力に欠けたこと、見られた禍に関する内面的な困惑のなさ、これが道徳上の罪である。」[12] 道徳はいかなる場合にも、世界内部の目標によって規定される。道徳的には、冒険の要求が存立し、確実な没落の選択という要求は存立しない。

　またヤスパースは、形而上学的な罪について次のように述べている。「形而上学的な罪とは、人間としての人間との絶対的な連帯感の不足である。道徳的に意味のある要求がすでに終わった場合でも、形而上学的な罪は依然として消せない主張である。私が不法や犯罪が行なわれるところにいる時、この連帯感が損われる。私は、不法や犯罪が行なわれることを阻止するために、慎重に自分の生命を賭けるだけでは十分でない。そういうことが行なわれる時、私がそこにいた時、他の人間が殺されるところで私が免れて生き残る時、私がまだ生

きていることが私の罪であるということを私がわかっている声が、私の中に起こる。」[13] 形而上学的な罪とは、不法や犯罪が行なわれる場合、絶対的な連帯感の欠如であり、究極的には生き残っていることの罪を意味する。

さて、ヤスパースによれば、各自が自分自身の内面的な在り方と外面的な行動様式を静かに考えてみて、ドイツのこの危機における各自にとっての固有の再生を求めなければならない。われわれは、本質的に異なっている出発点からお互いのために心を開かなければならない。それで哲学的には、罪の問題をそれぞれ扱う場合、第一の要求は、敏感さが同時に罪状認知衝動とともに消える、自己自身に関する内面的な行為である。ヤスパースは、次のように述べている。「決定的なことは、今日再び新たな形でここにある、永遠の根本現象の中にある。すなわち徹底的に打ち負かされた状態で死より生きることを選ぶ者は、彼の中にある意味の自覚とともにこの生きることへの決意を理解する時、唯一彼に残っている尊厳の真実性においてのみ生きることができる。」[14] こうした決意が根源として明らかである場合にだけ、体面を汚すことや高慢な反抗心という倒錯が避けられる。清めは、決意の明晰さへ、そして決意の結果の明晰さへ導く。

ヤスパースは、罪を清めることの重要性について次のように述べている。「罪の意識の深みから発する清めの道なしには、ドイツ人にとっていかなる真理も実現されるべきではない」[15] と。清めは、行為において、何よりまず、償いを意味している。罪の解明は、同時にわれわれの新しい生活とその生活の可能性の解明である。罪の解明から、真剣と決意が発する。ヤスパースによれば、「超越者の前での内面的な行為において、われわれ人間の有限と未完成とが意識される。」[16] 「こうしてわれわれは、権力意識を持たず、愛しながらの闘いの中で真実なものの論議を遂行し、真実なものにおいてお互いに結びつくことができる。」われわれが生き、世の中で未完成である人間の使命を持ちこたえる限り、さらに生じるものが続く。

ヤスパースは、「清めは、人間としての人間の道である」[17] と明言する。清めは、われわれの自由の責務である。繰り返しだれもが、清浄となるか不透明

かの分かれ道に立っている。清めは、すべての人にとって同じものではない。各人が、自分の道を歩むのである。ヤスパースは、「清めは、われわれの政治的自由の条件でもある。なぜなら、まず罪の意識から連帯と共同責任の意識が生じ、その連帯と共同責任がなくては自由は不可能だからである」[18]と述べている。政治的自由は、国民の多数の中で個人が自分の国家の政治に対して責任があると自覚していることをもって始まる。ヤスパースは、「要するに、心の清めがなくては政治的自由はない」[19]という。つまり、清めがわれわれを自由にする。そして「謙譲と中庸とはわれわれの一部である。」[20]

第2節　自由のための全体主義との闘争

　ヤスパースは、論文「全体主義との闘争において」の中で、全体主義について分析し、全体主義との闘争の重要性を力説する。彼は、全体主義の特徴について、次のように述べている。「全体主義は、共産主義でもなく、ファシズムでもなく、国家社会主義でもなく、すべてのこのような形態の中に登場した。全体主義は、一般的に大衆秩序における人類の将来の恐ろしい脅威である。全体主義は、国民的、歴史的、立憲的－法治国家的現存在の諸原理によって規定されているすべてのおのおのの政治から分離された、時代の一現象である。全体主義が権力を握ると、その時には政治は、内部に向かっては陰謀と暴力行為に替えられ、外部に向かっては他の諸国家に対して交渉と会談という外見に覆われるが、人間の利権の共同社会における何かある競技規則との結びつきはないのである。全体主義を見破ることは、簡単ではない。全体主義は、俳優たちがそれをすでに実現している間に、それをしばしば理解さえしないで、動くある装置のようなものである。この装置は、自立した存在のように見え、また魂のない、悪霊のような何かあるもの（神話的にいえば）のように見える。この何かあるものは、予想もしないで落ち込み、またそれと同様に、半ば知り、半ば知らないでそういうあるものを自ら引き起こす、すべての人々を支配する。全体主義は、生けにえが、生きている遺体の大群としてその生存を続ける一方、

生きているものの血を飲み、それによって現実的となる亡霊のようなものである。」[21]

　全体主義は、ファシズムや共産主義などの体制に見られ、法治国家であることを放棄または逸脱して、唯一のイデオロギーに基づく党や政権が、自分たちの権益を守るために、都合のよい政策を実施し、反対者には陰謀と暴力行為により弾圧することによって成り立つ政治体制である。ヤスパースは、ナチスが合法的手段により政権を獲得した経緯を省察している。

　ヤスパースによれば、全体主義は、自己存在を望まず、それを恐れる。全体主義の一つの原理は不安であり、その不安は、起こりうる不愉快に対する不安で始まり、それから脅しや暴力行為や壊滅に対する不安となる。自由な民主主義の状態は、このような不安をまったく知らない。このような全体主義的独裁の下での生活は、破壊によって、すなわち現存在全体を変え、あらゆる家庭に押し入り、何物にも関係しなくさせない権力によって、政治的自由の生活から分離される。

　ヤスパースは、自由のための全体主義に対する闘争は、二重であると考える[22]。対外政策上では、人々は、全体主義の諸国家の侵略意図に対して、暴力に対する自分自身の軍備をもって持ちこたえることによって身を守らなければならない。内政的には、人々は、全体主義への自分自身の諸傾向を危険なものと認め、絶えず真実で、自由そのものによって生じる浄化を遂行しなければならない。

　ヤスパースは、全体主義とは何かについて、次のように注意を喚起する。「今日次のことは、世界において確かにより明瞭になっているが、しかしずっと以前から十分に明らかではない。すなわちそれは、全体主義とは何か、そして全体主義は、どこで常に、またどのような形態で現われるのか、どのようにして、蔓延し、それに関係するあらゆる人を衰弱させる、破壊する病毒であるのかということである。」[23]

　ヤスパースは、第二次世界大戦後の全体主義の脅威は、共産主義にあると見ている。したがって、全体主義との闘争は、ナチスによるファシズムだけでは

なく、共産主義に対しても向けられる。「共産主義に対するこのような重大な闘争の意義を、われわれは決して忘れてはならない。自由のために全体主義と闘うことが重要である。」[24] それは、政治的自由を保障するための闘いである。「闘争は、自由諸国自体の内部での自由のための格闘である。」[25]

第3節 「原子爆弾と人間の将来」における全体主義批判

　ヤスパースは、『原子爆弾と人間の将来』において、ヒトラー政権の崩壊後、米ソ両超大国の核戦争による人類滅亡の危機に直面した国際情勢を分析し、この危機をどう克服すべきかを探り、世界平和の可能性を、理性への信頼に基づいて考究している。

　ヤスパースは、全体主義を批判する際、全体主義へ対抗する政治家の姿勢を、理性的な政治家と表現している。彼によれば、理性的な政治家は、自由と全体的支配をめぐる闘争が、軍事的、政治的な側面を有することを知っており、自己主張のためになされることを日々思案する。しかし理性的な政治家はそれが、根本的に精神的、倫理的に闘われ、長い間かかって決定されることも知っている。教育においてこそ、偉大な事柄が組織的に成し遂げられるべきである。そこでヤスパースは、「来るべき諸世代の精神的地位のみではなく、今日では自由と全体的支配の間の決定や、結局は人類一般の生存も教育にかかっている」[26] と述べている。

　一方でヤスパースは、アメリカのデューイ（John Dewey, 1859-1952）の教育方法も批判的に見ている。彼は、「アメリカでは、デューイの有害な諸原理の基礎の上で、学校制度は荒れている。子どもたちは学習することが全然足りないので、すでに反抗し始めている」[27] と述べている。また、全体的支配は、技術者のみを欲し、教育においてはそれ以上に、青年たちがすでに退屈させられ、青年たちによって一度も反駁されないのみならず、できる限り怠けられる、マルクス主義の知的で不自由な調教を行なう。したがって、「教育においては、おそらく自由と全体的支配の間の闘争は、気づかれず、静かに、持続的に決定

される。」[28]

　ところで、ヤスパースによれば、理性は人間の自由そのものであり、理性によって、人間は無限の交わりを見出す。理性の前提であり理性に至らない健全な人間の悟性は、すべてを賭ける交わりを理解しない。なぜなら、その交わりにおいては、健全な人間の悟性にとって許されず、その悟性の見かけの感覚に反する問題があるからである。この健全な人間の悟性の妥当性は、絶対に個人的でばかげた恣意にすぎない憶測の自由を、明らかになる場合に明晰への要求にすぎない憶測の暴力に対して保護する傾向を持っている。「しかし、理性の愛しながらの闘いの空間では、個人の恣意も知性によって現われる一般的なものの暴力も通用しない。この闘いを通して、すべてのことが理性の包括的な真理へと、また歴史的に理性において明るくなる実存の永遠の根拠へと和らぐ。限界も知らず、タブーも配慮しないこの愛しながらの闘いにおいては、すべての情熱で、あらゆる暴力や単なる知性でさえも退けられる。」[29]

　ヤスパースは、理性が根源的な自由である政治的自由を実現すると考える。彼によれば、「理性の強さは、理性の道が原則的に、人間が要求する政治的自由とともに人間にとって真実の道であるという、揺るぎない確信にある。」[30] 全体主義的世界と自由世界とが相互に話し合うことは、両方の側での暴力の準備という圧力の下にある。「腹蔵のないものではなく、（全体主義の側での）偽りの手段あるいは（自由の側での）安楽な手段にまで地位を下げさせる理性は、もはや理性ではない。」[31]

　したがってヤスパースは、自由と正義は、政治的自由を前提にすると考える。彼によれば、「自由と正義は両者とも、政治的に自由な世界の中でのみ可能であるが、不正直と軽率な満足のために、まだまったく達成されていない。真実な自由と正義へ向かう自己吟味と変革は、基本的な可能性として自由世界でのみ存立するが、全体主義的世界では存立しない。」[32] ヤスパースは、真理は常に途上における存在であると捉えるので、全体知を批判する。「マルクスは、歴史過程に関する全体知を所有していると信じていたので、彼は全体計画を有意義なものと見なすことができた。全体計画の中では、すべてを包括する人間

の活動力が、憶測で理解された歴史の必然性と一致する。」[33] すなわちヤスパースは、マルクス主義的思考は、理性ではなく、絶対化された悟性の反理性であると断じる。彼は、「マルクスの独断的で、抜群の予言者の頭脳に基礎づけられた、疑似科学的に正当化する暴力行為とは異なり、科学的な研究態度は、その認識の進歩をもって物事の進行を一般に計画的に導こうとする」[34] という。

さて、ヤスパースは、全体主義による全体的支配の下での計画と自由世界における計画について比較して、次のように述べている。「全体的支配においては、唯一の組織のみが存在し、この唯一の組織はその権力を下位の諸組織に派遣するが、同時に自分自身の管理下に留め置こうとする。そこには自由は存在しない。というのは、すべての人々が一つの全体計画に服従させられ、組織そのものが国家だからである。これに対して自由世界においては、組織はそれぞれ自分自身の責任で並列し、あるいは相互に競争の中にある。」[35] つまり、全体的支配の下では唯一の組織がすべてを支配するが、自由世界では各組織が並存し、多元的である。

そこでヤスパースは、全体計画に対して科学的計画について次のように考える。「マルクスのように全体知によってではなく、科学的研究に基づいて、近代的な技術的思考は、物事の進行を望ましい方向へ導くことができると考えている。歴史的、社会学的・政治学的諸研究、統計学、比較、理念型的構成、世論調査などそのようなものは、いろいろな指図を可能にすることを要求する。」[36] ここで科学的な研究と科学の迷信とが、すなわち人間との交際における個人的に役立つ良識と幻想に基づく諸観念とが、いかに混乱しているかは、驚異である。その誤謬は、正しい端緒の無批判な錯誤によって、結局、マルクス主義の誤謬とほとんどわずかに異なるだけである。両者は出会い、結びつく。悟性は、あらゆる計画において働いている。しかし悟性は、同時に理性の行為である自由そのものの諸決意を導こうとする場合は、多すぎることを要求している。

ところで、ヤスパースは、人間は自己と世界を、実存である単独者としてのみ変革することができると考える。「人間は単独者としてのみ自分自身を変え

ることができ、おそらくそこから他の人々をその人々の自由において目覚ますことができる。しかし強制の最も弱い端緒によって、重要なものが破壊されるであろう。世界の状態は、理性がその範囲において、単独者が彼の活動範囲において努めてしようとすることを通して変えられる。」[37] しかし、憶測の全体知から、人間が全体計画によって世界を手に取り、歴史とその解説者としての自分自身を神格の地位に置こうとするならば、彼はなるほど恐怖政治の暴力行為によってすべての人間を屈服させることができる。ヤスパースは、「人間が《自由に対する制圧者》として、憶測の絶対的真理を、復唱、調教、威嚇によって、すべての人々にプロレタリアートの独裁（あるいは貴族人種の独裁）の名の下に心に刻み込む時、真理そのものが終わる」[38] という。

　ヤスパースは、予言と期待の限界を認識し、人間の将来と諸可能性について次のようにいう。「だれも、人間がなすであろうことを、したがって人間の行為によって生じる出来事も、かなりの確実性をもって予言することはできない。」[39] 悟性は、常に否定的なものだけを予想する。悟性は、破滅するものを見抜く。思いもつかない人間の諸可能性が存在する。すべての偉大なものと基礎を置くものは予想されないし、後からその由来で理解されない。ヤスパースは、「マルクスの予言は実現しなかった」[40] という。つまり彼は、人間が諸々の出来事を引き起こし、歴史を生じさせると考える。そして彼は、マルクス主義者の期待と自由な西洋人の期待の双方に、現実に対する認識に誤謬があると指摘した上で、「むしろマルクスの思考は、彼の考えに反して、東側に位置する世界の考え方になり、この東側に位置する世界は、その考え方を全体主義的な手段で、取り戻さなければならない技術革命の最も迅速な発展のための正面として利用した」[41] と述べている。

　そこでヤスパースは、全体知か、それとも未来に関連する開放性かを問いかける。まず、「憶測の全体知と正しい世界組織の前提という第一の罠において、その思考は独断的となり、その行為は狂信的となる。」[42] それに対して、「理性的な知という第二の場合において、人間は、究極的で正しい世界組織は認識されないばかりでなく、物事の性質から不可能であるという洞察をもって人間が

全体として不確実さに晒される時に初めて現われる、人間に与えられた状況の問いの中にあり続ける。今や、人間のあらゆる行為が人間的なものとして自己自身で完結するという冒険が意識される。」[43]

　こうしてヤスパースは、理性の限界を認めながらも、理性に信頼を寄せ続ける。彼は次のように述べる。「理性はいかなる瞬間をも忘れない、すなわち人間の諸可能性の中にあるものを、われわれは見渡すことができないし、全体として先取りすることもできないということを。われわれは、人間に関するわれわれの知識を限られた観点で固めさせる傾向を克服しなければならない。われわれは、いかなる広がる認識をもってしても全体の意味と目的を獲得しないが、全体の中で生きており、そしてわれわれに示されている諸可能性の広がりにおいて、多様な範囲で、われわれがその中にいるためにわれわれが見通せない諸勢力の闘争の中で、決断する。われわれは、いかなる認識によっても答えられない問い、すなわちその冒険は何のために、何がそれを持続するための仕方に妥当するかという問いとともに、不確実性と不安定の内に留まるのである。」[44] すなわちわれわれは、われわれを取り巻く全体を見渡せないが、理性を頼りにしてどう生きるかを決断するのである。

　さて、ヤスパースは、東西冷戦体制の時代において、双方の国が原子爆弾を保有する状況を踏まえ、また第二次世界大戦後の全体主義の脅威は共産主義にあると見る観点から、「原子爆弾と全体主義とは、壊滅の両方の終末形なのである。」[45] と述べている。全体主義は人間の自由を圧殺し、原子爆弾は人間の生存を破壊する。したがって、「全体主義と原子爆弾とによる脅迫は、人間に終末を見させ、その結果、人間は自分の根源からの再生か、あるいは破滅かという選択の前に立つのである。」[46] だからヤスパースは、全体主義と原子爆弾の脅迫を乗り越えるためには、人間自身の努力による以外はないと考える。「全体主義による、また原子爆弾による、脅迫の一致において明らかになるのは、両者とも、人間の心と頭によって人間自身の内に造り出されなければならない諸前提の下でのみ、共通に克服されうるということである。その諸前提なくしては、あらゆる特別の方策は無駄である。」[47]

だからヤスパースは、人間的課題の回避としての全体知は、禍であると考える。「禍の根源での基本経過は、人間における理性に反するものであり、人間の自由の放棄である。」[48] つまり禍は、反理性によるものであり、それは理性に基づく自由を放棄することである。理性の威厳は、その感動的な力に存する。われわれのはかない現存在に対して無限なものへの理性の開放性は、全体知の代わりになる。ヤスパースは、「全体知に対する放棄によって、私は私の自由と、教義としての全体知に必ず基づく全体的支配に反対する政治的自由への意志とを、根拠づけるのである」[49] という。

　ヤスパースは、われわれが実存となる時、暗号の解読を必要とするが、実存と結びついた理性も暗号が意味を持つと考える。彼によれば、「理性は、不可思議で、心を打つ暗号の世界を必要とするのである。」[50] 理性は、暗号を次の二つの条件の下でわがものにすることができる。「こうして、諸々の暗号は、それが第一に、批判的に思考され、知識と混同されない時、そしてそれらが第二に、任意に受け入れられるのではなく、それらの実存的な意味において把握され、または突き離される時、理性にとって有意義であり、不可避である。」[51] 諸々の暗号は、真実であったり偽りであったりというように一様ではなく、それは悟性の諸根拠それ自体とともにあるのではなく、理性が支えられている実存の在り方とともにある。

第 4 節　『罪の問題』の「1962年のあとがき」

　ヤスパースの『罪の問題』は1946年に刊行されたが、その後「1962年のあとがき」が執筆された。この「1962年のあとがき」は短文であるが、国際情勢の変化におけるヤスパースの思想を知る上で重要な意味を持っている。

　ヤスパースは、「1962年のあとがき」において、『罪の問題』の目的について次のように述べている。「本書は、それぞれ種類によってはっきり識別された罪を負うことで尊厳への道を見出すために、自省に役立つべきであった。本書は、われわれから心の重荷を取り除くためではなく、真実性の理由で、政治に

おいてすべての人々にとって宿命的な帰結である、わずかに起こりうる独善性を防ぐためにも、戦勝国の共犯についても指摘した。」[52] そして、「本書は、戦勝者との、すなわち人間として人間との新たな結びつきを可能にすることに助力することも望んだ。」[53]

ところがヤスパースは、一つの思い違いがあったことを告白している。「私は、本書の論究を今日でもなお真実であると思っているが、一つの根本的な例外がある。すなわち、当時始まっていたニュルンベルク裁判の解釈で、私は一つの決定的な点に関して思い違いをしていた。」[54] 彼によれば、「アングロサクソン人の理念はすばらしかった。」[55] すなわち、アメリカ合衆国の政治理念を賞賛している。一方で彼は、各人の責任と自覚がなければならないと考える。「今はそれぞれ自分自身が、自分のすることの責任を負わなければならない。国家の犯罪があるが、それは常に同時に特定の個々の人間の犯罪である。」[56] したがって、「問題は、私が犯罪の可能性とすでに始まっている事実を見ているにもかかわらず同調するところから始まる。」[57]

ヤスパースは、ニュルンベルク裁判の解釈での思い違いに関して、「私は、当時の曖昧なことについて自分で自覚したので、この点に関して私の判断を修正する」[58] と明言している。彼の判断を修正した理由は次のことである。「支配形式に従って全体的支配の国家として、ナチス国家と異ならないボルシェヴィズムのロシアが、法廷に席を持っていた。つまり、法廷に基礎づけられるべき法を事実上まったく認めない一人の判事が参加していた。」[59] この点について彼は、「私はこの点を1945年当時によく考えてみたが、論究しなかった」[60] と省み、さらに「私はこのことを当時すぐに書いておくべきであった」[61] と後悔の念を表明している。

ヤスパースは、「裁判は、何よりもまずアングロサクソンの法思想の指導の下で納得させながら経過した。第一次裁判における被告人についての訴訟手続きは、欠点がない」[62] と述べ、ニュルンベルク裁判は手続き上、法に則って適切なものであったと認識している。それに反して、彼は、「裁判は、世界法のある世界情勢を基礎づけなかった」[63] と無念さを表明する。この裁判が約束し

たことを守らなかったということは、悪い結果を残すものであった。

　ヤスパースは、この裁判が確かに見せしめの公開裁判ではなく、むしろその司法上の形式において申し分のない裁判であったが、やはり見せかけの裁判であったという判断を避けることができないと考えている。つまり形式上は申し分ないが、実質的には表面的なものだったと解釈している。ヤスパースは、ニュルンベルク裁判を総括的に、「この裁判は、効果において、戦勝国の共通の法的状態と法的意志の基礎が欠如した、敗者に対する戦勝国の先例のない裁判であった」[64]と結論づける

　ヤスパースは、今日なお、ニュルンベルクで意図されたように世界の平穏を基礎づけることは、すぐには成功しないかもしれないと考え、次のように述べている。「この法そのものに服している強国の意志の力により法を通して保証されたこの平穏自体は、一つの前提を必要とする。この平穏自体は、単に不安からの安心と解放という動機に由来するものではない。この平穏自体は、たびたびの冒険における自由の緊張から絶えず復興しなければならない。この平穏の持続的な実現は、身分と品位からの精神的、道徳的生活を前提とする。この生活は同時に、平穏の根底であり、意義であろう。」[65]

　こうしてこの裁判は、戦勝国が敗戦国を裁く際に、連合国に、法の支配や基本的人権の尊重という共通の基盤がなかった。すなわちヤスパースが、ニュルンベルク裁判の解釈での思い違いを明記し、判断を修正した理由は、連合国にソ連という全体主義国家が入っていたことによる。第二次世界大戦で連合国に入っていたスターリンに統率されたソ連により、やがて戦後共産主義の拡散をもたらし、米ソ冷戦の時代に入った。1949年にドイツが東西に分裂した。

　このように、ヤスパースは、『罪の問題』の「1962年のあとがき」において、この著作の執筆当時、ニュルンベルク裁判に疑いなく期待していたことに対する思い違いがあったことを表明している。ニュルンベルク裁判では、法の支配による西側の民主主義国家とは異なる全体主義国家ソ連の判事が席を占めていた。だから、ニュルンベルク裁判は戦勝国に人間の基本的人権を尊重する共通の法的基盤がなく、そのため共通の理念に基づく世界秩序、世界平和への道を

示すことができなかった。

注（第Ⅳ部第2章）
1) K. Jaspers, Die Schuldfrage. Zur politischen Haftung Deutschlands, R. Piper & Co., München, 1965, S. 7.
2) ibid., S. 8.
3) ibid., S. 10.
4) ibid., S. 10-11.
5) ibid., S. 11.
6) ibid., S. 12.
7) ibid., S. 14.
8) ibid., S. 29-30.
9) ibid., S. 32.
10) ibid., S. 34.
11) ibid., S. 42.
12) ibid., S. 47.
13) ibid., S. 48.
14) ibid., S. 73-74.
15) ibid., S. 80.
16) ibid., S. 81.
17) ibid., S. 82.
18) ibid., S. 82.
19) ibid., S. 83.
20) ibid., S. 84.
21) K. Jaspers, Philosophie und Welt. Reden und Aufsätze, R. Piper & Co. Verlag, München, 1958, 1963, S. 77.
22) Vgl. ibid., S. 90.
23) ibid., S. 93.
24) ibid., S. 96.
25) ibid., S. 96.
26) K. Jaspers, Die Atombombe und die Zukunft des Menschen. Politisches Bewußtsein in unserer Zeit, R. Piper & Co. Verlag, München, 1958, 1982, 7. Aufl. 1983, S. 337-338.
27) ibid., S. 338.
28) ibid., S. 339.
29) ibid., S. 342.
30) ibid., S. 371.

31) ibid., S. 371.
32) ibid., S. 377-378.
33) ibid., S. 384.
34) ibid., S. 385.
35) ibid., S. 386.
36) ibid., S. 388.
37) ibid., S. 388.
38) ibid., S. 389.
39) ibid., S. 389.
40) ibid., S. 392.
41) ibid., S. 392.
42) ibid., S. 395.
43) ibid., S. 395.
44) ibid., S. 395.
45) ibid., S. 399.
46) ibid., S. 402.
47) ibid., S. 402.
48) ibid., S. 411.
49) ibid., S. 413.
50) ibid., S. 414.
51) ibid., S. 415.
52) K. Jaspers, Die Schuldfrage, a. a. O., S. 85.
53) ibid., S. 85.
54) ibid., S. 85.
55) ibid., S. 85.
56) ibid., S. 85-86.
57) ibid., S. 86.
58) ibid., S. 87.
59) ibid., S. 87.
60) ibid., S. 87.
61) ibid., S. 88.
62) ibid., S. 88.
63) ibid., S. 88.
64) ibid., S. 88.
65) ibid., S. 89.

第3章 ハンナ・アーレントにおける全体主義批判

　ヤスパースにおける全体主義批判は、自らの体験を根拠にしているが、ハンナ・アーレント（Hannah Arendt, 1906-1975）の論考、とりわけ『全体主義の起源』（1951）に啓発され、その影響を受けている。アーレントは、ハイデルベルク大学において、ヤスパースの指導の下で、論文「アウグスティヌスにおける愛の概念」により、1928年に博士号を取得した。アーレントは、後にアメリカへ亡命し、やがてアメリカ国籍を取得し、政治哲学者として活躍した。

　ヤスパースは、アーレント著『全体主義の起源』における全体主義の成立過程と機構に関する分析及び解明について高く評価している。彼は、『原子爆弾と人間の将来』において、「われわれが全体的支配を事実に即して解き明かそうとする時、ハンナ・アーレントの洞察も彼女の未決定のままにしておく問いも、私は今日、絶対必要であると思う」[1)]と述べている。またヤスパースは、アーレント著『全体主義の起源』のドイツ語版の「序文」において、この書で全体主義として論究されているのは、従来の歴史で見られなかった政治体制である、ヒトラーによるナチズムと、ロシア革命後に成立し、スターリンの政権掌握によって出現した共産主義、すなわちボルシェヴィズムであることを指摘する。

　ヤスパースによれば、「国民社会主義とボリシェヴィズムの中で専制（Despotie）や暴政（Tyrannei）以上の意味を持っていた、これまでにまったく見られなかったものをハンナ・アーレントは認識した。」[2)] この全体主義は、欺瞞と虚偽に満ちている。「全体主義的状況は虚構と、意味一貫性によって圧倒的な力をふるう欺瞞の装置とをもって、いかに嘘をつくべきかという知識すらをも人間を昂揚する一つの契機にならせてしまうものだが、その道徳的・政治的な内

容を失った全体主義的状況を生き生きと想起させることによって、この本は人間的存在としての人間に切々と訴える。」[3] ヤスパースは、こうした実証的研究も、ドイツ啓蒙主義、精神科学、自由主義ないし保守主義の伝統に根差したものであることを指摘する。彼は、「しかしこの本のものの考え方は、カント、ヘーゲル、マルクスとドイツ精神科学に、次いで深くモンテスキューとトクヴィルに学んだ、ドイツ的でしかも普遍的な系統に属するものである」[4] と述べている。

ボルシェヴィズムとは、ロシア革命によって成立した共産主義を指すが、アーレントはこれを特にスターリン主義を指す用語として用いている。したがって、ユダヤ人迫害と粛清によって多数の人間を殺戮し、全体主義をもたらした人物として恐怖と批判の対象は、ヒトラーとスターリンである。ナチズムと共産主義を全体主義と見なし、批判の対象としている点において、ヤスパースの全体主義批判とアーレントの『全体主義の起源』は、相補性を持つと考えられる。

本章では、ヤスパースの全体主義批判とアーレントの『全体主義の起源』を相補的なものと捉え、アーレントによる全体主義の成立過程と機構に対する分析と解明、そして批判についてその要点を考察する。

第1節　反ユダヤ主義

アーレントは、反ユダヤ主義という事実から論究を始める。「その事実とは、今世紀の最も大きな未解決の政治問題の中でもまさにこのユダヤ人問題が、全体主義支配機構の凶悪きわまる全装置を動員させたといういかがわしい栄誉を担っているということである。」[5] そして、「ここで決定的なのは、犠牲者たちが客観的に、迫害者の側から見てすらも、まったく無罪であるということ、彼らの身に加えられることは彼らが考え、行為し、もしくは看過したこととはまったく無関係であるということなのである。」[6] 反ユダヤ主義は、ユダヤ人にとっての死の危険であり、それ以外の何ものでもない。アーレントは、全体主義の成立に、反ユダヤ主義がいかに関係しているかについて次のようにいう。「だ

が全体として、全体主義の支配形式・運動形式を作り上げるときに含まれていた反ユダヤ主義の要素については、次のように言わなければならない。すなわち、国民国家の解体過程においてはじめて、それゆえ帝国主義がすでに政治的事象の前景にあらわれてきた時代になってはじめて、この要素は全面的に展開したのである、と。」[7]

　アーレントは、ユダヤ人が国民国家にどのように受け入れられていたかを考察している。ユダヤ人は、あくまでもヨーロッパに内属する民族であろうとし続けたからこそ、ヨーロッパ諸民族の軍需物資供給者、御用銀行家、情報伝達者、和平仲介者となり得た。すべての国のナショナリストはこのことの内に、ユダヤ人がヨーロッパに属さず、非ヨーロッパ的な民族であり、ヨーロッパ諸民族の家族の中での異分子をなすことの証拠を見た。「ユダヤ人は国家が一切の政変にかかわりなく無条件に信頼することができた唯一の集団だったから、そのような国家と衝突したすべての社会階級は反ユダヤ主義的になったのである。それというのもユダヤ人は、国民の内部で国家を代表するように見える唯一の集団だからだ。」[8]

　アーレントは、国民国家を次のように捉えている。「国民国家という政治体は、貴族が社会における支配的階級としての地位を失い、そして他のいかなる階級もその後を継がないであろうということが明らかになった時点においてその完成を見た。これによって国家機構と政府の権力は、国民の経済的・社会的諸条件とは無関係になったのである。」[9] けれどもこの時代の風潮に完全に適合した努力が最初から反ユダヤ主義的であった国は、ドイツだけだったのである。そして反ユダヤ主義は国内政治の要因としてはほとんど完全に姿を消した。その代わりユダヤ人は社会一般の象徴となり、いかなる理由にもせよ指導的な人々の社会から締め出されているすべての人々の憎悪の的になった。

　アーレントは、ユダヤ人と社会とのかかわりについて次のようにいう。「社会はユダヤ人にではなく、ユダヤ民族の例外者——例外ユダヤ人 Ausnahme-juden——に対してのみサロンの扉を開いたのである。」[10] 彼女は、例外ユダヤ人の二つの層の信仰について言及している。「19世紀のユダヤ人共同体を代表

する権利を独占していた富の例外ユダヤ人はどうしてもユダヤ人としてとどまらなければならなかったが、それとは反対に、第一の世代と第二の世代に属する教養の例外ユダヤ人は、ほとんどすべて洗礼してキリスト教に改宗する道をたどった。」[11] 実はユダヤ人知識層には、職業上の理由から伝統的なユダヤ人の生活方式を脱しようとするならば受洗するほかはなかったのだ。

　ところで、アーレントは、反ユダヤ主義の論究において、「ドレフェス事件」を重視する。ドレフェス事件の概要は、次のように記述されている。「1894年末、フランスのユダヤ人参謀将校アルフレッド・ドレフェスは軍事法廷でドイツ帝国のためのスパイ行為を告発され、悪魔島への終身流刑を言い渡された。判決は全員一致で下され、審理は非公開で行なわれた。」[12] しかしこの審理には、再審の道が開かれた。「1899年6月に破毀院は1894年の判決を破毀し、8月にレンヌで再審が始まった。ドレフェスは9月に情状を酌量されて禁固10年の判決を受け、一週間後に大統領ルーベにより特赦された。1900年4月、パリの万国博覧会の開会式が行なわれ、博覧会の成功が確定した5月、議会は今後なお再審が行なわれることに反対すると圧倒的多数で決議した。同年12月、ドレフェス事件に関連して繋属中の裁判は大赦によってすべて解決された。」[13] ドレフェスは1903年に新しい再審請求を提出した。しかし審理は1906年にクレマンソーが政権を握ってから始まった。「クレマンソー内閣すらもドレフェス大尉の無罪が証明されたと法的に確認することは敢えてなし得なかった。」[14] アーレントによれば、こうしてドレフェス事件はついに終結にいたらず、誤審を償うべき判決はついに全人民の承認を得るにいたらなかった。

　アーレントは、このドレフェス事件と後のナチスによるユダヤ人迫害を重ね合わせて、次のように指摘する。「フランスでたった一人のユダヤ人大尉に対してなされた不正な行為が、それより3、40年後にドイツのユダヤ人に対してなされた迫害全体よりも激烈な一致した反応を惹き起こした。その後もう一度これと同じような憤激を惹き起こしたのはガス室での殺戮だけだった。」[15] アーレントによれば、「歴史の上で重要なドレフェス事件の主役はアルフレッド・ドレフェスではなく、クレマンソーなのである。そしてこの事件は一人の

ユダヤ人参謀将校の逮捕ではなく、パナマ運河疑獄から始まる。」[16] アーレントは、ドレフュス事件を総括して次のように述べている。「1894年に行なわれたアルフレッド・ドレフュス大尉の逮捕と彼に対する有罪判決は本当に裁判の誤りであり、その後ただちに始まった政治闘争には好機を提供したにすぎないのか、それとも参謀本部将校がもっぱら一人のユダヤ人を売国奴として晒し者にするという目的だけで明細書を偽造したのかということは、今もって完全に明らかにされてはいない。」[17] そしてアーレントは、フランスの内政問題との関連を考慮し、次のように指摘する。「フランスがドレフュス事件において世界の前で演じて見せたドラマは悲劇ではなく茶番劇にすぎなかったということは、最後になってようやく明らかになる。内部分裂した国を統一し、城内平和を強い、そして極右から社会主義者にいたるまでのすべての人間を一致せしめたものは、1900年の万国博覧会だった。」[18]

第2節　帝国主義

　アーレントは、帝国主義の定義について次のように述べている。「帝国主義時代とは通常1884年から1914年にいたる30年間を指しており、それは"scramble for Africa"（アフリカ争奪戦）と汎民族運動の誕生とをもって終わる19世紀と、第一次世界大戦をもって始まる20世紀とを分かつ時代である。」[19] 膨張がこの時代の新しい原理、すべてを動かす原動力だった。「帝国主義が成立したのは、ヨーロッパ資本主義諸国の工業化が自国の国境ぎりぎりまで拡大し、国境がそれ以上の膨張の障害となるばかりか、工業化過程全体にとって最も深刻な脅威となり得ることが明らかになったときだった。」[20] 帝国主義は帝国建設ではなく、また膨張は征服ではない。帝国主義的膨張のすぐ前には特異な性格の経済的危機の時期があった。「その危機とは資本の過剰生産、つまり資本が一国の枠内ではもはや生産的に投資され得なくなったために単にあり余った資金となったという危機である。この資金は輸出されるしかなかった。」[21] すなわち、帝国主義は、ブルジョワジーの破滅ばかりか国民全体の破滅という危険

に対する緊張諸対策から生まれたのである。

　アーレントによれば、帝国主義時代の膨張政策は、ヨーロッパの歴史にまったく新しい二つの支配原理・組織原理を使っている。第一は、人種概念を民族の内政上の組織に導入したことであって、第二は、帝国主義時代以前の征服と収奪を目的とした植民地支配に、官僚制がとって代わったことである。「官僚制とは、政治に代わって行政が、法律に代わって政令が、決定者の責任が問われ得る公的・法的決定に代わって役所の匿名の処分が登場する支配形態である。」[22]

　アーレントは、第一次世界大戦前の専制政治における官僚制支配と全体主義支配の相違について、次のように述べている。「第一次世界大戦前の専制からわれわれが知る旧式の官僚制支配と全体主義支配との間の際立った相違の一つは、前者がその政治領域内に属する臣民の外的運命を支配するだけで満足し、精神生活まで掌中に収めようとはしなかったことである。全体主義的官僚制は絶対的権力の本質を一層よく理解し、市民のあらゆる問題を私的なものであれ公的なものであれ、精神的なものであれ外的なものであれ、同じ一貫性と残虐さをもって統制する術を心得ていた。」[23] ヨーロッパの政党制を実際に崩壊させたのは、確かに汎民族運動ではなく全体主義運動である。

　ところで、アーレントが指摘するように、全体主義は世界征服を企むが、そのことが無国籍者に対する政策に関係する。「全体主義政権は世界征服政策を進めるうえで国民国家の破壊をもともと企てざるを得なかったから、国民国家を内部から崩壊させるためにこの無国籍者のグループを増大させるべく意識的に努力した。帰化取り消しと国籍剥奪は全体主義政権の国際政治における最も効果的な武器の一つだった。」[24] 政治的事件そのものの副産物だった無国籍者と異なり、少数民族は国民的解放の原理である民族自決権をすべての民族集団とすべてのヨーロッパ諸国に拡大することを約束した1919-1920年の平和条約、いわゆるヴェルサイユ条約の結果である。

　アーレントは、こうした無国籍者の扱い方と全体主義の政策の類似性を指摘する。「無国籍の現象が全体主義の世界にすでにどれほど類似しているかは、

後の強制収容所のことを考えれば判るだろう。そこではまさにこの同じカテゴリーの人々が「貴族階級」としての地位を固めていた。すなわち一方は、自分が現実に犯した行為によって群から這い出した犯罪者、そして他方は何人かの「天才」、芸術家、娯楽産業界の人々だったのである。」[25]

アーレントによれば、「無権利者が蒙った第一の損失は故郷の喪失だった。」[26] そして、「故郷の喪失と同時に無権利者は彼らの政府の保護を失った。」[27] 彼の生命の権利を脅かすのは全体主義政権のみであり、その場合でも、あらゆる直接的暴力にもまして確実に彼を生ける者の世界から切り離す、あの完璧な無権利状態に到るまでの長い過程の最後の段階においてである。

したがってアーレントは、無国籍者になることによって、その人は無権利者になると考える。「人権の喪失が起こるのは、通常人権として数えられる権利のどれかを失ったときではなく、人間が世界における足場を失ったときのみである。」[28] つまり人間の尊厳は、帰属する国家がなくなった時に失われる。アーレントは、「人間を人間たらしめているこの特質、18世紀の哲学が「人間の尊厳」と呼んだこの特質は、人間が人類から、具体的にはすなわち何らかの政治的共同体から切り離された場合にのみ失われるのである」[29] と述べている。そして、「決定的なことは、これらの権利とそれに結びついた人間の尊厳は、たとえ人間が世界に一人しか存在しないとしても依然として有効であり実在しつづけることになるという点である。」[30] それゆえアーレントは、「今日の世界中の難民に無国籍を宣言しているのはこの昔の法的保護剥奪である」[31] と指摘する。

第3節　全体主義

アーレントによれば、「全体主義運動は大衆運動であり、それは今日までに現代の大衆が見出し自分たちにふさわしいと考えた唯一の組織形態である。」[32] 全体主義政権が生まれるまでになったのはヨーロッパ大陸で最も人口の多い国、ドイツとロシアだけだった。全体主義運動は、いかなる理由からであれ政治的組織を要求する大衆が存在するところならばどこでも可能である。

ソ連において、少数民族の清算とプロレタリアート独裁の権力機関の破壊に続いたのは階級の清算だった。「このような共通の世界が完全に破壊され、内部に何らの相互関係を持たない大衆社会、単に孤立しているばかりでなく、自分自身以外の何者にも頼れなくなった相互に異質な個人が同じ型にはめられて形成する大衆社会が成立したときはじめて、全体的支配はその全権力を揮って何ものにも阻まれずに自己を貫徹し得るようになる。」[33] したがって全体的支配において、「粛清の大波が荒れ狂っている間は人々が自分自身の信頼性を証明する手段はただ一つしかない。自分の友人を密告すること、これである。そしてこれは、全体的支配および全体主義運動の成員から見ればまことに正しい尺度であって、ここでは事実、友人を裏切る用意のある者のみが信頼に足る人間である。疑わしいのは、友情その他一切の人間的な紐帯なのだ。」[34]

　アーレントは、全体主義運動の特徴を次のようにいう。「運動にとってはるかに重要なのは、あらゆるイデオロギーがみずからの主張にまとわせているあの独特の衣、すなわち、一切を知り尽くした誤ることのない予言という形式のみである。」[35] しかも、「全体主義プロパガンダの最大の難関は、一切の出来事が完全に首尾一貫し理解と予言が可能であるような世界を求める大衆の熱望に応えようとすれば、常識と衝突することを避けられないという点である。」[36]

　そこでアーレントは、全体主義の指導者について考察している。「全体主義の指導者は普通の意味でのデマゴーグではないし、マックス・ヴェーバーの言う「カリスマ的指導者」でも断じてない。彼らがぬきんでている点は、事実と対立する完全な虚構の世界を築くに適切な要素を既成のイデオロギーから選び出す、誤たない確かさなのである。」[37] したがって、「全体主義の指導者の手腕とは、経験可能な現実の中から彼のフィクションにふさわしい要素を探し出し、それらを検証可能な経験から切り離された領域の中に持ち込んで利用する技なのである。」[38] このことは、経験の要素を一つだけ抜き出し、それを一般化するという方法で行なわれる。そのため、「全体主義運動は権力を握る前からこの大衆の願望にぴったりする分子を残らずかき集めてさまざまな職業グループを組織し、それによって社会のすべての集団の一つ一つに見合った最良の破壊

の道具を用意したのである。」³⁹⁾ 全体主義運動は、公然と白日のもとに設立された「秘密結社」にたとえられた。

ところで、アーレントは、スターリンが全体主義体制を確立した方法について次のように述べている。「スターリンがロシアの一党独裁を全体主義支配に変え、各国共産党を全体主義運動に変えるために使った技術的な方法というのは、党内分派と党内民主主義を抹殺し、各国共産党の自主性を仮借なく圧殺してモスクワに中央集権化されたコミンテルンの支部に変えてしまったことだった。」⁴⁰⁾ そこで、「全体主義政権が自分たちに敵対する世界的な陰謀のフィクションと世界支配をめざす自分たちの野心とにどれほど真剣に取り組むものかを何よりも的確に証明しているのは、これらの政権のもとでは軍でなく警察が最大の権力と最高の威信を享受しているという事実である。」⁴¹⁾ 全体主義の奇怪な嘘八百を捏造し組織し広める装置を動かしているのは、指導者自身である。

全体主義は、全体的支配によって成立する。その過程について、アーレントは次のように述べている。「スターリンおよびヒトラーによって展開されたような形での全体的支配はまず第一に、権力掌握によって全体主義運動がその組織構造もそのイデオロギー内容も変えなかったこと、インターナショナルな運動から国境の中での政党への転化が行なわれなかったことを意味する。」⁴²⁾ そして、世界的規模で全体的な支配権を得ようとする闘争と他のすべての国家形式および支配形式の破壊とは、あらゆる全体主義体制に固有のものである。「しかし世界征服という真の目標が達せられ〈外部〉が消滅したときには国家機構は事実上〈死滅〉するだろう。全体的に支配されている世界の中では警察機構が支配する。すべての全体主義の支配下にある国では、警察機構は国家機構の上位に立ち、事実を虚構に転化するという国内政治の実験を監視し保証し遂行する任務を引き受ける。」⁴³⁾ すなわち、全体主義体制では、警察が国家のすべての機構の上位に立つのである。ナチス・ドイツでは、全体的支配がすべての生活領域を真に手中におさめ、他の一切の考慮を背景に押しやりはじめたのは1942年からのことにすぎない。

アーレントは、全体主義国家における警察の優位について、より具体的に次

のようにいう。「国家権力と党機構がその中で合体するように見え、そしてまさにそれがゆえに全体主義支配機構の権力中枢として正体をあらわす唯一の機関は、秘密警察である。」[44] この場合目立つことはまず何よりも、軍に対する奇妙なまでの軽視である。つまり軍隊よりも秘密警察の方が権限が強いということである。全体主義運動の他の組織は、簡単にはインターナショナルな組織を持つことができなかった。「これに反して全体主義の秘密警察は最初から、権力掌握の以前からさえ、インターナショナルな基準で働いていた。秘密警察はすべての大使館や領事館にその情報員をもぐらせていた。」[45]

アーレントは、全体主義の本質にかかわることを次のように指摘する。「しかしこうした技術的考慮よりも重要なのは、自分たちが政権掌握以前からすでに充分展開していたイデオロギーに賛同するか否かによって敵味方を規定するということは、全体主義運動の本質であるということである。」[46] ソ連では、秘密警察制度の整備はナチス・ドイツにおけるよりも比較にならないほど進んでいた。

アーレントは、ありとあらゆるものに対する不信こそが他の何ものにもまして全体主義社会におけるすべての人間関係を毒していると考える。彼女によれば、「各人がいわば自分の隣人をさぐる警察の手先になっているのである。」[47] 捕えられた者が死んだもののように生者の世界から消え失せるというだけではなく、かつてこの世に存在したことがなかったかのように消え失せることに、住民は慣らされねばならない。一人の人間がかつてこの世に生きていたことがなかったかのように生者の世界から抹殺されたとき、はじめて彼は本当に殺されたのである。

さて、アーレントは、収容所の意味について次のように述べている。「強制収容所および絶滅収容所は全体的支配機構にとって、人間は全体的に支配され得るものであるとする全体主義体制の基本的な主張が正しいかどうかが実験される実験室となる。ここでは、そもそも何が可能であるかを確かめること、そして結局、すべては可能であるという証明を行なうことが問題である。」[48] 全体的支配は精鋭組織に対するイデオロギー教化と同時に収容所における絶対的

テロルによってこの結果に到達しようとする。「収容所は単に皆殺しと個人を辱しめることのためにあるのではなく、科学的に精確な条件のもとで人間の行動方式としての自発性というものを除去し、人間を同じ条件のもとではつねに同じ行動をする物、つまり動物ですらない物に変える恐るべき実験のためにもある。」[49] これらの収容所は全体的権力機構・組織機構の中核的機関なのである。「しかし、このようなまったく〈罪なき〉被収容者のほうが圧倒的に多い、本来の意味で全体主義的に運営される強制収容所への方向転換は、ドイツでは1938年に入ってはじめて行なわれたのに反して、ロシアでは1920年代の終わりから始まっている。」[50]

それゆえ全体主義は、人間の尊厳を奪い去る。アーレントは次のようにいう。「われわれが一般に人間の尊厳と呼ぶもののすべての痕跡を消し去ることが全体主義にとって必要なのは、主として超意味のため、完全な首尾一貫性のためなのだ。」[51] 人間の尊厳とは、人間が国家に帰属することにより、基本的人権に基礎づけられたものであり、理性による自由である政治的自由が保障された上に成り立つものであるといえよう。アーレントは、人間の尊厳に関連して、次のように警鐘を鳴らしている。「今日の世界では全体主義的傾向は単に全体主義統治下の国だけではなくいたるところに見出されるが、それと同様に、全体的支配のこの中心的な制度は、われわれに知られているすべての全体主義体制の倒壊の後にも充分生き残るかもしれないのである。」[52] つまり彼女は、全体主義体制がなくなったとしても、全体的支配の要素は民主主義国家を含めていたるところに生き残る可能性があることを警告している。このことは、そうした全体主義的傾向が、政権運営や政治活動、マス・メディアなどの中にも時として現われるかもしれないということを意味している。

ところで、アーレントは、全体主義の支配はテロルを必要とすると考える。彼女によれば、「全体主義的独裁は足場を固めてしまうや否や、イデオロギー教義とそこから生まれた実際上の嘘を本物の現実に変えるためにテロルを使う。テロルは特殊全体主義的な統治形式となるのである。」[53] テロルは全体的支配の本質そのものである。テロルとは、暴力行為によって威嚇することであ

り、恐怖政治を意味する。アーレントによれば、「だからわれわれは、古典的な理論に従って法の支配のうちに立憲政治の真の本質を見るとすれば、テロルというものは全体主義の支配の固有の本質として定義することができる。」[54]

アーレントは、全体主義の支配とテロルの恐怖との関係について次のように述べている。「全体主義の支配の本質をなすものはそれゆえ、特定の自由を削り取り除去することでも、自由への愛を人間の心から根絶やしにすることでもなく、あるがままの人間たちを無理矢理にテロルの鉄の箍の中に押しこみ、そのようにして行為の空間——そしてこの空間のみが自由の実態なのだが——を消滅させてしまうことにあるのだ。」[55] 全体主義は、この鉄の箍によって人間を締め上げる。「テロルの鉄の箍は全体主義の政治体を形づくり、そしてこの政治体を、自然もしくは歴史の過程の動きを促進するお誂え向きの道具にする。」[56]

アーレントによれば、「われわれはまだ完璧な全体主義的支配機構を見てはいない。」[57] なぜなら、そのような支配は全地球の制覇を前提とするだろうからである。テロルの外的強制は自由の空間を破壊するとともに人間の間の一切の関係をなくしてしまう。つまり、「全体主義の支配は、この支配に服する人々の私的・社会的生活をテロルの鉄の箍にはめた瞬間に真に全体的になる。」[58] アーレントは、全体主義体制の犯罪的な強権について次のようにいう。「全体主義的支配は人々からその行為の能力を奪うだけではなく、むしろその反対に、まるで彼らが実はただ一人の人間であるかのように、彼らすべてを全体主義体制が企てるすべての行為、その犯すすべての罪の共犯者に仕立て、それに伴う一切の結果を容赦なく押しつけるのだ。」[59]

第4節　アーレントにおける全体主義批判の特徴

『全体主義の起源』の最後の部分で、アーレントにおけるヤスパースの実存哲学からの影響を感じさせる言葉が見られる。アーレントは、「孤独の中では実は私は決して一人ではない。私は私自身とともにあり、そして身体的に他の

ものと交換不可能の特定者には決してなり得ないこの自己は、同時にまた各人 jederman でもある。まさに孤独な思考は弁証法的であり、各人と交わっている」[60]と述べている。ヤスパースは、孤独と交わりは二律背反的関係にあり、孤独は、真の交わりに入る前提であると考える[61]。各人は単独者であり、単独者は真の自己存在である実存である。つまり実存はかけがえのない一者である。アーレントはいう。「まさにこの一者として、交換不可能なものとして、かけがえのないものとして私を認め、私に話しかけ、それを考慮してくれることで私のアイデンティティを確認してくれる他の人々との出会いによって、私は孤独の内部分裂と多義性とから救い出される」[62]と。

このようにアーレントは、全体主義は、歴史上従来の専制政治や独裁体制とは異なる独自の政治体制であると考え、『全体主義の起源』において、全体主義として主な論究の対象となったのは、ヒトラーによるナチズムとスターリンによるボルシェヴィズムである。両者の政治体制に類似性や共通性があることを鋭い視点から喝破している。

全体主義運動は、その指導者が予言によるフィクションに基づいて国民を巧みに導く。全体主義の特徴は、第一にフィクションに基づいて世界征服を目指していること、第二に軍よりも警察が上位に位置づけられ、とりわけ秘密警察があらゆる国家機構の中核にあること、第三に強制収容所が存在すること、第四に人間をテロルの鉄の箍に押し込むことである。全体主義は、全体的支配によって成立する。全体主義では政権に対する批判や多様な意見は一切認められず、指導者とそれを取り巻く少数の人物によって意思決定がなされる。国民に対しては、テロルによる強権で圧制する。

アーレントは、『全体主義の起源』の1968年の英語分冊版の3巻の「緒言」で、中国について言及している。彼女は、「すなわち中国共産党の全体主義的な特質は最初から明白だったのである」[63]という。また「今われわれは中国では初の全国的な党粛清を目撃しており、そこでは大量殺戮も辞さぬという威嚇が公然と行なわれている」[64]と述べ、毛沢東に指導された中国を、ヒトラーやスターリンの体制と同列に置いて批判している。

このように、全体主義は人間の尊厳を奪い去る。人間の尊厳は、人間が国家に帰属し、法の支配による基本的人権に基礎づけられ、政治的自由が保障されることによって成り立つ。強制収容所の被収容者となり、まるで一人の人間がこの世に存在したことがなかったかのように抹殺されることは、人間の尊厳の対極にあるものである。つまり全体主義は、極端な人間疎外の状況を作り出し、人間の尊厳を圧殺する体制である。したがって全体主義に対して、自由な民主主義において、人間の尊厳が保たれる。それゆえ、ヤスパースとアーレントの全体主義批判は、人間の尊厳が奪い去られることへの警鐘であり、人間の尊厳が、精神的、道徳的生活を前提とする持続的な民主主義に基づき、理性の威厳によって根拠づけられていることを訴えかけているといえよう。

注（第Ⅳ部第3章）
1) K. Jaspers, Die Atombombe und die Zukunft des Menschen. Politisches Bewußtsein in unserer Zeit, R. Piper & Co. Verlag, München, 1958, 1982, 7. Aufl. 1983, S. 157.
2) H. Arendt, Elemente und Ursprünge totaler Herrschaft. Antisemitismus, Imperialismus, totale Herrschaft, Europäische Verlagsanstalt, Frankfurt am Main, 1955, Piper Verlag GmbH, München/Berlin, 1986, 2017, S. 11. ハンナ・アーレント、大久保和郎訳『全体主義の起源1　反ユダヤ主義〔新版〕』みすず書房、2017年、ⅹⅳ頁。
3) ibid., S. 12. 同上訳書、ⅹⅵ頁。
4) ibid., S. 14. 同上訳書、ⅹⅷ頁。
5) ibid., S. 29. 同上訳書、4頁。
6) ibid., S. 35. 同上訳書、11頁。
7) ibid., S. 43. 同上訳書、20頁。
8) ibid., S. 78. 同上訳書、56頁。
9) ibid., S. 105. 同上訳書、85頁。
10) ibid., S. 141-142. 同上訳書、128頁。
11) ibid., S. 163. 同上訳書、149頁。
12) ibid., S. 213. 同上訳書、205頁。
13) ibid., S. 214. 同上訳書、206頁。
14) ibid., S. 215. 同上訳書、206頁。
15) ibid., S. 216. 同上訳書、208頁。
16) ibid., S. 222-223. 同上訳書、213頁。

17) ibid., S. 243. 同上訳書、232頁。
18) ibid., S. 269. 同上訳書、256頁。
19) ibid., S. 284. ハンナ・アーレント、大島通義・大島かおり訳『全体主義の起源 2 帝国主義〔新版〕』みすず書房、2017年、3頁。
20) ibid., S. 290-291. 同上訳書、10頁。
21) ibid., S. 308. 同上訳書、25頁。
22) ibid., S. 405. 同上訳書、118-119頁。
23) ibid., S. 520. 同上訳書、231頁。
24) ibid., S. 563. 同上訳書、272頁。
25) ibid., S. 597. 同上訳書、300頁。
26) ibid., S. 607. 同上訳書、309頁。
27) ibid., S. 608. 同上訳書、310頁。
28) ibid., S. 613. 同上訳書、315頁。
29) ibid., S. 616. 同上訳書、318頁。
30) ibid., S. 616. 同上訳書、319頁。
31) ibid., S. 624. 同上訳書、327頁。
32) ibid., S. 663. ハンナ・アーレント、大久保和郎・大島かおり訳『全体主義の起源 3 全体主義〔新版〕』みすず書房、2017年、8頁。
33) ibid., S. 695. 同上訳書、38頁。
34) ibid., S. 696-697. 同上訳書、39頁。
35) ibid., S. 740. 同上訳書、81頁。
36) ibid., S. 746. 同上訳書、87頁。
37) ibid., S. 762-763. 同上訳書、102頁。
38) ibid., S. 763. 同上訳書、103頁。
39) ibid., S. 781. 同上訳書、120頁。
40) ibid., S. 796. 同上訳書、133頁。
41) ibid., S. 799. 同上訳書、135頁。
42) ibid., S. 815. 同上訳書、151頁。
43) ibid., S. 821. 同上訳書、156頁。
44) ibid., S. 869. 同上訳書、201頁。
45) ibid., S. 871. 同上訳書、202頁。
46) ibid., S. 876. 同上訳書、208-209頁。
47) ibid., S. 893. 同上訳書、225頁。
48) ibid., S. 907. 同上訳書、241頁。
49) ibid., S. 908. 同上訳書、242頁。
50) ibid., S. 925-926. 同上訳書、261頁。
51) H. Arendt, Totalitarianism. Part Three of *The Origins of Totalitarianism*, A Harvest Book・Harcourt, Inc., 1968, p. 156. 同上訳書、278頁。

52) H. Arendt, Elemente und Ursprünge totaler Herrschaft, a. a. O., S. 943. 同上訳書、281頁。
53) ibid., S. 727. 同上訳書、70頁。
54) ibid., S. 954. 同上訳書、293頁。
55) ibid., S. 958. 同上訳書、298頁。
56) ibid., S. 958. 同上訳書、298頁。
57) ibid., S. 959. 同上訳書、299頁。
58) ibid., S. 974-975. 同上訳書、318頁。
59) ibid., S. 975. 同上訳書、318頁。
60) ibid., S. 977. 同上訳書、320頁。
61) 豊泉清浩『ヤスパース教育哲学序説――ボルノーからヤスパースへ：自己生成論の可能性』川島書店、2001年、168-169頁、173-174頁、参照。
62) H. Arendt, Elemente und Ursprünge totaler Herrschaft, a. a. O., S. 977. 前掲、ハンナ・アーレント、大久保和郎・大島かおり訳『全体主義の起源3　全体主義〔新版〕』、321頁。
63) H. Arendt, Totalitarianism. Part Three of *The Origins of Totalitarianism,* op. cit., p. ix . 同上訳書、ⅹⅴ頁。
64) ibid., p. ⅹ . 同上訳書、ⅹⅶ頁。

第4章 民主主義と教育

第1節 理性と道徳性

　ヤスパースは、東西冷戦体制の時代において、原子爆弾の使用による戦争の恐怖と、敵対する双方が原爆を使用することによる人類の壊滅的な状況の認識から、原爆の所有が全面戦争へ発展しない抑止力となっている矛盾を憂い、次のように述べている。「われわれは今日、人類の歴史がもはや精神的な危機ではなく、実際の危機に達し、人類の滅亡が生じるか、あるいは人間存在自身の新しい現実が生じるかという状況にある」[1]と。

　ヤスパースは、こうした暴力による闘争は、問題の解決からほど遠い状態であると認識し、「道徳的なものの挫折において犠牲的勇気が現われ、犠牲の挫折において理性が現われた」[2]と述べている。犠牲的勇気は、自分を越え出て存在することと同時に、自己存在を放棄することになる盲目的な犠牲に陥る。

　ヤスパースは、こうした暴力による破壊の危険性を前に、人類の滅亡を阻止し、世界平和を実現するためには、理性を信頼し、道徳を再興することが重要であると考える。彼は、「理性において、暴力的なものは止む。理性からこそ、道徳的なものにおける自己克服と犠牲的勇気は、初めて指導と本来の意味を獲得する」[3]という。認識、道徳性、犠牲的勇気は、理性に導かれない時には、無意味となってしまう。「理性によって、認識、道徳性、犠牲的勇気は、初めてそれらの信頼できる意味を保持する。」[4]つまり理性は、道徳性及び犠牲的勇気の根拠となっているのである。したがって道徳性と犠牲的勇気は、越えて広がる理性に受け入れられるべき条件の下で、初めてその真理を包含する。

複数の国々が、原爆を製造し、所有している現実から、その使用によって人類絶滅の危機に直面している状況において、その危機を克服するためには、人類がいつの時代においても省みようとした理性への信頼に回帰し、理性に基づく根源的な思考である哲学を尊重することにある、とヤスパースは考える。「理性は、悟性をもって悟性を越えて連れ出す新しい思考様式を生み出す。この新しい思考様式は、哲学的思考様式と呼ばれる。」[5] すなわち、悟性に基づく科学的な思考を越えて、理性に基づく哲学的思考へ至る。

　ヤスパースによれば、理性は、人間相互の交わりを可能にする。「理性の交わりには、その交わり自体において初めて明確になるべき共通の決定機関がある。」[6] 人はそれに相互に訴えることができるのではなく、それをただ共通に見出すことができるだけである。対話も、悟性の段階から理性の段階へと突き進む。したがって、「対話は、討論の段階において、（最後まで欠くことのできない手がかりであり続ける）有限の根拠の陳述の水準から、実存的根源が明らかになる水準まで導く。」[7]

　ところで、真の自己存在である実存は、単独者である。ヤスパースによれば、自由は、多数の単独者からのみ出発できるのであり、それらの単独者は、人間相互の交わりにおいて初めて本来的に出会う。したがって理性の源泉は、単独者相互の交わりの内にあり、つまり理性的な人々の共同体の内にある。「交わりにおいてお互いに信頼できる人間が、信頼が見出すものを実現するところでのみ、万人の政治的共同が理性の方向へ至ることができる。理性的な人々が出会うところでは、すべての公共的な善の芽ばえも存在する。」[8] 人類の運命は、いかにして理性的な人々の共同体が政治的現実において有効になるかにかかっている。「理性は、人間になること自体の条件として、精神を自由にすることを求める。」[9] というのは、理性は、人間は人間存在になるために生まれているという希望をもって、おのおのの単独者の責任から精神的可能性の限定を要求するからである。人間は、その責任をだれも、いかなる制度も強要しえないような自由を必要とする。

　ヤスパースによれば、人類滅亡の危機という観点において、理性は最高の覚

醒状態に到達することができるし、また理性の自由に基づいて転向の根源になることができる。この転向は、理性と自由の道によって実現される。「この道は、個々の人間の転向を経て進む。決定的な瞬間に舵を取る単独者には、そして最終的にすべての単独者には、人類と共に起こることが重要である。」[10] つまり転向は、単独者の自覚にかかっている。それは、単独者の自己教育、自己生成、自己自身の決断にかかっているということである。「単独者は、彼が行なうすべてのことを通じて、全体に対して共同責任がある。」[11] 単独者は、生涯に亘って反復される回心によって変化しなければならない。

第2節　政治的自由

ヤスパースは、『歴史の起源と目標』(1949)において自由について考察する際、次のような自由が論じられると指摘する。それは、政治的自由、社会的自由、個人的自由、経済的自由、信教の自由、良心の自由、思想の自由、出版の自由、集会の自由等である[12]。彼は、そのような自由を議論する際、まず政治的自由が重要であると強調する。

ヤスパースによれば、自由とは、自己を威圧している外的なものの克服であり、また自己の恣意の克服でもある。彼は、「真理は、自由とともに途上にある」[13] と述べている。われわれは、完結した真理を獲得するのではなく、自由の中で、真理を探究し続けるのである。そのような自由は、理性に基づく。「自由は、限りない開放性の理性であり、聞くことができることである。そして自由は、最も広い意識のこの真実の開かれた空間において、歴史的な決断を断固とすることである。」[14] 自己は、自由の中で自分の生き方を決断する。そこで真の自由は限界を自覚し、したがって自由はあくまで途上にあるのである。

自由は、他者の意見をよく聞けることである。ヤスパースによれば、「自由の動きは、理性による思惟において可能であると思われる。」[15] 自由は決して所有物とはなりえず、いかなる孤立した自由も存在しない。したがって個人は、人間相互の関係において初めて獲得されるべき自由のために奉仕する。「この

ような自由は、ただ人間の転換とともに生じる。」[16]

　人間に自由をもたらすことは、人間を相互の話し合う場に連れて来ることに他ならない。ヤスパースによれば、「本当の話し合いは、公平で腹蔵のないものになる。両方の徹底的な開放性においてのみ、協同の真理が生じる。」[17] こうした話し合いは、真理を探究するための真摯な対話、すなわち実存的交わりとなる。したがって、「自由における真理のための闘争は、愛しながらの闘いである。」[18]

　ところで、権力から悪の性格をなくせるかについての解答を与えるのは、合法性と暴力との間に展開された、古くからある歴史の闘争である。正義は、一つの指導的、理想的法、すなわち自然法を基礎とする法によって実現されるべきである。しかしこの理想的法は、それ自身に法を与え、それ自身に頼っている社会の歴史的な法においてのみ具体化する。人間の自由は、彼が生きる国家の示された法の効力とともに始まる。ヤスパースは、「このような自由が、政治的自由といわれる。自由の中で法が支配する国家が、法治国家といわれる。法治国家とは、ただ合法的な手段によってのみ、法が成立され、変更されるような国家である」[19] と述べている。

　政治的自由は、法治国家によって国民に保障される。ヤスパースは、「ある国家が他の諸国家に対して、自国の主権を占有する時、その国家は自由であるといわれる。しかしわれわれが政治的自由について論じる場合、われわれはある国民の自由をその国民の政治的状態の内的自由と考える」[20] という。つまり、国家の外部の自由が、内部で独裁と隷属に結びつくことがありうる。したがって、「内政上の自由の力は、確かに根本的にある国民の政治的自己教育からのみ発展し、その国民はその点で政治的国民として成立する。」[21]

　さて、ヤスパースは、「暴力が存在するところでは、われわれに恐怖が起こり、——法が支配するところでは、われわれは平穏に生活する」[22] と述べている。つまり、法治国家では信頼が支配し、暴力国家ではあらゆる面で不信が支配する。したがって、「自由はその目標を、法治国家において達成する。」[23] 政治的自由が保障される政治体制が、民主主義である。「民主主義は、寛容なくして

は可能でない。民主主義は、自覚的に自由に結びつけられなければならない。もしそうでないと、民主主義は衆愚政治や専制政治に堕落してしまう。」[24] したがって、「政治的自由は、人間のあらゆる他の自由を可能にすべきものである。政治は、人生の最終目標としてではなく、人生の基礎として生活秩序の目標へ向ける。」[25]

　民主主義では、国民は法の下で平等であり、職業や生活様式を自分で選択して決める。ヤスパースによれば、「民主主義は、だれもが自分の能力と功績を認められることを意味する。法治国家は、この機会の保証とともに、境遇や経験に応じて、しかし暴力ではなく、むしろ合法的な形式で、この法律上の保証を変更する必要性を意味する。」[26] したがって、民主主義の維持、発展のためには、国民の自覚がなければならない。というのは、すべてが選挙にかかっているからである。「結局このためには、唯一の手段しかない。それは、人間を全体として教育すること、人間が自分の意志を熟考して自覚することによって、自分の真の意志を目覚めさせることである。」[27] この国民の教育と自覚が第一に重要であり、第二の道は、大多数の人の具体的課題への参加による、国民の実際的な自己教育である。そして第三の道は、選挙過程そのものの仕組みである。選挙制度をより国民の意思を反映し、国民が政治に関心を持てるものに改変することが重要である。ヤスパースによれば、「必要なことは、すべての人が自由に配慮することである。なぜなら、自由は最も貴重な財産であり、決して自分で手に入れ、自動的に維持されるものではないからである。自由は、正気に返り、責任をもって引き受けられるところでのみ、保持されうる。」[28]

第3節　理性と民主主義

　ヤスパースは、人類が原子爆弾を所有し、自由主義国家と共産主義国家が軍事的に対立する冷戦体制の時代において、原爆の使用による全面戦争を回避し、人類滅亡を阻止する前提として、改めて理性への回帰がなければならないことを力説する[29]。したがって彼は、「この理性への転向なしには、われわれは終

末を見るだけである。人間が最初から見出し、繰り返し見捨ててきた理性への道を、人間は今や一般に忘れないように注意しつつ再び見つけなければならない」[30]という。彼は、人間の理性と善性への信頼が揺らいだ第二次世界大戦を経て、その後新たな脅威として原爆を使用する戦争の危険性に直面しても、それでも理性を再び信頼する以外に、人間が生き延びる道はないと考える。

　ヤスパースは、理性が国民の中に浸透していかなければならないと考え、理性は民主主義と密接に関連すると主張する。「理性は、実効と持続を獲得するためには、国民の中に入り込んでいかなければならない。それゆえ《民主主義》が絶対必要である。民主主義の意味は、一国の国民や諸国の国民相互間の共通の思考と行動において理性を苦心して成就することである」[31]と。国民が理性を成就し、世界平和を実現しうる政治体制は民主主義である。ヤスパースによれば、「もし理性が世界平和によって原子爆弾を無効にするならば、その場合は政治的生活形式としての民主主義によってのみである。」[32]

　さて、人間に完全な理性が備わっているのではなく、理性は形成されてゆく。ヤスパースは次のようにいう。「理性は所有ではなく、途上にある。理性は万人の教育を経てのみ、共通の思考と行為としての民主主義へ導くことができる。それゆえ民主主義は、決して最終的なものではなく、情勢の中で変化するものである」[33]と。つまり理性と同様に、民主主義も形成されながら変わっていかなければならない。したがって、「民主主義は自己批判を要求する。民主主義は、その現象を改良することによってのみ維持する。」[34]民主主義は一つの理念であり、どこにおいても完成することはありえない。このことは、人間は完成されず、常に未完成で途上における存在であるという点と一致する。民主主義は、理性によって絶えず発展する理念である。

　それゆえヤスパースは、民主主義は理性によってのみ成り立つと考える。「民主主義は、国民の統治を通して理性の統治を必要とする。」[35]つまり、民主主義の理念である国民主権は、国民の理性による統治を意味する。したがって彼は、「民主主義は、国民における理性を前提とするのであって、その理性こそが民主主義を生み出すべきである」[36]と述べている。こうして民主主義は理性

を前提とし、理性が民主主義を生み出すという思想が、世界平和の実現への可能性を熟慮するヤスパースの政治哲学の根底にある。

　民主的統治方式に唯一対立するのは、専制的統治方式である。したがってヤスパースによれば、「われわれが民主主義の理念について語る時、われわれはカントの共和的統治方式を考えている。」[37] すなわち、「カントの共和的統治方式」とは、議会制民主主義を意味する。専制的統治方式が、独裁体制であり、全体主義であるのに対して、民主主義は、理性の道として一つの価値観を絶対化することはありえず、国民により選ばれた代表が政権を運営し、政策を決定する。そこでヤスパースは、民主主義では政治的自由を前提とした選挙の重要性を強調する。彼は、「自由で、平等で、秘密な選挙が、政治的自由の中心として、条件として、特徴として、制度上認識される」[38] と述べている。それゆえ、ヤスパースの政治哲学は、基本的に政治的自由の保障に基づく複数政党制を前提とする議会制民主主義を基盤とし、唯一の政党による独裁体制である全体主義を斥ける立場にある。

第4節　民主主義における教育

　ところで、ヤスパースは、民主主義的な理念においては、「すべての偉大な政治は、共同体において理性による自己教育である」[39] と考えている。この自己教育は、政治家たちが国民の内にある理性に頼る仕方による教育であり、また政治家たちの模範による教育である。つまり、その自己教育は、国民の理性を根拠とし、主権者としての自覚を前提とする教育なのである。したがってヤスパースは、「民主主義にとって、この自己教育過程の持続の基礎を置くために、青年の教育、より厳密にいえば全国民の教育より大切なものはない。この教育に、民主主義と自由と理性がかかっているのである」[40] と強調する。

　そこで、民主主義の維持、発展のためには、学校における教師の役割が重要である。教師こそ、理性による自己教育の意義を十分理解していなければならない。ヤスパースは次のように述べている。「教師は、教育になくてはならない。

正しい教育とは何か、それはいかなる内容を持ち、いかに計画されているかを、教育する者がすでに知っているかのように、教育は今日もしかするとあまりにも当然のこととして受け取られている。教師たち自身が、教育されなければならない。この教育は、あらゆる年齢における万人の自己教育過程に存する」[41]と。増大する教育経営のもとでの民主主義における教育の転倒は、教育することと教育されることとの循環を示唆する。ヤスパースはいう。「教師は教育されていて、完成したものとして未熟な子どもたちに順を追って次へ渡すといった前提は、成人である国民は教育されていて、したがってすべての物事について正しく判断するといった前提と同様に、全体として大変ばかげている。交わりを通して自己教育において教育される者だけが、教育するのである。厳しく根気強い学習を媒介にしてこの自己教育へと教育される者だけが、正しく教育されるのである」[42]と。つまり、自己教育を通して学び続ける教師こそが、真の教師として子どもを教育するのである。

さて、ターマンは、『自由における倫理学――カール・ヤスパースの政治学的思考の基礎のために』（2016）において、ヤスパースが政治倫理学の基礎を確かに記述したが、しかしはっきりとそのようなものと見なさなかったように、政治倫理学の基礎を見出すことを試みている。この書の中で、ターマンもヤスパースにおける自由と民主主義に対する思考は、現実的問題を考える上で極めて重要であり、自由と民主主義の発展は何より教育にかかっていると認識している。ターマンは次のように述べている。「民主的自由並びに基本的人権の制限に対する要求が安心のために常にいわれるであろう時代において、ここに示されたヤスパースの接近は、なんといってもより時事的であるように思える。それだけになお一層重要であり、まさにより多くの自由を人が所有している個人的な責任の強調は、愛情に満ちた、辛抱強い教育と包括的な陶冶の課題である」[43]と。このようにターマンは、ヤスパースの政治学的思考が、極めて現実的な課題である自由、民主主義、基本的人権の尊重を持続的に発展することに関連し、いかに教育と密接に結びついているかということを指摘している。

そしてターマンは、その著者の結論部分で、ヤスパースの政治倫理学の可能

性について、次のようにいう。「社会、政治、文化、道徳における大きな世界的規模の変化というわれわれの今日の時代にとって、この倫理学への接近は、重要で未来をはらんだ可能性がある。カール・ヤスパースは、自由と責任から倫理的に行為することの申し出を提出し、理性と愛によって理由を説明する。彼の関心事は、この行為の格率、すなわちこの無条件の道徳的要求が、政治においても——人間の外にある根拠からではなく、まさに自分自身の信念から転換されるということであった。それゆえヤスパースによれば、政治学的思考の基礎は、自由における倫理学である」[44]と。

こうして、ヤスパースにおける自由と民主主義に関する思考は、学校教育や教師の在り方と密接に関連しているとともに、ヤスパースにおける政治倫理学の可能性をも示唆すると考えることができよう。

第5節　テオドール・リットにおける民主主義と政治教育

精神科学的教育学の学統の中で独自の哲学、教育学を展開したテオドール・リットは、ナチス支配の時代には、ナチズムを厳しく批判した。リットは、ナチス体験を通して、民主主義の意義を深く認識した。一方で、第二次世界大戦後は、共産主義を民主主義の脅威と捉え、政治教育や平和教育に強い関心を持つようになった。ヤスパースにおける民主主義と教育に関する考察と、リットにおける民主主義と政治教育に関する考察は、共産主義という全体主義に対抗する民主主義を教育によって維持、発展させようとする点において、同じ方向性を有していると考えられる。

第二次世界大戦後のリットの大きな関心の一つに、民主主義と政治教育の問題がある。この関心の下で刊行された主な著書は、『ドイツ国民の政治的な自己教育』（Die politische Selbsterziehung des deutschen Volkes, 1957）、『東西対立の相のもとにおける学問と人間形成』（Wissenschaft und Menschenbildung im Lichte des West-Ost-Gegensatzes, 1958）、『自由と生の秩序』（Freiheit und Lebensordnung, 1962）がある。

晩年のリットは、哲学者として民主主義を問題にし、そのための政治教育を主張した。西方守は、『リットの教育哲学』(2006) において、民主主義と政治教育の関係について考察している。西方は、「結論を端的に言えば、リットの哲学とその対象である「生」や「人間存在」(「人間性」)にとって、政治や教育が本質的であった、ということである」[45] と述べている。民主主義は政治制度として、決して完全な制度ではない。その自己制御の限界を補う制度とは、他者による制御であり、もう一つは、政権を握る与党に対して、その反対勢力である野党による監視と抑制である。

　民主主義の重要な教育に、民主主義の仕組みの教育がある。どうして多数決かが問題である。このことに関して、リットは、民主主義という制度がその決定権を有する人々、つまり国民の「多様性」なり、「分裂性」なりを前提にしているからである、と考えている。「それゆえ、民主主義は国民の「自由」を前提にしている制度である。」[46] リットは、この少数者と多数者の間の、野党と与党の間の政治的な「対立」、「政治的な闘争」の不可避性、必要性についての教育を民主主義教育の重要な柱と考えている。「それゆえ、その対立や闘争が正しく機能するかどうかということが、つまりそれらの「実現の仕方」が、民主主義の教育においては重要な課題になるのである。」[47]

　民主主義国家において国民は、他に惑わされることなく、「事実」にのみ基づいて「適切な判断」と「決定」ができるための「明晰な洞察力」を有していなければならない[48]。そして、そのような洞察力や判断力や意志決定能力を育てることこそが民主主義の政治教育にとってはもっとも重要なことである。「これは、洞察力や判断力や意志決定能力を養うという点で広い意味での教育、すなわち人間形成という意味での教育そのものである。このように、民主主義国家における政治教育は、人間形成という意味での教育そのものと深く結び付いているのである。」[49]

　平和教育として大切なことは、対立や争いをしないということではない。避けることのできない対立や争いがあるということを認めること、そしてそのうえで、それらの解決の仕方を考えるということである。「そして、民主主義に

おける対立や闘争の意味の政治教育は、その「武力による解決の排除」という点で平和教育と一致するのである。」[50]

「合理主義」というものは、理性が当然踏まえなければならない限界をも踏み越えようとする傾向を有している。したがって、理性が自らの限界を認識することが、つまりその理性の信奉からの自由が必要である。「そして、リットは、そのような傾向に対して根本的な歯止めの役割をも果たすことになるのが民主主義という制度である、と考えている。」[51]

西方によれば、「科学万能主義」とでも言うべき合理主義が蔓延している場合が問題である[52]。このように、現代の社会は制度化された理性によって「管理された世界」になっている。「だが、それに対する歯止めとしての民主主義という対抗作用を欠いた場合は、大変なことになる。この大変なことになった国家が「共産主義の国家」であると、リットは見ていた。」[53]

それに対して、民主主義は「理性の独裁に対する抵抗」を有する制度である。そして、民主主義の教育が、合理主義の支配的な現代社会を生きなければならないわれわれにとっては、欠くことのできない教育になっているのである。西方は、民主主義における教育について、「その教育は、民主主義の仕組みとそれを支える思想を教える狭い意味での政治教育であると同時に、事実に対する洞察力や判断力、事実に基づいた意志決定能力を育てる人間形成という広い意味での教育である」[54]と述べている。

ところで、宮野安治は、『政治教育と民主主義——リット政治教育思想の研究』（2014）において、第二次世界大戦終戦の直後、「リットがソヴィエト当局と対立せざるをえなかったのは、マルクス主義が、学問的方法としてではなく、政治的教義として大学に持ち込まれ、それが大学の自律を損なうと判断されたからである」[55]と述べている。リットは、第二次世界大戦後に民主主義を重視するが、全体主義概念に対抗させて民主主義概念を導入した。リットは、民主主義と全体主義の両者を分け隔てるのは、つまるところ「自由」というものにあると考える。

したがって、自由や多様性をできる限り重んじ、逆に、強制をできる限り抑

える国家形式が、民主主義国家である。冷戦下に身を置いていた最晩年のリットにおいては、共産主義との対決ということが、その政治思想および政治教育思想の重要なモチーフを形成している[56]。

民主主義には、唯一絶対の秩序理念というものは存在しない。常に秩序理念について意見を戦わす必要があり、ここに政治闘争は不可避とならざるをえない。したがって、「広く全体主義国家に見られる暴力的な政治的粛清が、そうした闘争の否定を雄弁に証左している。これに対して、民主主義国家は、政治闘争を積極的に承認し、それを推進しようとする。」[57]

リットによれば、「差異性」が「自由」の前提である。宮野は、「今日のわれわれがまず何よりもリットから取り出すものがあるとするならば、恐らくそれは、「差異性」ないしは「複数性」(アーレント)の原理に立った「多元主義的民主主義(die pluralistische Demokratie)」ということになるのではないだろうか」[58]と述べている。

こうしたリットにおける民主主義のための政治教育への期待は、ヤスパースにおける民主主義と教育に対する考え方と合致すると考えられる。

注(第Ⅳ部第4章)
1) K. Jaspers, Die Atombombe und die Zukunft des Menschen. Politisches Bewußtsein in unserer Zeit, R. Piper & Co. Verlag, München, 1958, 1982, 7. Aufl. 1983, S. 252.
2) ibid., S. 253.
3) ibid., S. 254.
4) ibid., S. 254.
5) ibid., S. 290.
6) ibid., S. 303.
7) ibid., S. 304.
8) ibid., S. 309.
9) ibid., S. 316.
10) ibid., S. 323.
11) ibid., S. 323.
12) Vgl. Karl Jaspers Gesamtausgabe, Vom Ursprung und Ziel der Geschichte, Band Ⅰ/10, Schwabe Verlag, Basel, 2017, S. 146.

13) ibid., S. 147.
14) ibid., S. 147.
15) ibid., S. 148.
16) ibid., S. 148.
17) ibid., S. 149.
18) ibid., S. 149.
19) ibid., S. 150.
20) ibid., S. 150.
21) ibid., S. 150.
22) ibid., S. 150.
23) ibid., S. 152.
24) ibid., S. 154.
25) ibid., S. 154.
26) ibid., S. 156-157.
27) ibid., S. 158.
28) ibid., S. 159.
29) 豊泉清浩「ヤスパース教育哲学における理性の展開――世界哲学の理念の観点から」、池田稔記念論集編集委員会編『教育人間科学の探求』学文社、2011年、32-45頁、参照。
30) K. Jaspers, Die Atombombe und die Zukunft des Menschen, a. a. O., S. 418.
31) ibid., S. 419.
32) ibid., S. 419.
33) ibid., S. 421.
34) ibid., S. 421.
35) ibid., S. 422.
36) ibid., S. 423.
37) ibid., S. 427.
38) ibid., S. 429.
39) ibid., S. 444.
40) ibid., S. 444.
41) ibid., S. 444-445.
42) ibid., S. 445.
43) Paul R. Tarmann, Ethik in Freiheit, Zur Grundlegung politischen Denkens bei Karl Jaspers, Peter Lang GmbH, Frankfurt am Main, 2016, S. 24.
44) ibid., S. 244.
45) 西方守『リットの教育哲学』専修大学出版局、2006年、189-190頁。
46) 同上書、198頁。
47) 同上書、199頁。

48）同上書、201頁、参照。
49）同上書、201頁。
50）同上書、203頁。
51）同上書、206頁。
52）同上書、207頁、参照。
53）同上書、209頁。
54）同上書、210頁。
55）宮野安治『政治教育と民主主義——リット政治教育思想の研究』知泉書館、2014年、122頁。
56）同上書、128頁。
57）同上書、138頁。
58）同上書、147頁。

第Ⅴ部 世界哲学

第1章 歴史観と世界哲学の構想

第1節 歴 史 観

(1) 枢軸時代

　ヤスパースは、『歴史の起源と目標』(1949)において、独自の観点から世界史を把握している。彼は、「私の構想の場合、私は、人類は唯一の起源と一つの目標を有するという信念に支えられている」[1]と述べている。彼によれば、歴史哲学は、西洋においてその基礎をキリスト教の信仰に持った。その前提の上で彼は、世界史の軸について次のように語っている。「この世界史の軸は、目下の事情では、ほぼ紀元前500年頃、つまり800年から200年の間に生じた精神的過程にあると思われる。そこに最も深い歴史の切れ目がある。われわれが今日に至るまで、そのような人間として生きてきたその人間が発生したのである。この時代が、要するに、《枢軸時代（Achsenzeit）》と呼ばれるべきものである」[2]と。

　このようにヤスパースは、枢軸時代を、前後にそれぞれ300年程の幅を持つ紀元前500年頃に定めている。彼は、枢軸時代の輪郭について次のように述べている。「この時代には、驚くべき出来事が集中している。中国では、孔子と老子が生まれ、中国哲学のあらゆる方向が発生し、墨子や荘子や列子や、その他数え切れない人々が思索した、――インドでは、ウパニシャッドが発生し、仏陀が生まれ、懐疑論や唯物論、詭弁術やニヒリズムに至るまでのあらゆる哲学的可能性が、中国と同様に展開された、――イランでは、ゾロアスターが善と悪との間の闘争という挑戦的な世界像を説いた、――パレスチナでは、エリ

アから、イザヤ及びエレミアを経て、第二イザヤに至る予言者たちが出現した、——ギリシアでは、ホメロスや、哲学者たち——パルメニデス、ヘラクレイトス、プラトン——さらに悲劇詩人たちや、トゥキュディデス及びアルキメデスが現われた。このような名前によって輪郭だけが示される一切が、中国、インド及び西洋において、どれもが相互に知り合うことなく、ほぼ同時にこの数世紀の内に生じたのである。」[3]

すなわち枢軸時代に、後世になって理性や人格と称したものが明らかになることが生じた。ヤスパースの解釈によれば、この時代に人間は、全体としての存在と、人間自身並びに人間の限界を意識した。彼は、「枢軸時代において問題になっているのは、まさしく一つの歴史的事実として現われた共通の出来事、すなわち、今日に至るまで妥当する、限界状況における人間存在の原則が、突然出現したことである」[4]と述べている。つまり、枢軸時代とは、人類が限界状況を自覚した時期といっても過言ではないであろう。枢軸時代の事実を実際に認めること、またわれわれの普遍的な歴史像の地盤に対するその事実を獲得することは、すなわち全人類にとって信仰のあらゆる相違を越えて共通であるものを確認する。それゆえヤスパースによれば、「もしわれわれが哲学史を追うなら、枢軸時代の中に最も有益で、自分自身の思索にとって最も実り豊かな研究の分野がある。」[5]

（2） 西洋と東洋

ところで、ヤスパースは、西洋に固有なものとして、「西洋は、政治的自由の理念を知っている」[6]という。また彼は、中国、インドと西洋を比較して、西洋の優位性について、「ヨーロッパの発展だけが技術の時代に導いたということ、どれが今日全世界にヨーロッパの様相を与えているかということ、そしてその上に合理的な考え方が遍在しているということが、優位を証明していると思われる」[7]と述べている。彼は、西洋の独自性を東洋に対する優位性と見る。

しかし彼は、西洋と東洋の関係について、「客観的歴史的な分析は、確かに世界形成の影響の点で西洋の優位を示しているが、また同時に西洋の未完成と

欠陥も示している。ここから東洋を問題にすることは、常に新鮮で実り豊かであり続ける」[8] という。彼は、西洋の優位を認めつつも、東洋の魅力について語る。彼によれば、「われわれに欠如しているもの、われわれにとってどうしても本質的に関係があるものが、アジアには存在するのである！」[9] それゆえ、「決してわれわれは、完成されつつある人間存在の途上にあるのではない。アジアは、われわれの不可欠の補足なのである。」[10] つまりヤスパースは、中国やインドの哲学史は、われわれが実現しなかった人間の諸々の可能性について教えるところがあると指摘し、東洋には、西洋人が到達しえなかった歴史的実存の根源ともいうべきものを見出せると考えている[11]。

したがってヤスパースは、「こうしてギリシア文化は、アジアの周辺現象のように見えてくる。ヨーロッパは、母なるアジアから早産によって分かれたのである」[12] と述べている。彼は、東洋には西洋にない総合的なものがあることを認め、西洋は東洋から分離したもののように見ている。彼によれば、「ヨーロッパ－アジアの相当関係は、形而上学的に対象化されてはならない。しかしアジア－ヨーロッパは、全西洋史に付随する一つの暗号である。」[13] つまり彼は、西洋と東洋は対立するのではなく、科学技術や政治制度などにおいて遅れているように見える東洋には、西洋を補完するものがあり、東洋も西洋と同じように普遍的な思惟を独自に生み出してきたと考えるのである。

こうしてヤスパースは、ヨーロッパからアジアへ眼差しを向けながら、全地球的規模での世界史を構想する。彼は、「今日始まっている、全地球を包含する世界並びに人類の統一の現実が、事実上の地球の普遍史、すなわち世界史を開くのである」[14] と述べている。

（3） 近代科学と技術

さて、ヤスパースは、現在の時代において絶対的に新たなものは、科学と技術であると指摘する。彼によれば、「近代科学は、その精神によって普遍的である。」[15] ただし、近代科学は、原則的に未完成である。彼は、「近代科学は、何物も同程度と思わず、すべてのものを学ぶ価値があると見なし、個々のもの

や最小のもの、そのようなものとしてのあらゆる事実に向けられている」[16]という。近代科学は、最も個別のものに向けられながら、その全般の連関を探る。すべての科学は道であり、大学はすべてを包括する科学の営みの実践である。

　ヤスパースは、技術の意義について、「技術とは、自分自身で困窮の負担を取り除き、人間の環境の気に入る形式を獲得するために、生活を具体化する目的にとっての、科学的な人間による自然支配の方策である」[17]と述べている。技術は、人間の環境の中で人間の日常生活を極端に変え、労働方式と社会を新たな方向へ強制した。人間が存在して以来、技術は道具との交際として存在する。ただし、技術はあくまでも人間が使用するものである。だから、「技術は手段であり、指導を必要とする。」[18] 技術は人間に結びつけられ、人間の労働によって実現される。ヤスパースによれば、「技術はまさに人間の全体の労働生活とともに、人間自身を変えようとしているという一つのことは、確かである。」[19]

（4）　世界の現代的状況

　ヤスパースは、世界の現代的状況について、「われわれの歴史的に新しく、初めての決定的な状況は、地球上における人類の実際の統一である」[20]と述べている。彼は、第二次世界大戦は、実際に最初の本当の世界戦争であったと認識している。この戦争により、全体のただ一つの歴史としての世界史が、始まったのである。彼によれば、「地球統一は現に存する。」[21] このことは、あらゆる重要な問題は世界問題となり、状況は人類の状況となることを意味する。

　ヤスパースは、現代の事態の特徴として、大衆が出来事の決定的な要因になると指摘する。「あらゆる事柄における不確実さが、知識と技術の基礎の上にある人間が彼の存在の根源から彼の現存とともに何を引き起こすかという課題を立てる。」[22] もう一つの特徴は、伝統的価値の瓦解である。伝統的宗教が信じられなくなり、新たな信仰が登場した。このような信仰は、無理な代用品である。ヤスパースによれば、「この信仰は、偽科学的全体観、マルクス主義、精神分析、人種論に閉じこもる。」[23] したがって、すべての真実性の条件であ

る自己反省の気高い冒険は、イデオロギー論の途上で堕落してしまった。ヤスパースは、「このように、突き止める真理認識の方法は、精神分析や野卑なマルクス主義の低地に陥った。それ自身で独断的になった仮面をはぐ思考の中では、真理は完全に失われた。すべてがイデオロギーであり、この命題自体がイデオロギーである」[24]という。

(5) 歴史と政治的自由

　ヤスパースは、未来の問題に関して、「今地球上には、異なっている地点から出発し、同じ目的へ進む二つの強い国民、すなわちロシア人と英国系アメリカ人が存在する」[25]と述べている。彼は、当時のソ連とアメリカの政治体制の違いを念頭に置き、全体主義による恐怖政治の現実について言及している。「その現実とは、拷問を伴う国家社会主義の強制収容所であり、その最後に何百万人に対するガス室と焼却炉があった——たとえガス室による直接的な大量虐殺が国家社会主義者たちによってのみ執行されたにせよ、他の全体主義的政体での似たような事象についての報告に相当する現実である。」[26]

　ヤスパースは、ナチス政権が崩壊した後も、全体主義的政治体制を維持する国家が存在していることを指摘する。彼は、すべての国家がその国民に自由と人権を保障すべきであると考える。「人間のみが、人間自身から起こる危険を抑えることができる。——人間が善意で望むなら、親切な救済への希望において。人間は、その危険を抑えることができることを、人間の自由を脅かすすべてのことに対して権力が信頼できて振る舞う、自由の憲法においてのみ可能とする。すなわち法律的秩序の道で世界秩序が成立する。」[27]つまりこれは、法の支配による世界秩序を意味している。

　ヤスパースは、全体主義への恐怖を感じることについて、「不安は肯定されるべきである。不安は希望への根拠である」[28]という。つまり不安は、自由を尊重し、民主主義を発展させる契機となりうる。「政治的自由を、全体の意志決定にすべての市民が寄与する状態、すべての市民の関知と関与と解するなら、歴史は、西洋においてのみ政治的自由が試みられたということを示す。しかし

たいていの実現は挫折した。」[29] 彼は、西洋においても、政治的自由を獲得する道は険しかったことを認識した上で、民主主義の発展において、政治的自由の保障が最も重要な権利であると認識している。

　ヤスパースは、人間への信仰は、自由の可能性への信仰であると考える。彼は、「歴史からの反響、人類の起源までのわれわれの祖先とのかかわりで感激させるものは、どのように人類が自由を実現させ、どのような形態で人類が自由を発見し、望んだかという人類の自由の追求である」[30] と述べている。したがって世界秩序への道は、寛容が支配する場合にのみ、成功することができる。寛容の限界は、絶対的な偏狭の場合だけである。彼は、「それにしても、聖書の宗教へのわれわれの信仰の関係において、最後にわれわれの西洋の人間存在の未来についての決定があるということは、確実であると思われる」[31] という。

　ヤスパースは、未来における信仰について考える際、聖書の世界観が根底にあることを強調する。彼は、聖書の宗教に対して新たなものを求めるとすればどのようになるかについて、次のように述べている。「この新たなものが人間を実際に感動させるべきならば、新たな枢軸時代というような何かが現われ出なければならないであろう。その場合、精神的な闘争の交わりの中で、倫理的な無制約性の緊張の内で、至福、すなわち神性から知るために担われている啓示の新たな過程で発展するものは、人類の気分をほぐすことを示すであろう。」[32] 彼は、全体主義的世界帝国並びにそれに対応する全体主義的信仰真理の可能性に直面しても、哲学することの流れを守ろうとする希望だけは残っていると確信している。「すなわち、すべての人々にとって（世界帝国と異なった）世界秩序という義務づけられている普遍的なものは、種々の信仰の意味内容が、客観的で普遍妥当的な信仰内容の統一なしに、歴史的交わりの内に自由であり続ける場合にのみ、まさしく可能である。」[33]

（6）　人類の統一

　こうしてヤスパースは、歴史の統一へと考察を進める。「人類の統一は、宗教、思惟形式、道具、社会形態の似たような特徴が、全地球上で繰り返し起こると

いう事実に、感銘深いと思われる。」[34] 統一は、事実ではなく、目標なのである。彼は、意味と目標の統一は、次の場合に生じると考える。「人間が限界状況の中で最も明確に自覚する時、――人間が最も深い問いを設定する時、――人間が自分の生活が導かれ、形造られる創造的な答を見出す時、そこから意味の統一が出ている。」[35] 思惟する全体的見解にとっての統一に関して、歴史の統一を理解すること、すなわち普遍史を全体として考察することは、自分自身の究極の意味を探る歴史的知識の衝動である。

　ヤスパースは、歴史に、枢軸時代という起源と、人類の統一という目標とを定めている。そして彼によれば、「しかし統一は、知られたもの、作られたもの、達成されたものにあるのでもなく、ましてやある目標の観念にあるのでもなく、人間と人間との交わりが始まる時にのみ、あらゆるそれらのものにあるのである。」[36] したがって、「歴史の統一は、人類の一本化としては決して完結されないであろう。歴史は、起源と目標との間に成立し、そこに統一の理念が働いている。」[37] つまり統一とは、価値観の統一を意味しているのではなく、価値多元の上に諸国家の対話の場を維持し続けることによって成り立つものと捉えることができる。したがって人類の統一とは、むしろ歴史の限界である。それゆえヤスパースは、「歴史とは、統一に関する諸々の観念や思想をもって統一に導かれた動きであり続ける」[38] と述べている。

　ヤスパースは、われわれの現代の歴史的意識に関して、「歴史の全体性とは、開いている全体である」[39] という立場である。彼は、われわれは何に向かって歴史を踏み越えてゆくかについて次のように述べている。「われわれは、時間を越えて妥当するもの、すべての歴史から独立している真理、数学とすべての確かな知識、認識されるにせよ認識されないにせよ、常にすべての変化に該当しない普遍的なものと普遍妥当的なもののあらゆる形式へと、歴史を踏み越える。」[40] そして、「われわれは、歴史性の根拠へと、すなわち世界存在の全体における歴史性へと、歴史を越える。」[41] 歴史性の根拠へと導くものは何であるのか。ヤスパースによれば、「この歴史性の根拠へわれわれを、自分自身の実存の歴史性が導く。」[42] またわれわれは、無意識なものへと歴史を乗り越える。

歴史はそれ自体、歴史的なものを越える道となる。彼は、「歴史の偉大さは、畏敬の対象としてすべての歴史を越える根拠に結びつける」[43]という。つまり、全体としての歴史の把握は、歴史を越えて連れ出す。こうしてわれわれは、超越者と連繋している実存の歴史性によって、歴史を乗り越えようとする。ヤスパースによれば、「永遠であるものは、時間の中で決意として現われる。実存の超越する意識にとって、歴史は永遠の現在において消滅する。」[44]

第2節　哲学の世界史と世界哲学

(1) 哲学の世界史

　ヤスパースにおける世界史の把握の仕方は、哲学の世界史（Weltgeschichte der Philosophie）と世界哲学（Weltphilosophie）の理念に関連している。ヤスパースは、『哲学的自伝』（1953）において、哲学の世界史の理念について、「哲学の世界史が現に存在することが、普遍的な交わり（die universlle Kommunikation）にとっての枠となりうる」[45]と述べている。その場合彼は、「われわれは、一つの偉大な共通の精神的歴史を持っている」[46]という認識に立っている。つまりヤスパースは、哲学の世界史は理性に基づく人間相互の交わりの場であり、しかも普遍的な交わりという枠組で理解されるべきものと考えている。またヤスパースの哲学的論理学は、交わりの可能性の追求と理性の自覚を目標としている。それゆえヤスパースによれば、「1937年に私は哲学の世界史の計画を懐き、哲学の世界史を哲学的論理学と並行して一緒に押し進めようとしたのである。」[47]なぜなら、哲学史の全体の把握は、哲学すること自体にとって不可欠のことだからである。ヤスパースは、「目下私が従事している哲学の世界史の研究は、30年代における中国哲学の研究以来、私にとって当然で疑う余地のないものとなっていた意識を、いよいよ強めた。すなわち、われわれはヨーロッパ哲学の夕焼けから世界哲学のあけぼのへと至る途上にいる、という意識である」[48]と述べている。

　さて、哲学の世界史に関して、ザーナーが編集した『哲学の世界史序論』が

1982年に出版され、その構想のほぼ全体を見渡すことができる[49]。この書の「編者の序言」において、ザーナーは、「哲学の世界史の対象は、今までの哲学的思索がどこでまたいつ登場したにせよ、その哲学的思索の一つの包括的な全体である」[50]という。つまり、ヤスパースが構想する哲学の世界史とは、各地域の歴史を寄せ集めたものとしての世界史ではなく、これまでの哲学的思索を包括する全体を意味するのである。そしてザーナーは、「ヤスパースは、自らの草稿において、察するところ1951年から52年にかけて、しかも確実に「大哲人たち」に先立って書かれた、ここに呈示するテクストを、「哲学の普遍史」への序論と呼んでいた。後年彼は常に、「哲学の世界史」という言い方をするが、おそらくそれは、哲学の世界史が来たるべき「世界哲学」に属するものであることを暗示するためであろうと思われる」[51]と述べている。つまり哲学の世界史は、世界哲学への方途と考えられる。

（２） 世界哲学の理念

　ヤスパースは、『哲学の世界史序論』において次のように述べている。「地球空間は、歴史によってのみ満たされる。われわれは、時間の深みへと突き進むことによって初めて、普遍的直観へと達する。過去によって初めて、人間は現実的であり、己れを理解しうる。歴史を知ることによって、われわれは現実の世界の広がりへと歩み入る。この広がりの内で、われわれは、われわれ自身の人間存在として人間存在を全体で理解する。そのために、人類の全範囲においてのみ見られるべき、哲学の世界史が必要なのである」[52]と。彼は、哲学の世界史の必要性を力説する。しかも彼は、「やがて来る世界哲学という理念は、避けられない」[53]という。すなわち、この理念は、全体に対する開放性においてのみ真実でありうるのであって、その全体は、互いに出会うすべての根源が再び明るくなることにおいて、歴史的に己れを示すのである。したがって、ヤスパースによれば、「やがて来る全世界の哲学は、今までに特有の哲学することの特殊な歴史性が、全体における人間存在の一つの歴史性に関連して、明白になる空間でなければならないだろう。」[54] そして、「普遍的哲学は、その空間

において、理性の手段、すなわち思惟可能性の包括的組織法であるだろう。」[55)]つまり世界哲学とは、あらゆる国家、あらゆる民族が有する普遍的な思惟が出会う空間であり、したがって人類の理性的交わりの上に成り立つものなのである。

(3) 世界哲学と理性的交わり

　ところで、このような理性を基盤とする自己生成が、世界哲学の理念と密接な関係を持っていることに関して、ザーナーは次のように述べている。「やはりここで、世界哲学とは、実存哲学からまったく離れた哲学では決してありえない、ということが明らかになる。世界哲学はむしろ、あらゆる実存自身が実存として交わり的になるように、あらゆる実存にも理性を吹き込みたい思惟なのである。個人への関心は、世界への関心の必然的な対極である。なぜなら、世界は、その中に個人の自由のための空間がその人の生の意義に対して開き続けている場合にだけ、統一体として自由な望ましい世界であるからである。それゆえ世界哲学は、普遍的な交わりとともに常に個人の自由から目を離さないでいる思惟であり、真理と自由と理性を通して個人を自己自身に、世界を統一体にすることを欲する思惟なのである」[56)]と。すなわち世界哲学とは、人間が実存として理性的に交わることを目指す思惟なのである。

　ヤスパースは人間相互の交わりを重視し、次のように述べている。「私にとって努力しがいのあることは、普遍的な思惟であるが、その普遍的な思惟は、一つの普遍妥当の知識ではなく、交わりを可能にするもの、すなわち共通語（Koine）であり、それは深い意味が水増しされて薄められたものではなく、その中でわれわれすべてがお互いに出会うことができる、自覚された空間なのである」[57)]と。こうした空間こそ、理性的交わりの空間であり、まさに世界哲学といえよう。さらに、ヤスパースは次のようにいう。「しかし、私は早くから、現実での調和をみる信仰を拒んでしまう限界の前に、すなわち、全体的な交わりの断絶、絶対的な我意、悪、の前に立っていた。すでにこの世界において、根底における現在であるものの実在の内で、すべてよろしいという一つの哲学は、まっ

たく不誠実に見えた」[58]と。つまり、ヤスパース哲学は、完結的な体系性を有するものではなく、限りなく開かれた立場にある。したがって彼によれば、「要するに、世界は全体において、理性的には理解され得ないが、しかし世界の中で、私は理性を持って生きていくことを決心することができるのである。」[59]

（4） 世界哲学の構想と世界平和

　さて、ヤスパースは、世界史の構造を、枢軸時代から発し、人類の統一を目標とするものと捉える。この場合の統一とは、価値多元の上に成り立つ理性的交わりの方向といえるものである。この世界史の把握は、哲学史研究にも貫かれていて、それが哲学の世界史である。哲学の世界史は、世界哲学の理念につながるものである。

　世界哲学は、全地球的視野に立つ哲学的構想であり、とりわけ西洋と東洋の対話の道を開く思惟である。それはまた、可能的実存間の理性的交わりを通して人間の相互理解の場をもたらす普遍的な思惟であるから、民主主義の理念と結びつき、あらゆる国家、あらゆる民族の理性的な対話の場として、世界平和の実現を目指す思惟でもある。つまり、世界哲学と民主主義は、どちらも理性の展開として、価値多元の上に成り立ち、人類の統一という目標である世界平和を志向する。この意味において、世界哲学の構想は、地球的規模での多元的価値の理性的な出会いの場であることから、ソ連崩壊後のポスト冷戦時代の世界秩序の可能性を示唆するものであったとも見ることができよう。

　このように、世界哲学の理念は、真理の伝達可能性を探求しつつ、万人の理性的な結合を目指したものである。世界哲学は、人間が普遍的な思惟と出会い、交わる空間であるとともに、可能的実存が、さまざまな哲学的思惟や偉大な思想との交わりを通して実存となる場である。つまり世界哲学は、「わがものにすること」による自己生成の場である。それゆえ、ヤスパースの自己生成論に基づく教育哲学は、世界哲学の理念に究極的な目標を持っていると見ることもできよう。

注(第Ⅴ部第1章)
1) Karl Jaspers, Gesamtausgabe, Vom Ursprung und Ziel der Geschichte, Band Ⅰ/10, Schwabe Verlag Basel, 2017, S. 16.
2) ibid., S. 17.
3) ibid., S. 17-18.
4) ibid., S. 24.
5) ibid., S. 57.
6) ibid., S. 68.
7) ibid., S. 71.
8) ibid., S. 72.
9) ibid., S. 73.
10) ibid., S. 73.
11) Vgl. ibid., S. 73.
12) ibid., S. 73.
13) ibid., S. 74.
14) ibid., S. 75.
15) ibid., S. 85.
16) ibid., S. 86.
17) ibid., S. 97.
18) ibid., S. 114.
19) ibid., S. 119.
20) ibid., S. 122.
21) ibid., S. 122.
22) ibid., S. 126.
23) ibid., S. 127.
24) ibid., S. 128.
25) ibid., S. 136.
26) ibid., S. 140.
27) ibid., S. 142-143.
28) ibid., S. 143.
29) ibid., S. 146.
30) ibid., S. 205.
31) ibid., S. 210.
32) ibid., S. 211.
33) ibid., S. 211.
34) ibid., S. 231.
35) ibid., S. 237.
36) ibid., S. 243.

37) ibid., S. 243.
38) ibid., S. 243.
39) ibid., S. 246.
40) ibid., S. 250.
41) ibid., S. 250.
42) ibid., S. 250.
43) ibid., S. 252.
44) ibid., S. 253.
45) K. Jaspers, Philosophische Autobiographie, 1956, in:K. Jaspers, Philosophie und Welt. Reden und Aufsätze, R. Piper & Co. Verlag München, 1958, 1963, S. 384.
46) ibid., S. 385.
47) ibid., S. 385.
48) ibid., S. 386.
49) Vgl. K. Jaspers, Weltgeschichte der Philosophie. Einleitung, Aus dem Nachlaß herausgegeben von Hans Saner, R. Piper & Co. Verlag, München, 1982. カール・ヤスパース著、ハンス・ザーナー編、渡辺二郎・門脇俊介・植村恒一郎・星敏雄訳『哲学の世界史序論』紀伊國屋書店、1985年、参照。
50) ibid., S. 6.
51) ibid., S. 9.
52) ibid., S. 69-70.
53) ibid., S. 76.
54) ibid., S. 76.
55) ibid., S. 76-77.
56) H. Saner, Karl Jaspers mit Selbstzeugnissen und Bilddokumenten, 1970, Rowohlt Taschenbuch Verlag GmbH, 1984, S. 110.
57) K. Jaspers, Philosophische Autobiographie, a. a. O., S. 390-391.
58) ibid., S. 391.
59) ibid., S. 391.

第2章 ヤスパース教育哲学における仏教的要素

　ヤスパース哲学は、日本においてはもちろん、西欧においても仏教との関係が指摘されている。このヤスパース哲学と仏教との関係には、ヤスパースにおける仏教理解と、ヤスパース哲学に見られる仏教的要素という二つの側面がある。

　ヤスパースは、『世界観の心理学』(1919) 以来、度々著作の中で仏教に言及している。とりわけ彼における仏教論ともいうべき最もまとまった論述は、『大哲人たち』第1巻 (1957) における、ブッダ（仏陀　Buddha）とナーガールジュナ（龍樹　Nagarjuna）についての論述である[1]。いうまでもなく、ブッダは仏教の開祖であり、ナーガールジュナは大乗仏教の開祖である。ヤスパースが仏教に強い関心を持っていたことは事実である。

　しかし、このこととは別に、ヤスパース哲学の性格そのものが仏教に近い立場であるという指摘がある。

　仏教学者である玉城康四郎は、ヤスパースの包括者の在り方を仏教の縁起説に近いものと捉え、包括者における自己存在の在り方に、仏教における空に似ているものを見出している[2]。また、ヤスパースの主観客観の分裂という認識の仕方に、主客の分裂を越えるもの、すなわち東洋思想の不二性に近いものを認め、ヤスパースの思想に仏教の宿業感に類似した見解を見出している。

　比較宗教哲学研究者である峰島旭雄は、ヤスパースの包括者論は、仏教における空の思想や縁起説に近い立場であると指摘する[3]。

　実存哲学研究者である信太正三は、ヤスパースの包括者論に仏教の縁起説や空論に近いものを認めるが、包括者論は有論であり空論ではないと、その違い

も認める[4]。

　ヤスパース研究者である重田英世は、ヤスパース哲学に見られる仏教的なものは、彼が仏教を学んだことに関連するのではなく、むしろヤスパース哲学の性格そのものが、根源的に仏教に接近する立場を示していると考えている[5]。

　このような先行研究を踏まえつつ、本章では、ヤスパース哲学そのものが仏教に近い性格を持っているという観点から、ヤスパース教育哲学における主要概念について考察していく。とりわけ重要な契機である「限界状況」、「実存的交わり」及び「ソクラテス的教育」、「自己生成」に焦点を当て、それぞれの概念が仏教に近い要素を持っていることを明らかにする。これらの主要概念についてはすでに論述しているため、重複する箇所もあるが、再度振り返りながら仏教との関係を探りたい。

　したがって、本章の目的は、ヤスパースの自己生成論を中核とする教育哲学に仏教的要素を探ることにある。ヤスパース教育哲学は、基本的には主体的な自己教育を根拠とする立場であるが、教師と生徒との関係を考慮すると、自ずから教育的関係及び教師の教育的行為についても言及することになる。

第１節　ヤスパースにおける限界状況概念と仏教における四苦

　「限界状況」は、「交わり」とともにヤスパース哲学において最も重要な概念の一つである。ヤスパースは『哲学』第２巻「実存解明」で、限界状況を実存との関係において詳細に論述している。

　ヤスパースによれば、われわれ人間は「状況内存在」[6]である。つまり、われわれは常に諸々の状況の中にある。それらの状況は変化し、いろいろな機会が現われてくる。その機会は、ひとたび去ってしまえば、またとは戻ってこない。また人間は状況が変化するように自分で働きかけることができる。ところが、状況の中には、たとえその瞬間的な現われ方が異なり、その圧倒的な威力がおおい隠されてはいても、本質的には常に不変であるような状況がある。ヤ

スパースはいう。「私は常に状況の中にあること、私は闘争や苦悩なしに生きられないこと、私は不可避的に負目をわが身に引き受けること、私は死ななければならないこと、このような状況を、私は限界状況と名づける。限界状況はそれ自体変わることがなく、ただその現象においてのみ変化する」[7]と。つまり、限界状況は、われわれが突き当たり、挫折する壁のようなものである。限界状況は、現存在における意識にとっては存在しない。それゆえ、「諸々の状況が内在的に留まっている意識に属するように、限界状況は実存に属する。」[8]

　ヤスパースは、個々の限界状況として、「死」「苦悩」「闘争」「負目」を挙げている。諸々の状況の中でも、人間が本来的に生きていくために飛躍をさせる契機となるのは、死であり、とりわけ自分の死である。そして、「あらゆる苦悩の背後に死がある。」[9] 死と苦悩は、人間が生きていく上で常につきまとっている状況であるのに対して、闘争と負目はわれわれの行為と関係する意識的な状況であるといえよう。

　さて、われわれが限界状況に対処する仕方には二つあると考えられる。まず一つには、現存在としてのわれわれは、限界状況を前にして目を閉ざすことによってのみそれらを回避することができる。すなわち、われわれは世界の中で現存在を拡大しつつ、保持しようとする。そして、われわれは何らの疑問もなく、現存在を支配し享楽しつつ、あるいはそれに悩み屈服しつつ、それにかかわる。だがそれでは、究極的にわれわれを放棄すること以外の何物でもない。「それゆえ、われわれは限界状況を克服するために、企画や打算によってではなく、まったく別の能動性、すなわちわれわれにおける可能的実存の生成によって有意義に限界状況に反応する。つまり、われわれが目を見開いて限界状況に踏み入ることによって、われわれはわれわれ自身となるのである。」[10] すなわち、限界状況から目をそらせてそれをおおい隠すのではなく、限界状況に直面してそれを受け入れることによって、われわれは真の自己存在である実存となるのである。それゆえ限界状況は、実存にとってのみ、現実として感得されるものとなる。したがってヤスパースは、「限界状況を経験することと実存することとは、同じことである」[11]という。

このように、われわれは限界状況をじっと見据えて受け入れると同時に、そこに超越者と連繋して、実存へと飛躍することになる。すなわち、われわれは限界状況を引き受けて生きていく時、実存となるということができるので、このことを、「限界状況体験即実存」ということが可能であろう[12]。

ヤスパースにおける個々の限界状況は、死・苦悩・闘争・負目であるが、その中でもとりわけ人間が生きていく上で常につきまとっている状況は、死と苦悩である。人間だれもがそれから逃れることのできない死は、限界状況の典型である。われわれはいつか死ぬだろうということを知っていても、日々の生活の中で常に意識しているわけではない。それを忘れてしまっているか、客観的事実のごときに見過ごしてしまうのである。現存在の客観的事実としての死は、それだけではまだ限界状況ではない。「それに反して、私が、実存しつつ、時間の中の現象として私の現存在の歴史的意識において、それは現象であるがしかしその中の現象は可能的実存であるということを確信するならば、あらゆる事物の終末の経験は、実存のこの現われ出る側面に関係づけられている。この終末に関しての苦悩が、実存の確信となるのである。」[13] つまり、われわれが死を直視して、実存しつつ死を捉える時に、われわれは本来的な生を確信することになる。端的にいって人間は死が訪れるから、限られた時間の中で目標を持って絶えず努力し、よりよく生きようとするのである。死はまさに、人間存在を規定する基底的状況である。この意味から、苦悩は、死に至る存在である人間が、自己の有限なことに思い悩むことに他ならず、したがって苦悩の背後には必ず死が存在するのである。

以上のような観点から、ヤスパース哲学は、まさに限界状況からの解脱の哲学であるといえよう。その場合、ヤスパースにおける限界状況は、仏教における四苦に通じるものと考えられる。

仏教においては、釈尊の出家の動機となったものとして、有名な四門出遊の話が伝承されている。それは、人が老いること、病むこと、死ぬこと、これは避けられないものであると自覚することであった。後に生の苦しみが加えられ、この生老病死の苦しみを四苦という[14]。この生老病死の苦悩、いわゆる実存的

苦悩から解脱することが悟りに他ならない。

　神谷美恵子は、その著『生きがいについて』において、人間の生存の根底そのものに、生きがいをおびやかすものが、まとわりついているとして、次のように述べている。「諸行無常の鐘の声……私たち日本人のききなれたこのことばには、この事実に対する静かな認識とあきらめがあらわれている。老、死、病、苦。仏陀太子を求道へと追いやった人生の四苦は、現代もなお人間生存の厳然たる事実である。」[15] つまり、釈尊の出家の動機である四苦は、今も変わらず人間存在の根底にあるもので、この無常は生きがいを奪い去るものでもある。神谷は続けて次のようにいう。「人間が、どうしても逃れえない力の重圧のもとにあえぐような、ぎりぎりの状況をヤスパースは限界状況と呼んだ。これをもたらすものとしてハイデッガーは死と責、ヤスパースは死、苦、争、責、ガブリエル・マルセルは死と背信、サルトルは死と他人をあげた。いずれにせよ、生きがいがうばい去られるような状況は、一応限界状況とよんでいいであろう。」[16]

　ヤスパースだけではなく、他の実存主義者も人間存在の基底的状況を前提としているが、神谷は、そのような状況を、限界状況と呼ぶことができると考えている。このように仏教における四苦と実存主義者たちのこれと同類の状況は、限界状況と呼びうるものである。

　限界状況は、われわれ人間にとって日々の生活に影を落とす重苦しい状況であり、われわれを脅かす恐怖と不安の対象であるから、生きがいを奪い去る側面を持つ。しかしまた、人間はそれだけに留まることなく、限界状況を直視し、それを引き受けざるをえないものとして自覚し、前向きに生きることによって、本来的な在り方を実現する。その際、限界状況への恐怖や不安は、われわれがよりよく生きたいという欲望を持っていることの現われであると考えられる。それゆえそのような素朴な生存欲や向上心を自覚し、限界状況を真摯に引き受けることによって、われわれは生きる意味、生きる勇気、生きる力を得るのである。

　こうして限界状況は、人間にとって恐怖や不安に陥れる側面を持つ反面、そ

の一方でむしろわれわれの決断によって、生きることを根底から支えるものとなりうるのである。

第2節　ソクラテス的教育と仏教における同行

　限界状況の体験は、孤独の自覚のことでもある。なぜなら、死も苦悩も、それに闘争も負目も、自分一人で引き受けなければならないものだからである。ヤスパースによれば、われわれが限界状況の体験と等しい状態であると考える「孤独」は、それと対立するように見える「交わり」と二律背反の関係にある概念である[17]。すなわち、二律背反とは、孤独と交わりというように、互いに対立したり矛盾したりする二つの概念の両方が存在しうる現実をいう。したがって、孤独と交わりは、一方がなければ他方が存立しない概念である。つまり、孤独の自覚の前提に、交わりが存していると考えられる。

　ヤスパースは、「私は、交わりに入ることなしには自分自身になることはできないし、孤独であるのでなければ交わりに入ることができない」[18]という。したがって、交わりの中でこそ自己自身となるのであれば、「限界状況から交わりへ」という方向が、限界状況概念に内在している、人間存在における可能性であると考えられる。しかも、限界状況は、実存に属するがゆえに、その方向を、「限界状況体験から実存的交わりへ」という方がより正確であろうと思われる[19]。

　ヤスパースは、『哲学』第2巻「実存解明」では、交わりを、「現存在の交わり」と「実存的交わり」とに二分している。これに対して後期に入り、『理性と実存』や後期の主著である『真理について』などにおいては、交わり概念は、「包括者」概念の影響によって、細分化されることになった。包括者の諸様式に対応する形で、「現存在の交わり」、「意識一般の交わり」、「精神の交わり」、そして「実存的交わり」ないし「実存の交わり」とさらに包括者の諸様式の紐帯である理性による「理性的交わり」ないし「理性の交わり」となった。

　現存在の交わりでは、自己が他者と共にあっても自己であることの自覚すら

ないような交わりがなされ、意識一般の交わりでは、だれもが共通に持っている意識による交わりがなされ、精神の交わりでは、物事の理念に基づく交わりがなされるのである。ところが、これら三様の交わりでは、自己がどう生きるべきかを示唆する、人間存在における根源的な対話はなされないので、そこに不満が生じる。その不満から実存的交わりへ飛躍することになる。

　実存的交わりは、最も高度な交わりであり、真の交わりである。実存的交わりは、可能的実存の間で成立しうる交わりである。実存的交わりに入るには、人は孤独を欲しなければならない。そして二者間においてそれぞれが超越者と連繋している実存的交わりでは、二人がお互いに自己の心を限りなく相手に対して開いて共に自分が明らかになり、同等の水準に立ち、自己の闘いと相手の闘いとが一つである「愛しながらの闘い」[20]をするのである。この「愛しながらの闘い」において、本質的に他者と断絶している窓なき単独者同士が、超越者において、すなわち永遠によって無時間的に結びつきつつ、共に真の自己となるのである。

　ところで、ヤスパースは、『大学の理念』（1946）において、教育方法に関係するものとして、「教育の基本形式」について述べている。ヤスパースは、「教育の基本形式」として、「スコラ的教育」[21]、「マイスターによる教育」[22]、「ソクラテス的教育」[23]の三つが可能であると考えている。「教育の基本形式」におけるそれぞれの教育形態の核心には、スコラ的教育では伝達が存し、マイスターによる教育では権威のあるマイスターへの従属が存し、ソクラテス的教育ではソクラテス的な対話法が存しているのである。

　ソクラテス的教育では、教師と生徒は、自覚に基づいて同等の水準に立っている。そこには固定的な教説は存せず、限りない問いと絶対者はわからないという無知とが支配する。それで個人の責任は極限にまで高められ、その責任はどこでも軽減されない。教育は「助産的」である。すなわち生徒の内にある諸力が生まれ出るように教師が助け、生徒の内にある諸可能性が目覚まされるが、外から押しつけられるのではない。ソクラテス的教師は、教師を権威にしマイスターにしようとする生徒の衝動に対しては、生徒にとっての最大の誘惑であ

るとして抵抗する。それゆえソクラテス的教師は、生徒を自分から突き放して自分自身に立ち返らせ、自分はパラドックスの中に身を隠して、生徒を自分に近寄れないようにする。ソクラテス的教師と生徒の間には過程としての闘争する愛があるだけであって、従属的な追従はない。

このように、ソクラテス的教育の核心は、実存的交わりである。ヤスパースは、ソクラテス的教育を本質的には大学生を対象とする教育形態であると考えている[24]。つまり、ソクラテス的教育は、基本的に子どもに対する教育形態ではなく、青年期以降の人間に対する教育形態であると考えている。

さて、ソクラテス的教育における同等の水準という考え方が、仏教における同行に似ているように思われる。

原始仏教の段階から、仏教には、人間関係に共に行する者という同行の意識があった。『大パリニッバーナ経』には次のようにある。

アーナンダは釈尊に近づき、最後の説法を懇請する。釈尊は説く。

「アーナンダよ。修行僧たちはわたくしに何を期待するのであるか？　わたくしは内外の隔てなしに（ことごとく）理法を説いた。完き人の教えには、何ものかを弟子に隠すような教師の握拳は、存在しない。『わたくしは修行僧のなかまを導くであろう』とか、あるいは『修行僧のなかまはわたくしに頼っている』とこのように思う者こそ、修行僧のつどいに関して何ごとかを語るであろう。しかし向上につとめた人は『わたくしは修行僧のなかまを導くであろう』とか、あるいは『修行僧のなかまはわたくしに頼っている』とか思うことがない。向上につとめた人は修行僧のつどいに関して何を語るであろうか。

アーナンダよ。わたしはもう老い朽ち、齢をかさね老衰し、人生の旅路を通り過ぎ、老齢に達した。わが齢は八十となった。譬えば古ぼけた車が革紐の助けによってやっと動いて行くように、恐らくわたしの身体も革紐の助けによってもっているのだ。

しかし、向上につとめた人が一切の相をこころにとどめることなく一部の感受を滅ぼしたことによって、相の無い心の統一に入ってとどまるとき、そのとき、かれの身体は健全（快適）なのである。

それ故に、この世で自らを島とし、自らをたよりとして、他人をたよりとせず、法を島とし、法をよりどころとして、他のものをよりどころとせずにあれ。」[25]

上の引用文の最後の文に関して、中村元は、パーリ文の原文を「他人にたよってはならぬ」と解すべきか、あるいは、「他のものにたよってはならぬ」と解すべきか、長い間思い悩んだと記している[26]。中村は、結論として、「修行僧たちはいかなる外的なものにたよってもならない。ただ、自己（attā）をかれらのよりどころとなし、永遠なる理法をかれらのよりどころとなさねばならぬ」[27]と述べている。

すなわち釈尊は、自分が指導者・教育者であることを認めず、同行に徹し、修行僧に法を拠り所として自らにたよれ、と説いている。この同行は、とりわけわが国浄土真宗の開祖である親鸞（1173-1262）の思想において特徴的に表われている。つまり親鸞は、修行において教える者と教えられる者の関係を認めない。そこにいるのは同行者である。『歎異抄』には次のようにある。

「専修念仏のともがらの、わが弟子、ひとの弟子といふ相論のさふらふらんこと、もてのほかの子細なり。親鸞は弟子一人ももたずさふらふ。そのゆへは、わがはからひにて、ひとに念仏をまうさせさふらはばこそ、弟子にてもさふらはめ、ひとへに弥陀の御もよほしにあづかて念仏まうしさふらふひとを、わが弟子とまうすこと、きはめたる荒涼のことなり。つくべき縁あればともなひ、はなるべき縁あれば、はなるゝことのあるをも、師をそむきて、ひとにつれて念仏すれば、往生すべからざるものなりなんどいふこと、不可説なり。如来よりたまはりたる信心を、わがものがほにとりかへさんとまうすにや、かへすがへすもあるべからざることなり。自然のことはりにあひかなはば、仏恩をもしり、また師の恩をもしるべきなりと、云々。」[28]

すなわち、阿弥陀仏の前では皆、平等である。本願他力を信ずる者は皆、同朋同行者なのである。

また、『歎異抄』には、「善人なをもて往生をとぐ、いはんや悪人をや」[29]とある。悪人正機の説が端的に表わされている。悪人正機とは、悪人こそが本願

他力によって極楽に往生しうる者であるとする考え方である。ここでいう善人とは、自分の罪を自覚していない人、悪人とは罪を自覚している人、と解することができよう。したがって、同行とは、罪、つまり業を自覚している者同士の人間関係といえよう。

ここで業を自覚している者といったが、これは、ソクラテス的教育でいえば、無知を自覚している者といってもよいだろう。無知とは、人間にとって善美な事柄、そして人生とは何か、がわからないことである。

ここで親鸞に注目したのは、釈尊が重んじた同行が端的に表わされていたことにある。同行とは、法を拠り所とし、自ら真理を求めていくことが前提となる。この同行は、ソクラテス的教育における同等の水準に極めて近いものと考えられる。

第3節　ヤスパースにおける自己生成と道元における修証一等

ヤスパースは、「人間存在は人間生成である」[30]と述べている。つまり彼は、人間存在は完全なものではなく、また完成されうるものでもなく、たえず生成してゆくものであると考えている。だから、「人間は、まったく隠されている諸々の可能性から成り立つものとして、いつまでも生成してゆくものなのである。」[31] それゆえわれわれは、よりよき在り方を求めてたえず流転する存在である。したがってヤスパースは、「われわれの本質は、途上にあることである」[32]と述べている。われわれは途上における存在であるがゆえに、本来的な在り方を目指してゆかなければならない。

実存は真の自己存在であるが、その実存も生成してゆくものである。それゆえ、自己存在は同時に、真の自己となってゆくこと、すなわち自己生成なのである。ヤスパースは、「実存は、自分自身との闘争である自己生成の過程の内にある」[33]と述べている。このように、自己存在は自己生成であることを自覚することが、ヤスパースにおける実存概念の特徴を理解することになると同時

に、ヤスパース教育哲学の核心を把握することになる。

　ところで、自己は、常に実存であるわけではない。自己は自由の中で無制約的行為としての決断によって、実存となるのである。ヤスパースの包括者概念は、自己生成の構造を示している。包括者は、哲学的論理学の内実であり、存在の自覚的形式のことである。

　包括者は、われわれ自身と存在そのものの諸様式に分けられている。包括者は、われわれ自身としての内在的なものが、現存在、意識一般、精神であり、われわれ自身としての超越的なものが、実存である。そして、存在そのものとしての内在的なものが、世界であり、存在そのものとしての超越的なものが、超越者である。これらの包括者の諸様式のわれわれの内なる紐帯が、理性なのである。

　理性は、現存在・意識一般・精神から自覚的に実存へと飛躍する根拠になり、また全体的な交わりの意志として実存的交わりを可能にする。その意味で、理性は常に自己生成の根底にあり、自己実現という課題のために自己存在を持続的に支え続けるものなのである。それゆえ、哲学的論理学は、理性を基盤とする自己生成を包括者の諸様式を通して解明する試みとして、自己生成の論理学的な構造を開示するものといえよう[34]。

　ヤスパースにおける自己生成は、包括者の論理学的構造に基づき、現存在、意識一般、精神、実存と、それぞれが互いに依拠しつつ成り立ち、段階的に高度となる順位構造の中に捉えられる。これは、一切のものはさまざまな原因や条件によって成り立つという仏教の縁起説に近い考え方である。

　ところで、道元が『正法眼蔵』の中で説く「修証一等」（修証一如と同義）は、「只管打坐」とともに道元の思想を端的に表わしていると同時に、仏教の悟りについてのわかりやすい理解の仕方を示唆している[35]。

　修とは修行のことであり、証とは悟りのことである。つまり、修証一等とは、修行と悟りが一体であることをいう。悟りとは、特別に高いところにあるもので、一度そこへ到達すればもうそれでいいというものではない。要するに修証一等とは、修行がそのまま悟りであり、悟りはまた修行以外にないという意味

である。

　鈴木大拙は、「修證一等(又は不二)と云ふところから見れば、方法(修)としての坐禪も目的そのもの(證)としての坐禪も不二であるとも云はれよう」[36]と述べている。このように修証一等とは、人間が一歩一歩、歩んでいくことが悟りに他ならないことを示唆している。悟りとは、普通の人間が到達できない高いところにあり、そこに到達した人間は、達人の域に到達したのだから、そのままで何をしてもいいというようなものではないことを表わしている。このことは、ヤスパースの自己生成にも当てはまる。実存とは、何か特別に高い境地であり、そこに到達したらそれでいいというようなものではなく、自己の目標を目指して一歩一歩誠実に歩んでいくことに他ならない。

　ヤスパース哲学における実存と超越者との関係に見られる二元論及び有我と、禅における不二性及び無我との相違はあるかもしれないが、自己生成と修証一等の考え方は、人間が一歩一歩よりよき在り方を目指して歩んでゆく点では、かなり近いものといえるのではないかと思われる。

第4節　ヤスパース教育哲学における教育的関係と教育的行為

　ヤスパース教育哲学の仏教的要素として、「限界状況体験即実存」ということ、ソクラテス的教育における教師と生徒の関係が、仏教における同行に似ていること、自己生成と道元の修証一等が近いものであることを指摘した。ここでは、これら三つの要素を関連づけながら、教育的関係と教育的行為の観点から考察していく。

　「限界状況体験即実存」は、仏教における「生死即涅槃」、「煩悩即菩提」に通じるものがある。限界状況体験は、自己生成の契機であり、自己は内的行為によってそれを引き受け克服し、実存となりうる。この場合、教師は限界状況に突き当たった生徒とどのようにかかわるべきであろうか。この問題については、ヤスパースの実存哲学からも影響を受けているボルノーの教育学的人間学

が示唆を与える。

　ボルノーは、『実存哲学と教育学』において「危機 (Krise)」について述べる時、教育者の行為に言及している。ボルノーによれば、危機に直面し、危機を耐え抜き乗り越えるのは生徒自身であるが、その際、教育者は助力者として手助けし、生徒を見守ることができる。だから、しばしば、教育者が何か特別なことをしなくても、理解に満ちてかたわらにいるだけで、彼が果たしうる最上のことをしていることがある[37]。

　ボルノーが指摘するように、限界状況に突き当たった生徒に対して、教育者は、共感的な理解を示し、生徒を見守り、精神的に近くにいることが大切である。この教育者の姿勢は、ソクラテス的教育における教師と生徒の関係に通じる。ソクラテス的教育では、生徒自らが真理を生み出すために、教師は援助を与える。この実存的交わりにおける同等の水準は、仏教における同行に近いのではないかと指摘した。

　またボルノーを引き合いに出してみる。ボルノーは、教師と生徒、教育者と被教育者の関係にとって本質的な一切のことは、実際に出会いが生起するやいなや、中断されると考えている。彼はいう。「おそらく教育の場でこのような出会いが起こりうるだろう。その際このような出会いは、運命的な重大な出来事である。しかしその時、教師は教師であることをやめ、生徒は生徒であることをやめる。なぜなら、彼ら両者は、年齢の相違あるいは立場の相違を越えて、彼らの人間的関係というまったくの権利の平等においてのみ、立ち向かうことができるからである」[38]と。つまり、教師と生徒との間に実存的出会いが生起する場合、教師と生徒は、教育者と被教育者として立ち向かうのではなく、一人の人間として互いに向かい合うのである。

　限界状況体験とも関係するが、生徒が難問に突き当たったり、あるいは挫折に陥った時、教師は一人の人間として自らの挫折の経験などを語り、生徒を勇気づけることがでる。その時、年齢や経験や知識の差を越えて、人間同士として向き合う実存的関係に入るのである。だから、実存的交わりや実存的出会いにおける教師と生徒の関係は同行に近いのである。

ヤスパースは、「教師の教育と教師の自己教育」について語る際、「交わりによって自己教育をしながら、今なお教育される者だけが生徒を教育するのである。厳しい執拗な学習を媒介にして、この自己教育へと教育される者だけが、正しく教育された人なのである」[39]と述べている。それゆえ、交わりによって教師と生徒が共に自己生成をしていかなければならない。このように共に歩んでゆく教師と生徒の関係こそ、ソクラテス的教育における教師と生徒の関係であるといえる。つまり、ヤスパースが理想としているソクラテス的教師は、生徒と同等の水準に立ち、闘争する愛を基盤とした交わりによって生徒を無知の知並びに真理へと至らせると同時に、教師も自己教育をしながら生徒と交わり、またその交わりの中で教育されるのである。

　実存とは、自己がいかに生きるべきかを根拠づける超越者と連繋する自己存在であるが、超越者は、暗号として実存の前に立ち現われる[40]。実存と超越者は、直接的な関係ではなく、自己は暗号を解読して、超越者と連繋する。つまり、超越者と実存の間の媒介が暗号なのである。暗号は、限界状況体験や実存的交わりや自己反省の中に現われうるが、人生における挫折のように、それを引き受けて乗り越えざるをえないものに見られる。鈴木大拙も気づいているが、ヤスパース哲学における暗号は、臨済禅における公案に似ている。公案とは、禅の修行上解き明かさなくてはならない問題のことである。ヤスパースにおける暗号も、まさに人生において解き明かし、乗り越えなくてはならない問題なのである。

注（第Ⅴ部第2章）
1）Vgl. K. Jaspers, Die großen Philosophen. Erster Band, R. Piper & Co. Verlag, München, 1957, 3. Aufl. 1981, S. 127-154. S. 934-956. ヤスパース、峰島旭雄訳『仏陀と龍樹』（ヤスパース選集5）理想社、1960年、参照。
2）玉城康四郎『比較思想論究』講談社、1985年、297-301頁。
3）峰島旭雄『西洋は仏教をどうとらえるか——比較思想の視座』東京書籍、1987年、115-139頁。
4）信太正三『禅と実存哲学——比較思想的論攷』以文社、1971年、172-196頁。
5）重田英世『ヤスパース』（人類の知的遺産71）講談社、1982年、371-373頁。

6）K. Jaspers, Philosophie I. Philosophische Weltorientierung, 1932, Springer-Verlag, 4. Aufl. 1973, S. 56.
7）K. Jaspers, Philosophie II. Existenzerhellung, 1932, Springer-Verlag, 4. Aufl. 1973, S. 203.
8）ibid., S. 203.
9）ibid., S. 230.
10）ibid., S. 204.
11）ibid., S. 204.
12）豊泉清浩『ヤスパース教育哲学序説——ボルノーからヤスパースへ：自己生成論の可能性』川島書店、2001年、156頁、参照。
13）K. Jaspers, Philosophie II, a. a. O., S. 220.
14）中村元『中村元選集〔決定版〕第11巻　ゴータマ・ブッダⅠ　原始仏教Ⅰ』春秋社、1992年、153-169頁、参照。
15）神谷美恵子『生きがいについて』（神谷美恵子著作集第1巻）みすず書房、1980年、94頁。
16）同上書、94頁。
17）Vgl. K. Jaspers, Philosophie II, a. a. O., S. 250.
18）ibid., S. 61.
19）前掲、豊泉清浩『ヤスパース教育哲学序説』、169頁、参照。
20）同上書、177-184頁、参照。
21）K. Jaspers, Die Idee der Universität, Berlin Springer-Verlag. 1946, S. 47-48.
22）ibid., S. 48.
23）ibid., S. 48-49.
24）Vgl. ibid., S. 50.
25）中村元訳『ブッダ最後の旅——大パリニッバーナ経』岩波書店、1980年、62-63頁。
26）中村元『中村元選集〔決定版〕第12巻　ゴータマ・ブッダⅡ　原始仏教Ⅱ』春秋社、1992年、190頁。
27）同上書、193頁。
28）金子大栄校註『歎異抄』岩波書店、1931年、50-51頁。
29）同上書、45頁。
30）K. Jaspers, Einführung in die Philosophie, R. Piper & Co. Verlag, München, 1971, 18. Aufl. 1977, S. 57.
31）K. Jaspers, Die Idee der Universität, a. a. O., S. 97.
32）K. Jaspers, Einführung in die Philosophie, a. a. O., S. 99.
33）K. Jaspers, Philosophie II, a. a. O., S. 234.
34）前掲、豊泉清浩『ヤスパース教育哲学序説』、279-282頁、参照。
35）酒井得元・鏡島元隆・桜井秀雄監修、河村孝道校註『道元禅師全集第二巻』春秋社、1993年、470頁。

36) 鈴木大拙『鈴木大拙全集第一巻』岩波書店、1968年、61頁。
37) O. F. Bollnow, Existenzphilosophie und Pädagogik. Versuch über unstetige Formen der Erziehung, 1959 W. Kohlhammer GmbH. Stuttgart, 5. Aufl. 1977, S. 38.
38) ibid., S. 130.
39) K. Jaspers, Was ist Erziehung? Ein Lesebuch. Textauswahl und Zusammenstellung von Hermann Horn, 1977 R. Piper & Co. Verlag, München, 2. Aufl. 1982, S. 183. ヤスパース、増渕幸男訳『教育の哲学的省察』以文社、1983年、158頁。
40) 豊泉清浩「ヤスパース教育哲学における「わがものにすること」の超越性について——「根本状態」の帰結としての世界哲学の構想を手がかりとして」、『コムニカチオン』第14号、日本ヤスパース協会、2006年、10-12頁、参照。

結論 ヤスパース教育哲学の可能性

　ヤスパースの実存哲学には、教育学の要素が見られる。彼の思考に存する教育学の内実を次のように見ることができる。
　教育の目的は、自己生成ないし実存生成にある。
　教育の方法は、ソクラテス的教育にある。
　教育の内容は、伝統や科学の内容の伝達にある。
　このようなヤスパースにおける教育学的思惟は、体系的な教育学の構想に基づいたものではないが、真の自己存在である実存を目指す実存哲学の内実として、一貫性を有する自己生成論にあると考えられる。ヤスパースは、「教育することは、人間の人間に対する（特に年長世代のより若い世代に対する）態度において、青年に伝統をもたらす、内容の伝達、意味内容への関与、態度の訓練からなる全体であり、青年はこれらの中で自分自身の根源から成長させ、自分の自由の可能性のために押し上げるべきである」[1]と述べている。
　実存哲学と教育学との関係は、第二次世界大戦後、人間の善性への不信に基づく危機的状況の中で論じられるようになり、1959年に出版されたボルノーの『実存哲学と教育学』において本格的に論究された。この書は、その副題が示す通り「教育の非連続的形式の試み」であり、「危機」「出会い」「覚醒」などの概念が、教育学に対する実存哲学の影響を示唆する。ただ、こうした「危機」や「出会い」の概念から考えられる教育的関係や教育方法は、どちらかといえば幼児期や児童期の子どもを対象としたものではなく、むしろ青年期の人間を対象としたものと見ることができる。その理由の一つは、ボルノーが一時期、オーデンヴァルトシューレという田園教育舎で教師体験をしたことが関係して

いると考えられる。この学校は、中等教育学校であった。
　ドイツでは、19世紀末から20世紀初頭にかけて、改革教育運動という新教育運動が盛んになり、青年期の教育活動が重視されるようになった。改革教育運動はさまざまな活動として現われたが、ワンダーフォーゲル運動などがその典型的な活動である。
　こうした動きは教育学にも見られ、ノールの『ドイツにおける教育運動とその理論』やシュプランガーの『文化と教育』や『青年期の心理学』からも推測されるように、青年期の教育が注目されるようになる。青年期の教育に理論的根拠を与えたのは、精神科学的教育学であった。精神科学的教育学の立場は、「教育現実の解釈学」という理論観を持っている。ヤスパースはディルタイの了解概念を継承し、発展させていること、自己生成は青年期の教育に示唆するものが多いこと、自己生成を教育現実の解釈学という立場から捉えることが可能であることから、ヤスパースの教育学的思考は、精神科学的教育学の潮流に親近性を有していると見ることができる。
　ただ本研究でも見たように、ヤスパースにおける了解概念は、実存哲学における交わり概念へ展開し、交わりの核心には実存的交わりがあった。精神科学的教育学における了解から、交わりへの飛躍は、覚醒であり、超越である。つまり、精神科学的教育学とヤスパース教育哲学の媒介となるのが了解であり、覚醒であるといえよう。
　さて、本研究で考察してきた内容を、目的との関連で振り返り、整理しておきたい。
　本研究の第一の目的は、ヤスパース教育哲学の根拠を、途上における存在である人間が、自己生成を通して、真の自己存在である実存となることに求めた。
　ヤスパース教育哲学の根拠は、人間存在は人間生成であると捉える点にある。したがって、人間存在の主体的核心である実存、すなわち自己存在は、真の自己となってゆくことである自己生成である。つまり、自己存在即自己生成ということがヤスパース教育哲学の核心にある。
　自己が実存となりうる主な契機は、「限界状況」「交わり」「わがものにする

こと」である。限界状況は、状況内存在である人間にとって常に不変で、つきまとう状況である。個々の限界状況は「死」「苦悩」「闘争」「負目」である。われわれ人間は、限界状況に直面した際、それを回避するのではなく、限界状況を引き受けることによって実存となりうる。

　交わりは、コミュニケーションを意味するが、交わりには段階があり、最も高度な真の交わりは実存的交わりである。実存的交わりに入るには、人は孤独を欲しなければならず、二者間においてそれぞれが超越者と連繋している実存的交わりでは、二人がお互いに自己の心を限りなく相手に対して開いて、同等の水準に立ち、自己の闘いと相手の闘いが一つである「愛しながらの闘い」をするのである。

　「わがものにすること」は習得することを意味するが、歴史的伝承や偉人の思想を選択して受容し、自己の生き方の根拠とし、真の自己となることを意味する。自己はどのような人物を偉人と見なすか、またその偉人といかに交わるかによって真の自己となりうる。つまりわれわれは、可能的実存として偉人と交わり、偉人の思想をわがものにすることによって自己生成をするのである。

　ヤスパースは、自己生成を自己教育とほぼ同義に使用している。自己は、決して完成しえない。常に途上にあり、生成してゆく。したがって自己生成は、主として人格形成に意義を持つ教育概念であると考えられる。それゆえ自己生成を「実存哲学的自己教育概念」と位置づけた。

　ヤスパースは、自己生成の構造を哲学的論理学の内実である包括者の構造によって明らかにする。われわれ自身としての包括者の内在的なものは、現存在、意識一般、精神であり、これは存在そのものとしての包括者の内在的なものである世界に対応している。われわれ自身としての包括者の超越的なものが実存であり、実存は存在そのものとしての包括者の超越的なものである超越者と関係している。これらの包括者のわれわれの内なる紐帯が、理性である。

　この理性が、限界状況を引き受けることを可能とし、全体的な交わりの意志として交わりに入り実存的交わりを生起し、「わがものにすること」を可能とする。したがって、自己生成の構造を解明することは、実存と結びついている

理性の機能を解明することである。

　実存は、超越者と関係している真の自己存在である。超越者はわれわれに直接現われるのではなく、暗号を媒介として現われる。つまり、暗号は超越者の言葉である。暗号は、自然の風景、自然現象、人との出会い、芸術品や哲学の著作との出会い、人との交わり、孤独、挫折、苦悩、不安、責め、負目などとして現われる。

　ヤスパースは、人間が暗号をどのように解読し、把握するかは、その人間がどのような人間になるかを決定すると考える。暗号を解読して超越者と連繋することは、超越者から暗号として発せられた言葉を、自己がどう生きるべきかを示唆する契機であると自覚することを意味する。実存は、自由の中での主体的な決断によって倫理的生き方を通して、超越者と連繋する。それゆえ哲学的信仰は、すべての包括者の包括者である超越者から贈られている実存の倫理性をその根源から示唆している。

　ヤスパースは、人は哲学を教えることができず、哲学を学ぶこともできず、人はただ哲学することを学ぶことができるにすぎないと考えた。哲学することを学ぶとは、哲学者の言説を覚えることではなく、人生とは何かを考え抜き、どう生きるかを探り続けることである。したがって自己生成は、まさに哲学することによって生起するといえよう。自己生成は、自己がどう生きるかについて学び続け、考え抜くことであるから、自己教育に基づく生涯教育・生涯学習に関連する。

　本研究の第二の目的は、ヤスパース教育哲学の展開を、交わり概念の広がりの観点、とりわけ実存的交わり概念の理解がソクラテスの見地からプラトンの見地へと発展している観点から考察することにあった。

　ヤスパースにおける精神病理学研究及び心理学研究は、了解心理学という立場にある。『世界観の心理学』で提起されているように、了解心理学は、心理学と哲学の中間に位置し、心理学から実存哲学へと突き進む媒介となった。したがって、心理学における了解概念が実存哲学における交わり概念へと発展していると考えられる。

ヤスパースは、『哲学』第2巻「実存解明」において、交わり概念について詳細に論じている。最も高度な交わりで真の交わりといわれるのは、実存的交わりである。『哲学』における実存的交わりは、超越者と連繋している二者間に成立する交わりであるため、限られた二者間の交わりという性格が強い。実存的交わりの根底にあるのは、ソクラテスの問答法に基づく対話である。

　ヤスパースの交わり概念は、後期では『哲学』における「現存在の交わり」が細分化され、「現存在の交わり」「意識一般の交わり」「精神の交わり」となり、それらを踏まえて成立する「実存的交わり」を根底で支える「理性的交わり」ないし「理性の交わり」も現われる。

　ヤスパースは『哲学』では、プラトンの対話篇における対話を実存的交わりと認めなかった。後年『大哲人たち』第1巻の「プラトン」についての論述の中で、プラトンの対話篇における対話の中に、実存的交わりが見られると見解を改めている。

　こうした実存的交わりの解釈の拡大は、医師と患者の関係についての論述にも見られる。『哲学』では、医師と患者の関係において究極的なものとして実存的交わりの可能性について言及しているが、やはり医師と患者の関係においても、実存的交わりは限られた二者間に成立する要素が強い。

　これに対して、1953年の論文では、医師と患者の関係は、理性的な人間関係であることが強調される。ヤスパースは、医師と患者の関係も、理性的交わりを基盤として、我と汝の関係である実存的交わりが成立しうることを示唆している。

　ところで、ヤスパースは、大学における教育の基本形式として、「スコラ的教育」「マイスターによる教育」「ソクラテス的教育」を挙げているが、その中でも大学における教育は、その本質上ソクラテス的教育である。ヤスパースは、大学では教師と学生の交わりが重要な意義を持つと考えている。

　ヤスパースは、大学における授業の形式として、「講義」「演習」「ごく狭い範囲で行なわれる少人数での討論」「二人での討論」を挙げている。ヤスパースによれば、学問の領域では、交わりは討論として存立する。こうした討論を、

「論理的な議論」と「精神的な交わりとしての討論」の二つに分けている。「精神的な交わりとしての討論」は、真理を求めて行なわれる真摯な対話を意味すると考えられる。

　討論そのものは、可能的実存同士の交わりの手段であるが、まだ実存的交わりの実現とはいえない。しかし、可能的実存間に、決定的な不一致があったとしても、相互の信頼に基づいて討論の内容と価値を見出す誠実な態度があるならば、その討論は、実存的交わりへと展開しうるのである。こうした討論も、限定的な二者間による交わりではなく、真理を求めて行なわれる真摯な対話といえるだろう。

　ヤスパースにおける実存的交わり概念は、限定的な二者間に成立しうる真の交わりという解釈から、真理を生み出そうとする誠実な対話へと解釈を拡大する方向へ向かった。実存的交わりは、狭義の心が通い合う限定的な二者間による交わりと、広義の真理を求める誠実な対話との緊張関係の中にこそその真の意味を見出すことができよう。真理を求めて行なわれる真摯な対話における実存的交わりの可能性は、狭義の実存的交わりと広義の実存的交わりの緊張関係において、広義の実存的交わりとして真摯に心が通い合う地平が切り拓かれる地点に成立しうるといえよう。

　実存的交わり概念の狭義な意味では、教育哲学としての可能性は限られる。実存的交わりを、真理を求めて行なわれる真摯な対話に解釈を拡大することによって、学校、社会、国家、国際社会、世界平和へとその可能性が広がっていくものと考えられる。ただし、対話には、自己、組織、社会あるいは国家の利益がかかるのは当然である。だから、狭義の実存的交わりを常に前提とし、目標とし、真摯な対話の重要性を考えていくことが大切である。

　実存的交わりを狭義に捉えても、広義に捉えても、実存的交わりは自己生成の契機であることに変わりはない。ヤスパースにおける実存的交わりの二義性による緊張関係は、ヤスパース自身が対話の限界を認識しながら、理性に基づく交わりを追求していった結果、到達した地点とも考えられよう。

　実存的交わり概念を、真理を求めて行なわれる真摯な対話へと拡大して捉え

ることによって、交わりによる教育の可能性が開かれる。学校教育においては、学習指導における討論や話し合い、生徒指導におけるカウンセリングなどが、交わりによる教育の具体的な教育活動と想定される。そうした教育活動で常に実存的交わりが生起するとは考えられないが、教師と児童生徒との対話、児童生徒同士の対話に、どう生きるべきかを探る糸口が見出される可能性はある。教師と児童生徒との関係、児童生徒同士の関係においても、どう生きるかの問題に関して心と心が通い合う瞬間があるとすれば、それを実存的交わりと捉えることは可能であろう。

　本研究では、実存的交わりの狭義の解釈から広義の解釈への展開を、対話法におけるソクラテスの見地からプラトンの見地への展開と捉えたのである。

　本研究の第三の目的は、ヤスパース教育哲学の根底にあるのは、人間の自由、すなわち実存的自由であること、自由の中でも特に政治的自由が根本的に重要であることを明らかにすることであった。

　ヤスパースにおける自由の問題は、自己がどう生きるべきかという問題に関係して、実存的自由を解明することである。実存的自由は、他者との交わりを通して自分の生き方を選択して決断する自由である。自由は、権威とともにあってのみより真実となり、権威の中で覚醒される。真の権威は、人間相互の交わりの中にあり、交わりの中で自己は生き方を決断する。

　ヤスパースは、平和政策の前提として考える場合、実存的自由を実現するためには、真理と自由がなければならないと捉える。つまり、国民に主体的真理を探究することが保障され、また同時に国民がそのことを自覚的に実行し、さらに国民に政治的自由が保障されることによって、実存的自由は可能であると考える。実存的自由は、個人の自由であるが、個人の自由は専制的統治方式や全体主義体制では多くの制約を受け、圧制される。それゆえ、民主主義体制における政治的自由の保障がなければ、実存的自由は実現できない。ヤスパースは、すべての国家の国民が、主体的真理を探究し、政治的自由が保障されることにより、世界平和が実現すると考える。

　ヤスパースは、カントがいう共和的統治方式を、理想的な国家体制である民

主主義の基本と捉えている。ヤスパースは、カントが永遠平和を実現するためには、共和的体制が基盤となり、共和的体制の諸国家の関係は、法に基づく関係であるが、専制体制の国家との関係はそうならないと指摘する点を重視する。ヤスパースが、あらゆる国家において、主体的真理の探究が可能で、政治的自由が保障されることによって、世界平和が実現できると考える点は、カントが世界中の国家が共和的体制となって、その国家による世界秩序によって永遠平和が実現できると考える点と合致する。

　ヤスパースは、民主主義は理性によってのみ成り立つと指摘する。つまり彼は、理性が民主主義を生み出すと考える。民主主義は、理性によって絶えず発展する理念である。

　ヤスパースは、民主主義は政治的自由を前提とすることを強調する。理性による自由が政治的自由であるということができよう。民主主義の理念においては、政治が理性による自己教育である。その自己教育は、国民の理性を根拠とする教育である。民主主義にとって、この自己教育過程の持続の基礎のために、国民の教育より大切なものはなく、この国民の教育に、民主主義と自由と理性がかかっている。この国民の教育のためには、教師の役割が何より重要である。ヤスパースの教師論の特徴は、まず教師たち自身が教育されなければならない点にある。交わりによって自己教育をしながら、今なお教育される者だけが教育するのである。

　ところで、ヤスパースの『歴史の起源と目標』は、人類は唯一の起源と一つの目標を有するという信念に支えられて構想された。彼は、世界史の軸はほぼ紀元前500年頃、つまり紀元前800年から200年の間に生じた精神的過程にあると考え、この時代を枢軸時代と称した。枢軸時代に人間は、人間存在の限界を意識した。つまり枢軸時代において問題となっているのは、限界状況における人間存在の原則が出現したことである。

　ヤスパースは、東洋には西洋にない総合的なものがあることを認め、西洋は東洋から分離したもののように見ている。したがって彼は、西洋と東洋は対立するのではなく、科学技術や政治制度などにおいて遅れているように見える東

洋には、西洋を補完するものがあり、東洋も西洋と同じように普遍的な思惟を独自に生み出してきたと考える。

　ヤスパースは、ヨーロッパからアジアへ眼差しを向けながら、全地球的規模での世界史を構想する。彼は、歴史に枢軸時代という起源と、人類の統一という目標を定めている。全地球を包含する世界並びに人類の統一の現実が、事実上の地球の普遍史、すなわち世界史を開くと考える。歴史の統一は、人類の一本化としては決して完結されず、歴史は起源と目標との間に成立し、そこに統一の理念が働いている。だからヤスパースは、歴史とは、統一に関する諸々の観念や思想をもって統一に導かれた動きであり続けると考えている。

　ヤスパースにおける世界史の把握の仕方として、この歴史の統一を示唆する具体的な構想は、晩年の哲学の世界史と世界哲学の理念に見られる。哲学の世界史は理性に基づく人間相互の交わりの場であり、しかも普遍的な交わりという枠組みで理解されるべきものである。哲学の世界史とは、各地域の歴史を寄せ集めたものとしての世界史ではなく、これまでの哲学的思索を包含する全体を意味する。哲学の世界史は、世界哲学への方途と考えられる。世界哲学とは、あらゆる国家、あらゆる民族が有する普遍的な思惟が出会う空間であり、人類の理性的交わりの場である。

　本研究では、第一の目的である自己生成の解明を、ヤスパース教育哲学の根拠と捉え、第二の目的である実存的交わりの解釈を拡大したことをヤスパース教育哲学の展開の中心課題に据え、第三の目的である実存的自由と政治的自由の問題へと突き進むことによって、個人の自己生成に留まることなく、自己生成を学校、社会、国家、国際社会、世界平和との関連で考究する道を探った。ヤスパースは、「教育への勇気は、眠っている可能性への信頼に基づく」[2]と述べている。

　実存は理性に支えられ、理性により交わりが可能となる。理性は人間の自由そのものであり、民主主義を生み出す。民主主義は、理性による自由である政治的自由の保障が前提となる。それゆえ本研究では、実存と理性と自由について考究した。

ヤスパース教育哲学は、われわれに、人間の尊厳を樹立するために何物によっても手段にされず自由の中で自己生成の道を歩み続けることを訴えかけている。自己は、理性に支えられ自由の中で決断して実存となる。それゆえ、ヤスパース教育哲学は、自由の教育哲学ないし自由主義の教育哲学といっても過言ではないであろう。

注（結論）
1) K. Jaspers, Was ist Erziehung? Ein Lesebuch. Textauswahl und Zusammenstellung von Hermann Horn, 1977 R. Piper & Co. Verlag, München, 2. Aufl. 1982, S. 41.
2) Karl Jaspers Gesamtausgabe, Schriften zur Universitätsidee, Band I/21, Schwabe Verlag, Basel, 2016, S. 175.

〈参考文献〉

1 ヤスパースの原著

Allgemeine Psychopathologie. Ein Leitfaden für Studierende, Ärzte und Psychologen, Berlin Verlag von Julius Springer, 1913.
Der Arzt im Technischen Zeitalter, Technik und Medizin・Arzt und Patient・Kritik der Psychotherapie, R. Piper GmbH & Co. KG, München, 1986.
Die Atombombe und die Zukunft des Menschen. Politisches Bewußtsein in unserer Zeit, R. Piper & Co. Verlag, München, 1958, 1982, 7. Aufl. 1983.
Chiffren der Transzendenz, R. Piper GmbH & Co. KG, München, 1970, 4. Aufl., 1984.
Denkwege. Ein Lesebuch, Auswahl und Zusammenstellung der Texte von Hans Saner, R. Piper & Co. Verlag, München, 1983, 2. Aufl., 1988.
Descartes und die Philosophie, 4. Aufl., Walter de Gruyter & Co. Berlin, 1966.
Einführung in die Philosophie, R. Piper & Co. Verlag, München, 1971.
Erneuerung der Universität, Reden und Schriften 1945/46, Nachwort:Renato De Rosa, Politische Akzente im Leben eines Philosophen Karl Jaspers in Heidelberg 1901-1946, Verlag Lambert Schneider GmbH・Heidelberg, 1986.
Existenzphilosophie. Drei Vorlesungen gehalten am Freien Deutschen Hochstift in Frankfurt A. M. September 1937, Walter de Gruyter・Berlin・New York, 1974.
Die geistige Situation der Zeit, 1932, Walter de Gruyter・Berlin・New York, 5. Aufl. 1979.
Die großen Philosophen. Erster Band, R. Piper & Co. Verlag, München, 1957, 3. Aufl. 1981.
Die großen Philosophen. Nachlaß 1. Darstellungen und Fragmente, Herausgegeben von Hans Saner, Unter Mitarbeit von Raphael Bielander, R. Piper & Co. Verlag, München, 1981.
Die großen Philosophen. Nachlaß 2. Fragmente・Anmerkungen・Inventar, Herausgegeben von Hans Saner, Unter Mitarbeit von Raphael Bielander, R. Piper & Co. Verlag, München, 1981.
Die Idee der Universität, Berlin Springer-Verlag. 1946.
Die Idee der Universität für die gegenwärtige Situation entworfen von Karl Jaspers und Kurt Rossmann, Springer-Verlag Berlin・Göttingen・Heidelberg, 1961.
Kleine Schule des philosophischen Denkens, R. Piper & Co. Verlag, München, 1965, 1974, 8. Aufl. 1983.

Max Weber, Rede bei der von der Heidelberger Studentenschaft am 17. Juli 1920 veranstalteten Trauerfeier gehalten von Karl Jaspers, J. C. B. Mohr, Tübingen, 1926.

Max Weber, Deutsches Wesen im politischen Denken, im Forschen und Philosophieren, Gerhard Stalling A. -G., Oldenburg i. O., 1932.

Nietzsche: Einführung in das Verständnis seines Philosophierens, 4. Aufl., Walter de Gruyter·Berlin·New York, 1981.

Philosophie I. Philosophische Weltorientierung, 1932, Springer-Verlag Berlin·Heidelberg·New York, 4. Aufl. 1973.

Philosophie II. Existenzerhellung, 1932, Springer-Verlag Berlin·Heidelberg·New York, 4. Aufl. 1973.

Philosophie III, Metaphysik, 1932, Springer-Verlag Berlin·Heidelberg·New York, 4. Aufl. 1973.

Philosophie und Welt. Reden und Aufsätze, R. Piper & Co. Verlag München, 1958, 1963.

Philosophische Autobiographie, Erweiterte Neuausgabe, R. Piper & Co. Verlag, München, 1977, 2. Aufl. 1984.

Der philosophische Glaube, R. Piper & Co. Verlag, München, 1948, 7. Aufl. 1981.

Psychologie der Weltanschauungen, Springer-Verlag Berlin·Heidelberg·New York, 1954, 1960, 6. Aufl. 1971.

Rechenschaft und Ausblick. Reden und Aufsätze, R. Piper & Co, Verlag München, 1951.

Schicksal und Wille. Autobiographische Schriften, Herausgegeben von Hans Saner, R. Piper & Co. Verlag, München, 1967.

Die Schuldfrage. Zur politischen Haftung Deutschlands, R. Piper & Co., München, 1965.

Vernunft und Existenz. Fünf Vorlesungen, R. Piper & Co. Verlag, München, 1973.

Vernunft und Widervernunft in unserer Zeit. Drei Vorlesungen, R. Piper & Co. Verlag, München, 1950, 3. Aufl. 1990.

Vom Ursprung und Ziel der Geschichte, R. Piper & Co. Verlag, München, 1949, 8. Aufl. 1983.

Von der Wahrheit, R. Piper & Co. Verlag, München, 1947, 3. Aufl. 1983.

Wahrheit und Bewährung. Philosophieren für die Praxis, R. Piper & Co. Verlag, München, 1983.

Was ist Erziehung? Ein Lesebuch, Textauswahl und Zusammenstellung von Hermann Horn, 1977 R. Piper & Co. Verlag, München, 2. Aufl. 1982.

Was ist Philosophie? Ein Lesebuch, Textauswahl und Zusammenstellung von Hans

Saner, 1976 R. Piper & Co. Verlag, München, 2. Aufl. 1982.
Weltgeschichte der Philosophie Einleitung, Aus dem Nachlaß herausgegeben von Hans Saner, R. Piper & Co. Verlag, München, 1982.
Karl Jaspers Gesamtausgabe, Psychologie der Weltanschauungen, Band I/6, Schwabe Verlag, Basel, 2019.
Karl Jaspers Gesamtausgabe, Philosophie I. Philosophische Weltorientierung, Band I/7. 1, Schwabe Verlag, Basel, 2022.
Karl Jaspers Gesamtausgabe, Philosophie II. Existenzerhellung, Band I/7. 2, Schwabe Verlag, Basel, 2022.
Karl Jaspers Gesamtausgabe, Philosophie III. Metaphysik, Band I/7. 3, Schwabe Verlag, Basel, 2022.
Karl Jaspers Gesamtausgabe, Schriften zur Existenzphilosophie, Band I/8, Schwabe Verlag, Basel, 2018.
Karl Jaspers Gesamtausgabe, Vom Ursprung und Ziel der Geschichte, Band I/10, Schwabe Verlag, Basel, 2017.
Karl Jaspers Gesamtausgabe, Der philosophische Glaube angesichts der Offenbarung, Band I/13, Schwabe Verlag, Basel, 2016.
Karl Jaspers Gesamtausgabe, Schriften zur Universitätsidee, Band I/21, Schwabe Verlag, Basel, 2016.

2　その他の原著

Arendt, Hannah: Elemente und Ursprünge totaler Herrschaft. Antisemitismus, Imperialismus, totale Herrschaft, Europäische Verlagsanstalt, Frankfurt am Main, 1955, Piper Verlag GmbH, München/Berlin, 1986, 2017.
Arendt, Hannah: *Lectures on Kant's Political Philosophy*, edited and with an interpretive Essay by Ronald Beiner, the University of Chicago Press, 1992.
Arendt, Hannah: Totalitarianism. Part Three of *The Origins of Totalitarianism*, A Harvest Book・Harcourt, Inc., 1968.
Benner, Dietrich: Hauptströmungen der Erziehungswissenschaft. Eine Systematik traditioneller und moderner Theorien, 3., verb. Aufl. Deutscher Studien Verlag・Weinheim, 1991.
Benner, Dietrich: Studien zur Theorie der Erziehungswissenschaft. Pädagogik als Wissenschaft, Handlungstheorie und Reformpraxis. Bd. 1., Juventa Verlag Weinheim und München, 1994.
Bollnow, Otto Friedrich: Die anthropologische Betrachtungsweise in der Pädagogik, Neue Deutsche Schule Verlagsgesellschaft mbH, Essen, 3. Aufl. 1975.

Bollnow, Otto Friedrich: Anthropologische Pädagogik, Tamagawa University Press, Machida City, Tokyo, 1971, Revised edition 1973.

Bollnow, Otto Friedrich: Eduard Spranger zum hundertsten Geburtstag, in:Zeitschrift für Pädagogik, 1982.

Bollnow, Otto Friedrich: Existenzerhellung und philosophische Anthropologie. Versuch einer Auseinandersetzung mit Karl Jaspers (1938), in: H. Saner(Hrsg.), Karl Jaspers in der Diskussion, R. Piper & Co. Verlag, München, 1973.

Bollnow, Otto Friedrich: Existenzphilosophie, 3. Aufl. W. Kohlhammer Stuttgart, 1949.

Bollnow, Otto Friedrich: Existenzphilosophie und Pädagogik. Versuch über unstetige Formen der Erziehung, 1959 W. Kohlhammer GmbH. Stuttgart, 5. Aufl. 1977.

Bollnow, Otto Friedrich: Krise und neuer Anfang. Beiträge zur pädagogischen Anthropologie, Quelle & Meyer, Heidelberg, 1966.

Bollnow, Otto Friedrich: Neue Geborgenheit. Das Problem einer Überwindung des Existentialismus, 1955, W. Kohlhammer GmbH. Stuttgart, 2. Aufl. 1960.

Bollnow, Otto Friedrich: Die Pädagogik des jungen Spranger, in:Zeitschrift für philosophische Forschung, 1974.

Bollnow, Otto Friedrich: Die Pädagogische Atmosphäre. Untersuchungen über die gefühlsmäßigen zwischenmenschlichen Voraussetzungen der Erziehung, Quelle & Meyer, Heidelberg, 1964, 3. Aufl. 1968.

Bollnow, Otto Friedrich: Studien zur Hermeneutik. Band I: Zur Philosophie der Geisteswissenschaften, Verlag Karl Alber Freiburg/München, 1982.

Bollnow, Otto Friedrich: Studien zur Hermeneutik. Band II: Zur hermeneutischen Logik von Georg Misch und Hans Lipps, Verlag Karl Alber Freiburg/München, 1983.

Bollnow, Otto Friedrich: Der Wissenschaftscharakter der Pädagogik, in: Erziehung in anthropologischer Sicht, Zürich, Morgarten, 1969.

Buber, Martin: Begegnung. Autobiographische Fragmente. Mit einem Nachwort von Albrecht Goes, Verlag Lambert Schneider GmbH·Heidelberg, 4. Aufl. 1986.

Buber, Martin: Das dialogische Prinzip, 1962. Verlag Lambert Schneider GmbH·Gerlingen, 6. Aufl. 1992.

Buber, Martin: Ich und Du, Verlag Lambert Schneider GmbH·Heidelberg, 11. Aufl. 1983.

Buber, Martin: Reden über Erziehung, 1953, Verlag Lambert Schneider GmbH·Heidelberg, 7. Aufl. 1986.

Danner, Helmut: Methoden geisteswissenschaftlicher Pädagogik. Einführung in Hermeneutik, Phänomenologie und Dialektik, Ernst Reinhardt Verlag, München

Basel, 1979, 2. Aufl. 1989.
Danner, Helmut: Verantwortung und Pädagogik. Anthropologische und ethische Untersuchungen zu einer sinnorientierten Pädagogik, 2. Aufl., Königstein/Ts. : Forum Academicum in d. Verlagsgruppe Athenäum, Hain, Hanstein, 1985.
Die Idee der Universität:Versuch einer Standortbestimmung, von Manfred Eigen, Hans-Georg Gadamer, Jürgen Habermas, Wolf Lepenies, Hermann Lübbe, Klaus Michael Meyer-Abich, Mit 4 Abbildungen, Springer-Verlag Berlin Heidelberg, 1988.
Flitner, Andreas: Reform der Erziehung: Impulse des 20. Jahrhunderts, 1992 R. Piper GmbH & Co. KG, München, 3. Aufl. 1996.
Flitner, Wilhelm: Allgemeine Pädagogik, Ernst Klett Verlag, Stuttgart, 1950, 14. Aufl. 1974.
Flitner, Wilhelm: Systematische Pädagogik, in: Wilhelm Flitner Gesammelte Schriften, Band 2, Ferdinand Schöningh, 1983.
Frankl, Viktor E. : Ärztliche Seelsorge. Grundlagen der Logotherapie und Existenzanalyse, 10. Aufl., Franz Deuticke Verlagsgesellschaft m. b. H., Wien, 1982.
Frankl, Viktor E. : . . . trotzdem Ja zum Leben sagen, Ein Psychologe erlebt das Konzentrationslager, Vorwort von Hans Weigel, Kösel-Verlag, München, 1977, 2022.
Harth, Dietrich(Hrsg.): Karl Jaspers. Denken zwischen Wissenschaft, Politik und Philosophie, J. B. Metzlersche Verlagsbuchhandlung und Carl Ernst Poeschel Verlag GmbH in Stuttgart, 1989.
Heinemann, Fritz: Existenzphilosophie lebendig oder tot?, 2. Aufl. W. Kohlhammer Stuttgart, 1954.
Hersch, Jeanne: Karl Jaspers. Eine Einführung in sein Werk, R. Piper & Co. Verlag, München, 1980.
Klafki, Wolfgang: Aspekte Kritisch-konstruktiver Erziehungswissenschaft. Gesammelte Beitrage zur Theorie-Praxis-Diskussion, Beltz Verlag·Weinheim und Basel, 1976.
Kümmel, Friedrich:(Hg.), O. F. Bollnow: Hermeneutische Philosophie und Pädagogik, Verlag Karl Alber GmbH Freiburg/München, 1997.
Langeveld, Martinus J. : Studien zur Anthropologie des Kindes, 3. Aufl., Max Niemeyer Verlag Tübingen, 1968.
Langeveld, Martinus J. ·Danner, Helmut: Methodologie und 'Sinn'-Orientierung in der Pädagogik, Ernst Reinhardt Verlag, München, 1981.
Lassahn, Rudolf: Grundriß einer Allgemeinen Pädagogik, Quelle & Meyer Verlag, Heidelberg·Wiesbaden, 1981, 3. Aufl. 1993.

Lippitz, Wilfried: Phänomenologische Studien in der Pädagogik, Deutscher Studien Verlag·Weinheim, 1993.

Litt, Theodor: Das Bildungsideal der deutschen Klassik und die moderne Arbeitswelt, Herausgegeben von der Bundeszentrale für Heimatdienst, Bonn, 5. Aufl. 1958.

Litt, Theodor: Führen oder Wachsenlassen. Eine Erörterung des pädagogischen Grundproblems, Leipzig·Verlag von B. G. Teubner·Berlin, 1927.

Nohl, Herman: Charakter und Schicksal. Eine pädagogische Menschenkunde, Verlag Gerhard Schulte-Bulmke, Frankfurt am Main, 7. Aufl. 1970.

Nohl, Herman: Die pädagogische Bewegung in Deutschland und ihre Theorie, Vittorio Klostermann GmbH Frankfurt am Main, 1987, 10. Aufl. 1988.

Röhr, Ferdinand: Die pädagogische Theorie im Denken von Karl Jaspers, Bouvier Verlag Herbert Grundmann, Bonn, 1986.

Röhrs, Hermann: Gesammelte Schriften. Bd. 1. Allgemeine Erziehungswissenschaft. Eine Einführung in die erziehungswissenschaftlichen Aufgaben und Methoden, Deutscher Studien Verlag·Weinheim, 1993.

Röhrs, Hermann/Scheuerl, Hans (Hrsg.), Richtungsstreit in der Erziehungswissenschaft und pädagogische Verständigung, Verlag Peter Lang GmbH, Frankfurt am Main, 1989.

Salamun, Kurt: Karl Jaspers, Verlag C. H. Beck München, 1985.

Salamun, Kurt (Hrsg.): Karl Jaspers. Zur Aktualität seines Denkens, R. Piper GmbH & Co. KG, München, 1991.

Salamun, Kurt (Hrsg.): Philosophie Erziehung Universität. Zu Karl Jaspers' Bildungs- und Erziehungsphilosophie, Peter Lang GmbH, Frankfurt am Main, 1995.

Saner, Hans: Karl Jaspers mit Selbstzeugnissen und Bilddokumenten, 1970, Rowohlt Taschenbuch Verlag GmbH, 1984.

Schneiders, Werner: Karl Jaspers in der Kritik, H. Bouvier u. Co. Verlag, Bonn, 1965.

Spranger, Eduard: Lebensformen. Geisteswissenschaftliche Psychologie und Ethik der Persönlichkeit, 1914, 1921, 9. Aufl. Max Niemeyer Verlag Tübingen, 1966.

Spranger, Eduard: Psychologie des Jugendalters, 9. Aufl. 1927, Verlag Quelle & Meyer·Leipzig.

Tarmann, Paul R. : Ethik in Freiheit, Zur Grundlegung politischen Denkens bei Karl Jaspers, Peter Lang GmbH, Frankfurt am Main, 2016.

Teoharova, Genoveva: Karl Jaspers'Philosophie auf dem Weg zur Weltphilosophie, Verlag Königshausen & Neumann GmbH, Würzburg, 2005.

Tollkötter, Bernhard: Erziehung und Selbstsein. Das pädagogische Grundproblem

im Werke von Karl Jaspers, 1961 by A. Henn-Verlag, Ratingen.
Wisser, Richard: Karl Jaspers: Philosophie in der Bewährung: Vorträge und Aufsätze, Verlag Königshausen & Neumann GmbH, Würzburg, 1995.
Wisser, Richard and Ehrlich, Leonard H. (Eds.): Karl Jaspers, Philosopher among Philosophers, Philosoph unter Philosophen, Verlag Königshausen & Neumann GmbH, Würzburg, 1993.

3　ヤスパースの著作の邦訳書

内村祐之・西丸四方・島崎敏樹・岡田敬蔵訳『精神病理学総論〔上巻〕』岩波書店、1953年。
内村祐之・西丸四方・島崎敏樹・岡田敬蔵訳『精神病理学総論〔中巻〕』岩波書店、1955年。
内村祐之・西丸四方・島崎敏樹・岡田敬蔵訳『精神病理学総論〔下巻〕』岩波書店、1956年。
桑木務編『大学の本質』新潮社、1954年。
武藤光朗訳『哲学的世界定位〔哲学Ⅰ〕』創文社、1972年。
草薙正夫・信太正三訳『実存開明〔哲学Ⅱ〕』創文社、1977年。
鈴木三郎訳『形而上学〔哲学Ⅲ〕』創文社、1976年。
鈴木三郎訳『実存哲学』（ヤスパース選集1）理想社、1976年。
森昭訳『大学の理念』（ヤスパース選集2）理想社、1975年。
峰島旭雄訳『仏陀と龍樹』（ヤスパース選集5）理想社、1960年。
重田英世訳『デカルトと哲学』（ヤスパース選集6）理想社、1961年。
重田英世訳『カント』（ヤスパース選集8）理想社、1962年。
重田英世訳『歴史の起源と目標』（ヤスパース選集9）理想社、1974年。
橋本文夫訳『責罪論』（ヤスパース選集10）理想社、1965年。
樺俊雄訳『マックス・ウェーバー』（ヤスパース選集13）理想社、1965年。
重田英世訳『哲学的自伝』（ヤスパース選集14）理想社、1975年。
飯島宗享・細尾登訳『現代の政治意識——原爆と人間の将来〔上巻〕』（ヤスパース選集15）理想社、1971年。
飯島宗享・細尾登訳『現代の政治意識——原爆と人間の将来〔下巻〕』（ヤスパース選集16）理想社、1976年。
山内友三郎訳『ソクラテスとプラトン』（ヤスパース選集17）理想社、1966年。
斉藤武雄訳『真理・自由・平和』（ヤスパース選集21）理想社、1972年。
田中元訳『孔子と老子』（ヤスパース選集22）理想社、1967年。
草薙正夫・斉藤武雄・重田英世・細尾登訳『哲学と世界』（ヤスパース選集24）理想社、1976年。

上村忠男・前田利男訳『世界観の心理学〔上巻〕』（ヤスパース選集25）理想社、1975年。
上村忠男・前田利男訳『世界観の心理学〔下巻〕』（ヤスパース選集26）理想社、1976年。
飯島宗享訳『現代の精神的状況』（ヤスパース選集28）理想社、1976年。
草薙正夫訳『理性と実存』（ヤスパース選集29）理想社、1976年。
橋本文夫訳『現代における理性と反理性』（ヤスパース選集30）理想社、1974年。
林田新二訳『真理について1』（ヤスパース選集31）理想社、1976年。
小林靖昌訳『真理について2』（ヤスパース選集32）理想社、1977年。
浜田恂子訳『真理について3』（ヤスパース選集33）理想社、1976年。
上妻精・盛永審一郎訳『真理について4』（ヤスパース選集34）理想社、1997年。
小倉志祥・松田幸子訳『真理について5』（ヤスパース選集35）理想社、1985年。
草薙正夫訳『神の暗号』（ヤスパース選集37）理想社、1982年。
西丸四方訳『精神病理学原論』みすず書房、1971年。
草薙正夫・林田新二・増渕幸男・宮崎佐和子訳『哲学への道』以文社、1980年。
林田新二訳『哲学とは何か』白水社、1980年。
松浪信三郎訳『哲学の学校』河出書房新社、1980年。
増渕幸男訳『教育の哲学的省察』以文社、1983年。
林田新二訳『運命と意志』以文社、1983年。
ハンス・ザーナー編、渡辺二郎・門脇俊介・植村恒一郎・星俊雄訳『哲学の世界史序論』紀伊國屋書店、1985年。
重田英世訳『啓示に面しての哲学的信仰』創文社、1986年。
重田英世訳『世界観の心理学』創文社、1997年。
林田新二監訳、中山剛史・平野明彦・深谷潤訳『哲学的信仰』理想社、1998年。
福井一光訳『大学の理念』理想社、1999年。
橋本文夫訳『われわれの戦争責任について』筑摩書房、2015年。
佐藤真理人訳『ニーチェ――彼の〈哲学すること〉の理解への導き』月曜社、2019年。
林田新二訳『新版 哲学入門』（リベルタス学術叢書9）リベルタス出版、2020年。
中山剛史訳『新訳 実存哲学』（リベルタス学術叢書10）リベルタス出版、2021年。

4　その他の邦訳書

ハンナ・アレント、志水速雄訳『人間の条件』筑摩書房、1994年。
ハンナ・アーレント著、ロナルド・ベイナー編、仲正昌樹訳『完訳　カント政治哲学講義録』明月堂書店、2009年。
ハンナ・アーレント、大久保和郎訳『全体主義の起源1　反ユダヤ主義〔新版〕』みすず書房、2017年。

ハンナ・アーレント、大島通義・大島かおり訳『全体主義の起源2　帝国主義〔新版〕』みすず書房、2017年。

ハンナ・アーレント、大久保和郎・大島かおり訳『全体主義の起源3　全体主義〔新版〕』みすず書房、2017年。

ハンナ・アーレント、大久保和郎訳『エルサレムのアイヒマン——悪の陳腐さについての報告〔新版〕』みすず書房、2017年。

ハンナ・アーレント、千葉眞訳『アウグスティヌスの愛の概念』みすず書房、2021年。

ハンナ・アーレント、カール・ヤスパース著、L. ケーラー, H. ザーナー編, 大島かおり訳『アーレント＝ヤスパース往復書簡：1926-1969　1』みすず書房、2004年。

ハンナ・アーレント、カール・ヤスパース著、L. ケーラー, H. ザーナー編, 大島かおり訳『アーレント＝ヤスパース往復書簡：1926-1969　2』みすず書房、2004年。

ハンナ・アーレント、カール・ヤスパース著、L. ケーラー, H. ザーナー編, 大島かおり訳『アーレント＝ヤスパース往復書簡：1926-1969　3』みすず書房、2004年。

フィリップ・アリエス、杉山光信・杉山恵美子共訳『〈子供〉の誕生——アンシァン・レジーム期の子供と家族生活』みすず書房、1980年。

フィリップ・アリエス、中内敏夫・森田伸子編訳『「教育」の誕生』藤原書店、1992年。

ウォルフガング・ブレツィンカ、小笠原道雄監訳『教育学から教育科学へ——教育のメタ理論』玉川大学出版部、1990年。

ボルノー、塚越敏・金子正昭訳『実存哲学概説』理想社、1962年。

O. F. ボルノー、峰島旭雄訳『実存哲学と教育学』理想社、1966年。

ボルノー、西村晧・鈴木謙三訳『危機と新しい始まり——教育学的人間学論集』理想社、1968年。

O. F. ボルノー、須田秀幸訳『実存主義克服の問題——新しい被護性』未来社、1969年。

O. F. ボルノウ、森昭・岡田渥美訳『教育を支えるもの——教育関係の人間学的考察』黎明書房、1969年。

ボルノー、浜田正秀訳『人間学的に見た教育学』玉川大学出版部、1969年。

O. F. ボルノー、麻生建訳『ディルタイ——その哲学への案内』未来社、1977年。

O. F. ボルノー、岡本英明訳『教育学における人間学的見方』玉川大学出版部、1977年。

O. F. ボルノウ、小笠原道雄・田代尚弘訳『理解するということ』以文社、1978年。

O. F. ボルノー、高橋義人訳・解説『ディルタイとフッサール——20世紀哲学の源流』岩波書店、1986年。

O. F. ボルノー、森田孝・大塚恵一訳編『問いへの教育　増補版』川島書店、1988年。

オットー・フリードリヒ・ボルノー、西村晧・森田孝監訳『解釈学研究』玉川大学出版部、1991年。

ブーバー、山本誠作・三谷好憲・高木久雄・原島正訳『ブーバー著作集第8巻　教育論・政治論』みすず書房、1970年。

ブーバー、野口啓祐訳『孤独と愛——我と汝の問題』創文社、1977年。

ブーバー、植田重雄訳『我と汝・対話』岩波書店、1979年
ヘルムート・ダンナー、浜口順子訳『教育学的解釈学入門——精神科学的教育学の方法』玉川大学出版部、1988年。
ディルタイ、久野昭訳『解釈学の成立』以文社、1984年。
ディルタイ、日本ディルタイ協会訳『教育学論集』以文社、1987年。
ミケル・デュフレンヌ，ポール・リクール、佐藤真理人・大沢啓徳・岡田聡訳『カール・ヤスパースと実存哲学』月曜社、2013年。
M. アイゲン、H. -G. ガダマー、J. ハーバーマス、W. レペニース、H. リュッベ、K. M. マイヤー・アビッヒ、赤刎弘也訳『大学の理念——立場決定の試み』玉川大学出版部、1993年。
ジャンヌ・エルシェ、北野裕通・佐藤幸治訳『ヤスパース——その生涯と全仕事』行路社、1986年。
アンドレーアス・フリットナー、森田孝監訳『教育改革　二〇世紀の衝撃——イェーナ大学連続講義』玉川大学出版部、1994年。
ヴィルヘルム・フリットナー、島田四郎・石川道夫共訳『一般教育学』玉川大学出版部、1988年。
ミシェル・フーコー、田村俶訳『監獄の誕生——監視と処罰』新潮社、1977年。
V. E. フランクル、霜山徳爾訳『夜と霧——ドイツ強制収容所の体験記録』みすず書房、1961年。
ヴィクトール・E・フランクル、霜山徳爾訳『死と愛　新版　ロゴセラピー入門』みすず書房、2019年。
V. フランクル、真行寺功訳『苦悩の存在論——ニヒリズムの根本問題』新泉社、1998年。
フランクル、宮本忠雄・小田晋訳『精神医学的人間像』（フランクル・セレクション２）みすず書房、2002年。
フランクル、宮本忠雄・小田晋訳『神経症Ⅰ——その理論と治療』（フランクル・セレクション４）みすず書房、2002年。
フランクル、霜山徳爾訳『神経症Ⅱ——その理論と治療』（フランクル・セレクション５）みすず書房、2002年。
G. ギュスドルフ、小倉志祥・高橋勝訳『何のための教師』みすず書房、1972年。
飯島宗享編、飯島宗享・中村一彦訳『キルケゴールの講話・遺稿集5』新地書房、1979年。
セーレン・キェルケゴール、鈴木祐丞訳『死に至る病』講談社、2017年。
セーレン・キルケゴール、村上恭一訳『［新訳］不安の概念』平凡社、2019年。
W. クラフキー、小笠原道雄監訳『批判的・構成的教育科学——理論・実践・討論のための論文集』黎明書房、1984年。
F. キュンメル、松田高志訳『現代解釈学入門——理解と前理解・文化人間学』玉川

大学出版部、1985年。
M. J. ランゲフェルト、H. ダンナー、山崎高哉監訳『意味への教育——学的方法論と人間学的基礎』玉川大学出版部、1989年。
ルドルフ・ラサーン、小笠原道雄・坂越正樹監訳『一般教育学概説』東信堂、1996年。
テオドール・リット、荒井武・前田幹訳『現代社会と教育の理念』福村出版、1988年。
テオドール・リット、小笠原道雄訳『技術的思考と人間陶冶』玉川大学出版部、1996年。
テオドール・リット、小笠原道雄編、木内陽一・野平慎二訳『原子力と倫理——原子力時代の自己理解』東信堂、2012年。
テオドール・リット、小笠原道雄・野平慎二編訳『科学の公的責任——科学者と私たちに問われていること』東信堂、2015年。
中村元訳『ブッダ最後の旅——大パリニッバーナ経』岩波書店、1980年。
H. ノール、O. F. ボルノー・F. ローディ編『ドイツ精神史——ゲッチンゲン大学講義』玉川大学出版部、1997年。
プラトン、田中美知太郎・藤沢令夫編『プラトン全集5』岩波書店、1974年。
ヘルマン・レールス、長谷川守男訳『一般教育科学』玉川大学出版部、1990年。
K. ザラムン、増渕幸男訳『カール・ヤスパース——開かれた地平の哲学』以文社、1993年。
ハンス・ザーナー、重田英世訳『ヤスパース』理想社、1973年。
ロベルト・シンチンゲル、寺脇丕信訳『カール・ヤスパースの想いで』北樹出版、1986年、1995年。
シュプランガー、伊勢田耀子訳『文化と性格の諸類型1』明治図書、1961年。
シュプランガー、伊勢田耀子訳『文化と性格の諸類型2』明治図書、1961年。
エドアルト・シュプランガー、原田茂訳『青年の心理』協同出版、1973年。
シュプランガー、長尾十三二監訳『ドイツ教育史——就学義務制への歩み』明治図書、1977年。
シュプランガー、村井実・長井和雄訳『文化と教育』玉川大学出版部、1983年。
ヴェルナー・シュスラー、岡田聡訳『ヤスパース入門』月曜社、2015年。
マックス・ヴェーバー、大塚久雄訳『プロテスタンティズムの倫理と資本主義の精神』岩波書店、1989年。
R. ヴィッサー、盛永審一郎・林隆也訳『哲学の実存——ヤスパースとハイデッガー』理想社、1997年。

5　和書

青井和夫・福武直編『集団と社会心理』中央公論社、1972年。
天野正治編『現代に生きる教育思想　第5巻ドイツ』ぎょうせい、1982年。

飯島宗亨・吉澤傳三郎編集『実存主義講座Ⅰ　実存思想の歴史』理想社、1968年。
飯島宗亨・吉澤傳三郎編集『実存主義講座Ⅱ　時代批判』理想社、1968年。
飯島宗亨・吉澤傳三郎編集『実存主義講座Ⅷ　実存思想の可能性』理想社、1974年。
伊藤潔志『キルケゴールの教育倫理学』大学教育出版、2015年。
稲村秀一『ブーバーの人間学』教文館、1987年。
今野元『マックス・ヴェーバー──主体的人間の悲喜劇』岩波書店、2020年。
宇野重規『保守主義とは何か──反フランス革命から現代日本まで』中央公論新社、2016年。
梅根悟監修、世界教育史研究会編『世界教育史体系11　ドイツ教育史Ⅰ』講談社、1987年。
梅根悟監修、世界教育史研究会編『世界教育史体系12　ドイツ教育史Ⅱ』講談社、1987年。
大浦猛『教育哲学』創価大学出版会、1987年。
太田哲男『ハンナ＝アーレント』清水書院、2001年。
小笠原道雄『現代ドイツ教育学説史研究序説──ヴィルヘルム・フリットナー教育学の研究』福村出版、1974年。
小笠原道雄編著『ドイツにおける教育学の発展』学文社、1984年。
小笠原道雄編著『教育学における理論＝実践問題』学文社、1984年。
小笠原道雄編著『教育哲学』（教職科学講座第1巻）福村出版、1991年。
小笠原道雄編著『［オンデマンド版］精神科学的教育学の研究──現代教育学への遺産』玉川大学出版部、2012年。
岡本英明『ボルノウの教育人間学』サイマル出版会、1972年。
小川圭治『キルケゴール』（人類の知的遺産48）講談社、1979年。
長田新『教育哲学──教育学はどこへゆく』岩波書店、1959年。
加藤清『新しい教育哲学──存在からのアプローチ』勁草書房、1983年。
金子大栄校注『歎異抄』岩波書店、1931年。
神谷美恵子『生きがいについて』（神谷美恵子著作集第1巻）みすず書房、1980年。
川森康喜『ボルノウ教育学の研究』ミネルヴァ書房、1991年。
木田元『現象学』岩波書店、1987年。
北本正章『子ども観の社会史──近代イギリスの共同体・家族・子ども』新曜社、1993年。
木村素衞『国家に於ける文化と教育』岩波書店、1946年。
教育哲学会編『教育哲学事典』丸善出版、2023年。
工藤綏夫『キルケゴール』清水書院、1974年。
小泉信三『共産主義批判の常識』講談社、1976年。
高坂正顕『高坂正顕著作集第四巻　現代哲学』理想社、1964年。
高坂正顕『高坂正顕著作集第六巻　教育哲学』理想社、1970年。

小林政吉『ブーバー研究』創文社、1978年。
齋藤昭『ブーバー教育思想の研究』風間書房、1993年。
斎藤武雄『ヤスパースにおける絶対的意識の構造と展開』創文社、1961年。
斎藤武雄『実存と実践』理想社、1968年。
斎藤武雄『実存と教育』創文社、1976年。
斎藤武雄『実存の真理を求めて』創文社、1978年。
斎藤武雄『ヤスパースの教育哲学』創文社、1982年。
酒井得元・鏡島元隆・桜井秀雄監修、河村孝道校註『道元禅師全集第二巻』春秋社、1993年。
境澤和男『教育の哲学的探究——教育学・教育思想論集』梓出版社、1992年。
重田英世『ヤスパース』(人類の知的遺産71) 講談社、1982年。
信太正三『禅と実存哲学——比較思想的論攷』以文社、1971年。
篠原助市『改訂理論的教育学』協同出版、1949年。
篠原助市『欧洲教育思想史(下)』玉川大学出版部、1972年。
神保博行『教育哲学の基本的考察』芦書房、1968年。
鈴木聡・W. ウィルヘルム・G. ヴィネケン・P. ゲヘーブ『青年期の教育』(世界新教育運動選書18) 明治図書、1986年。
鈴木大拙『鈴木大拙全集第一巻』岩波書店、1968年。
鈴木大拙『鈴木大拙全集第二十巻』岩波書店、1970年
住谷一彦・小林純・山田正範『マックス＝ヴェーバー』清水書院、1987年。
田代尚弘『シュプランガー教育思想の研究——シュプランガーとナチズムの問題』風間書房、1995年。
高橋史朗『臨床教育学と感性教育』玉川大学出版部、1998年。
高橋勝『子どもの自己形成空間——教育哲学的アプローチ』川島書店、1992年。
高橋勝『学校のパラダイム転換』川島書店、1997年。
高橋勝、ケルシェンシュタイナー『作業学校の理論』(世界新教育運動選書２) 明治図書、1983年。
高橋勝・新井保幸編著『教育哲学』樹村房、1994年。
玉城康四郎『比較思想論究』講談社、1985年。
堤　正史『ヤスパースとハイデガー——形而上学のゆくえ』晃洋書房、2014年。
寺脇丕信『ヤスパースの実存と政治思想』北樹出版、1991年。
富永茂樹『トクヴィル——現代へのまなざし』岩波書店、2010年。
中田基昭『授業の現象学』東京大学出版会、1993年。
中田基昭『教育の現象学——授業を育む子どもたち』川島書店、1996年。
中田基昭『現象学から授業の世界へ——対話における教師と子どもの生の解明』東京大学出版会、1997年。
中村元『佛教語大辞典〔縮刷版〕』東京書籍、1981年。

中村元『中村元選集〔決定版〕第3巻　日本人の思惟方法　東洋人の思惟方法Ⅲ』春秋社、1989年。

中村元『中村元選集〔決定版〕第11巻　ゴータマ・ブッダⅠ　原始仏教Ⅰ』春秋社、1992年。

中村元『中村元選集〔決定版〕第12巻　ゴータマ・ブッダⅡ　原始仏教Ⅱ』春秋社、1992年。

中山剛史『ヤスパース暗黙の倫理学——〈実存倫理〉から〈理性倫理〉へ』晃洋書房2019年。

長井和雄『シュプランガー研究』以文社、1983年。

長井和雄・小林政吉・市村尚久『人間形成の近代思想』第一法規、1984年。

長井和雄・森田孝・市村尚久・小笠原道雄編『ロマン主義教育再興』東洋館出版社、1986年。

長尾十三二編『新教育運動の生起と展開』（世界新教育運動選書別巻1）明治図書、1988年。

長尾十三二『西洋教育史〔第二版〕』東京大学出版会、1991年。

並木康三『ヤスパースの哲学』高文堂出版社、1973年。

西方守『リットの教育哲学』専修大学出版局、2006年。

西村皓『生の教育学研究』世界書院、1981年。

西村皓・小笠原道雄・春山浩司編『教育の根底にあるもの』以文社、1984年。

日本アーレント研究会編『アーレント読本』法政大学出版局、2020年。

沼田裕之『教育目的の比較文化的考察』玉川大学出版部、1995。

林田新二『ヤスパースの実存哲学』弘文堂、1971年。

伴博『カントとヤスパース——勝義の哲学的人間学への道』北樹出版、1999年。

平石善司『マルチン・ブーバー——人と思想』創文社、1991年。

平野正久・大久保智・山本雅弘・H・ノール『ドイツの新教育運動』（世界新教育運動選書20）明治図書、1987年。

広岡義之『ボルノー教育学研究——二十一世紀の教育へ向けての提言　上巻』創言社、1998年。

広岡義之『ボルノー教育学研究——二十一世紀の教育へ向けての提言　下巻』創言社、1998年。

深谷潤『ヤスパースと三人の神学者たち——キリスト教教育哲学の断片』渓水社、2002年。

布施圭司『ヤスパース交わりとしての思惟——暗号思想と交わり思想』昭和堂、2016年。

細谷恒夫『教育の哲学——人間形成の基礎理論』創文社、1962年。

桝井靖之『ヤスパース　精神医学から哲学へ——人間学的歩み』昭和堂、2012年。

増渕幸男『ヤスパースの教育哲学研究』以文社、1989年。

増渕幸男『ナチズムと教育——ナチス教育政策の「原風景」』東信堂、2004年。
松浦良充編著『いま教育を考えるための8章——現代教育の基礎理論』川島書店、1991年。
松野さやか『ヤスパースの実存思想——主観主義の超克』京都大学学術出版会、2017年。
松丸啓子『ヤスパースの精神医学の哲学』(リベルタス学術叢書14)リベルタス出版、2023年。
峰島旭雄『西洋は仏教をどうとらえるか——比較思想の視座』東京書籍、1987年。
宮野安治『政治教育と民主主義——リット政治教育思想の研究』知泉書館、2014年。
村井実『教師ソクラテスの研究』牧書店、1966年。
村井実『村井実著作集第一巻　教育学入門』講談社、1988年。
村井実『村井実著作集第二巻　教育の再興』講談社、1987年。
村井実『村井実著作集第三巻　ソクラテスの思想と教育・「善さ」の構造』講談社、1988年。
村田昇編著『教育哲学』(現代教育学シリーズ1)有信堂高文社、1983年。
村田昇編『シュプランガーと現代の教育』玉川大学出版部、1995年。
村田昇『シュプランガー教育学の研究』(京都女子大学研究叢刊26)京都女子大学、1996年。
森昭『教育人間学——人間生成としての教育』黎明書房、1964年。
森昭『教育理想の哲学的探求・教育哲学序論——教育哲学への限界状況』(森昭著作集第一巻)黎明書房、1978年。
森昭『教育の実践性と内面性——道徳教育の反省』(森昭著作集第三巻)黎明書房、1978年。
森昭『改訂二版　現代教育学原論』国土社、1983年。
森昭『人間形成原論　遺稿』黎明書房、1985年。
森昭・吉田昇・村井実編『教育学全集〔増補版〕2　教育の思想』小学館、1975年。
森田孝・長井和雄・西村晧・小笠原道雄・平野正久編『人間形成の哲学』大阪書籍、1992年。
安川哲夫『ジェントルマンと近代教育——〈学校教育〉の誕生』勁草書房、1995年。
矢野久美子『ハンナ・アーレント——「戦争の世紀」を生きた政治哲学者』中央公論新社、2014年。
山本誠作『マルティン・ブーバーの研究』理想社、1969年。
吉村文男『ヤスパース——人間存在の哲学』春風社、2011年。
和田修二『子どもの人間学』第一法規、1986年。

〈初出一覧〉

　本書の多くの部分は、これまで発表した論文を基礎にして、それらの論文を大幅な加筆、修正等により再構成している。各章ごとに、本書の基礎となった論文及び著書の該当箇所を挙げる。

序論
『ヤスパース教育哲学序説——ボルノーからヤスパースへ：自己生成論の可能性』川島書店、2001年、序論第1節、第Ⅰ部第1章第1節、第Ⅳ部第1章。

第Ⅰ部
　第1章
「ヤスパースにおける初期思想形成と教育哲学の関係について」、『文教大学教育学部紀要』第57集。2023年。

　第2章
「ヤスパース哲学における限界状況概念の教育的意義——自己生成としての教育の観点から」、『関東教育学会紀要』第13号、関東教育学会、1986年。
前掲、『ヤスパース教育哲学序説』、第Ⅱ部第2章。

　第3章
「ヤスパースにおける「実存的交わり」と「ソクラテス的教育」の関連性について——愛の性格の観点から」、『教育学論集』第32集、中央大学教育学研究会、1990年。
前掲、『ヤスパース教育哲学序説』、第Ⅱ部第3章。

　第4章
前掲、『ヤスパース教育哲学序説』、第Ⅱ部第1章第3節。
「ヤスパース教育哲学における「わがものにすること」の超越性について——「根本状態」の帰結としての世界哲学の構想を手がかりとして」、『コムニカチオン』第14号、日本ヤスパース協会、2006年。

第Ⅱ部
　第1章
「ヤスパースにおける包括者存在論の教育哲学的意義」、『浦和論叢』第17号、浦和短期大学、1997年。
前掲、『ヤスパース教育哲学序説』、第Ⅲ部第2章。

第 2 章
「ヤスパースにおける哲学的信仰と包括者思想の関係について——実存の倫理性との関連において」、『文教大学教育学部紀要』第54集、文教大学、2020年。

第 3 章
「ヤスパースにおける「暗号」概念に関する一考察——実存の倫理的生き方との関連において」、『文教大学教育学部紀要』第55集、文教大学、2021年。

第Ⅲ部
第 1 章
「ヤスパースの大学論(1)——研究・教育・授業」、『浦和論叢』第26号、浦和短期大学、2001年。
「ヤスパースの大学論(2)——制度・学問の宇宙」、『浦和論叢』第27号、浦和短期大学、2001年。

第 2 章
「ヤスパースにおける理性と反理性について」、『群馬大学教育学部紀要人文・社会科学編』第56巻、群馬大学教育学部、2007年。

第 3 章
「ヤスパースにおけるカント理解に関する一考察——道徳的行為との関連において」、『文教大学教育学部紀要』第52集、文教大学、2018年。

第 4 章
「ヤスパース教育哲学における「交わり」概念の展開について——ソクラテスからプラトンへの観点から」、『文教大学教育学部紀要』第56集、文教大学、2022年。

第Ⅳ部
第 1 章
「ヤスパースにおける「自由」概念に関する一考察——道徳教育との関連において」、『文教大学教育学部紀要』第51集、文教大学、2017年。

第 2 章、第 3 章
「ヤスパースの全体主義批判における人間の尊厳について——ハンナ・アーレント『全体主義の起源』との関連において」、『文教大学教育学部紀要』第53集、文教大学、2019年。

第 4 章
「ヤスパース教育哲学における理性の展開——世界哲学の理念の観点から」、池田稔記念論集編集委員会編『教育人間科学の探求』学文社、2011年。

第Ⅴ部
   第1章
「ヤスパース教育哲学における理性の展開――世界哲学の理念の観点から」、池田稔
   記念論集編集委員会編『教育人間科学の探求』学文社、2011年。

   第2章
「ヤスパース教育哲学における仏教的要素に関する一考察」、『日本仏教教育学研究』
   第17号、日本仏教教育学会、2009年。

結論
書き下ろし。

あとがき

　思い起こせば、ヤスパースを研究対象としてからすでに40数年の歳月が流れている。中央大学が神田駿河台にあった1977年秋に、神田神保町の書店で斎藤武雄先生の『実存と教育』を見つけ、その内容に興味を持ち、ヤスパースで教育学の論文を書きたいと考えた。まだヤスパース哲学への理解はかなり不足していたが、特にその中の「交わりによる教育」に魅力を感じた。そして、神保博行先生のご指導の下で、「ヤスパースにおける実存と教育」というテーマで卒業論文を書いた。

　その後進学した青山学院大学大学院では、木下法也先生のご指導の下で、修士論文「ヤスパースの実存哲学と教育」を書いた。博士後期課程に進学後、木下先生は、博士の学位を早い時期に、できれば課程で取得すべきことを力説された。私もできるだけ早い時期での論文提出を目指したが、難解なヤスパース哲学に悪戦苦闘し、さらにヤスパース哲学を教育学として論じることの難しさが研究の速度を鈍らせた。また木下先生は、私がヤスパースだけを研究対象とすることにより、いつか研究が行き詰ることを心配され、西洋教育史におけるフレーベル教育学の重要性を説かれた。それから、フレーベルについての研究も徐々に進めた。

　神保先生も木下先生もすでに他界され、本書をお見せできないことは誠に残念であるが、深い感謝の気持とともに温かいご指導を思い出す。

　1995年4月に浦和短期大学（現浦和大学）に奉職する前後から、ボルノーの教育学的人間学に関する研究も進めた。そして、ボルノーとの関連においてヤスパース教育哲学について論究し、ようやく1999年6月に青山学院大学に博士学位申請論文「ヤスパース教育哲学の研究」を提出することができた。

　博士学位申請論文の審査に当たっては、主査をお引き受けいただいた青山学

院大学教授池田稔先生、副査をお引き受けいただいた青山学院大学教授北本正章先生、青山学院大学教授酒井豊先生、横浜国立大学教授高橋勝先生には、大変お世話になり、ご指導いただいたことに今でも大変感謝している。口頭試問で北本先生から今後の研究について尋ねられた際、私の返答に対して、北本先生からすかさず「この続編を期待したい」というお言葉があったのを記憶している。

　学位論文の続編については、常に頭の片隅にあったが、ヤスパース哲学を教育哲学として論じることの難しさがあり、なかなか進めることはできなかった。2006年4月に群馬大学に着任した後、研究の主力は、ユング心理学の観点から見たフレーベル教育学に定めた。それでも時折、ヤスパースに関する論文は書き続けてきた。そして、2015年4月に文教大学に着任した後、残りの10年間で、ヤスパースの後期哲学を視野に入れ、もう一度ヤスパース教育哲学についてまとめる決意をした。その後毎年紀要に論文を書き続け、それらの論文と以前に書いた論文を再構成し、本書の刊行にたどり着いたことは、誠に感慨深い。

　振り返ると、群馬大学、文教大学で指導した多くの学生が、教員になることへの強い情熱をもって勉学に励む真摯な姿勢から、私自身が励まされ、勇気づけられてきたことを実感する。未来を背負う学生たちと折に触れ語り合ったことを、大変懐かしく幸せに思う。こうした充実した環境の中で、教育と研究に携わってきたことを、大変ありがたく、誇りに感じる。

　家庭で大学教員としての生活を支えてくれ、いつも研究の環境を整えることに気を配ってくれた妻恵美に感謝の気持を捧げたい。

　私がなんとか研究者の道を歩むことができたのは、常に深い愛情をもって私を導き、支え続けてくれた父と母のおかげである。心からの感謝の気持を込めて、本書を父と母の霊前に捧げたい。

　本書において用いた文献の内で、邦訳書のあるものについては、それらの訳書を参照させていただいた。訳者の方々並びに出版社に感謝申し上げる。

　出版事情が大変厳しい折、本書の刊行を快くお引き受けいただいた学文社並びに同編集部の落合絵理氏、山谷由美子氏に心からお礼申し上げたい。落合氏

と山谷氏のご配慮があってこそ、本書の刊行が実現できたことに感謝している。

　本書の刊行に当たっては、2024年度文教大学学術図書出版助成を受けた。このような幸せな機会を与えていただいた文教大学並びに学校法人文教大学学園に心からお礼申し上げたい。

2024年11月30日

豊泉　清浩

〈索　　引〉

人名索引

あ行

アーレント　　221, 283-296
ヴィッサー　　95, 96, 146
ヴィンケルマン　　179
ヴィンデルバント　　38
ヴェーニガー　　12, 13
ヴェーバー, M.　　12, 23, 32, 38-51, 167, 255, 290
ヴォルフ　　179
潮木守一　　167
大浦猛　　7
長田新　　8

か行

神谷美恵子　　331
カント　　22, 26, 111, 135, 179, 183, 206, 212-230, 260, 264, 269, 284, 305, 349, 350
木村素衞　　8
キュルペ　　38
キルケゴール　　38, 113, 126, 139, 179, 203, 225, 227, 235
クナウス　　19, 20
クラフキ　　14
グルーレ　　39, 41
ゲーテ　　179
ケプラー　　179
ゲルトルート　　23, 24, 64, 72-74, 86, 89

さ行

斎藤武雄　　1-3, 6, 80, 259, 262, 263
ザーナー　　60, 62, 63, 65, 76, 102, 113, 145, 321-323
ザラムン　　6, 103, 121, 229, 230
重田英世　　229, 230, 328
信太正三　　327

釈尊　　330, 331, 334-336
シュナイダース　　229
シュプランガー　　12, 16, 344
シュライエルマッハー　　13
親鸞　　335, 336
鈴木大拙　　338, 340
スターリン　　280, 283, 284, 291, 295
スピノザ　　63, 179
ソクラテス　　20, 23, 24, 234-239, 244, 246, 349

た行

玉城康四郎　　327
ターマン　　147, 148, 257, 306
ダンナー　　15
ティリッヒ　　7
ディルタイ　　12, 16, 17, 33, 344
デカルト　　179
デューイ　　273
トルケッター　　6, 114, 116

な行

中村元　　335
中山剛史　　21
ナーガールジュナ（龍樹）　　327
西方守　　308, 309
ニーチェ　　179, 204, 235
ニッスル　　38, 39, 40
沼田裕之　　8
ノール　　12, 16, 344

は行

ハイデガー　　12
パスカル　　179
林田新二　　20

374

伴博　20
ヒトラー　260, 264, 268, 269, 273, 283, 284, 291, 295
深谷潤　2, 5-7
フッサール　12, 16, 33, 40, 41
ブッダ（仏陀）　327
ブーバー　10, 12
プラトン　23, 24, 97, 234, 236-240, 244, 246, 349
フリットナー，W.　12, 13
ブルトマン　7
フレンケル　61
フロイト　198
フンボルト　160
ヘーゲル　135, 196, 225, 229, 254, 284
細谷恒夫　8-12
ボルノー　1, 21, 98, 338, 339, 343
ホルン　2, 160, 257

ま行

マイヤー，E.　23, 64, 72
桝井靖之　21, 38, 39, 41
増渕幸男　2-6, 120, 121
マルクス　179, 196, 197, 204, 225, 274-276, 284
峰島旭雄　327
宮野安治　309, 310
森昭　1, 183

ら行

ライプニッツ　179
リッケルト　40, 41, 50
リット　12, 16, 307, 308, 310
レッシング　179
レール　6, 121
ローザ　160

事項索引

あ行

愛　　3, 6, 36, 56, 64, 72, 74, 81, 84, 85, 88-90, 202, 238, 239
愛しながらの闘い　　36, 37, 57, 81, 82, 84-87, 112, 147, 150, 155, 203, 270, 274, 302, 333, 345
愛しながらの了解　　36, 87
明らかになること　　80, 81, 83
暗号　　145-156, 278, 340, 346
暗号文字　　146
意識一般　　23, 54, 105-109, 111, 112, 114, 120, 121, 127, 129, 130, 134, 135, 139, 140, 213, 214, 218, 337, 345
意識一般の交わり　　24, 77, 111, 332, 333, 347
永遠平和　　222, 226-229, 350
エロス　　238, 239
負目　　54-58, 60, 63, 66, 156, 202, 329, 330, 332, 345, 346
お互いに語ること　　162, 188, 267, 268
恩寵　　45

か行

改革教育運動　　344
解釈学　　14-16
解釈学的方法　　10
回心　　138, 301
科学　　17, 18, 40, 41, 48-50, 133, 134, 141, 194-197, 199, 200, 206, 208, 209, 275, 316, 317, 343
科学技術　　190, 316, 350
科学性　　133, 194, 195, 198, 200
覚醒　　343, 344
可能的実存　　4, 5, 16, 17, 60, 64, 65, 75, 80-84, 95-97, 105, 113, 121, 127, 135, 146, 154, 174, 200, 255, 324, 329, 330, 333, 345, 348
神　　131, 149-153, 201, 218-220, 223, 257, 258
感性　　212, 213
観念論　　212
危機　　339, 343
技術　　187, 315-317
記述的分析的心理学　　33
教育学的人間学　　21
教育現実　　12-16
教育現実の解釈学　　12, 14-17, 344
教育者　　11, 339
教育の関係　　328, 338, 343
教育の現実　　9, 10
教育の行為（論）　　10-12
教育的世界観論　　10
教育的存在論　　10
教育哲学　　7, 8, 16, 17, 51
教育の基本形式　　24, 165, 333, 347
教育の非連続的形式　　343
共産主義　　26, 204, 271-273, 277, 280, 283, 284, 307, 309, 310
教師　　26, 120, 305, 306, 339, 340, 349, 350
教養　　140, 162, 165, 168
共和の体制　　222, 226-229, 350
共和的統治方式　　222, 224-226, 228, 229, 260, 261, 264, 349
近代科学　　133, 200, 207, 316, 317
偶然　　58, 60
苦悩　　54-58, 60, 63, 66, 329, 330, 332, 345, 346
形而上学　　87, 88
啓示信仰　　125, 134, 141, 149
啓蒙主義　　229, 284
決断　　19, 20, 90, 97, 109, 113, 136, 146, 152, 202, 203, 229, 252, 254, 259, 261, 263, 301, 332, 337, 346
権威　　255-259, 263, 349
限界状況　　19, 54-68, 72, 74-76, 86, 121, 146, 215, 315, 320, 328-332, 339, 344, 345, 350
現象学　　15, 33, 40, 41, 50

現実となること　83
現存在　146, 203, 213-215, 251, 252, 329, 330, 337, 345
現存在の交わり　332, 347
悟性　78, 104, 132, 134, 148, 206, 212, 213, 217, 218, 274-276, 300
孤独　74, 75, 80, 295, 332, 333, 345, 346
根本状況　59-61, 65, 66

さ行

挫折　19, 66, 146, 147, 156, 346
死　54-56, 58, 60, 63, 66, 329, 330, 332, 345
四苦　330, 331
自己教育　22, 26, 96, 118, 119, 168, 219, 264, 301, 303, 305, 306, 345, 346, 350
自己献身　89
自己実現　4, 5, 16, 116, 121, 337
自己生成　5, 16, 22, 83, 89, 95-98, 111, 116-118, 120, 121, 142, 156, 204, 228, 229, 264, 301, 323, 324, 336-338, 340, 343-346, 348, 351, 352
自己存在　16, 19, 22, 64, 65, 67, 83, 88, 90, 105, 108, 109, 112-118, 120, 121, 145, 146, 153, 174, 200, 230, 250, 252, 254, 256, 272, 295, 300, 327, 329, 336, 337, 340, 343, 344, 346
自己超克　116
自己反省　318
自己変革　119
実践理性　217, 219, 221, 228, 230
実存　5-17, 19, 20, 22-27, 42, 43, 54-57, 64-67, 81, 85, 86, 88-90, 96-98, 105, 108-114, 117, 118, 121, 127-137, 139-142, 145-152, 154, 156, 200, 202, 203, 214, 215, 227-230, 240-244, 251, 254, 259, 275, 278, 295, 300, 321, 323, 324, 328-330, 332, 336-338, 340, 343-346, 351, 352
実存解明　25, 36, 65, 79, 88, 251, 263
実存生成　120, 121, 343
実存的教育　4, 5, 16, 120, 121

実存的自由　25, 26, 229, 251-254, 260, 263, 349, 351
実存的出会い　98, 119, 339
実存的交わり　1, 4, 11, 23-26, 37, 51, 68, 76-90, 97, 112, 119, 121, 147, 155, 172, 174, 189, 190, 228, 237, 238, 241-246, 302, 332-334, 337, 339, 344-349, 351
実存哲学　1-3, 41, 50, 51, 59, 88, 112, 117, 203, 227, 230, 235, 245, 323, 343
実存の交わり　77, 111, 332
自由　25-27, 139, 142, 147-149, 156, 162, 168, 202-204, 222-224, 227-229, 238, 250-255, 257-264, 272-274, 278, 280, 300-302, 306, 307, 309, 318, 319, 323, 337, 346, 349, 350-352
自由主義　48, 49, 51, 229, 284, 352
修証一等　337, 338
主観－客観分裂　58, 126, 127, 129, 130, 135, 138, 139, 153, 199, 213, 214, 327
主体性　139, 229, 235
主体的真理　229, 349, 350
状況　54, 328
状況内存在　54, 328
神学　133, 183
新カント派　37
神性　151, 153, 258, 319
真の交わり　75, 77, 80, 172, 178, 189, 228, 244, 295, 333, 345, 347, 348
信頼　89
真理　48, 49, 119, 130, 132, 134, 139, 141, 149, 150, 155, 172, 174, 175, 188, 189, 201-203, 205, 208, 229, 235-239, 244, 259, 261-264, 274, 301, 302, 324, 336, 348, 349
真理存在　112
枢軸時代　200, 314, 315, 320, 324, 350, 351
スコラ的教育　165-168, 188, 333, 347
スターリン主義　284
政治的自由　224, 225, 229, 240, 262-264, 271-274, 278, 293, 296, 301-303, 305, 315, 318, 319, 349-351

精神　23, 105, 107-109, 111, 112, 120, 121, 127, 129, 130, 135, 139, 140, 337, 345
精神科学　284
精神科学的教育学　12-17, 344
精神の交わり　24, 77, 111, 332, 333, 347
精神病理学　32, 34, 35, 38, 50, 200
精神分析　194, 195, 197-200, 208, 317, 318
静的了解　32, 33
世界　23, 104, 105, 127, 130-132, 136, 139, 140, 337, 345
世界哲学　321-324, 351
世界平和　26, 229, 259, 260, 264, 273, 280, 299, 304, 305, 324, 349, 350
責任　57, 146, 156, 168, 172, 173, 202, 254, 256, 259, 263, 279, 300, 333
絶対的意識　3, 88, 89, 145
全体計画　222, 223, 225, 276
全体主義　26, 205, 263, 264, 271-275, 277, 280, 283-285, 288-296, 305, 307, 309, 310, 318, 319, 349
全体知　136, 194-196, 198-200, 205, 208, 209, 222, 223, 225, 274-276
全体的支配　261, 262, 273, 275, 278, 279, 290, 291, 293, 295
全体的な交わりの意志　23, 67, 110, 112, 121, 133, 228, 337, 345
ソクラテス的教育　11, 24, 161, 165, 166-168, 188, 189, 333, 334, 336, 340, 343, 347
存在論　151

た行

大学の理念　160-162, 168, 175-178, 185, 187, 189, 190, 194, 195, 206, 208
対話　236-238, 244, 245, 300, 348, 349
単独者　83, 84, 109, 113, 114, 136, 154, 227, 236, 259, 275, 295, 300, 301, 333
超越者　16, 19, 22, 23, 54, 66, 86, 88, 90, 95-97, 104, 105, 108, 109, 112-114, 116, 127, 129-132, 134, 136-140, 142, 145-156, 167, 202, 241, 243, 251, 255, 257, 258, 263, 270, 321, 330, 333, 337, 338, 340, 345-347
罪　61
出会い　98, 343
帝国主義　287, 288
哲学的根本操作　138, 139, 141, 199
哲学的根本知　135-137, 141
哲学的信仰　23, 102, 125-129, 131-135, 140-142, 149, 155, 209, 346
哲学的論理学　23, 102, 103, 119-121, 209, 321, 337, 345
哲学の世界史　321, 322, 324, 351
哲学部　182, 184, 186-190, 206
同化作用　95
同行　334-336, 339
闘争　36, 54-58, 60, 63, 66, 84-86, 149, 150, 155, 329, 330, 332, 345
闘争する愛　24, 81, 113, 166, 169, 189, 334
同等の水準　85, 112, 166, 169, 171, 333, 334, 336, 339, 345
道徳性　224, 299
道徳的行為　218, 219, 229, 230
討論　171, 173, 174, 188, 189, 300, 347, 348
途上にあること　117, 336
途上における存在　235, 239, 261, 274, 304, 336, 344

な行

ナチス　262, 268, 269, 272, 279, 291, 292, 307, 318
ナチズム　26, 204, 268, 283, 284, 295, 307
ニヒリズム　258
二律背反　74-76, 80, 132, 138, 216, 228, 255, 332
人間形成　9, 10, 308, 309
人間生成　22, 116-118, 336, 344
人間存在　22, 38, 41, 116, 117, 120, 121, 154, 196, 240, 300, 322, 330, 331, 333, 336, 344, 350

は行

発生的了解　32, 33
反ユダヤ主義　284-286
反理性　194, 195, 204, 208, 209, 275, 278
批判的理性　225, 227, 228
ファシズム　271, 272
平和　222, 226, 227, 259, 260-263
弁証法　195, 197
包括者　20, 23, 24, 67, 77, 102-106, 108-112, 120, 121, 125-127, 130, 132, 133, 135-142, 153, 155, 199, 209, 228, 243, 245, 327, 332, 337, 345
包括者存在論　103, 140, 151, 229
法治国家　26, 222, 225, 272, 302, 303
保守主義　284
ボルシェヴィズム　279, 283, 284, 295

ま行

マイスターによる教育　165-168, 188, 189, 333, 347
交わり　19, 22-26, 32, 37, 50, 51, 64, 72, 74-90, 103, 104, 110-113, 119-121, 133, 146, 147, 154, 161, 162, 172, 173, 175-178, 188-190, 194, 201-204, 208, 228, 230, 236, 241, 243-245, 252, 258, 259, 263, 274, 295, 300, 321, 323, 328, 332, 333, 340, 344-351
マルクス主義　47, 51, 194, 195, 197, 199, 200, 208, 223, 273, 275, 309, 317, 318
マルクス主義者　197
民主主義　26, 44, 49, 51, 165, 228-230, 260-262, 264, 272, 280, 296, 302-310, 319, 324, 349, 350, 351
無知　20, 235, 239, 243, 244, 333, 336
無知の知　20

や行

唯物史観　47, 51
唯物論　196

ら行

理性　3, 6, 20, 23, 24, 26, 27, 48, 67, 68, 102-105, 110-112, 120, 121, 132-137, 140, 142, 151, 194, 195, 200-209, 216-220, 222-226, 228-230, 243, 245, 261, 273-278, 299-301, 303-305, 309, 315, 321, 323, 324, 337, 345, 348, 350-352
理性的交わり　24, 77, 241, 243-245, 323, 324, 332, 347, 351
理性の哲学　203, 204, 208, 230, 245
理性の交わり　24, 77, 112, 243, 245, 332, 347
理念　79, 107, 108, 111, 127, 129, 130, 135, 163, 164, 178, 181, 190, 251, 304, 333
理念型　46, 49, 167
了解　16, 17, 32, 33, 36, 37, 50, 51, 87, 88, 98, 104, 242, 243, 344, 346
了解心理学　16, 32-35, 50, 51, 59, 87, 88, 242, 243, 346
良心　89, 156, 217, 219, 230
歴史性　109, 156, 202, 321, 322
連帯感　84, 85

わ行

わがものにすること　22, 95-98, 119, 131, 145-147, 154, 155, 278, 324, 344, 345
我と汝　242, 243, 245, 347

著者略歴

豊泉　清浩（とよいずみ　せいこう）
1957年　東京都生まれ。
1979年　中央大学文学部哲学科教育学専攻卒業
1985年　青山学院大学大学院文学研究科教育学専攻修士課程修了
1988年　青山学院大学大学院文学研究科教育学専攻博士後期課程満期退学
2000年　博士（教育学）（青山学院大学）
　　　　浦和大学短期大学部教授、群馬大学教育学部教授を経て、
現　在　文教大学教育学部教授、群馬大学名誉教授
主要著作『いま教育を考えるための8章（改訂版）』（共著）川島書店、1999年。
　　　　『ヤスパース教育哲学序説』川島書店、2001年。
　　　　『森田療法に学ぶ』川島書店、2006年。
　　　　『教育人間科学の探求』（共著）学文社、2011年。
　　　　『フレーベル教育学研究』川島書店、2014年。
　　　　『仏教的世界の教育論理』（共著）法蔵館、2016年。
　　　　『フレーベル教育学入門』川島書店、2017年。
　　　　『アーレント読本』（分担執筆）法政大学出版局、2020年。
　　　　『神経質を伸ばす森田療法』川島書店、2023年。
　　　　『教育哲学事典』（分担執筆）丸善出版、2023年。

実存と理性と自由——ヤスパース教育哲学研究

2025年3月10日　第1版第1刷発行

著　者　豊泉　清浩

発行者　田中　千津子

発行所　株式会社　学文社

〒153-0064　東京都目黒区下目黒3-6-1
電話　03（3715）1501（代）
FAX　03（3715）2012
https://www.gakubunsha.com

Ⓒ Seikou TOYOIZUMI　2025

乱丁・落丁の場合は本社でお取替えします。
定価はカバーに表示。

印刷／東光整版印刷株式会社

ISBN978-4-7620-3398-8